国家自然科学基金项目（51578111）
高等学校交通运输与工程类专业规划教材

Traffic Flow Theory

交通流理论

姚荣涵　编　著
王殿海　主　审

China Communications Press Co., Ltd.

内 容 提 要

本书秉持先进的高等教育教学理念,基于现代科技发展水平并结合当代大学生学习特点,强化交通调查和数据处理,吸收近年来国内外交通工程学者对交通流理论研究的先进成果和实践经验,系统全面、深入浅出地论述了交通流理论的基本概念、基础知识、基本原理、基本方法,涵盖了交通流理论的成熟体系与内容。

本书可作为交通工程、交通运输工程、交通管理专业及相近专业的本科生教材,也可作为交通信息工程及控制、交通运输规划与管理专业及相近专业的研究生教材,还可以作为相关工程技术人员的参考用书。

图书在版编目(CIP)数据

交通流理论 / 姚荣涵编著. — 北京:人民交通出版社股份有限公司,2019.6
ISBN 978-7-114-15537-6

Ⅰ.①交… Ⅱ.①姚… Ⅲ.①交通流—高等学校—教材 Ⅳ.①U491.1

中国版本图书馆 CIP 数据核字(2019)第 093064 号

书　　名:	交通流理论
著 作 者:	姚荣涵
责任编辑:	李　晴
责任校对:	刘　芹
责任印制:	张　凯
出版发行:	人民交通出版社股份有限公司
地　　址:	(100011)北京市朝阳区安定门外外馆斜街 3 号
网　　址:	http://www.ccpress.com.cn
销售电话:	(010)59757973
总 经 销:	人民交通出版社股份有限公司发行部
经　　销:	各地新华书店
印　　刷:	中国电影出版社印刷厂
开　　本:	787×1092　1/16
印　　张:	18.75
字　　数:	458 千
版　　次:	2019 年 6 月　第 1 版
印　　次:	2019 年 6 月　第 1 次印刷
书　　号:	ISBN 978-7-114-15537-6
定　　价:	48.00 元

(有印刷、装订质量问题的图书由本公司负责调换)

序

交通系统是一种随机性和时变性都非常强的复杂巨系统，涉及人、车、路、环境与信息的交互。其中，人是主体，车、路、环境与信息是客体。主、客体的相互作用形成了统称为交通流的机动车流、非机动车流和行人流。交通流理论是研究交通系统运行机制的基本建模方法体系，具体描述交通参与者的行为特性和交通流的时空变化规律。

交通流理论为解决实际交通问题提供基本方法，其建模过程离不开交通调查和数据分析。随着科学技术的进步，交通调查仪器设备取得了长足的发展，并为交通流分析提供了多种数据来源。与此同时，数据分析技术得到了迅速发展，新方法、新技术、新手段层出不穷。根据自身的教学、科研经验，作者以通俗易懂的语言阐明了交通调查的重要性和基本原理以及交通流数据与交通调查的内在联系，为读者理解交通流理论开启了一扇门。

交通流理论具有非常强的理论性和实践性，涉及大量的微积分、概率论、数理统计、优化方法以及计算机程序设计等方面的基本知识。从认知角度，本书详略得当地介绍了各种交通流模型的建模过程，并给出了各种交通流参数的物理含义及单位，在基础科学知识与交通工程专业知识之间搭建了很好的桥梁，有助于培养学生理论联系实际、举一反三、灵活运用的能力。针对交通流理论涉及的重要概念和术语，本书不仅给出了严谨的定义，而且给出了中英文对照和一义多词。

这一举措一方面有助于学生全面、深刻地理解交通流理论,另一方面为学生的后续学习和研究夯实了基础。

本书系统、全面地介绍了交通流理论的模型和方法体系,适合作为交通工程专业及相近专业的本科生和研究生教材,也可以作为相关技术人员的参考用书。

鉴于交通流理论的持续发展,希望本书能及时改版更新。

2018 年 12 月

前言

交通流理论在交通运输工程学科中属于一门重要的专业基础课程，涉及丰富而复杂的研究对象、内容与方法。随着社会经济的发展以及科学技术的进步，交通流理论的内涵与外延不断地发生变化。作者根据十余年的教学与科研经验，系统地归纳和整理了有关交通流的比较成熟的理论与方法体系。

本着着重夯实理论基础以及强化交通调查和数据分析的教学思路，本书共分10章介绍交通流理论。第1章绪论，介绍交通流理论的发展历程、研究方法与内容、理论体系与发展趋势。第2章交通流特性，介绍交通调查方法、交通流参数及其统计分布和交通流参数的关系模型。第3章交通参与者行为特性，介绍驾驶员行为特性、骑车人行为特性和行人行为特性。第4章驾驶行为建模，介绍跟驰模型、换道模型和超车行为。第5章连续交通流模型，介绍守恒方程、动态模型、交通波理论、起动-停车波模型及其应用。第6章宏观交通流模型，介绍以CBD为中心的交通特性、一般网络模型、二流理论及其应用和网络交通模型。第7章交通影响模型，介绍交通与安全、燃油消耗、交通排放以及交通噪声。第8章无信号交叉口理论，介绍可插车间隙理论、二路停车控制交叉口、四路停车控制交叉口与经验方法。第9章信号交叉口理论，介绍信号交叉口交通特性、车辆到达-驶离图式、经典延误公式以及信号配时优化模型。第10章交通仿真，介绍VISSIM和MOVES的软件功能、参数标定与应用实例。

本书并未涵盖交通流理论的全部内容,只涉及各个研究分支的最基础、最易于入门的知识点。作为本科生和研究生教材,作者希望读者通过学习本书能够系统地认识并理解交通流及其理论与方法,并为后续的学习研究奠定坚实的基础。

为了促进语言和文化交流,本书对很多重要概念和术语提供了中英文对照,还提供了一义多词。希望此举有助于读者深刻理解研究对象及其含义。

由于作者水平有限,书中难免出现疏漏或错误之处,恳请读者提出宝贵的意见和建议。衷心希望本书能够为读者进入交通流理论研究领域起到抛砖引玉的作用。

姚荣涵
2018 年 12 月

目录

第1章 绪论 ··· 1
 1.1 发展历程 ·· 1
 1.2 研究方法 ·· 4
 1.3 研究内容 ·· 5
 1.4 理论体系 ·· 7
 1.5 发展趋势 ·· 8
 复习思考题 ··· 10

第2章 交通流特性 ··· 11
 2.1 交通调查方法 ·· 11
 2.2 交通流参数 ·· 16
 2.3 交通流参数的统计分布 ·· 21
 2.4 交通流参数的关系模型 ·· 31
 复习思考题 ··· 40

第3章 交通参与者行为特性 ··· 41
 3.1 驾驶员行为特性 ·· 41
 3.2 骑车人行为特性 ·· 59
 3.3 行人行为特性 ·· 62
 复习思考题 ··· 66

第4章 驾驶行为建模 ··· 67
 4.1 跟驰模型 ·· 67
 4.2 换道模型 ·· 82
 4.3 超车行为 ·· 94
 复习思考题 ··· 96

第 5 章　连续交通流模型 ·· 98
5.1　守恒方程 ·· 98
5.2　动态模型 ·· 103
5.3　交通波理论 ·· 105
5.4　起动-停车波模型 ·· 108
5.5　模型应用 ·· 124
复习思考题 ·· 132

第 6 章　宏观交通流模型 ·· 133
6.1　以 CBD 为中心的交通特性 ···································· 133
6.2　一般网络模型 ·· 136
6.3　二流理论 ·· 142
6.4　二流理论应用 ·· 145
6.5　网络交通模型 ·· 164
复习思考题 ·· 166

第 7 章　交通影响模型 ·· 168
7.1　交通与安全 ·· 168
7.2　燃油消耗 ·· 172
7.3　交通排放 ·· 176
7.4　交通噪声 ·· 188
复习思考题 ·· 193

第 8 章　无信号交叉口理论 ·· 194
8.1　可插车间隙理论 ·· 194
8.2　二路停车控制交叉口 ·· 200
8.3　四路停车控制交叉口 ·· 214
8.4　经验方法 ·· 216
复习思考题 ·· 217

第 9 章　信号交叉口理论 ·· 219
9.1　信号交叉口交通特性 ·· 219
9.2　车辆到达-驶离图式 ··· 231
9.3　经典延误公式 ·· 241
9.4　信号配时优化模型 ·· 249
复习思考题 ·· 254

第 10 章　交通仿真 ··· 256
10.1　VISSIM 简介与应用 ·· 257
10.2　MOVES 简介与应用 ·· 273
复习思考题 ·· 283

参考文献 ·· 284
致谢 ·· 290

第1章
绪 论

交通流理论是研究交通参与者行为特性和交通流时空变化规律的模型和方法体系。该理论是交通工程学的基础,采用数学模型描述机动车、非机动车和行人与道路设施和环境交互运行的规律。多年来,交通流理论在交通运输工程学科的诸多研究领域被广泛应用,包括交通规划、交通管理与控制、交通工程设施设计、交通流诱导以及智能交通系统等。交通流理论是这些研究领域的基础理论。21世纪以来,随着现代科学技术和智能运输系统的蓬勃发展,交通流理论所涉及的范围和内容在不断地发展和变化,诸如控制理论、人工智能等新兴科学的思想、方法和理论已被用于解决交通运输研究中遇到的复杂问题。尤其近十年来,随着计算机技术、移动互联网、云计算、大数据以及自动驾驶等新兴技术和产业的出现和发展,交通参与者的出行方式和体验正在发生着深刻变革,从而使得交通流的时空分布特征发生着前所未有的变化,新的模拟技术和方法层出不穷,并越来越多地被用来描述和分析交通流运行规律、揭示交通现象以及服务于政府管理与决策。本章简述交通流理论的发展历程、研究方法、研究内容、理论体系以及发展趋势。

1.1 发展历程

伴随着汽车工业、道路交通运输业和科学技术的发展,交通流理论产生并不断发展。在不同时期、不同阶段,交通流理论的研究需求和技术背景也都不同,因此交通流理论存在不同的发展阶段。

依据时间顺序,交通流理论经历了4个发展阶段。

(1) 创始阶段

20世纪30年代至第二次世界大战结束这一时期被界定为交通流理论的创始阶段。在此期间,由于发达国家汽车工业和道路建设的发展,需要摸索道路交通的基本规律,以便对其进行科学管理,道路交通产生了对交通流理论的初步需求,需要有人对其进行研究。此阶段产生了代表性人物格林希尔治(Greenshields),其代表性成果是基于交通流调查数据,采用概率论和数理统计方法建立了描述交通流现象和规律的数学模型,即流量-速度-密度(简称流速密)关系模型。尽管这些成果在后人看来有诸多不足和局限性,但是属于开创性和奠基性的研究工作,所提的流速密关系揭示了交通流基本参数的内在相关性,在宏观、中观和微观交通流研究领域常常被视为理论基础。因此,人们普遍认可格林希尔治是交通流理论的鼻祖。

(2) 快速发展阶段

第二次世界大战结束至20世纪50年代末这一时期被界定为交通流理论的快速发展阶段。在此期间,发达国家的公路和城市道路里程迅猛增长,汽车拥有量大幅度上升,交通规划、管理与控制已经提上议事日程。如何科学地进行交通规划、管理与控制,需要交通流理论提供技术和方法支持。由于第二次世界大战结束,全世界进入休养生息状态,各个国家急需发展社会生产力,工业生产促使计算机诞生,汽车工业使得发达国家进入快速代步时代。社会经济的快速发展使交通流理论获得了高速发展,快速发展成为此阶段的显著特点,因而在学术上产生了多个研究分支和代表性人物。此阶段交通流理论的研究分支包括:车辆跟驰理论(Car Following Theory)、交通波理论(Traffic Wave Theory)、无信号交叉口理论(Unsignalized Intersection Theory)、排队论(Queuing Theory)等。此时涌现了一批代表性人物,包括沃德洛尔(Wardrop)、鲁契尔(Reuschel)、派普斯(Pipes)、莱特希尔(Lighthill)、惠特汉(Whitham)、纽厄尔(Newel)、韦伯斯特(Webster)、伊迪(Edie)、佛特(Foote)、张德勒(Chandler)、赫尔曼(Herman)等。

(3) 稳步发展阶段

20世纪50年代末至21世纪初这一时期被界定为交通流理论的稳步发展阶段。在此期间,汽车普及以至进入寻常百姓家,交通拥堵、环境污染成为世界各国大中城市面临的越来越严重的问题,交通流理论需要进一步发展来应对这些问题。现实需求和科技革命促使交通流理论稳步发展。1959年12月,首届国际交通流理论学术会议在美国密歇根州沃伦市的通用汽车研究实验室举办。该会议在2005年以前每三年召开一次,是交通流理论研究领域著名的国际会议,英文名称为International Symposium on Transportation and Traffic Theory (ISTTT)。自2005年起,ISTTT会议每两年召开一次。表1-1列出了历届ISTTT会议召开时间与地点。此外,近年来世界各国还举办了许多交通运输领域的专题学术年会,都涉及交通流理论专题。

历届ISTTT会议召开时间与地点 表1-1

届次	年份	会 议 地 点	届次	年份	会 议 地 点
1	1959	美国沃伦(Warren, USA)	3	1965	美国纽约(New York, USA)
2	1962	英国伦敦(London, UK)	4	1968	德国卡尔斯鲁厄(Karlsruhe, Germany)

续上表

届次	年份	会 议 地 点	届次	年份	会 议 地 点
5	1971	美国伯克利(Berkeley,USA)	15	2002	澳大利亚阿德莱德(Adelaide,Australia)
6	1974	澳大利亚悉尼(Sydney,Australia)	16	2005	美国帕克(College Park,USA)
7	1977	日本京都(Kyoto,Japan)	17	2007	英国伦敦(London,UK)
8	1981	加拿大多伦多(Toronto,Canada)	18	2009	中国香港(Hong Kong,China)
9	1984	荷兰代尔夫特(Delft,Netherlands)	19	2011	美国伯克利(Berkeley,USA)
10	1987	美国波士顿(Boston,USA)	20	2013	荷兰诺德韦克(Noordwijk,Netherlands)
11	1990	日本横滨(Yokohama,Japan)	21	2015	日本神户(Kobe,Japan)
12	1993	美国伯克利(Berkeley,USA)	22	2017	美国伊利诺伊(Illinois,USA)
13	1996	法国里昂(Lyon,France)	23	2019	瑞士洛桑(Lausanne,Switzerland)
14	1999	以色列耶路撒冷(Jerusalem,Israel)			

(4) 大数据阶段

21世纪初以来，随着大数据、云计算、移动互联网、电子计算机技术等的快速发展，人工智能和汽车工业也得到了迅猛发展，网约车技术已经基本成熟，共享自行车和共享汽车在很多城市投入使用，自动驾驶车辆和服务也即将进入应用阶段。数据和技术的融合正在使人类迈进"出行即服务"的时代。新技术、新服务正在不断改变着人们的出行行为，进而影响着交通流的时空特性，势必推动交通流理论不断发展，原有的模型和方法体系会不断被修正和完善，同时会不断产生新的模型和方法体系。这一时期可界定为大数据阶段。

按照研究手段和方法，交通流理论可以分为3类。

(1) 传统交通流理论

前两个阶段形成的交通流理论可称为传统交通流理论，即采用数理统计和微积分等传统数学和物理方法为基础的交通流理论。其显著特征在于交通流模型的限制条件比较苛刻、推导过程比较严谨、具有明确的物理意义，例如交通流参数的统计分布模型、车辆跟驰模型、交通波模型、车辆排队模型等。虽然传统交通流理论对真实交通流过程和现象的描述有诸多不尽人意的地方，但因具有基础性和奠定性使其在目前的交通流理论体系中仍居主导地位，并且应用相对成熟。

(2) 现代交通流理论

第3个阶段形成的交通流理论可称为现代交通流理论，即利用诸如模拟技术、神经网络、模糊控制等现代科学技术和方法为主要研究手段的交通流理论。其显著特征在于所采用的模型和方法不追求严格意义上的数学推导和明确的物理意义，而是重点关注模型或方法对真实交通流的拟合效果。此类模型主要用于模拟、解释和预测复杂交通流过程和现象，实现这些目的对于传统交通流理论来说显得举步维艰。

(3) 后现代交通流理论

随着大数据时代的到来，"出行即服务"已经使得"交通"不仅仅是社会经济活动中的"纽带"，而是成为一种服务体验的载体。人们对出行服务的质量和交通系统的品质不断提出更高的要求。交通参与者使用大数据时代的服务智能地规划自己的出行路径,同时不断地向交通系统贡献着海量数据,这种反馈机制很好地诠释了"出行即服务"。大数据技术可以分析交通流现象和规律,但很难找寻到背后的因果关系,而小数据分析恰恰能够找到不同因素之间的因果关系。因此,可以预见后现代交通流理论将依托大数据技术和小数据分析,以"出行即服务"为核心理念来揭示交通流在复杂的时空、社交、经济等网络中的运行过程与规律,并服务于政府、企业的管理与决策。

显然,传统交通流理论、现代交通流理论和后现代交通流理论并不是截然分开的,只是所采用的主要研究手段有所区别,在研究不同问题时各有优劣。在实际研究中,常常需要综合运用,以便取得更佳的效果。

1.2 研究方法

从大类上来说,研究交通流理论的方法无外乎两种,即解析法和模拟法。从数学建模角度精确地表达各个交通流参数关系的方法称为解析法。由此建立的交通流模型可能是线性方程、非线性方程、常微分方程、偏微分方程等。此类模型以高等数学、概率与统计、线性代数等数学知识为理论基础。利用智能算法通过计算机模拟交通流演化规律的方法称为模拟法。由此建立的交通流模型通常没有解析解,只是表达交通流参数的粗略关系或者描述交通流演化的一般规则。此类模型使用的典型方法包括神经网络、遗传算法、粒子群算法、元胞自动机、机器学习、深度学习等。

(1)解析法

在道路交通系统中,交通流不仅随着时间、空间发生变化,而且随着各种随机因素发生变化,其变化规律非常复杂。因此,真实的交通流状态函数是一个以时间、空间以及各种随机因素为自变量的高维、非线性的随机函数。相应地,真实交通流状态的描述模型应具备5个特点:①微分方程;②与时间和空间有关;③非线性;④随机性;⑤无穷维。事实上,时间和空间可以无限分割,而随机因素又很难预测,这导致交通流状态在不同时间和空间下很难相同,换句话说,精确的交通流规律难以找到。可见,具备以上5个特点的真实交通流模型实际上是无法建立的,即便能够建立这样的模型,也会因为条件苛刻和求解复杂而使其丧失实际意义。

通常,实际研究中可以认为交通流随时间在一维空间上发生变化。那么,一定程度上真实交通流模型可以简化为一个以时间或空间为自变量的线性或非线性函数。人们根据实际需要建立的抽象模型经常是一个有穷维、时不变、确定性、线性的实用模型,其抽象程度取决于解决实际问题的主要目的。例如,格林希尔治认为速度和密度呈线性关系,由此建立了著名的格林希尔治速度-密度线性模型。实际数据的检验结果证明,在正常的交通流状态(即密度值在合适范围内)下,速度与密度之间的确存在线性关系,确实可以由格林希尔治速度-密度线性模型来表达。然而,当交通流处于自由流状态或拥挤状态(即密度值过小或过大)时,格林希尔治速度-密度线性模型对实际数据的拟合效果显著变差,此时安德伍德速度-密度指数模型或格林伯速度-密度对数模型能够很好地拟合实际数据,成功地解决了格林希尔治速度-密度线性模型不适用的问题。

交通流理论具有很强的实践性,交通流建模是为了解释交通现象、揭示交通规律以及解决交通问题。因此,构造的交通流模型不应脱离实际而仅仅追求形式上或数学上的完美。在交通流建模过程中,应该充分重视模型结构和参数标定两大环节。对于第一个环节,重点研究设计什么结构的模型才能很好地描述所关注的交通流现象,其关键在于识别系统特征以便充分认识所研究对象。这种认识越深刻,所建立的模型就越符合实际情况。对于第二个环节,重点研究如何确定模型中的参数以便模型能够得以具体应用,参数标定是一项非常具体、细致的工作,参数值的准确与否直接决定了模型应用效果的好坏。

无论模型结构还是参数标定,都应以简单和适用为第一原则。纵观交通工程领域所应用的交通流模型,绝大多数都比较简单而且能够解决实际问题,即便是推导过程比较复杂的模型,在实际应用时其形式也比较简单,这种简化形式有利于模型推广与使用。例如,有名的信号控制系统 TRANSYT、SCATS 和 SCOOT 应用的交通模型和参数优化过程都比较简单,目前为止始终表现出很强的生命力。相反,有些交通流模型尽管可以解释某些交通流现象,但是因结构复杂和应用条件苛刻而很难被接受,从而丧失了生命力或难以应用于工程实践。

(2) 模拟法

当然,推崇简单和适用并不等于拒绝复杂的交通流模型。事实上,当研究复杂的交通流现象时,简单的模型确实往往力不从心。例如,城市交通流诱导时采用的实时动态交通分配模型,以及城市路网点、线、面交通流相互作用的关系模型等,很难由简单模型来表述。

近年来,随着计算机技术的发展,软、硬件条件一直在不断地改善,交通工程技术人员的专业素质和非专业素质也不断地提高,推广、应用或开发复杂交通流模型的可能性越来越大,人工智能、控制理论等方法和手段在交通监控中的应用已经证实了这一点。譬如,VISSIM 的 COM 接口或 API 接口为软件的二次开发创造了有利条件,有助于研究人员更加灵活、深入地分析各种交通管制措施或手段引起的交通流现象的背后规律,从而创建复杂的交通流模型用以解释复杂的交通流现象。

伴随着自动驾驶技术、共享汽车或共享自行车、电动汽车等的出现,采用模拟法描述各种复杂的交通流现象、揭示各种复杂的交通流规律越来越得到重视,这种模拟法的应用越来越深入且宽广。

分析近些年的研究现状和动态,可以发现解析法和模拟法相结合用于描述网络交通流现象与规律也是一种趋势,逐渐形成一种常态化研究手段。

1.3 研 究 内 容

自诞生之日起,交通流理论的研究内容就随着科技进步一直在不断地扩充与丰富。众多学者从不同角度对交通流理论进行了不同的界定。尽管各种表述存在差异,但是其基本内涵相同。通过归纳与总结已有的相关研究成果,可以给出如下定义:

交通流理论是在一定的经济、地理、管制等环境下,对交通流随时间、空间及随机因素的变化规律建立的模型和方法体系。

由于交通流理论涉及范围极其广泛,其研究内容很难一言以蔽之。通过梳理已有的专业书籍、文献及期刊资料,可将交通流理论研究内容分为以下 9 部分。

(1) 交通流特性

交通流特性(Traffic Stream Characteristics)探讨描述交通流特征的各种参数的调查方法、统计分布及其相互关系。这些参数包括流量、速度、密度、占有率、车头时距、延误等,其中流量、速度、密度(或密集度)被称为交通流三参数。各参数的调查方法是描述交通流特性的前提条件,各参数的统计分布与关系模型是描述交通流特性的核心内容。

(2) 交通参与者行为特性

交通参与者行为特性(Human Factors)分析各类交通参与者在复杂的人、车、路、环境中对交通标志、标线、控制设备、诱导信息等做出识别、反应、响应的行为特性。这些参与者包括驾驶员、乘客、骑车人和行人。这里的环境不仅仅是指与交通流相关的自然、地理、交通管制等,还包括社会、经济、人文以及历史的和实时的各种信息。

(3) 驾驶行为建模

驾驶行为建模(Driving Behavior Models)以驾驶员视角描述机动车辆在交通流中行驶时发生的跟驰(Car Following)、换道(Lane Changing)、超车(Overtaking)等行为与现象。车辆跟驰(或跟车)模型揭示单车道、不可超车条件下后车(或跟驰车)紧跟前车(或前导车)的行驶特性。车辆换道模型解释多车道、可超车条件下受试车(辆)为追求更高车速或实现出行计划换道至相邻车道的行驶特性。车辆超车模型表达多车道、可连续超车条件下,后车借助相邻车道经连续两次换道后到达前车前方的行驶特性。除此之外,驾驶行为建模还探讨交通流的稳定性以及加速度干扰等。

(4) 连续交通流模型

连续交通流模型(Continuous Flow Models)根据流体力学将交通流描述为连续流,并建立交通流三参数之间的各种定量关系,还依据流量守恒原则揭示交通流从一种状态变化到另一种状态时产生的冲击波现象。一般来说,高速公路上的交通流可以被看作连续流,城市道路中相距很远(通常认为不少于 800m 或 1000m)的交叉口间路段上的交通流也可近似为连续流。描述冲击波现象的理论被称为交通波理论。

(5) 宏观交通流模型

宏观交通流模型(Macroscopic Flow Models)从宏观角度(即路网层面)研究流量、速度和密度(或占有率)之间的定量关系,重点分析以城市中心为参考的路网中不同位置的交通流特性。

(6) 交通影响模型

交通影响模型(Traffic Impact Models)探讨不同交通管制条件下交通流运行对周边环境造成的影响,包括交通安全、燃油消耗、废气、空气污染、噪声等。不同的模型从宏观或微观角度描述交通流运行对出行环境带来的不利影响。

(7) 无信号交叉口理论

无信号交叉口理论(Unsignalized Intersection Theory)利用数理统计和排队论分析无信号交叉口单股或多股车流的可插车间隙以及互相冲突的竞争车流之间的相互作用。该理论面向优先权控制交叉口讨论交通流特性,间隙理论是其理论基础。

(8) 信号交叉口理论

信号交叉口理论(Theory for Signalized Intersections)探讨交通信号对交通流造成的阻滞作

用,其内容包括车辆到达-驶离规律、交通状态分析、稳态理论、定数理论、过渡函数曲线、交通流运行性能评价等。设置交通信号是在时空上有效分离交通冲突的一种措施。近些年,随着机动车保有量的不断攀升,许多大中城市,甚至小城市都在不断地新增信号控制交叉口。交通问题的日益突出使得信号交叉口理论的研究深度和广度持续扩张。伴随自动驾驶、共享汽车、网约车等的发展,城市交通流特性的相关研究成果都可以纳入信号交叉口理论的研究范畴。

(9) 交通仿真

交通流在道路网中的运行规律极其复杂,其特征具有很强的时变性、随机性和非线性。为了解决各种交通问题、预判各种交通管制措施的效果,应用计算机技术的交通仿真技术应运而生。交通仿真或模拟(Traffic Simulation)研究各种计算机模拟技术在交通流分析、交通现象再现、交通运行性能评估等方面的应用,并介绍交通仿真模型的种类和建模步骤。越来越多的优秀软件为研究人员或技术人员提供了高效、可靠的仿真平台,用以评测设计方案、研究算法或管制措施等。

上述9个方面内容是交通流理论的经典部分,并不能涵盖其全部内容。随着时代发展和科技进步,不仅以上内容的深度和广度在持续增加,而且也有新的分支在不断渗入。

1.4 理论体系

目前,国内外影响较大的有关交通流理论的专著大约有十余种,这些文献的内容和结构大同小异。有的文献将交通流理论分为微观交通流理论和宏观交通流理论两大体系,有的文献将交通流理论分为微观交通流理论、中观交通流理论和宏观交通流理论三大体系。后者在微观和宏观之间增加了中观尺度,而前者往往将中观的研究纳入宏观体系。微观、中观和宏观都属于人们观察交通流的物理尺度。微观交通流理论研究个别车辆的交通特性,关注每辆车每时每刻所处的空间位置、速度、加速度、尾气排放等以及相邻车辆的车头时距、车头间距等。中观交通流理论研究包含多辆车的一列车队的交通特性,关注车队的平均速度、密度、流量等以及随机干扰在车队中的传播效应。宏观交通流理论以路网交通流为研究对象,关注网络通行能力、平均流量、平均速度、平均密度等。

如前所述,交通流随着时间、空间及各种因素随机发生变化。时间和空间是观察交通流变化规律的两个重要维度。如果对这两个维度都考虑3种水平,可将时间划分为较短、中等和较长,可将空间划分为点、线和面或者交叉口、路段和路网。从空间角度,微观交通流理论探讨某一点、某一断面或某一交叉口的交通流特性,中观交通流理论探讨某一路段的交通流特性,宏观交通流理论探讨整个路网的交通流特性。从时间角度,微观交通流理论研究较短时间间隔内的交通流变化规律,中观交通流理论研究中等时间间隔内的交通流变化规律,宏观交通流理论研究较长时间间隔内的交通流变化规律。

依据交通流理论的定义,从时间和空间两个维度一起考虑交通流理论体系的划分更加科学。若研究的时间间隔较短且空间范围较小,这样的交通流理论称为微观交通流理论;若研究的时间间隔较长或空间范围较大,这样的交通流理论称为宏观交通流理论;其余的交通流理论称为中观交通流理论。交通流理论体系划分见表1-2。

交通流理论体系划分　　　　　　　　　　表 1-2

时间＼空间	点(交叉口)	线(路段)	面(路网)
较短	微观	中观	宏观
中等	中观	中观	宏观
较长	宏观	宏观	宏观

从某种意义上来说，交通流理论的研究内容可划分为两大类：其一是交通流的生成规律，其二是交通流的运行机理。交通流的生成规律需要应用宏观交通流理论，并按照"土地利用→交通生成→交通分布→方式划分→交通分配"这一思路科学地预测交通流的产生。交通流的运行机理需要应用微观交通流理论，对机动车、非机动车和行人的行为特性进行模拟，进而揭示交叉口、路段和路网的交通流特性及其相关关系。针对具体的交通问题，可能应用中观交通流理论分析交通流的生成规律或运行机理。

1.5 发展趋势

任何理论都有其发展的客观需求和客观环境，交通流理论也是如此。交通运输工程的内在需求和科学技术的发展水平是推动交通流理论发展的两大重要因素。交通运输工程的内在需求是交通流理论发展的客观需求，科学技术的发展水平是交通流理论发展的客观环境。

在遥远的马车时代，无所谓交通流，也无所谓交通拥堵。伴随着工业革命的进程，汽车诞生并成为一种交通工具。汽车在道路上行驶使得交通流产生，在道路交叉处出现了交通冲突，车辆数的增多导致交通拥堵发生。为了解决交通流运行过程中存在的各种问题，人们需要研究交通流的模型与方法，因而交通流理论产生。应该说，内在需求是交通流理论发展的原动力，没有汽车工业的发展就不会有交通流理论的产生，没有交通冲突、拥堵和事故就不会有交通管理与控制理论的发展，没有更高的出行需求和管理需求自然不会有智能运输系统的出现，没有智能运输系统的发展也不会产生对实时动态交通分配理论的强烈需求。

另一方面，科学技术为交通流理论的发展和应用创造了必要条件。在计算机诞生之前，一些复杂的模型无法求解，一些复杂的计算也无法实现，这使得一些交通流模型无法应用于实际。换句话说，如果没有计算机，大规模的数据处理和复杂模型的计算将举步维艰。因此，计算机的发展为交通流理论的发展和应用提供了有力的保障，也为交通流理论的发展提供了新的思维空间。在过去的半个多世纪，由于计算机的出现，人们创造并发展了交通仿真技术；由于计算机的存在，人们采用人工智能、神经网络、机器学习等方法认识复杂的交通现象并解决复杂的交通问题。科技进步不仅带来了计算机技术，而且带来了先进的检测技术、通信技术、控制技术和卫星定位技术，这些技术不断地被应用到交通运输工程领域，为交通流理论的发展提供了广阔的思维空间和强劲的技术保障。

在交通流理论中，"数据"是在交通流特性分析、数学建模、参数标定、模型评价等方面贯穿始终的一个关键要素。"交通流理论"涉及交通流参数的基本概念、统计分布与关系模型以及描述各种交通现象的理论、模型与方法，还涉及交通流数据的获取方法与采集设备以及模拟与再现交通流时空变化与运行规律的仿真原理与手段。当研究交通流参数的统计分布时,需要直接利用概率论;当建立交通流参数的关系模型时,需要直接使用数理统计;当描述车辆的跟驰现象时,跟驰理论在构建跟驰模型和分析稳定性或稳态流时大量运用微积分。其余交通流理论分支(如守恒方程与动态模型、交通波理论、二流理论、网络交通模型等)也都需要以高等数学、概率与统计为理论基础。此外,交通仿真在模拟与再现交通流时空变化与运行规律时既离不开高等数学、概率与统计,又离不开计算机,特别是程序设计。无论是研究交通流参数的统计分布与相关关系,还是探究各种交通现象背后的规律,抑或是进行交通流运行状况的模拟,都需要大量的数据。再者,无论是建立模型、标定模型参数,还是进行模型验证或灵敏度分析,同样离不开大量的数据。

大数据即巨量资料,是 IT 行业中的一个术语。早在 1980 年,著名未来学家托夫勒在其著作《第三次浪潮》中将"大数据"描述为"第三次浪潮的华彩乐章"。在 2008 年 9 月,《自然》杂志将"大数据"作为封面专栏。自 2009 年起,"大数据"成为互联网技术行业中的热门词汇,并不断地被应用到其他研究领域。随着物联网与云计算的出现,"大数据"凸显出其真正的价值。大数据意味着大量、高速、多样和价值,不需要采用随机抽样的方法而是直接采用所有数据进行分析与处理。

大数据技术已经日益渗入人们的日常生活,包括出行方式、方法、手段、行为、习惯等。2005 年,谷歌公司面向全球推出一款虚拟地球仪软件,名为谷歌地球(Google Earth)。该软件将卫星照片、航空照相和地理信息系统(Geographic Information System,GIS)布置于一个地球的三维模型上,允许用户使用客户端软件或网页免费浏览全球各地的高清卫星图片。随之,百度、腾讯、高德等互联网信息服务提供商也都相继推出电脑版和手机版的电子地图,为人们的出行提供导航服务。2007 年,谷歌公司率先推出了街景地图服务。随后,腾讯、百度等多家公司也借助全景摄像头提供诸多城市主要街道上的 360°全景景观。通过使用这些软件,人们可以获得关于路网形式、交通管制、出行信息等大量表征或影响交通流运行状况的数据。随着互联网技术、移动通信技术、平板电脑、智能手机的发展与更新,越来越多的人几乎每天都通过 PC 端、iPhone、Android、iPad 和 Web App 等众多终端平台,使用电子地图来规划自己的出行路径与时间安排。人们在获取大量的交通信息数据的同时也在不断地制造新的交通信息数据。

另外,"调查"不仅是获取"数据"的前提条件,而且是评估交通流状态的重要手段。调查所用的设备、方式、方法等对于数据的质量和数量都有不容忽视的影响。伴随着电子产品与工业装备的更新与集成,数码摄像机、数码照相机、激光测距仪、雷达测速仪、智能手机测速仪、手持 GPS(Global Positioning System,即全球定位系统)、车载 GPS、高清视频卡口、高清电子警察、汽车尾气分析仪、行车记录仪等众多设备投入应用。这些设备用于交通调查时能够采集交通流的多方面数据,包括流量、速度、密度、占有率、排队长度等宏观交通流参数,也包括驾驶员行车过程中的速度、加速度、目标车道、换道操作、转弯半径等微观交通流参数。当这些设备被固定安装于道路系统中时,随着时间的推移,每天将提供海量的交通流数据。海量交通信息与交通流数据的提供改变着人们的出行行为与方式,也改变着交通管理者的规划、设计与决策,进而影响着路网交通流的分布特性与规律,必将深刻影响交通流理论的研究内容、方法、手段等。事实上,"调查"与"数据"往往是融为一体的,通过调查可以获得数据,使用数据可以评价调查的内容、方法和结果。

随着交通运输工程需求和科学技术发展的变化,未来交通流理论将不断地丰富与完善,并逐步向纵深化、集成化、一体化的方向发展。一方面，以微积分、概率论与数理统计为基础的传统交通流理论仍然占据重要的地位，相关的模型与方法是现代和后现代交通流理论的基础。另一方面，以人工智能、大数据技术、神经网络等为手段的现代和后现代交通流理论日益凸显其价值，相关的模型与方法能够揭示自动驾驶、共享汽车等复杂环境下路网交通流特性及状态的实时变化。

在不久的将来，道路交通系统将成为一个人、车、路、环境、信息等互联互通的复杂巨系统，人类将实现"出行即服务"的梦想。因此，交通流理论的发展趋势必将是以路网交通流为研究对象，以实时信息发布和动态调整优化为研究目标，并采用多源数据融合、大数据技术、云计算技术、深度学习等工具和手段，从而揭示路网点、线、面的交通流特性与相互联系及交通流状态的转移规律。

【复习思考题】

1. 简述交通流理论的发展历程以及各阶段的主要特点。
2. 简述交通流理论的各种研究方法及其主要特征。
3. 简述交通流理论涉及的主要研究内容及其相互关系。
4. 简述交通流理论的体系划分及其原则。
5. 简述交通流理论的发展趋势及其学术前沿。

第 2 章
交通流特性

本章介绍交通流数据的常用调查方法、交通流特性的基本表征参数以及交通流参数的统计分布函数和关系模型,重点介绍主要发生在高速公路和快速路上的连续交通流的特性。交通流参数的变化规律及其相互关系对于描述交通流特性、改善交通状态具有重要的理论和现实意义。

2.1 交通调查方法

交通调查是指为描述机动车、非机动车或行人运行情况,在道路系统中选定的交叉口(点)、路段(线)或区域(面)收集实际数据并进行统计分析的过程或工作。对于搞好交通规划、道路设施建设、交通管理与控制以及交通流诱导等,交通调查都是非常重要的一项基础性工作。为了准确获取反映特定现象或问题的交通流数据,需要采取合适的交通调查方法。随着计算机技术和移动通信技术的发展,交通调查方法一直在向综合化、集成化方向发展。根据基本原理和参数获取特点,交通调查方法可以分为 6 类,即定点调查、小距离调查、长距离调查、浮动车调查、ITS 区域调查和现代通信设备调查。无论哪种方法,都有人工调查和自动调查之分,在实践中常常是两者相结合。时代的发展涌现出各种各样的自动调查设备,其自动化、集成化程度越来越高。然而,时至今日,人工调查依然是一种最简单但不可或缺的基本方法。理解人工调查获取各个交通流参数的原理有助于领悟各种现代化调查设备的数据采集机制。

图 2-1 利用时间-距离图描述了 4 种常用调查方法。图中,横轴为距离起始时刻的时间、纵轴为车辆在行驶方向上距起始点的长度,斜线代表车辆的运行轨迹,其斜率表示车速,直线相交表示超车。另外,一条水平直线代表定点调查,两条非常接近的平行水平直线代表小距离调查,一条竖直直线代表长距离调查,粗线所示的一条车辆轨迹代表浮动车调查。ITS 区域调查相当于在不同的时间和地点进行大量的浮动车调查。

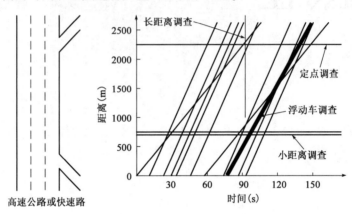

图 2-1　常用调查方法的时间-距离图示

2.1.1　定点调查

定点调查是指在相对不变的一个空间位置,随着时间变化采集交通流数据的一种调查方法,包括人工调查和自动调查两类。人工调查使用秒表手动记录通过观测点或断面的车辆数或行人数。自动调查使用专用设备自动记录通过观测点或断面的车辆数或行人数。

按设备原理划分,自动调查分为计数器调查、雷达调查、摄影调查等。其中,计数器调查采用的仪器包括电感式、环形线圈式、超声波式等检测仪,这些仪器一般固定安装在路面上、路侧或车道上方。这种调查方法几乎适用于任何交通条件,特别适用于长时间连续性调查。雷达调查主要用于测定车辆通过观测点或断面的瞬时速度,适用于车速高、交通密度不大的情况,通常用于超速违章的判定。摄影调查一般将照相机或摄像机安装在车道上方并使镜头对准观测点或断面,每隔一定时间(如 15s、30s、45s 或 60s)自动拍照一次,根据自动拍摄的照片上车辆位置的变化,统计交通流参数。该方法能获得较完整的交通流数据,如流量、流向、车型、速度、车头时距、延误等。

无论是人工调查还是自动调查,定点调查都是一种易于实现、简单方便的方法,能够直接获得流量、速度和车头时距,但是无法测得密度。目前,很多高速公路或城市道路上实施的雷达测速、红外测速、超速抓拍、闯红灯抓拍等系统都属于这种定点调查。

2.1.2　小距离调查

小距离调查是指在空间位置变化不超过 10m 的范围内,随着时间变化采集交通流数据的一种调查方法,通常使用相隔 5m 或 6m 的成对检测器获取流量、速度和车头时距等数据。常用的感应线圈、微波束等点式检测器因其占用一定的道路空间而被称为小距离调查仪器。一般来说,将前后相隔一定距离(如5m)的检测器埋设于路面上,车辆经过两个检测器时发出信号,记录仪接收信号并记录车辆通过两个检测器所使用的时间,那么相隔的距离除以通过的时间即为地点车速。这种调查方法还可获得占有率(即观测时间内检测区域或检测器被车辆占用的百分比)。因为占有率与检测区域大小、检测器性质及其结构有关,所以同样交通状态下不同位置的占有率常常存在一定差异。

与定点调查类似,小距离调查能够直接获得流量、速度、车头时距和占有率,但是同样无法测得密度。

2.1.3 长距离调查

长距离调查也称沿路段长度调查,是指在相对不变的一个时刻,在路段长度至少为500m的范围内采集交通流数据的一种调查方法。这种方法主要指摄影调查,适用于500m以上的较长路段。首先,对观测路段上的交通流进行连续拍摄;然后,在所拍摄的照片上直接统计车辆数或行人数;最后,所得车辆数或行人数除以路段长度即为密度。这是调查密度最准确的方法。由于交通流随着时间推移可能一直处于变化过程中,因此该方法获得的密度是某些特定时刻交通流的密度。各个时刻交通流的密度可能差异很大,一段时间内交通流的密度需要对若干个时刻测得的密度进行加权平均来获得。由于拍摄照片的清晰度在很大程度上受天气状况影响,因此应注意选择天气晴朗的时段进行此项调查。根据照相机或摄像机固定方式的不同,摄影调查可分为地面高点摄影调查和航空摄影调查两种。随着小型无人机的发展,航空摄影调查不失为一种灵活机动的调查方法,其优点是易于获得整个交叉口的交通流状况,但其缺点在于受电池续航能力限制而不适合进行较长时间的连续观测。

与定点调查或小距离调查不同,长距离调查能够直接获得密度,但是不能直接测得流量、速度、车头时距等。

2.1.4 浮动车调查

浮动车也称浮动观测车或移动探测车。浮动车调查常有两种方法:一种是浮动车以近似车流的平均速度行驶,并记录随时间和位置变化的速度和行程时间;另一种是浮动车以自身速度在道路上往返行驶多个来回,并记录行程时间、车辆数等,进而推算交通量和区间平均速度。

第一种方法无须精密仪器即可获得大量有关高速公路的交通流数据,但是很难测得准确的平均速度。常用形式有两种:其一是观测员乘坐浮动车并记录速度和行程时间;其二是使用速度计记录速度和行程时间。后者常常用于远距离行驶的载货汽车或公共汽车。

第二种方法适用于非拥挤的城市道路或无自动检测器的郊区高速公路。该方法能同时调查流量和速度,其计算公式为:

$$q = \frac{x+y}{t_a + t_w} \tag{2-1}$$

$$\bar{t} = t_w - \frac{y}{q} \tag{2-2}$$

$$u_s = \frac{l}{\bar{t}}\tag{2-3}$$

式中:q——道路上参考方向的估计交通量(veh/h);
x——浮动车沿参考方向反向行驶时遇到的车辆数(veh);
y——浮动车沿参考方向行驶时的净超车数(即超越浮动车的车辆数减去被浮动车超越的车辆数)(veh);
t_a——车辆沿参考方向反向行驶时的行程时间(h);
t_w——车辆沿参考方向行驶时的行程时间(h);
$\bar{t}$——车辆沿参考方向行驶时估计的平均行程时间(h);
u_s——区间平均速度(km/h);
l——路段长度(km)。

采用第二种方法进行调查时,驾驶员在试验中应按照事先固定的行程时间驾驶车辆,沿途允许停车,但需保证整个行程时间符合预定值。根据美国国家城市运输委员会的规定,整个行程时间在主要和次要道路上分别取 19min/km 和 6min/km,试验时一般往返行驶 12~16 次即可得到满意结果。此外,离开或进入测试路段的转弯车辆会对计算结果造成一定影响。因此,在应用浮动车调查方法时,所选试验路段应该尽量避开主要的出入口。

2.1.5 ITS 区域调查

在智能运输系统中,每辆搭载通信设备的车辆都是一辆浮动车,在一个区域内多辆这样的浮动车就可以实施 ITS 区域调查,从而获得大量的交通流数据。智能运输系统可以通过诱导车辆与中枢系统的通信技术提供车辆的速度信息。不过,由此获得的车速信息有时是记录点的瞬时速度,有时是车辆的标识信号(系统根据接收的相邻信号计算的车辆行程时间),还可能是车辆接收并登记信标(固定于路旁的信号发射装置)发送的信号而后由中枢系统返回的速度和位置信息。

这种方法只能提供速度信息,无法给出测试车辆所在路段的流量和密度。如果配备合适的传感器,每一辆诱导车就可以记录车头时距和车头间距,从而推算出交通流量和密度。

2.1.6 现代通信设备调查

随着科学技术的进步,尤其是互联网技术和移动通信技术,交通流数据的来源极为多样。在今天,许多通用电子设备进入寻常百姓家,甚至人手一件或几件。这些设备包括摄像机、照相机、平板电脑、智能手机、录音笔、GPS 导航仪、行车记录仪、激光测距仪等。这些设备可以提供与时间或空间相关的各种参数。在数据无处不在的时代,这些通用电子设备的持有者会有意识或无意识地成为交通流数据采集的调查员,所持设备也有意识或无意识地成为提供交通流数据的采集设备。

根据所持设备进行分类,现代通信设备调查包括手机调查、平板电脑调查、数码照相机/摄像机调查、录音笔调查、行车记录仪调查等。虽然这些设备的具体原理和物理构造可能不同,但是用于获取交通流数据的基本原理类似。

以典型设备或手段为例,图 2-2 展示了交通流数据的常用采集设备。其中,秒表和皮尺属于人工调查中最简单、传统的两种调查仪器,前者用来测量时间参数,后者用来测量空间参数。与上述描述不同,交通流数据采集方法可按设备类型分为线圈、雷达、红外、视频、音频、车载等调查方法,还可按数据类型分为图片、音频、视频等调查方法。对于交通流数据,其采集方法往往不是单一的,而是两种或两种以上的组合。一般来说,针对某一具体任务或目标,在考虑设备可得性以及数据处理复杂性的前提下,需要科学设计交通流数据的具体采集方法。

图 2-2 交通流数据的常用采集设备

理论上,以上交通调查方法可划分为 4 类:单断面调查、双断面短距离调查、双断面长距离调查和多观测站调查。前 3 类均属于单观测站调查。图 2-3 ~ 图 2-6 描述了主要交通流参数的获取原理。图 2-3 为单断面调查示意图,该方案可获得流量、车头时距、点速度等数据。图 2-4 为双断面短距离调查示意图,该方案能获得流量、车头时距、速度、占有率等数据。图 2-5 为双断面长距离调查示意图,该方案可测得密度。图 2-6 为多观测站调查示意图,该方案能获得行驶时间、行程时间、行驶速度、行程速度、延误等数据。

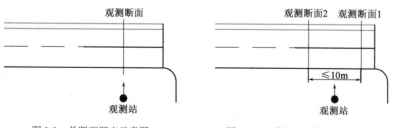

图 2-3 单断面调查示意图　　图 2-4 双断面短距离调查示意图

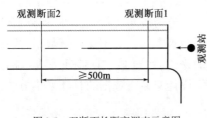
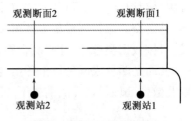

图2-5 双断面长距离调查示意图　　图2-6 多观测站调查示意图

2.2 交通流参数

在道路网中,机动车、非机动车或行人构成机动车流、非机动车流或行人流,统称为交通流。一般来说,没有特别指出时,交通流仅指机动车流。交通流特性是指交通流运行状态的定性或定量特征。交通流参数是指描述交通流特性的物理量,其变化规律即可反映交通流的基本性质。描述交通流特性的常用参数有很多,包括流量、速度、密度、占有率、车头时距、车头间距、行驶时间、行程时间、延误、排队长度等,本节内容仅介绍前4种。其中,流量、速度、密度或占有率(统称为密集度)被称为交通流三参数,简称流速密,是描述交通流状态的3个基本参数。

2.2.1 流量

流量(Hourly Volume)是指单位时间间隔内通过道路某一点、某一断面或某一条车道的交通实体数(对于机动车流而言就是车辆数)。其计算公式为:

$$q = \frac{N}{T} \tag{2-4}$$

式中:q——观测断面的交通流量(veh/h);

N——观测时段内的车辆数(veh);

T——观测时段持续时间(h),$T = \frac{1}{3600}\sum_{i=1}^{N}h_i$,其中$h_i$为第$i+1$辆车与第$i$辆车的车头时距(s)。

车头时距(Time Headway 或 Headway)是指相邻两辆车通过同一点或同一断面的时间间隔。由定义可见,流量与车头时距互为倒数。

式(2-4)可以进行如下变形:

$$q = \frac{N}{T} = \frac{N}{\frac{1}{3600}\sum_{i=1}^{N}h_i} = \frac{3600}{\frac{1}{N}\sum_{i=1}^{N}h_i} = \frac{3600}{\bar{h}} \tag{2-5}$$

式中:$\bar{h}$——平均车头时距(s/veh),$\bar{h} = \frac{1}{N}\sum_{i=1}^{N}h_i$。

与流量类似的概念还有交通量(Volume)和流率(Flow Rate),交通量是指一定时间间隔内通过道路某一点、某一断面或某一条车道的车辆数或行人数,流率是指将不足1h时间间隔(如5min、15min)内观测到的交通量换算成单位时间间隔内的交通量,即当量小时交通量。

交通量、流量与流率的观测方法相同,均可由定点调查直接获取,其差异在于观测的时间间隔。交通量的观测时间间隔可以大于、等于或小于1h,流量的观测时间间隔等于1h,流率的观测时间间隔小于1h。此外,交通量的单位为 veh 或 veh/ln,流量和流率的单位为 veh/h 或 veh/h/ln,一般情况下"/ln"被省略。这些参数只需要确定一条观测断面即可获取,其原理如图2-3所示。因此,流量是交通流三参数中最容易获取的一个。

与流率近似的概念有最高15min流率(Peak 15min Flow Rate)和饱和流率(Saturation Flow Rate),最高15min流率是将观测时段内以15min为间隔测得的最大交通量换算成当量小时交通量,饱和流率是信号交叉口绿灯期间交通流以饱和流形式释放时测得的交通量换算成当量小时交通量。

与饱和流率相关的概念是饱和车头时距(Saturation Headway)。饱和车头时距是信号交叉口绿灯期间交通流以饱和流形式释放时测得的平均车头时距。类似于流率与车头时距,饱和流率与饱和车头时距互为倒数。

此外,高峰小时系数(Peak Hour Factor)经常被提到,是指高峰小时交通量与其最高15min流率之比,其值小于或等于1。该系数可以反映高峰小时内交通需求的波动性。如果高峰小时系数接近1,说明交通需求变化比较平稳;反之,说明交通需求变化较为波动。

2.2.2 速度

速度(Speed 或 Velocity)即距离与时间之比,分为地点速度和平均速度,后者又分为时间平均速度和空间平均速度。

地点速度(Spot Speed 或 Instantaneous Speed)也称即时速度、瞬时速度或点速度,是车辆通过道路某一点或某一断面时的速度,其计算公式为:

$$u_i = \frac{\mathrm{d}x}{\mathrm{d}t} = \lim_{\Delta t \to 0} \frac{\Delta x}{\Delta t} = \lim_{(t_2-t_1) \to 0} \frac{x_2 - x_1}{t_2 - t_1} \tag{2-6}$$

式中:u_i——第 i 辆车的地点速度(km/h);
　　$\mathrm{d}x$——距离的微分(km);
　　$\mathrm{d}t$——时间的微分(h);
　　Δx——时间间隔 Δt 内第 i 辆车的行驶距离(km);
　　Δt——第 i 辆车通过指定点或断面的时间间隔(h);
　　x_1、x_2——分别为 t_1 和 t_2 时刻第 i 辆车的位置(km);
　　t_1、t_2——分别为第 i 辆车通过指定点或断面的起止时刻(h);
　　lim、→——分别表示求极限和趋于。

雷达测速仪和微波测速仪所测得的速度非常接近点速度的定义。另外,地点速度的近似值还能通过小距离调查获得,即通过相隔一定距离的成对感应线圈来测得。

时间平均速度(Time Mean Speed)是指观测时段内通过道路某点或断面的所有车辆地点速度的算术平均值,其计算公式为:

$$\bar{u}_t = \frac{1}{N}\sum_{i=1}^{N} u_i \tag{2-7}$$

式中:$\bar{u}_t$——时间平均速度(km/h);
　　其余符号意义同前。

空间平均速度(Space Mean Speed)也称区间平均速度,有两种定义,其一是指定的行驶距离除以所有车辆行驶该距离所需的平均行驶时间,其二是某一时刻路段上所有车辆地点速度的平均值。

根据空间平均速度的第一种定义,其计算公式为:

$$\bar{u}_s = \frac{D}{\frac{1}{N}\sum_{i=1}^{N} t_i} \qquad (2\text{-}8)$$

式中:$\bar{u}_s$——空间平均速度(km/h);

D——指定的行驶距离(km);

t_i——第 i 辆车通过指定距离 D 的行驶时间(h),$t_i = \frac{D}{u_i}$,其中 u_i 为第 i 辆车通过指定距离 D 的行驶速度(km/h);

其余符号意义同前。

式(2-8)适用于交通量较小的条件,而且所观察的车辆应具有随机性。式(2-8)可变形为:

$$\bar{u}_s = \frac{D}{\frac{1}{N}\sum_{i=1}^{N} t_i} = \frac{D}{\frac{1}{N}\sum_{i=1}^{N}\frac{D}{u_i}} = \frac{1}{\frac{1}{N}\sum_{i=1}^{N}\frac{1}{u_i}} \qquad (2\text{-}9)$$

式(2-9)表明空间平均速度也可解释为观测路段内所有车辆行驶速度的调和平均值。此时,空间平均速度也可由行程时间(或行驶时间)和行程速度(或行驶速度)来定义和计算。行程时间与行驶时间的区别在于行程时间包括延误而行驶时间不包括延误,即行程时间等于行驶时间与延误的总和。行程速度和行驶速度分别是对应于行程时间和行驶时间测得的平均速度。

第二种定义给出的空间平均速度可由长距离调查测得,即以很短的时间间隔对观测路段进行两次或多次航空摄像,据此获得所有车辆地点速度的近似值,进而计算空间平均速度。其计算公式为:

$$\bar{u}_s = \frac{1}{N}\sum_{i=1}^{N}\frac{s_i}{\Delta t} = \frac{1}{N\Delta t}\sum_{i=1}^{N} s_i \qquad (2\text{-}10)$$

式中:s_i——第 i 辆车在时间间隔 Δt 内行驶的距离(km);

Δt——两张照片拍摄的时间间隔(h),$s_i = u_i \Delta t$,其中 u_i 为第 i 辆车的瞬时速度(km/h);

其余符号意义同前。

已有研究表明,根据式(2-10)得到的速度观测值的统计分布符合实际速度的分布。

从某种意义上理解,时间平均速度是固定空间位置、在一段时间内测得的所有车辆地点速度的算术平均值,空间平均速度是固定观测时刻、在一定空间范围内测得的所有车辆地点速度的算术平均值。

对于自由流或低饱和度交通流,行程时间中所包含的延误很少,此时区分时间平均速度和空间平均速度的意义不大;对于高饱和度交通流、非连续交通流或拥挤交通流,例如含信号控制交叉口的路段或严重拥挤的高速公路上,行程时间中所包含的延误可能非常多,此时区分时间平均速度和空间平均速度就显得非常重要。当道路上车辆速度存在较大变化时,这两种平均速度的差别非常大。

时间平均速度和空间平均速度的关系如下:

$$\bar{u}_t - \bar{u}_s = \frac{\sigma_s^2}{\bar{u}_s} \tag{2-11}$$

式中：$\sigma_s^2 = \frac{1}{K}\sum k_i(u_i - \bar{u}_s)^2$，其中 k_i、u_i 分别为第 i 股交通流的密度（veh/km）和速度（km/h），

K 为交通流的整体密度（veh/km）；

其他符号意义同前。

由式(2-11)可见，时间平均速度不小于空间平均速度。另外，曾有研究人员用实际数据对式(2-11)进行了线性回归分析，得到的这两种平均速度的具体关系为 $\bar{u}_s = 1.026\bar{u}_t - 1.890$ 或 $\bar{u}_s = 1.026\bar{u}_t - 3.042$。

此外，速度的一个特殊值是自由流速度或称零流速度（Free Flow Speed），该值是车辆处于自由行驶状态时或交通量为零时测得的所有车辆的平均速度。实际情况下，自由流速度可在低流量条件下测得。

2.2.3 密度

密度（Density）是指某一时刻或某一瞬间单位道路长度上存在的车辆数，代表车辆的空间密集度，其计算公式为：

$$k = \frac{N}{L} \tag{2-12}$$

式中：k——观测时刻的交通密度（veh/km）；

N——观测区段内的车辆数（veh）；

L——观测区段长度（km）。

准确获取密度的方法只有长距离调查法，一般可以根据航拍照片上测得的距离和车辆数来计算密度。换个角度，密度可表达为：

$$k_i = \frac{1000}{s_i} = \frac{3600}{h_i u_i} \tag{2-13}$$

式中：k_i——第 i 股交通流的密度（veh/km）；

s_i——第 i 辆车与其前车的车头间距（m/veh），车头间距（Spacing）是指相邻两辆车的车头与车头之间的空间距离；

h_i——第 i 辆车与其前车的车头时距（s/veh）；

u_i——第 i 辆车的瞬时速度（km/h）。

通常，交通流在空间上的不同位置具有不同的密度，可将其分成若干部分。那么，交通流的平均密度为：

$$\bar{k} = \frac{1000}{\frac{1}{N}\sum_{i=1}^{N} s_i} = \frac{1}{\frac{1}{N}\sum_{i=1}^{N}\frac{1}{k_i}} \tag{2-14}$$

式中：$\bar{k}$——交通流的平均密度（veh/km）；

N——观测区段内的车辆数或记录的车头间距数。

根据定义，密度与车头间距互为倒数；式(2-14)说明平均交通密度等于各股交通流密度的调和平均值。

与流量、速度相比，密度并不容易观测，但其中的阻塞密度相对容易观测。阻塞密度是指

交通流处于阻塞状态时对应的密度,该值可在车辆处于停车排队状态下测得。

2.2.4 占有率

占有率(Occupancy)分为时间占有率和空间占有率。时间占有率(Time Occupancy)是指观测时段内车辆占用检测器的百分比,代表车辆的时间密集度。单个车辆通过检测器所花费的时间取决于这辆车的瞬时速度、车身长度和检测器长度。那么,时间占有率为:

$$o_\mathrm{t} = \frac{1}{T}\sum_{i=1}^{N} t_i = \frac{1}{T}\sum_{i=1}^{N}\frac{l_i+d}{u_i} = \frac{1}{T}\sum_{i=1}^{N}\frac{l_i}{u_i} + \frac{d}{T}\sum_{i=1}^{N}\frac{1}{u_i} \tag{2-15}$$

式中:o_t——时间占有率;
T——观测时段持续时间(s);
N——观测时段内通过检测器的车辆数;
t_i——第 i 辆车通过检测器所花费时间(s);
l_i——第 i 辆车的车身长度(m);
d——检测器长度(m);
u_i——第 i 辆车通过检测器的瞬时速度(m/s)。

利用式(2-4)和式(2-9),可将式(2-15)变形为:

$$o_\mathrm{t} = \frac{1}{T}\sum_{i=1}^{N}\frac{l_i}{u_i} + d\frac{N}{T}\frac{1}{N}\sum_{i=1}^{N}\frac{1}{u_i} = \frac{1}{T}\sum_{i=1}^{N}\frac{l_i}{u_i} + d\frac{q}{\bar{u}_\mathrm{s}} \tag{2-16}$$

根据流量、速度和密度的定义,可知:

$$q = k\bar{u}_\mathrm{s} \tag{2-17}$$

将式(2-17)代入式(2-16),可得:

$$o_\mathrm{t} = \frac{1}{T}\sum_{i=1}^{N}\frac{l_i}{u_i} + dk \tag{2-18}$$

另外,观测时段持续时间也可以理解为车头时距的总和,再利用式(2-5),可将式(2-18)变形为:

$$o_\mathrm{t} = \frac{\frac{1}{N}\sum_{i=1}^{N}\frac{l_i}{u_i}}{\frac{1}{N}\sum_{i=1}^{N}h_i} + dk = \frac{\frac{1}{N}\sum_{i=1}^{N}\frac{l_i}{u_i}}{\bar{h}} + dk \tag{2-19}$$

假设所有车辆的车身长度均相同,式(2-19)可简化为:

$$o_\mathrm{t} = \frac{1}{\bar{h}}\frac{1}{N}\sum_{i=1}^{N}\frac{l}{u_i} + dk = l\frac{q}{\bar{u}_\mathrm{s}} + dk = (l+d)k = c_\mathrm{k}k \tag{2-20}$$

式中:l——车身长度(m);
c_k——车身长度与检测器长度之和(m);
q——流量(veh/s);
$\bar{u}_\mathrm{s}$——区间平均速度(m/s);
k——密度(veh/m);
其余符号意义同前。

由于检测器长度恒定,如果车身长度不变,式(2-20)说明时间占有率与密度成正比,由此可得空间平均速度的计算公式为:

$$\bar{u}_s = \frac{qc_k}{o_t} \tag{2-21}$$

空间占有率(Space Occupancy)是观测区段内车身长度总和与路段长度之比,用来表示交通流状态,其计算公式为:

$$o_s = \frac{1}{L}\sum_{i=1}^{N} l_i \tag{2-22}$$

式中:o_s——空间占有率;
L——观测区段长度(m);
N——观测区段内存在的车辆数;
l_i——第i辆车的车身长度(m)。

类似于密度,空间占有率也不易观测。相反,时间占有率比较容易观测。因此,时间占有率比空间占有率的应用范围更广。不特别指出时,占有率一般指时间占有率。

图2-7描述了上述交通流参数及其相互关系。这里,交通流参数被分为基本参数、常用参数和重要参数3类。基本参数即为交通流三参数;常用参数是由基本参数衍生的、经常使用的那些参数;重要参数是指常用参数的临界值或根据某些常用参数计算所得的参数。

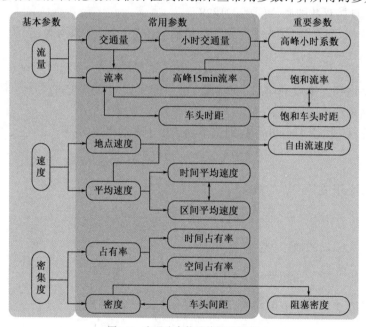

图2-7 交通流参数及其相互关系

2.3 交通流参数的统计分布

当新建交通设施或设计交通管制方案时,人们不仅需要预测交通流的具体特性,而且希望利用现有的或假设的数据进行预测。交通流参数的统计分布模型能够让交通工程师、技术人员或研究者使用少量的资料获得准确的预测结果。

通常,车辆是随机到达道路上某一点或某一断面,那么观测时段内到达车辆数是一个随机变量。根据概率论，有两种分布函数可以描述这种随机现象的分布规律，一种是离散型分布，另一种是连续型分布。前者用来描述离散变量或可数事件的统计特性，例如，考察固定的时间间隔或空间范围内到达某一地点的交通实体数的波动性。后者用来描述连续变量或不可数事件的统计特性，例如，分析车头时距、车速、可接受间隙（即可插车间隙或可穿越空当）等交通流参数的统计分布特性。

在交通流特性研究中，常用的离散型分布包括泊松分布、二项分布和负二项分布，常用的连续型分布包括负指数分布、移位负指数分布、韦布尔分布、二分分布和爱尔朗分布。

2.3.1 泊松分布

泊松分布(Poisson Distribution)的基本公式为：

$$P(x) = \frac{(\lambda t)^x e^{-\lambda t}}{x!}, x = 0,1,2,\cdots \tag{2-23}$$

式中：$P(x)$——指定时间间隔内到达 x 辆车的概率；
λ——平均到达率(veh/s)；
t——时间间隔(s)；
e——自然对数的底，可取 2.71828。

令 $m = \lambda t$ 为指定时间间隔内平均到达的车辆数，式(2-23)可改写为：

$$P(x) = \frac{m^x e^{-m}}{x!}, x = 0,1,2,\cdots \tag{2-24}$$

如果已知平均到达率或平均到达车辆数，可以使用式(2-23)或式(2-24)求出指定时间间隔内恰好有 x 辆车到达的概率。

根据概率论，在指定时间间隔内，到达车辆数小于 k 的概率为：

$$P(x<k) = \sum_{i=0}^{k-1} \frac{m^i e^{-m}}{i!} \tag{2-25}$$

到达车辆数小于或等于 k 的概率为：

$$P(x \leq k) = \sum_{i=0}^{k} \frac{m^i e^{-m}}{i!} \tag{2-26}$$

到达车辆数大于 k 的概率为：

$$P(x>k) = 1 - P(x \leq k) = 1 - \sum_{i=0}^{k} \frac{m^i e^{-m}}{i!} \tag{2-27}$$

到达车辆数大于或等于 k 的概率为：

$$P(x \geq k) = 1 - P(x<k) = 1 - \sum_{i=0}^{k-1} \frac{m^i e^{-m}}{i!} \tag{2-28}$$

到达车辆数至少是 k 但不超过 κ 的概率为：

$$P(k \leq x \leq \kappa) = \sum_{i=k}^{\kappa} \frac{m^i e^{-m}}{i!} \tag{2-29}$$

若应用泊松分布，在观测时段内，需要根据观测数据标定平均到达车辆数或平均到达率，其拟合公式为：

$$m = \frac{\sum_{j=1}^{g} k_j f_j}{\sum_{j=1}^{g} f_j} = \frac{\sum_{j=1}^{g} k_j f_j}{N}, \lambda = \frac{m}{t} \tag{2-30}$$

式中：m——平均到达车辆数(veh)；
λ——平均到达率(veh/s)；
k_j——第 j 组统计的时间间隔 t 内平均到达的车辆数(veh)，可取该组的中位数；
f_j——时间间隔 t 内到达 k_j 辆车的频数；
g——分组数；
N——观测的间隔总数；
t——时间间隔(s)。

依据式(2-24)，可得如下递推公式：

$$P(0) = e^{-m}, P(x+1) = \frac{m}{x+1}P(x), x = 0,1,2,\cdots \tag{2-31}$$

由概率论可知，泊松分布的均值 M 和方差 D 均等于 $m = \lambda t$。根据数理统计，样本数据的均值 m 和方差 S^2 均为泊松分布的均值 M 和方差 D 的无偏估计。样本方差的计算公式为：

$$S^2 = \frac{1}{N-1}\sum_{i=1}^{N}(k_i - m)^2 = \frac{1}{N-1}\sum_{j=1}^{g}(k_j - m)^2 f_j \tag{2-32}$$

式中：k_i——第 i 个时间间隔 t 内平均到达的车辆数(veh)；
其余符号意义同前。

当有一组样本数据时，可使用式(2-30)或式(2-32)计算平均到达车辆数或平均到达率。

图 2-8 给出了泊松分布的出现概率分布曲线和累计概率分布曲线。因为泊松分布的均值等于其方差，当样本数据的方差显著不等于均值时，泊松分布明显不适合用来拟合样本数据，或者说，样本数据显然不服从泊松分布。

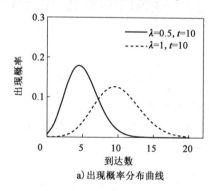
a) 出现概率分布曲线

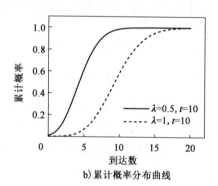
b) 累计概率分布曲线

图 2-8 泊松分布的出现概率分布曲线和累计概率分布曲线

当车流密度不大且基本不存在外界干扰因素时，车辆间很少存在相互影响，即车辆随机到达，此时采用泊松分布可以较好地拟合交通调查所得的样本数据。

2.3.2 二项分布

二项分布(Binomial Distribution)的基本公式为：

$$P(x) = C_n^x \left(\frac{\lambda t}{n}\right)^x \left(1 - \frac{\lambda t}{n}\right)^{n-x}, x = 0,1,2,\cdots,n \tag{2-33}$$

式中：$C_n^x = \frac{n!}{x!(n-x)!}$；
$P(x)$——指定时间间隔内到达 x 辆车的概率；

λ——平均到达率(veh/s);

t——时间间隔(s);

n——正整数。

根据概率论,二项分布描述的是 n 重伯努利实验。令 $p = \lambda t/n$,式(2-33)可改写为:

$$P(x) = C_n^x p^x (1-p)^{n-x}, x = 0,1,2,\cdots,n \quad (2\text{-}34)$$

式中:p、n——二项分布的参数,其中 $0 < p < 1$。

使用式(2-34)可以计算指定时间间隔内恰好有 x 辆车到达的概率。此外,在指定时间间隔内,到达车辆数小于 k 的概率为:

$$P(x<k) = \sum_{i=0}^{k-1} C_n^i p^i (1-p)^{n-i} \quad (2\text{-}35)$$

到达车辆数大于 k 的概率为:

$$P(x>k) = 1 - \sum_{i=0}^{k} C_n^i p^i (1-p)^{n-i} \quad (2\text{-}36)$$

其余类推。

依据概率论,二项分布的均值和方差分别为 $M = np$ 和 $D = np(1-p)$。当利用二项分布拟合样本数据时,使用样本数据的均值 m 和方差 S^2 分别代替二项分布的均值 M 和方差 D,然后根据分布参数与均值、方差的关系估算分布参数,其计算式为:

$$p = \frac{m - S^2}{m}, n = \frac{m}{p} = \frac{m^2}{m - S^2} \quad (2\text{-}37)$$

其中,m 和 S^2 分别由式(2-30)和式(2-32)来计算。需要注意的是,由式(2-37)计算得到的 n 值应向上或向下取整。

由式(2-34)可得递推公式为:

$$P(0) = (1-p)^n, P(x+1) = \frac{n-x}{x+1} \cdot \frac{p}{1-p} \cdot P(x), x = 0,1,2,\cdots,n \quad (2\text{-}38)$$

图2-9 给出了二项分布的出现概率分布曲线和累计概率分布曲线。由于 $0 < p < 1$,所以二项分布的均值大于其方差。当样本数据的方差显著大于均值时,二项分布明显不适合用来拟合样本数据,或者说,样本数据显然不服从二项分布。

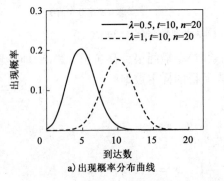
a) 出现概率分布曲线

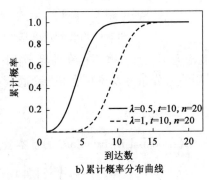
b) 累计概率分布曲线

图2-9 二项分布的出现概率分布曲线和累计概率分布曲线

当车流比较拥挤时,车辆自由行驶机会不多,此时采用二项分布可以较好地拟合交通调查所得的样本数据。

2.3.3 负二项分布

负二项分布(Negative Binomial Distribution)的基本公式为:

$$P(x) = C_{x+\beta-1}^{\beta-1} p^{\beta} (1-p)^x, x = 0,1,2,\cdots \tag{2-39}$$

式中:p、β——负二项分布的参数,$0<p<1$,β为正整数;

其余符号意义同前。

类似地,式(2-39)可计算指定时间间隔内恰好有 x 辆车到达的概率。那么,在指定时间间隔内,到达车辆数大于 k 的概率为:

$$P(x>k) = 1 - \sum_{i=0}^{k} C_{i+\beta-1}^{\beta-1} p^{\beta} (1-p)^i \tag{2-40}$$

其余类推。

基于概率论,负二项分布的均值和方差分别为 $M = \beta(1-p)/p$ 和 $D = \beta(1-p)/p^2$。当采用负二项分布拟合样本数据时,使用样本数据的均值 m 和方差 S^2 分别代替负二项分布的均值 M 和方差 D,然后根据分布参数与均值、方差的关系估算分布参数,其计算式为:

$$p = \frac{m}{S^2}, \beta = \frac{m^2}{S^2 - m} \tag{2-41}$$

其中,m 和 S^2 分别由式(2-30)和式(2-32)来计算。需要注意的是,由式(2-41)计算得到的 β 值应向上或向下取整。

由式(2-39)可得递推公式为:

$$P(0) = p^{\beta}, P(x+1) = \frac{x+\beta}{x+1} \cdot (1-p) \cdot P(x), x = 0,1,2,\cdots \tag{2-42}$$

图 2-10 给出了负二项分布的出现概率分布曲线和累计概率分布曲线。由于 $0<p<1$,所以负二项分布的方差大于其均值。当样本数据的方差显著小于均值时,负二项分布明显不适合用来拟合样本数据,或者说,样本数据显然不服从负二项分布。

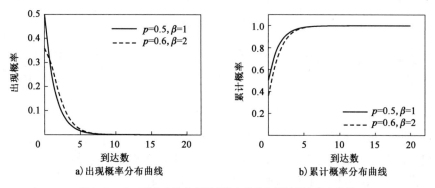

图 2-10 负二项分布的出现概率分布曲线和累计概率分布曲线

当车流波动性很强或者观测时段包含高峰期与非高峰期两个时段时,所得样本数据可能具有较大的方差,此时使用负二项分布可以较好地拟合交通调查所得的样本数据。负二项分布也称为高方差分布,在信号交叉口的停车线或人行横道处,经常可以观察到这种分布。

2.3.4 负指数分布

当车辆到达服从泊松分布时,车头时距服从负指数分布(Negative Exponential Distribution)。根据式(2-23)可知,在时间间隔 t 内,没有车辆到达(即到达车辆数为零)的概率为:

$$P(0) = \mathrm{e}^{-\lambda t}, t \geq 0 \tag{2-43}$$

时间间隔 t 内没有车辆到达意味着相邻两辆车到达同一点或同一断面的车头时距 h 大于或等于时间间隔 t,那么,式(2-43)可改写为:

$$P(h \geq t) = \mathrm{e}^{-\lambda t}, t \geq 0 \tag{2-44}$$

相对来说,车头时距 h 小于时间间隔 t 的概率为:

$$P(h < t) = 1 - \mathrm{e}^{-\lambda t}, t \geq 0 \tag{2-45}$$

式(2-44)和式(2-45)可分别改写为:

$$P(h \geq t) = \mathrm{e}^{-Qt/3600}, P(h < t) = 1 - \mathrm{e}^{-Qt/3600} \tag{2-46}$$

式中:$P(h \geq t)$、$P(h<t)$——分别为车头时距 h 不小于和小于时间间隔 t 的概率;

λ——到达率(veh/s),$\lambda = Q/3600$;

Q——小时交通量或流量(veh/h);

h——车头时距(s);

t——时间间隔(s)。

到达率与流量的本质含义相同,都是指单位时间内到达某一点或某一断面的车辆数。习惯上,到达率的单位采用 veh/s,而流量的单位采用 veh/h。

负指数分布的概率密度函数 $p(t)$ 为:

$$p(t) = \frac{\mathrm{d}[1 - P(h \geq t)]}{\mathrm{d}t} = \lambda \mathrm{e}^{-\lambda t}, t \geq 0 \tag{2-47}$$

根据概率论,负指数分布的均值 M 和方差 D 分别为:

$$M = \frac{3600}{Q} = \frac{1}{\lambda}, D = \frac{1}{\lambda^2} \tag{2-48}$$

当采用负指数分布拟合样本数据时,使用样本数据的均值 m 和方差 S^2 分别代替负指数分布的均值 M 和方差 D,然后根据分布参数与均值、方差的关系估算分布参数,其计算式为:

$$\lambda = \frac{1}{m}, \lambda = \frac{1}{S} \tag{2-49}$$

因为负指数分布是由泊松分布推导得出的,所以负指数分布适合描述车辆随机到达且有充分超车机会的单列车流或密度不大的多列车流。当每条车道的流量小于或等于 500veh/h 时,一般认为用负指数分布描述车头时距是符合实际情况的。

图 2-11 绘制了负指数分布的累计概率分布曲线和概率密度曲线。由式(2-47)和图 2-11b)可知,负指数分布的概率密度曲线是随车头时距单调递减的,这说明车头时距越小,其出现的概率越大。这种情况在限制超车的单列车流中是不可能出现的,因为车头间距至少是一个车身长度,因而车头时距必须有一个大于零的最小值,这一点是负指数分布的局限性。

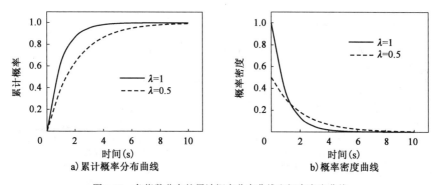

图 2-11 负指数分布的累计概率分布曲线和概率密度曲线

2.3.5 移位负指数分布

如前所述,负指数分布的缺点在于:车头时距越趋于零,其出现的概率越大。为了克服负指数分布的这一缺点,可以将负指数分布曲线从原点沿着时间轴向右侧移动一个最小的时间间隔,从而得到能更好地拟合观测数据的移位负指数分布曲线。这里最小的时间间隔称为临界车头时距 τ,该值应根据调查数据来确定,一般认为在 $1.0 \sim 1.5\mathrm{s}$ 之间。

移位负指数分布(Displaced Negative Exponential Distribution)的概率分布函数为:

$$P(h < t) = 1 - e^{-\lambda(t-\tau)}, t \geq \tau, P(h \geq t) = e^{-\lambda(t-\tau)}, t \geq \tau \tag{2-50}$$

其概率密度函数 $p(t)$ 为:

$$p(t) = \frac{d[1 - P(h \geq t)]}{dt} = \lambda e^{-\lambda(t-\tau)}, t \geq \tau \tag{2-51}$$

其均值 M 和方差 D 分别为:

$$M = \frac{1}{\lambda} + \tau, D = \frac{1}{\lambda^2} \tag{2-52}$$

类似地,使用样本数据的均值 m 和方差 S^2 分别代替移位负指数分布的均值 M 和方差 D,然后根据分布参数与均值、方差的关系估算分布参数,其计算式为:

$$\tau = m - S, \lambda = S^{-1} \tag{2-53}$$

图 2-12 绘制了移位负指数分布的累计概率分布曲线和概率密度曲线。由式(2-51)和图 2-12b)可知,移位负指数分布的概率密度曲线单调递减,即车头时距越接近临界车头时距,其出现的概率越大,但一般情况下这并不符合驾驶员的心理习惯和行车规律。从统计角度,具有中等反应强度的驾驶员占大多数,这些驾驶员在行车过程中往往是在保证安全的条件下追求较小的车间间距,只有少部分反应特别灵敏或较冒失的驾驶员才会不顾安全地去追求更小的车间间距。所谓车间间距是前车车尾与后车车头之间的距离,这一距离不等同于车头间距。因此,车头时距分布的概率密度曲线应该是先升后降而非单调递减。

移位负指数分布适合描述限制超车的单列车流或低流量时的多列车流的车头时距分布,其缺点在于:车头时距越接近临界车头时距,其出现的概率越大。为了克服移位负指数分布的这一缺点,人们提出了其他通用性更强的连续型分布,如韦布尔分布、二分分布、爱尔朗分布、皮尔逊Ⅲ型分布、对数正态分布、复合指数分布等,这里仅介绍前 3 种分布。

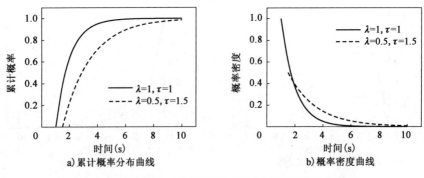

图 2-12 移位负指数分布的累计概率分布曲线和概率密度曲线

2.3.6 韦布尔分布

韦布尔分布(Weibull Distribution)认为车头时距大于或等于时间间隔 t 的概率分布函数为:

$$P(h \geq t) = \exp\left[-\left(\frac{t-\gamma}{\beta-\gamma}\right)^\alpha\right], t \geq \gamma, \alpha > 0, \beta > 0, \gamma \geq 0, \beta > \gamma \quad (2-54)$$

式中: $P(h \geq t)$——车头时距 h 大于或等于时间间隔 t 的概率;
　　　α——概率分布的形状参数;
　　　β——概率分布的尺度参数;
　　　γ——概率分布的起点参数。

根据概率论和微积分可知,车头时距服从韦布尔分布的概率密度为:

$$p(t) = \frac{\mathrm{d}[1-P(h \geq t)]}{\mathrm{d}t} = \frac{\alpha}{\beta-\gamma}\left(\frac{t-\gamma}{\beta-\gamma}\right)^{\alpha-1}\exp\left[-\left(\frac{t-\gamma}{\beta-\gamma}\right)^\alpha\right],$$

$$t \geq \gamma, \alpha > 0, \beta > 0, \gamma \geq 0, \beta > \gamma \quad (2-55)$$

式中: $p(t)$——车头时距等于 t 的概率密度。

当 $\alpha=1, \beta=1, \gamma=0$ 时,式(2-54)可简化为式(2-44)中 $\lambda=1$ 的情况,这说明韦布尔分布可以简化为服从参数 $\lambda=1$ 的负指数分布;当 $\alpha=1, \beta=1/\lambda, \gamma=0$ 时,式(2-54)可简化为式(2-44),这说明韦布尔分布可以简化为负指数分布。类似地,当 $\alpha=1, \beta-\gamma=1, \gamma \neq 0$ 时,式(2-54)可简化为式(2-50)中 $\lambda=1$ 的情况,这说明韦布尔分布可以简化为服从参数 $\lambda=1$ 的移位负指数分布;当 $\alpha=1, \beta-\gamma=1/\lambda, \gamma \neq 0$ 时,式(2-54)可简化为式(2-50),这说明韦布尔分布可以简化为移位负指数分布。

如果引入参数 λ,韦布尔分布的概率分布函数可以被修正为:

$$P(h \geq t) = \exp\left[-\lambda\left(\frac{t-\gamma}{\beta-\gamma}\right)^\alpha\right], t \geq \gamma, \lambda > 0, \alpha > 0, \beta > 0, \gamma \geq 0, \beta > \gamma \quad (2-56)$$

式中: λ——概率分布的调整参数,当韦布尔分布简化为负指数分布或移位负指数分布时,该参数为平均到达率(veh/s);
　　　其余符号意义同前。

同理,韦布尔分布的概率密度被修正为:

$$p(t) = \frac{\mathrm{d}[1 - P(h \geq t)]}{\mathrm{d}t} = \frac{\lambda\alpha}{\beta - \gamma}\left(\frac{t - \gamma}{\beta - \gamma}\right)^{\alpha-1} \exp\left[-\lambda\left(\frac{t - \gamma}{\beta - \gamma}\right)^{\alpha}\right],$$

$$t \geq \gamma, \lambda > 0, \alpha > 0, \beta > 0, \gamma \geq 0, \beta > \gamma \tag{2-57}$$

当 $\alpha = 1, \beta = 1, \gamma = 0$ 时,式(2-56)可简化为式(2-44),这说明韦布尔分布可以简化为负指数分布;当 $\alpha = 1, \beta - \gamma = 1, \gamma \neq 0$ 时,式(2-56)可简化为式(2-50),这说明韦布尔分布可以简化为移位负指数分布。

比较式(2-56)和式(2-54),两者形式类似,前者仅比后者多一个参数,本质上两个模型是一样的。为便于说明,将式(2-54)和式(2-56)分别称为韦布尔Ⅰ型和Ⅱ型分布。然而,正是因为式(2-56)相比式(2-54)多了一个参数,韦布尔Ⅱ型分布比韦布尔Ⅰ型分布更加灵活、适用范围更广。

由上述分析可见,负指数分布和移位负指数分布均为韦布尔Ⅰ型和Ⅱ型分布的特例。这说明韦布尔分布具有普适性。

图2-13展示了韦布尔Ⅰ型和Ⅱ型分布的概率密度曲线。由该图可见,曲线形状随着参数 α 值发生变化;当 $\alpha = 1$ 时,韦布尔分布简化为负指数分布;当 $\alpha = 3$ 时,韦布尔分布近似于正态分布。这进一步说明韦布尔分布的适用范围比较广泛。

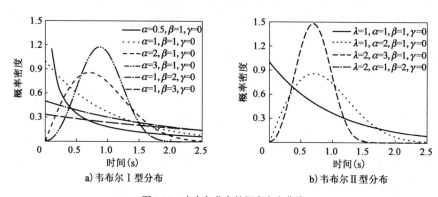

图2-13 韦布尔分布的概率密度曲线

从式(2-54)和式(2-56)的形式来看,韦布尔Ⅰ型和Ⅱ型分布均是非线性模型,其中分别涉及 α、β、γ 三个参数和 λ、α、β、γ 四个参数,这些参数必须通过非线性参数优化方法才能进行估计。综合优化软件包1stOpt是七维高科有限公司开发的一套数学优化分析综合工具软件包。该软件包具有较强的寻优、容错能力,在大多数情况下(>90%),能够从任一随机初始值开始求得正确结果。这就解决了常规优化算法需要设置适当初始值的问题。初始值不仅影响优化结果,而且其设置往往比较困难,尤其对于式(2-54)和式(2-56)涉及三四个参数的情况。1stOpt软件包提供多种优化算法,其中适合非线性曲线拟合的麦夸特法+通用全局优化算法可用来标定韦布尔Ⅰ型和Ⅱ型分布的参数。当然,也可以寻求其他方法来解决此问题。

韦布尔分布适用范围较广,可以用于描述车头时距分布、速度分布等。实践表明,当拟合服从连续型分布的交通流参数时,韦布尔分布具有与皮尔逊Ⅲ型分布、复合指数分布、对数正态分布和正态分布同等的效力。然而,韦布尔分布有形式简单、拟合步骤不复杂、随机数容易产生等优点,能给概率计算带来很多便利,因而优于皮尔逊Ⅲ型分布等其他分布。因此,当负指数分布或移位负指数分布不能很好地拟合实测数据时,韦布尔分布将是一个很好的选择。

2.3.7 二分分布

二分分布(Dichotomized Distribution)将交通流中的车辆分为聚集车辆和自由车辆两类,并假设这两类车辆服从不同的车头时距分布。二分分布已有多种具体表达形式,其中比较典型的有科万 M3 分布(Cowan M3 Distribution)。

科万 M3 分布的概率分布函数和概率密度函数分别为:

$$P(h \geq t) = \begin{cases} \alpha e^{-\lambda(t-\tau)}, & t \geq \tau \\ 1, & t < \tau \end{cases} \quad (2\text{-}58)$$

$$p(t) = \begin{cases} \alpha \lambda e^{-\lambda(t-\tau)}, & t \geq \tau \\ 0, & t < \tau \end{cases} \quad (2\text{-}59)$$

式中:α——自由车辆比例;

λ——衰减常数;

τ——临界车头时距(s);

其余符号意义同前。

当 $\alpha=1$,$\tau>0$ 时,科万 M3 分布简化为移位负指数分布;当 $\alpha=1$,$\tau=0$ 时,科万 M3 分布简化为负指数分布。这说明科万 M3 分布的适用范围也比较广。实际应用中,需要根据样本数据标定 α、λ 和 τ,其标定方法有很多种,不同方法适用于不同的交通流条件,具体内容可参阅相关文献。

图 2-14 描述了科万 M3 分布的累计概率分布曲线和概率密度曲线。

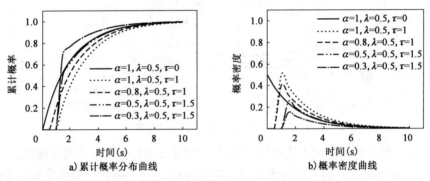

图 2-14 科万 M3 分布的累计概率分布曲线和概率密度曲线

2.3.8 爱尔朗分布

爱尔朗分布(Erlang Distribution)也适合描述车头时距分布、速度分布等,适用范围也比较广。k 阶爱尔朗分布的概率分布函数和概率密度函数分别为:

$$P(h \geq t) = \sum_{i=0}^{k-1}(k\lambda t)^i \frac{e^{-k\lambda t}}{i!}, t \geq 0, \lambda > 0, k = 1,2,3,\cdots \quad (2\text{-}60)$$

$$p(t) = \frac{k\lambda (k\lambda t)^{k-1}}{(k-1)!}e^{-k\lambda t}, t \geq 0, \lambda > 0, k = 1,2,3,\cdots \quad (2\text{-}61)$$

图 2-15 描述了爱尔朗分布的累计概率分布曲线和概率密度曲线。当 $k=1$ 时,爱尔朗分布简化为负指数分布;当 $k=30$ 时,爱尔朗分布近似于正态分布;当 $k=\infty$ 时,爱尔朗分布将产生均匀的车头时距。随着 k 增加,车辆到达的随机性变差,驾驶员行车的自由度降低,车流变

得更拥挤,爱尔朗分布曲线越来越接近于对称形状。这说明非随机性程度随着k增加而增加,即k是非随机性程度的表征。由此可见,爱尔朗分布可以通过调整参数k产生不同形式的分布函数,从而反映畅行车流和拥挤车流之间的各种情况。

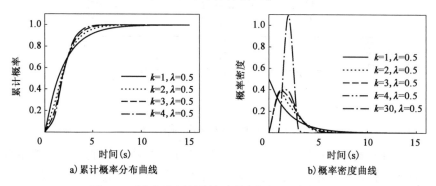

图2-15 爱尔朗分布的累计概率分布曲线和概率密度曲线

实际应用时,根据样本数据的均值m和方差S^2来估算参数k,其计算公式为:

$$k = \frac{m^2}{S^2} \tag{2-62}$$

2.4 交通流参数的关系模型

交通流参数的关系模型主要是指交通流三参数(即流量、速度和密集度)两两之间的关系模型,具体包括:速度-密度模型、流量-速度模型、流量-密度模型,以及流量-占有率模型。这些模型基于数学推导或实践经验。在建模过程中,获取相关数据的调查方法和调查位置非常重要。不同方法、不同位置的交通流数据往往表现出不同的特性以及不同的关系。

2.4.1 基本图

对交通流参数进行建模的目的在于定量描述这些参数的变化规律。当使用抽象模型时,应根据样本数据对其进行标定,并应使标定后的具体模型尽可能涵盖所有的样本数据。一般来说,模型的类型、结构、精度以及参数标定都直接依赖于所采用的数据。数据获取必须通过交通调查,调查位置对数据性质有决定性影响。

如图2-16所示,根据样本数据绘制了同一条车道上3个不同位置获得的速度-流量关系曲线,这里假设3个调查位置的基本关系曲线(即图中的实线)相同。

从3个调查位置所处断面来看,位置A和位置B之间有一个入口匝道,驶入车流导致该路段流量增加。如果入口匝道驶入流量很大,那么位置B可能达到路段通行能力,进而致使干线交通流发生阻塞,这使得位置A出现间歇流。此时,位置A的车辆形成排队并等待驶过入口匝道下游的瓶颈路段。由位置A的散点图可见,当入口匝道的驶入流量导致干线交通流发生阻塞时,位置A才达到其通行能力。因此,位置A可以观察到非拥挤交通流和拥挤交通流。图中,曲线上半部分代表非拥挤交通流,下半部分代表拥挤交通流。位置A的流量等于位置B的流量减去入口匝道的驶入流量。

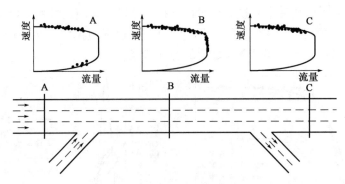

图 2-16 调查位置对数据性质的影响

位置 B 可以观察到非拥挤交通流或接近通行能力的交通流,但此处不会形成间歇流,因而观察不到拥挤交通流。另外,位置 B 测得的速度在上游拥挤时低于上游非拥挤时。就驾驶员行车过程来说,当接近瓶颈路段时,车辆加入排队队列且缓慢移动,一旦驶过瓶颈路段,驾驶员将加速行驶。从位置 B 的散点图来看,曲线的弓形部分代表车队的消散过程。因此,位置 B 测得的速度取决于该位置距离排队前端的远近,而且观测数据集中在曲线的上半部分。

位置 B 和位置 C 之间有一个出口匝道,驶出车流导致位置 C 的流量不会超过位置 B。如果位置 C 下游没有入口匝道,那么位置 C 不会发生交通拥挤。因此,位置 C 只能观察到非拥挤交通流。

从上述分析来看,在 A、B、C 三个位置中,单独一处的交通流数据不能完整地拟合速度-流量关系曲线,只有将这 3 处的交通流数据结合在一起才能全面地表达速度-流量关系曲线。位置 A 能观测到拥挤交通流数据,但不适合研究通行能力;位置 B 能观测到通行能力的相关数据;位置 C 能观测到非拥挤交通流数据。这说明调查位置对数据性质的影响不容忽视,或者说,调查位置在一定程度上决定着模型的精度和可靠性。时至今日,调查位置对交通流数据的影响程度依然没有得到足够的重视。由于很多理论研究忽略这一点,因此交通流参数的关系模型不止一个,而且同一模型在不同位置有不同的参数值,甚至需要用非连续性模型代替连续性模型。

2.4.2 速度-密度模型

(1)格林希尔治线性模型

通过分析样本数据,格林希尔治(Greenshields)发现速度与密度呈线性关系,其表达式为:

$$u = u_f \left(1 - \frac{k}{k_j}\right) \tag{2-63}$$

式中:u——速度(km/h);
　　u_f——自由流速度(km/h);
　　k——密度(veh/km);
　　k_j——阻塞密度(veh/km)。

图 2-17 描述了格林希尔治速度-密度关系曲线。由式(2-63)和图 2-17 可见,当 $k = 0$ 时,$u = u_f$;当 $k = k_j$ 时,$u = 0$。换句话说,密度为零时,速度可达理论最高值即自由流速度;速度为零时,密度可达最大值即阻塞密度。另外,图中直线上任意一点的横、纵坐标与原点围成的面积即为流量。

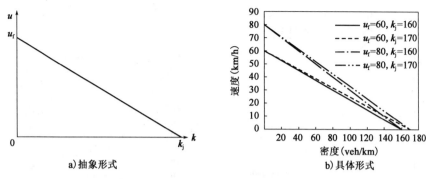

图2-17 格林希尔治速度-密度关系曲线

后来,有研究者发现格林希尔治线性模型在最初建立时所用数据存在一些问题。尽管如此,但认为该模型描述的速度-密度关系是可以接受的,而且其形式简单。因此,该模型一直被广泛采用。实际数据的验证结果表明,除自由流和阻塞流外,速度-密度线性模型能够较好地拟合观测数据。

(2)格林伯对数模型

为了更好地拟合拥挤交通流数据,格林伯(Greenberg)提出了速度-密度对数模型,即:

$$u = u_m \ln\left(\frac{k_j}{k}\right) \tag{2-64}$$

式中:u_m——最大流量对应的速度,即最佳速度(km/h);

其余符号意义同前。

图2-18描述了格林伯速度-密度关系曲线。由式(2-64)和图2-18可见,当 $k = k_j/e$ 时,$u = u_m$;当 $k = k_j$ 时,$u = 0$;当 $k = 0$ 时,$u \to \infty$。换句话说,格林伯模型适合描述密度较大的交通流状况;当密度较小时,该模型不适用。

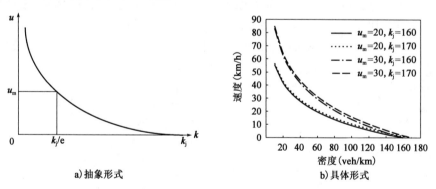

图2-18 格林伯速度-密度关系曲线

(3)安德伍德指数模型

为了更好地拟合非拥挤交通流数据,安德伍德(Underwood)提出了速度-密度指数模型,即:

$$u = u_f e^{-k/k_m} \tag{2-65}$$

式中:k_m——最大流量对应的密度,即最佳密度(veh/km);

其余符号意义同前。

图2-19描述了安德伍德速度-密度关系曲线。由式(2-65)和图2-19可见,当 $k = 0$ 时,$u =$

u_f;当 $k = k_m$ 时,$u = u_f/e$;当 $k \to \infty$ 时,$u \to 0$。换言之,安德伍德模型适合描述密度较小的交通流状况;当密度较大时,该模型不适用。

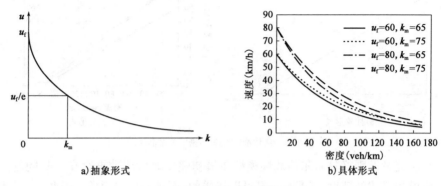

a) 抽象形式　　　　　　　　　　　　b) 具体形式

图 2-19　安德伍德速度-密度关系曲线

(4) 伊迪组合模型

伊迪(Edie)提出将式(2-64)和式(2-65)进行组合,其中密度较大时采用式(2-64)、密度较小时采用式(2-65)。所建立的组合模型可表示为:

$$u = \begin{cases} u_m \ln\left(\dfrac{k_j}{k}\right), & k \geq k_{\min} \\ u_f e^{-k/k_m}, & k \leq k_{\max} \end{cases} \tag{2-66}$$

式中:$k_{\min}$——适合采用格林伯模型的最小密度(veh/km);

$k_{\max}$——适合采用安德伍德模型的最大密度(veh/km);

其余符号意义同前。

图 2-20 描述了伊迪速度-密度关系曲线,其中图 2-20a)采用了标准化速度与标准化密度。对于某种交通流状态,其标准化速度为观测的速度与自由流速度之比,其标准化密度为观测的密度与阻塞密度之比。从式(2-66)和图 2-20 可以看出,格林伯曲线与安德伍德曲线在中等密度时相交。分析表明,伊迪模型可以较好地描述非拥挤和拥挤两种状态下的交通流数据。

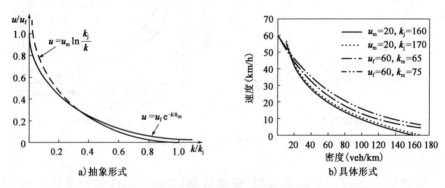

a) 抽象形式　　　　　　　　　　　　b) 具体形式

图 2-20　伊迪速度-密度关系曲线

2.4.3　流量-速度模型

(1) 格林希尔治抛物线模型

根据 $q = ku$ 和式(2-63),可得格林希尔治抛物线型流量-速度模型,即:

$$q = k_j u\left(1 - \frac{u}{u_f}\right) \tag{2-67}$$

从微积分角度看,式(2-67)中因变量 q 存在最大值(即抛物线顶点),可令因变量 q 对自变量 u 的一阶导数为零来解得这一最大值,该值称为最大流量,用 q_m 来表示。当流量达到最大时,对应的速度为最佳速度 u_m,对应的密度为最佳密度 k_m。具体求解过程如下:

$$\frac{dq}{du} = k_j\left(1 - \frac{2u}{u_f}\right) = 0, u_m = \frac{u_f}{2}, k_m = \frac{k_j}{2}, q_m = u_m k_m = \frac{u_f k_j}{4} \tag{2-68}$$

图 2-21 描述了格林希尔治流量-速度关系曲线。从式(2-67)和图 2-21 可以看出,当 $u = 0$ 或 $u = u_f$ 时,$q = 0$;当 $u = u_m$ 时,$q = q_m$。这说明同一流量可能对应两种不同的交通流状态。图 2-21a)中,曲线左半部分代表拥挤状态,曲线右半部分代表非拥挤状态。此外,流量随着速度提高先上升后下降,其分界点为最佳速度。

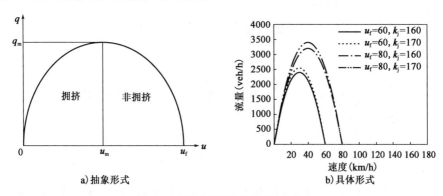

图 2-21 格林希尔治流量-速度关系曲线

当初格林希尔治在获取观测数据时,以每 100 辆车为一组,每隔 10 辆车重新记录一次,这导致相邻两组有 90% 的数据是重复的。目前普遍认为格林希尔治模型至少存在 3 个问题:①所用观测数据并非来自高速公路,然而不少研究将该模型直接应用于高速公路;②将观测数据进行交叠分类是不合理的;③所做交通调查是在假期进行的,缺乏代表性,难以描述通勤交通。正因为如此,格林希尔治模型在拟合实际交通流数据时经常出现偏差。尽管存在这些缺点,但格林希尔治的研究工作具有开创性意义。因为格林希尔治模型容易理解、形式简单以及能够反映流量随速度的变化规律,所以一直被广泛使用并作为后续研究的基础。

(2)格林伯流量-速度模型

根据 $q = ku$ 和式(2-64),可得格林伯流量-速度模型,即:

$$q = k_j u e^{-u/u_m} \tag{2-69}$$

同理,可由式(2-69)令 q 对 u 的一阶导数为零来解得最大流量及其对应的最佳速度和最佳密度。具体求解过程如下:

$$\frac{dq}{du} = k_j e^{-u/u_m}\left(1 - \frac{u}{u_m}\right) = 0, u_m = u_m, k_m = \frac{k_j}{e}, q_m = u_m k_m = \frac{u_m k_j}{e} \tag{2-70}$$

图 2-22 描述了格林伯流量-速度关系曲线。从式(2-69)和图 2-22 可以看出,当 $u = 0$ 时,$q = 0$;当 $u = u_m$ 时,$q = q_m$;当 $u \to \infty$ 时,$q \to 0$。同样说明同一流量可能对应两种不同的交通流

状态,其他规律与格林希尔治流量-速度模型类似。

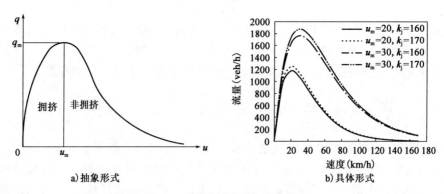

a) 抽象形式　　　　　　　　　b) 具体形式

图 2-22　格林伯流量-速度关系曲线

(3) 安德伍德流量-速度模型

根据 $q = ku$ 和式(2-65),可得安德伍德流量-速度模型,即：

$$q = k_m u \ln\left(\frac{u_f}{u}\right) \tag{2-71}$$

同理,可由式(2-71)令 q 对 u 的一阶导数为零来解得最大流量及其对应的最佳速度和最佳密度。具体求解过程如下：

$$\frac{dq}{du} = k_m\left(\ln\frac{u_f}{u} - 1\right) = 0, u_m = \frac{u_f}{e}, k_m = k_m, q_m = u_m k_m = \frac{u_f k_m}{e} \tag{2-72}$$

图 2-23 描述了安德伍德流量-速度关系曲线。由式(2-71)和图 2-23 可见,当 $u = u_f$ 时, $q = 0$;当 $u = u_m$ 时, $q = q_m$;当 $u = 0$ 时,没有意义。同样说明同一流量可能对应两种不同的交通流状态,其他规律与前述流量-速度模型类似。

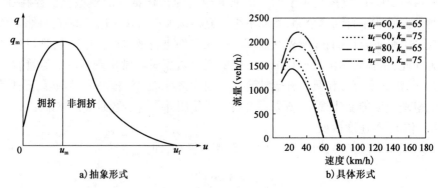

a) 抽象形式　　　　　　　　　b) 具体形式

图 2-23　安德伍德流量-速度关系曲线

(4) 其他流量-速度模型

如前所述,格林希尔治、格林伯和安德伍德提出的流量-速度模型各有优缺点,其结构严谨、理论性强,被广泛应用于进一步的理论研究。正如伊迪将格林伯和安德伍德的速度-密度模型相结合一样,多段式流量-速度模型能更好地拟合非拥挤状态和拥挤状态的交通流数据。目前,研究人员已经提出了很多其他形式的流量-速度模型,详细内容可以参阅美国的《道路通行能力手册》(Highway Capacity Manual, HCM)或其他相关文献。

2.4.4 流量-密度模型

(1)格林希尔治抛物线模型

根据 $q=ku$ 和式(2-63),可得格林希尔治抛物线型流量-密度模型,即:

$$q = u_f k \left(1 - \frac{k}{k_j}\right) \tag{2-73}$$

从微积分角度看,式(2-73)中因变量 q 存在最大值(即抛物线顶点),可令因变量 q 对自变量 k 的一阶导数为零来解得这一最大值,即最大流量 q_m。具体求解过程如下:

$$\frac{dq}{dk} = u_f \left(1 - \frac{2k}{k_j}\right) = 0, k_m = \frac{k_j}{2}, u_m = \frac{u_f}{2}, q_m = u_m k_m = \frac{u_f k_j}{4} \tag{2-74}$$

图 2-24 描述了格林希尔治流量-密度关系曲线。从式(2-73)和图 2-24 可以看出,当 $k=0$ 或 $k=k_j$ 时,$q=0$;当 $k=k_m$ 时,$q=q_m$。这也说明同一流量可能对应两种不同的交通流状态。图 2-24a)中,曲线左半部分代表非拥挤状态,曲线右半部分代表拥挤状态。此外,流量随着密度增大先上升后下降,其分界点为最佳密度。

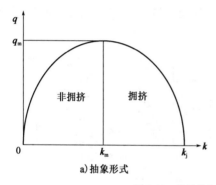
a)抽象形式

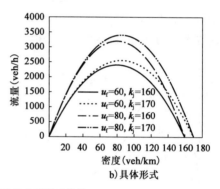
b)具体形式

图 2-24 格林希尔治流量-密度关系曲线

(2)格林伯流量-密度模型

根据 $q=ku$ 和式(2-64),可得格林伯流量-密度模型,即:

$$q = u_m k \ln\left(\frac{k_j}{k}\right) \tag{2-75}$$

同理,可由式(2-75)令 q 对 k 的一阶导数为零来解得最大流量及其对应的最佳速度和最佳密度。

具体求解过程如下:

$$\frac{dq}{dk} = u_m \left(\ln\frac{k_j}{k} - 1\right) = 0, k_m = \frac{k_j}{e}, u_m = u_m, q_m = u_m k_m = \frac{u_m k_j}{e} \tag{2-76}$$

图 2-25 描述了格林伯流量-密度关系曲线。从式(2-75)和图 2-25 可以看出,当 $k=k_j$ 时,$q=0$;当 $k=k_m$ 时,$q=q_m$;当 $k=0$ 时,没有意义。同样说明同一流量可能对应两种不同的交通流状态,其他规律与格林希尔治流量-密度模型类似。

(3)安德伍德流量-密度模型

根据 $q=ku$ 和式(2-65),可得安德伍德流量-密度模型,即:

$$q = u_f k e^{-k/k_m} \tag{2-77}$$

同理,可由式(2-77)令 q 对 k 的一阶导数为 0 来解得最大流量及其对应的最佳速度和最

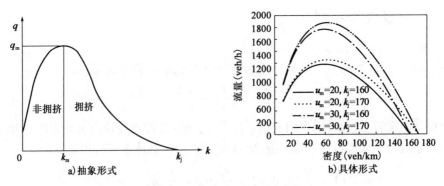

图 2-25　格林伯流量-密度关系曲线

佳密度。具体求解过程如下：

$$\frac{\mathrm{d}q}{\mathrm{d}k} = u_\mathrm{f} \mathrm{e}^{-k/k_\mathrm{m}} \left(1 - \frac{k}{k_\mathrm{m}}\right) = 0, k_\mathrm{m} = k_\mathrm{m}, u_\mathrm{m} = \frac{u_\mathrm{f}}{\mathrm{e}}, q_\mathrm{m} = u_\mathrm{m} k_\mathrm{m} = \frac{u_\mathrm{f} k_\mathrm{m}}{\mathrm{e}} \tag{2-78}$$

图 2-26 描述了安德伍德流量-密度关系曲线。从式（2-77）和图 2-26 可以看出，当 $k=0$ 时，$q=0$；当 $k=k_\mathrm{m}$ 时，$q=q_\mathrm{m}$；当 $k\to\infty$ 时，$q\to 0$。同样说明同一流量可能对应两种不同的交通流状态，其他规律与前述流量-密度模型类似。

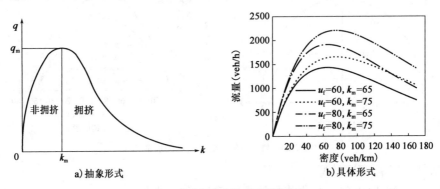

图 2-26　安德伍德流量-密度关系曲线

(4) 其他流量-密度模型

类似于前述的流量-速度模型，格林希尔治、格林伯和安德伍德提出的流量-密度模型同样各有优缺点，其结构严谨、理论性强，也被广泛用于后续研究的理论基础。如前所述，多段式流量-密度模型也能更好地拟合非拥挤状态和拥挤状态的交通流数据。目前，研究人员同样提出了多种形式的流量-密度模型，例如很多学者根据伊迪组合模型和实测数据研究了流量-密度曲线。详细内容也可参阅其他相关文献。

尽管上述模型在一定程度上能够拟合实际数据，然而实际情况的复杂性导致真实数据所描绘的曲线并不像上面的理论模型假设的那样完美。一方面，研究人员不断采用真实数据标定上述模型中的参数；另一方面，研究人员不断地利用真实数据开发新的理论模型。迄今为止，人们已经建立了很多种流量-速度-密度模型，远远不止上述几种。不过，上述模型作为早期的研究成果在理论和实践上都具有重要意义。

除速度-密度模型、流量-速度模型和流量-密度模型外，研究人员采用时间跟踪法描述了流量-占有率曲线。事实上，关于流量-密集度的大多研究依赖于占有率而非密度。根据流量和占有率通常可以确定交通拥挤的发生情况。研究结果表明,流量-占有率曲线呈倒置的"V"字形;当从非拥挤状态到拥挤状态时,交通流会经历流量等于通行能力的状态;反之,交通流不再经历流量等于通行能力的状态,即流量-占有率曲线存在突变现象。具体内容请查阅其他有关文献。

2.4.5 三维模型

交通流三参数流速密的关系可以用三维模型来表达,如图 2-27a) 所示,这种关系可视为三维空间中的一条曲线。这条曲线可以分别向 3 个二维空间投影,如图 2-27b) 所示,其形式与前述格林希尔治二维模型一致。该图显示了反映交通流特性的几个特征变量:①流量-速度曲线的峰值或流量-密度曲线的峰值(即抛物线顶点)为最大流量 q_m(即通行能力);②流量达到 q_m 时的密度为最佳密度 k_m;③流量达到 q_m 时的速度为最佳速度 u_m;④所有车辆处于停车排队状态(即 $u=0$)时的密度为阻塞密度 k_j;⑤车辆处于自由行驶或畅通无阻状态(即 $k=0$)时的速度为自由流速度 u_f。

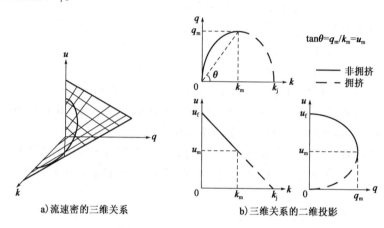

a) 流速密的三维关系   b) 三维关系的二维投影

图 2-27 交通流三参数的三维模型

真实的交通流应满足以下边界条件:
① 当 $k=0$ 或 $k \to 0$ 时,$u=u_f$ 或 $u \to u_f$;
② 当 $k=k_j$ 或 $k \to k_j$ 时,$u=0$ 或 $u \to 0$。
另外,应满足以下最优条件:
当 $u=u_m$ 或 $k=k_m$ 时,$q=q_m$。

对于任意一个交通流模型,应采用实测数据标定参数 q_m、k_m、u_m、k_j 和 u_f。通常,阻塞密度 k_j 可以在车辆停车排队时进行观测;对于有限制最高车速的道路,其自由流速度 u_f 可取道路的最高限速值;通行能力 q_m 需要在交通需求大于交通供给的状态下测得。

有学者利用时间跟踪法获得了交通流三参数的三维曲线。结果发现,观测数据明显呈现出 5 个不同区域,代表着 5 种不同的速度范围,分别是 >80km/h、70~80km/h、60~70km/h、50~60km/h 和 <50km/h。

事实上,交通流三参数并非始终连续变化,而是有时出现突变现象。数学中的突变理论可以解释这种非连续变化的情况。在突变理论中,大多变量为连续变量,但至少一个变量发生突变。在交通流三参数(流量、占有率、速度)形成的三维空间中,流量和占有率是两个发生连续变化的控制变量,而速度是一个发生突变的状态变量。更详细的内容可参考相关的文献资料。

[复习思考题]

1. 简述常用交通调查方法的基本原理及注意事项。
2. 简述常用交通流参数的定义及其计算公式。
3. 简述交通量、流量、流率、最高15min流率、饱和流率之间的联系与区别。
4. 简述流量、车头时距、饱和流率、饱和车头时距之间的联系与区别。
5. 简述密度、车头间距、车间间距、阻塞密度、停车间距之间的联系与区别。
6. 简述时间平均速度与空间平均速度的定义、测算方法及其关系。
7. 简述时间占有率与空间占有率的定义、测算方法及其关系。
8. 简述泊松分布、二项分布、负二项分布的基本公式、递推公式、参数含义及标定方法、特点及适用范围。
9. 简述负指数分布、移位负指数分布、韦布尔分布、二分布、爱尔朗分布的概率分布函数、概率密度函数、参数含义及标定方法、特点及适用范围。
10. 简述交通流基本图的物理含义及其与交通调查位置之间的相关性。
11. 简述格林希尔治、格林伯、安德伍德描述的流量、速度、密度三参数的两两关系模型的基本原理、曲线形式、参数含义及标定方法、特点及现实意义。
12. 简述交通流三维模型的含义以及与交通流二维模型的联系与区别。
13. 在一条公路上,连续观测到4辆车通过同一点的速度分别为32km/h、30km/h、35km/h和33km/h,则可得时间平均速度和空间平均速度分别为_____和_____。
14. 某一高峰小时内在一条交叉口进口道上,连续4个15min间隔内观测到的交通量分别为180veh、160veh、170veh和200veh,则可得小时交通量、高峰15min流率和高峰小时系数分别为_____、_____和_____。
15. 在一条公路上,观测到连续5辆车通过2km区段的行程时间分别为3min、5min、4min、2min和6min,记录的相邻两辆车的车头时距分别为2s、4s、3s和5s,则可得流率和密度分别为_____和_____。
16. 一个高速公路检测器记录的15min观测期内的占有率为0.25,假设检测器长度为2m,平均车身长度为6m,则可得密度为_____。
17. 经过观测和数据统计分析,一条高速公路交通流的速度-密度关系式为 $S = 17.2 \times \ln(228/D)$,这里 S 表示速度,D 表示密度。那么,可得自由流速度、阻塞密度和通行能力分别为_____、_____和_____,可得流量-速度以及流量-密度的关系式分别为_____和_____。
18. 以下哪种方法可以直接获得交通流的密度?(   )
   A. 定点调查   B. 小距离调查   C. 沿路段长度调查   D. 浮动车调查
19. 在一条公路的上、下游断面观测的交通流的高峰小时系数分别为0.75和0.85,请问哪个断面的交通流更稳定?(   )
   A. 上游   B. 下游   C. 一样   D. 以上答案均不正确
20. 一个指定地点测得的空间平均速度和流率分别为40km/h和1600pcu/(h·ln),则可得密度是_____。

第 3 章
交通参与者行为特性

机动车流、非机动车流和行人流是道路交通流的重要组成部分。驾驶员、骑车人和行人是主要的道路交通参与者,分别是机动车流、非机动车流和行人流的行为主体。这些交通参与者的心理、生理和行为特征决定着交通流的特性,进而影响着交通流的建模。本章以交通心理学为基础,介绍驾驶员的行为特性,包括驾驶任务、离散驾驶行为、连续驾驶模型以及驾驶行为的影响因素;简述骑车人的行为特性,包括骑车人的心理特性和骑行轨迹特点;分析行人的行为特性,包括行人的心理特性、行为空间和行走轨迹特点。

3.1 驾驶员行为特性

在现代道路交通中,机动车是最主要的交通方式,其行为主体驾驶员是非常重要的交通参与者。驾驶员行为特性是交通流建模与仿真的重要理论基础,其内容包括驾驶任务、离散驾驶行为、连续驾驶模型以及驾驶行为的影响因素。

3.1.1 驾驶任务

道路交通系统是由人、车、路以及环境构成的复杂系统。利用视觉、听觉、触觉等器官,驾驶员从交通环境中获得相关信息,经过大脑对信息进行处理后做出反应和判断,然后支配手和脚操纵汽车,使其按个人意愿在道路上行驶。驾驶员的职责是相对于道路和其他要素保证车辆以一定速度在道路上安全行驶。

从低级到高级,驾驶任务分为控制、引导与导航3个水平。控制水平由涉及驾驶员和车辆之间的逐秒信息交换和控制输入的所有活动组成,并在控制界面上实现。需要指出的是,大多控制活动是无意识完成的。简言之,控制水平是基于技能的。一旦学会控制车辆,驾驶员将进入基于规则引导的下一水平。引导水平对系统的输入涉及对道路几何形状、危险、交通及物理环境做出响应的动态速度和路径。控制和引导这两个水平对交通流建模非常重要。导航水平认为驾驶员作为独立的管理者而行动,这一最高水平称为基于知识的驾驶行为,包括路径选择和规划、来自地图的引导标志及相关方向等。伴随智能运输系统的发展,基于知识的驾驶行为对交通流理论研究者越来越重要。

20世纪40年代的辅助动力和自动传输以及20世纪50年代的巡航控制,使得驾驶员从重要的动力提供者转变为简单的信息处理者。严重残疾的驾驶员可采用自适应控制器来减少对车辆的实际操作。随着自动驾驶技术的发展,未来驾驶员将成为信息管理者或服务体验者。然而,无论何时,基本的驾驶任务依然不变,区别只在于是由人对车进行手动操控还是由智能控制装置对车进行自动操控。

图3-1显示了人-车-路-环境系统,描述了驾驶任务,是研究驾驶员离散和连续行为的基础。在导航水平上,来自道路、其他车辆和驾驶员本人的信息被输入驾驶员-车辆系统。驾驶员透过风窗玻璃观察的视野随着车辆运动而产生动态变化。驾驶员有选择性地注意那些有用信

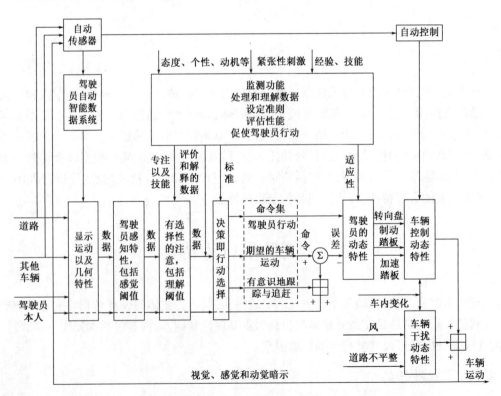

图3-1 人-车-路-环境系统

息。作为系统管理者和主动系统要素,驾驶员需要考虑控制行为,其经验、精神状态、紧张性刺激(如害怕会议迟到)等因素会直接或间接影响这种控制行为。规则和知识支配驾驶员决策与每瞬间的精神活动。驾驶员通过转向盘、制动踏板和加速踏板控制车辆。相应地,车辆按自身规律运动,同时受道路和环境影响。车辆控制和干扰的动态特性决定着车辆的最终路径。

对于传统机动车辆来说,驾驶员通过很多人为操作来控制车辆运动。在未来,对于自动驾驶车辆来说,部分或全部的驾驶员人为行为将通过人工智能技术转变为智能控制设备的自动行为。

3.1.2 离散驾驶行为

1)感觉-反应时间

与一些物理或化学过程相比,事实上人对刺激的反应非常慢。人接受刺激、认识刺激、再对刺激做出反应所需要的时间称为反应时间(Perception-Response Time)。反应时间是刺激和反应之间的时间间隔,而不是执行反应所需要的时间。20世纪50年代的早期视觉信息理论在实验心理学中占据统治地位。该理论认为驾驶员反应时间为:

$$RT = a + bH \tag{3-1}$$

式中:RT——反应时间(s);

H——信息量(bit),如果N是等概率事件,$H = \log_2 N$;

a——经验导出的截距,即感觉的最小反应时间(s);

b——经验导出的斜率,即信息加工速率(s/bit),约为0.13s/bit。

式(3-1)也称为海曼(Hick-Hyman)定律,表达了察觉刺激与控制开始或其他反应之间的时间。若包括动作时间,则称总延迟为响应时间。反应时间和响应时间经常互相替换使用,因为反应的动作时间相对很小,但反应总是响应的一部分。

海曼定律描述的感觉-反应时间包括两部分:①依赖于察觉、注意、识别刺激的总时间,这一时间对不同驾驶员的差别并不大;②随机项,与信息内容相关。

表3-1显示了85%置信水平下得到的制动感觉-反应时间及其构成要素,其中的估计值包括驾驶员将脚从加速踏板移到制动踏板的时间。感觉-反应时间因驾驶员而异,其上限约为1.5s。

感觉-反应时间 表3-1

要　素	时间(s)	累计时间(s)
感觉潜伏	0.31	0.31
眼睛移动	0.09	0.40
目标固定	0.60	1.00
目标识别	0.50	1.50
开始制动	1.24	2.74

统计分析结果表明,感觉-反应时间并不服从正态分布(即高斯分布)而是服从对数正态分布,其概率密度曲线如图3-2所示。

通常,对数正态分布要求样本量不少于50,其概率密度函数为:

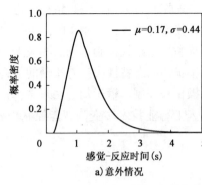
a) 意外情况

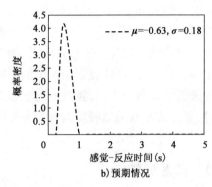
b) 预期情况

图 3-2 感觉-反应时间的对数正态分布

$$f(T) = \frac{1}{\sqrt{2\pi}\sigma T} e^{-\frac{(\ln T - \mu)^2}{2\sigma^2}}, T > 0 \tag{3-2}$$

式中：T——感觉-反应时间(s)；

μ、σ——待定参数，$\mu = \ln\left(\frac{m}{\sqrt{1+S^2/m^2}}\right)$，$\sigma^2 = \ln\left(1 + \frac{S^2}{m^2}\right)$，其中 m 为样本均值(s)，S 为样本标准差(s)。

根据标准正态分布的上 α 分位点可知：

$$\Phi\left(u_\alpha = \frac{\ln T - \mu}{\sigma}\right) = P\left(\frac{\ln T - \mu}{\sigma} \leq u_\alpha\right) = 1 - \alpha, 0 < \alpha < 1 \tag{3-3}$$

式中：u_α——标准正态分布的上 α 分位点。

通过查询标准正态分布表可知，当 u_α 分别取 0.00、1.04、1.65 和 2.33 时，依次对应 50%、85%、95% 和 99% 分位数，其中 50% 分位数也称中位数。结合样本均值和方差，可以分别获得对应的感觉-反应时间。如果样本量较小，应使用区间估计获得近似百分数。

勒纳(Lerner)等从大量研究中总结了制动感觉-反应时间(包括制动开始)，并将响应情况概括为两类：驾驶员不知何时需要制动甚至不知是否需要制动(即意外情况)；驾驶员预知需要制动但不知何时制动(即预期情况)。表 3-2 所列数据是将勒纳等人综合而成的数据进行了对数正态变换。就意外情况来说，95% 置信水平下的感觉-反应时间为 2.45s，这非常接近于美国各州公路与运输工作者协会(American Association of State Highway and Transportation Officials, AASHTO) 估计停车视距和其他类型视距时建议的 2.50s 反应时间。

对数正态变换的制动感觉-反应时间　　表 3-2

统 计 量	意外情况	预期情况
均值	1.31s	0.54s
标准差	0.61s	0.10s
μ	0.17	-0.63
σ	0.44	0.18
50% 分位数	1.18s	0.53s
85% 分位数	1.87s	0.64s
95% 分位数	2.45s	0.72s
99% 分位数	3.31s	0.82s

凡波(Fambro)等针对 3 种情况研究了驾驶员对意外事件的感觉-反应时间,其结果见表 3-3。由该表可见,在封闭道路上驾驶测试车辆时,驾驶员对意外事件的感觉-反应时间明显偏小。

驾驶员对意外事件的感觉-反应时间　　　　表 3-3

统计量	驾驶员年龄	情况		
		测试车辆、封闭道路	自有车辆、封闭道路	自有车辆、开放道路
样本量	55 岁以上	12	7	5
	18~25 岁	10	3	6
均值	55 岁以上	0.82s	1.14s	1.06s
	18~25 岁	0.82s	0.93s	1.14s
标准差	55 岁以上	0.16s	0.35s	0.22s
	18~25 岁	0.20s	0.19s	0.20s
50% 分位数		0.82s	1.09s	1.11s
75% 分位数		1.02s	1.54s	1.40s
90% 分位数		1.15s	1.81s	1.57s
95% 分位数		1.23s	1.98s	1.68s
99% 分位数		1.39s	2.31s	1.90s

驾驶员对远处喇叭声的感觉-反应时间的均值和标准差分别为 0.75s 和 0.28s。使用对数正态分布,得到其 50%、85%、95% 和 99% 分位数分别为 0.84s、1.02s、1.27s 和 1.71s。对于不同类型的道路,驾驶员的感觉-反应时间随着交通状况复杂度的增加而加长,通常从低交通量的 1.5s 增大到城市快速路的 3.0s。驾驶员在繁忙的城市往往接收更多的交通信息,每单位时间内需要做出比乡村道路更多的决策,这些附加的因素使得感觉-反应时间延长。此外,反应时间还依赖于驾驶员自身的个性、年龄、对刺激的准备程度、信息强弱、刺激时间、刺激次数、饮酒、疲劳、车辆状况、道路情况、设计车速等因素。

2) 移动时间

驾驶员的制动反应时间包括感觉-反应时间和移动时间(Movement Time)两部分。驾驶员在感知并确认意外事件之后,就开始移动手或脚以便完成制动操作。以紧急制动为例,从感知紧急情况到移动脚至制动踏板上所需的时间,称为制动反应时间。对驾驶员来说,制动反应时间非常重要。如果制动反应时间较短,就可能有效地避免危险,从而保障行车安全。

1954 年,费茨(Fitts)给出了移动时间的计算公式,即:

$$MT = a + b\log_2\left(\frac{2A}{W}\right) \tag{3-4}$$

式中:MT——移动时间(s);

a——没有移动情况下的最小反应时间延迟(s);

b——经验斜率,其取值对每个肢体部位均不同(s);

A——移动幅度,即移动起点到终点的距离(m);

W——移动方向上控制装置的宽度(m);

$\log_2\left(\dfrac{2A}{W}\right)$——移动的难度指数。

研究表明,人的所有肢体移动都可由费茨公式来描述,只需调整其中的参数 a 和 b。这两个参数与驾驶员年龄、驾驶条件、工作量大小、危险程度、事前准备等因素有关。对于不到 180ms 的简短迅速的移动,移动时间与控制装置的宽度无关,那么可将式(3-4)简化为:

$$MT = a + b\sqrt{A} \tag{3-5}$$

一般来说,脚的移动轨迹呈抛物线形,尽管这对移动幅度的影响相对较小,但是对移动时间的影响很大。当制动踏板超过加速踏板 5cm 以上时,移动时间显著加长。表 3-4 列出了制动踏板与加速踏板的相对位置以及座位高度对移动时间的影响。

脚由加速踏板移至制动踏板的时间 表 3-4

座位高度 (cm)	移动时间(s)	
	制动踏板与加速踏板平齐	制动踏板高出加速踏板 15cm
43	0.194	0.309
50	0.183	0.337

表 3-5 列出了 3 项研究得到的移动时间的样本量、均值、标准差以及 75%、90%、95% 和 99% 分位数。由此可见,移动时间的均值差异不大,但标准差和各分位数差异较大。

移动时间的估计值 表 3-5

来源	样本量	均值(s)	标准差(s)	75%分位数(s)	90%分位数(s)	95%分位数(s)	99%分位数(s)
Brackett(Brackett and Koppa,1988)	24	0.22	0.20	0.44	0.59	0.68	0.86
Hoffman(1991)	18	0.26	0.20	0.50	0.66	0.84	1.06
Berman(1994)	24	0.20	0.05	0.26	0.29	0.32	0.36

移动时间与感觉-反应时间并没有直接关系,也就是说,感觉-反应时间长,可能移动时间短。需要强调,反应时间不单指快慢,而且应该动作正确。驾驶员不应一味追求快而采取不恰当的措施,这样可能招致更严重的后果。在混合交通条件下,驾驶员的必备品质是能够正确、冷静、迅速地对最危险的情况做出反应,特别是有一定数量的行人时。

3) 对交通控制设备的反应距离和时间

在行车过程中,驾驶员应从外界及时感知各种交通信息。统计分析结果表明,驾驶员由视觉、听觉、触觉、味觉和嗅觉获得的交通信息量分别占 80%、14%、2%、2% 和 2%。由此可见,视觉是最重要的,驾驶员透过车厢玻璃观察到的客观信息是其处理的主要信息。其中,交通控制设备(Traffic Control Device)所提供的信息不仅是影响驾驶员行为的重要因素,而且是影响交通流建模的重要因素,因此对交通流理论研究者来说非常重要。

关于交通控制设备的主要问题与距离交通控制设备的远近相关,包括 3 个方面:①作为目标在驾驶员的视野中被发现;②确认所发现的目标是交通控制设备(如交通标志、交通信号或路障等);③交通控制设备清晰且易于辨认和理解。图 3-3 描述了驾驶员对交通控制设备的信息处理过程。此外,对交通控制设备的反应距离和时间还依赖于驾驶员观察和使用这些设备的偏好。

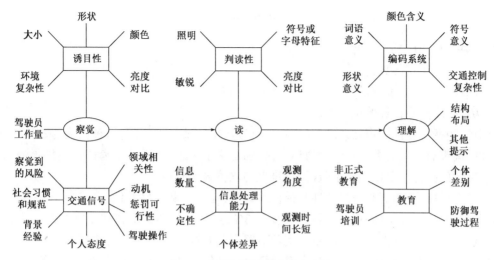

图 3-3 交通控制设备信息处理过程

(1) 交通信号灯变化

从交通流理论及其建模角度来看,研究人员主要关注驾驶员对交通信号灯变化的反应(即"读"和"理解"),或者说研究人员主要关注交通信号灯的易理解性和视认性。在信号交叉口,观测结果发现:①驾驶员对交通信号变化的平均感觉-反应时间(从交通信号变化开始到机动车制动灯亮)为 1.3s,85%、95% 和 99% 置信水平下的感觉-反应时间分别为 1.9s、2.5s 和 2.8s;②随着距离交叉口远近的改变,感觉-反应时间变化不大,例如,车速 64km/h 在距离交叉口 15m 和 46m 处,平均的感觉-反应时间分别为 0.2s 和 0.4s。

(2) 标志能见度及易理解性

人的眼睛在注视目标时,由目标反射的光进入眼内,经过玻璃体的折射,投影至眼睛黄斑中心窝后结成物象,再由视神经通过视路传至大脑的枕叶视中枢,然后激起心理反应,最终形成视觉。换句话说,视觉是指外界光线通过刺激视觉器官引起大脑的生理反应。对于分辨外界物体特性(如明暗、颜色、形状)与区分物体空间属性(如大小、远近)来说,视觉起着非常重要的作用。

视觉敏锐度是指分辨细小的或遥远的物体或其局部的能力。就一定条件来说,眼睛能分辨的物体越小,说明视觉的敏锐度越大。敏锐度用视角来表征,所以能分辨视角越小的物体,说明视觉的敏锐度越大。视觉敏锐度的基本特征是分辨两点间距离的大小,因此视觉敏锐度可代表其空间阈限。

视觉敏锐度是非常重要的一个指标,关系到视野的清晰度。良好的视觉能较早确认目标产生的刺激以便减少反应时间。通常,视觉在 3°～5° 锥体内最敏锐,在 5°～6° 锥体内十分敏锐,在 10°～12° 锥体内清晰,在 20° 锥体内满意。视觉敏锐度在垂直面上是在水平面上的 1/3～1/2。研究表明,随着眼的光轴与字体方向间夹角的增大,分辨交通标志上字母的能力快速下降。当该夹角小于 5°～8° 时,98% 的驾驶员可以准确地分辨字母;当该夹角增至 16° 时,仅 66% 的驾驶员可以准确地分辨字母。驾驶员年龄对其视觉敏锐度的影响也不容忽视。视觉敏锐度在 40 岁时约为在 20 岁时的 90%,在 60 岁时约为在 20 岁时的 74%。视角计算公式为:

$$\angle = 2\arctan\left(\frac{0.5L}{D}\right) \tag{3-6}$$

式中：∠——视角(°)；

arctan——反正切函数；

　　L——图案、文字、符号等(即目标)的直径(m)；

　　D——眼睛到目标的距离(m)。

因此，当两个物体的视觉角度相同时，观测者产生的反应也相同，这种反应与物体的实际大小和距离没有直接关系。对于交通标志，特别是文字标志，其视认距离的可变性很强，表征这种可变性的指标可采用变异系数(即标准差与均值之比)。

对特定的标志，当观测其易读性和视认距离时，需要控制条件并做多次试验。一般来说，与实际道路相比，实验室测得的视认距离要远3%~21%，具体情况依赖于标志的复杂程度。然而，视认距离的变异系数在实验室和实际道路上是相同的。表3-6对6类交通标志总结了视认性的变异系数。由此可以看出，大部分情况下老年驾驶员对交通标志视认性的变异系数大于年轻驾驶员。这说明随着年龄增长，驾驶员对交通标志的视认更易受到随机因素的影响。

标志视认性的变异系数　　　　表3-6

标　志	18~25岁驾驶员			55岁以上驾驶员		
	最小变异系数	最大变异系数	极差	最小变异系数	最大变异系数	极差
双向交通	3.9	21.9	18.0	8.9	26.7	17.8
自行车通过	6.7	37.0	30.3	5.5	39.4	33.9
十字路口	5.2	16.3	11.1	2.0	28.6	26.6
鹿出没	5.4	21.3	15.9	5.4	49.2	43.8
滑溜	7.7	33.4	25.7	15.9	44.1	28.2
T形交叉口	5.6	24.6	19.0	4.9	28.7	23.8

(3)实时显示

伴随智能运输系统的发展，诸如水毁、塌方、暴风雪、能见度等自然状况信息以及施工、拥堵、事故等道路交通状况信息，都能够利用现代科技手段储存在情报板或标志牌上，还可以根据道路交通监测情况实时显示这些信息，从而使驾驶员可以及时采取正确的、有利的交通行为。目前，已有一些交通流建模者在关注可变信息标志对驾驶员行为及交通流特性的各种影响。根据交通标志的设计原理，可变信息标志并不会让驾驶员的视觉行为发生较大变化，只是可能改变驾驶员的路径选择等其他行为。

(4)视认时间

设置交通标志时，应使交通参与者在尽可能短的时间内发现、识别交通标志并完全理解其含义，以便及时、正确地采取行动或措施。当交通标志不能被立即理解时，例如文字信息标志，必须允许驾驶员在做出反应之前认读这一信息，然后采取合适的操作或行动，如加速、减速、转弯或停车等。驾驶员识别交通标志的阅读速度受到文字类型或数量、句子结构、信息顺序、阅读目的、表达方式以及正在做的事情等因素的影响。有研究发现，由4~8个字母组成的一个短单词至少需要1s的视认时间，每一个信息单位至少需要2s的视认时间，由12~16个字符组成的一行文字最少需要2s的视认时间。对没有经验的驾驶员来说，视认时间会加长；对有相似标志经验的驾驶员来说，视认时间会缩短。根据这些结果可以估计驾驶员阅读和理解给定信息的视认时间。

(5) 视认距离

交通标志应保证交通参与者在距离标志牌一定范围内能够清楚地识别其上的图案、符号或文字。因此，图案、符号与文字的大小均应满足必要的距离条件，这一距离称为视认距离，并据此确定标志牌的尺寸。一般来说，视认距离取决于行车速度，并因交通量、车道宽度、地形、几何线形、周围环境等有所变化。《道路交通标志和标线》(GB 5768—2009)给出了汉字高度与行车速度的关系以及其他文字与汉字高度的关系，见表3-7。汉字宽度与高度相等。

《道路交通标志和标线》(GB 5768—2009)规定的汉字和其他文字尺寸　　表3-7

行车速度(km/h)	100~120	71~99	40~70	<40
汉字高度(cm)	60~70	50~60	35~50	25~30
其他文字			与汉字高度h的关系	
拼音字母、拉丁字母或少数民族文字			大小写	$(1/3 \sim 1/2)h$
阿拉伯数字			高度	h
			宽度	$(1/2 \sim 4/5)h$
			笔画粗	$(1/6 \sim 1/5)h$

我国分两种情况给出了文字高度和视认距离之间的函数关系。在白天、步行、白底黑字的情况下，这一关系式为：

$$D = \begin{cases} \dfrac{20}{3}h, & h \leq 45 \\ 300 + 90\left(\dfrac{h-45}{25}\right)^{\frac{2}{3}}, & h > 45 \end{cases} \quad (3-7)$$

式中：D——视认距离(m)；
　　　h——文字高度(cm)。

在夜间情况下，该关系式改为：

$$D = \left(25 + \dfrac{h}{3}\right)\lg L + 3.4h - 7 \quad (3-8)$$

式中：L——标志牌的照度(即光照强度)(lx)。

视认距离还与汉字笔画有关，5画汉字的视认距离为10画的1.5倍，15画汉字的视认距离为10画的0.9倍。视认距离还因字的种类发生变化，汉字的视认距离是拉丁字母的两倍，或者说，拉丁字母大小可采用汉字的一半。

4) 其他车辆的动态特性

在交通流中，车辆是具有运动特征的离散物体，彼此之间通过驾驶员的信息处理和控制输入活动发生联系。当某一车辆的速度和加速度发生变化，相邻车辆的驾驶员会感知这种变化并采取相应的措施。其中，前导车辆和侧向车辆带来的影响较为明显。

(1) 前导车辆

当某物体以恒定速度靠近时，视觉角度从近似线性变化过渡到几何级数变化，驾驶员需要在视野中对其形状进行对称放大。车辆运动因存在横向摆动而呈放射状，图3-4描述了载货汽车驾驶员在观察运动物体时视觉角度的变化，这里载货汽车宽度为2.44m、行驶速度为

88.5km/h。当视觉角度呈几何级数变化时,观测者将感觉到一个物体正在靠近或远离;当视觉角度的变化速度不固定时,观测者会感觉到运动物体以变化的速度移动。

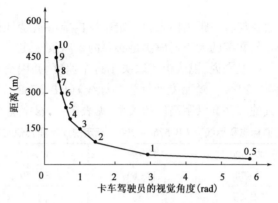

图3-4 观察运动物体时视觉角度的变化

事实上,通过视觉感知运动物体的加速度是非常不准确的,分辨由匀速开始的加速是相当困难的,除非观察了很长时间。避免碰撞的研究结果表明,后车与前车的距离(即车间间距)变化12%左右或视觉角度的变化速度超过0.0035rad/s时,驾驶员能够察觉并做出相应反应。

(2)侧向车辆

通常,周围视觉对运动的察觉没有视网膜中央窝敏锐。周围视觉虽然非常模糊,但与固定目标相比,运动物体还是容易被察觉。一般来说,外围的固定对象(如侧向车辆)不易被察觉,除非对观测者而言该物体在一定的背景下运动。周围视觉观察的相对运动往往比视网膜中央窝观察的相对运动慢一些。

5)障碍和危险的察觉、识别与确认

驾驶员在道路上可能面临各种情况,从而需要减速、避让或停车等。在执行某种操作之前,驾驶员必须先察觉障碍或危险并进行确认。

(1)障碍和危险的察觉

有研究人员在封闭道路上沿车辆行驶方向放置了6种典型的障碍物,然后记录驾驶员对这些障碍物的察觉情况和视认距离。表3-8给出了察觉不同物体的视觉角度。结果显示,平均视觉角度最小的是黑色玩具狗,最大的是树枝;在95%置信水平下,白天朝物体方向看,99%的驾驶员能在5′内察觉该物体。因为黄昏后视觉敏锐度下降,所以同样对比度时,夜间的视觉角度约为白天的2.5倍。

察觉物体的视觉角度 表3-8

物体($in^2$❶)	均值(′)	95%置信水平		
		标准差(′)	95%分位数(′)	99%分位数(′)
1×4×24 木板	2.47	1.21	5.22	6.26
6×6 黑色玩具狗	1.81	0.37	2.61	2.91
6×6 白色玩具狗	2.13	0.87	4.10	4.84
8×18 轮胎胎面	2.15	0.38	2.95	3.26

❶ $1in^2 = 6.4516 \times 10^{-4} m^2$,下同。

续上表

物体($in^2$❶)	均值(′)	95%置信水平		
		标准差(′)	95%分位数(′)	99%分位数(′)
18×12 树枝	4.91	1.27	7.63	8.67
48×18 干草包	4.50	1.28	7.22	8.26
所有目标	3.10	0.57	4.30	4.76

(2)障碍和危险的识别与确认

一旦驾驶员察觉到道路上存在某个物体(假设是静止的),下一步将进入两个阶段:①识别阶段,判断该物体是否构成潜在的危险;②视认阶段,判断该物体是什么。如果这个物体非常小,能从车轮间穿过,那么是什么不重要,因此首先估计物体大小。如果这个物体很大,不能从车轮间穿过,那么必须躲避或紧急制动。一般来说,15cm 或更低的物体不是引起交通事故的因素。

道路上大多数能构成危险并引起避让行为的物体都超过60cm,根据字母或符号识别方法可以确定危险或非危险物体的视觉角度。通常,驾驶员认为一个物体是否构成危险,主要是将该物体与车道宽度或其他熟悉的路旁物体(如邮箱)进行对比来估计其大小。

6)驾驶行为的个体差异

驾驶员的个人属性,如性别、年龄、社会经济水平、教育水平、健康状况、种族等,可能影响其驾驶行为,由此引起的差别称为个体差异。其中仅有几个变量能用于交通流建模,这些变量直接影响被驾驶车辆在运行环境和给定时间内选择的路径和速度。

(1)性别

女性比男性手指灵敏,对颜色的感觉更好,但男性有速度优势,女性反应时间通常长于男性。不过,这些差异仅有统计意义。为便于分析交通流,一般忽略男性和女性的行为差异。

(2)年龄

随着年龄增长,驾驶行为会发生变化,比如,反应时间加长。其中一些变化源于老化的眼睛造成的视觉和生理条件,另一些变化与神经中枢处理视网膜成像的变化有关。理解驾驶员年龄导致的行为差异非常重要。试验结果发现,同一个人的反应时间随着年龄增长而增加,40岁之后反应时间均匀增加,50岁时反应时间比平均值增加25%,50岁之后反应时间开始明显增加。

①视觉变化。

视觉敏锐度下降:15%~25%的65岁以上老人的视觉敏锐度低于矫正视力,原因在于老年斑加重使得眼睛更加向内凹陷,视野从170°逐渐缩小到140°或更小,但周边视力相对没有受到影响。驾驶员的静态视觉敏锐度与事故经历没有很强的关系,而且可能不是影响辨别路径引导装置和标志标线的重要因素。

光损失和散光:有证据显示黑夜视力比白昼视力下降得快。尽管老年人比年轻人的眼睛玻璃体多这一现象还没得到解释,但是随着年龄增加,眼睛散光、瞳孔扩大与晶状体僵硬导致仅有极少的光线能到达退化的视网膜。白天到达60岁老年人视网膜的光线只有20岁年轻人

---

❶ $1in^2 = 6.4516 \times 10^{-4} m^2$,下同。

的30%,夜间则仅有1/16,并因散光而加重。相比30岁,70岁老人需要将对比度从1.17增加到2.51才能看清物体。

炫目恢复:炫目是指人的眼睛突然受到强光照射时,由于视觉神经受刺激而失去对眼睛的控制,本能地闭上眼睛或看不清暗处物体的生理现象。55岁的人相比16岁的人需要多于8倍的时间从黑夜炫目中恢复视力。眩光使人的视力下降,下降程度取决于光源强度、视线与光间夹角、光源周围亮度、眼睛适应性等因素。强光照射之后,视力将从眩光影响中恢复。从亮处到暗处,这种恢复约需6s;从暗处到亮处,这种恢复约需3s。视力恢复快慢与光源强度、持续时间、被刺激者年龄等因素有关。夜间驾驶车辆时,若对向来车的灯光照射强烈,老年驾驶员通常会闭目或移开视线,以免产生较长时间的眩目感觉。

物体/背景辨别:感知方式随年龄增加而改变,像许多老年驾驶员会错过重要信息,特别是在高强度工作条件下。这意味着老年驾驶员在不熟悉的驾驶条件下可能错过重要的指引或标识,因为不管白天还是晚上他们无法从背景中分辨出物体。

②认知行为变化。

信息过滤:老年驾驶员通常忽略不相关的信息,并且正确识别有意义的线索。驾驶员可能无法从路边广告或远处灯光中分辨出实际的图形或标志,例如,驾驶员可能错过工作区交通控制设备和标志。

公路上被迫跟随:大交通量情况下,有压力条件下的被迫跟随任务可能干扰老年驾驶员的行为。老年驾驶员倾向于降低车速来按个人意愿控制车辆。当交通流中有较大比例的老年驾驶员时,车辆延误将增加,车流阻塞将加剧。这一点对交通流理论研究者来说非常重要。

中枢与外围处理:老年驾驶员的驾驶安全问题与主要依靠中枢神经处理的任务有关,这些任务涉及对交通或车行道状况做出反应。

时代变化:相比以前,现在的老年驾驶员多数具有良好的教育状况、身体条件和经济条件,经过驾驶培训,可以很好地适应现代城市的驾驶环境。

③驾驶员伤害。

麻醉药:过量饮用酒精或某些药品会对人的生理和心理造成很大影响,不同程度上将导致驾驶机能下降,从而使反应时间与认知处理时间延长。相反,有些药物能在特定时间内改善某些个体的这些行为。对于交通流理论,影响很大且值得考虑的是酒精,还有可卡因、大麻等药品。酒精麻醉程度是因人而异的,取决于健康状况、疲劳程度、情绪状态、进食、饮酒习惯以及对酒精的敏感程度。酒后肇事驾驶员的血液中酒精含量通常为1.5‰~2.5‰。尽管人们研究了很多年酒精对交通事故的影响,就酒精对驾驶员的影响与伤害水平来说,人们却知之甚少,原因在于驾驶员很难回想起事故发生时的状况。

身体条件:虽然残疾驾驶员所占比例很小,但随着特殊设备制造技术的进步,其比例在逐渐增加。行为研究和保险索赔的结果表明,残疾驾驶员的行为和正常驾驶员的行为是密不可分的。当交通流中存在较多残疾驾驶员时,交通流特性将不可避免地发生较多变化,此时交通流模型应充分考虑相关因素。

3.1.3 连续驾驶模型

虽然驾驶员存在离散驾驶行为,但是驾驶过程属于连续动态过程。一般来说,驾驶员根据当前方向利用控制手段确定车辆即将行驶的路径。车辆位移的一阶导数速度和二阶导数加速度都是连续变化的,这些变化是由加速踏板和制动踏板的调节来实现的。

1) 驾驶行为

驾驶员被紧紧耦合进称之为机动车辆的人-机系统的转向子系统中。研究人员和工程师通过微分方程,即传递函数对跟踪情形下的人为操作进行了建模。跟踪情形下的人为操作可以被描述为驾驶员是否是一个线性反馈控制系统,即使是有噪声的、非线性的,甚至不是闭环的。

(1) 驾驶传递函数

转向操作属于广义跟踪模型的一个特例,其中两个输入是:①驾驶员从道路特征、视野变化和高阶信息提供的线索中感觉到的期望路径;②驾驶员从引擎罩和道路特征的关系中推断的车辆当前行驶方向。

图3-5展示了驾驶员-车辆反馈系统。驾驶员通过分析期望输入力函数 $R(t)$ 和系统误差函数 $E(t)$ 来实现对误差的纠正。系统误差函数 $E(t)$ 是道路走向与车辆运动方向 $C(t)$ 之间的差异。驾驶员结合预测函数 $P(t)$ 和偏差修正函数 $CP(t)$,通过操纵车轮来控制车辆,这也是一个按自身规律运行的伺服系统。控制输出反馈到输入环节则形成一个闭环系统。

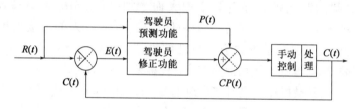

图 3-5 驾驶员-车辆反馈系统

驾驶员-车辆反馈模型可表达为:

$$g(s) = \frac{Ke^{-ts}(1 + T_L s)}{(1 + T_I s)(1 + T_N s)} + R \tag{3-9}$$

式中:$g(s)$——一阶拉普拉斯变换传递函数;

K——增益项或灵敏项(dB),表示驾驶员对一定输入做出的响应,是最易变化的参数,从 +35dB 到 -12dB;

e^{-ts}——反应时间(s),变化范围是 0.12~0.30s;

s——拉普拉斯算子;

T_L——引导时间(s),试验结果为 0~2s;

T_I——延迟时间(s),试验结果为 0.0005~25s;

T_N——神经肌肉延迟时间(s),试验结果为 0~0.67s;

R——残差项,用于修正输入和输出之间的非线性差异。

式(3-9)是驾驶行为建模的基本方法。不同模型有时涉及不同参数。初级驾驶员首先倾向于按补偿跟踪模式操纵车辆,他们主要注意汽车引擎罩中心和人行道边缘线之间的距离,并且趋向于以某个固定视角保持这种差别。当驾驶技能成熟后,驾驶员将追求跟踪驾驶模式。对于熟悉的驾驶环境,驾驶员存在有预见性的开环驾驶行为。

表3-9是交通流建模者对驾驶行为进行的分类。驾驶员控制模式显示了上述3种驾驶行为的采用顺序。例如,对于转向运动,驾驶员根据交叉口交通标线以跟踪模式驶入合适的车

道,然后按补偿跟踪模式调整在车道上所处的位置。在紧急情况下,驾驶员由于有预见性的开环响应能通过紧急制动使用补偿跟踪模式在新车道上调整车辆行驶方向。

驾驶行为分类　　　　　　　　　　　　　表 3-9

操作	驾驶员控制模式		
	补偿跟踪	跟踪驾驶	有预见性响应
公路车道规则	1		
精确路线控制	2	1	
转弯/匝道出入口	2	1	
换道	2		1
超车	2	1	
躲避换道	2		1

(2) 模型应用

有研究表明,如果模型函数的频率高于 0.5Hz,传递函数输出的振幅将迅速接近于零。譬如,当风吹过时,驾驶员会以更快的频率进行修正。

输入和输出之间的时间延迟随着频率增大而增加;以 0.5Hz 频率输入时,延迟接近 100ms;以 2.4Hz 频率输入时,延迟几乎增加一倍达到 180ms。人的可接受频率一般为 1~2Hz。若对环境较熟悉,驾驶员能通过有预见性的操作来改善驾驶行为。试验结果显示,以 57km/h 的速度行驶,横向偏移的平均值为 15cm、标准差为 3.2cm、95% 分位数为 21cm、99% 分位数为 23cm。因此,驾驶员操作车辆时在车道上 ±23cm 或 46cm 的横向范围内摆动。此过程意为:在曲线运动真正开始前,驾驶员依据前期条件进行操作,此时误差相当大;在曲线运动开始后,驾驶员的预见性控制行为很快结束;然后进入稳态曲线驾驶阶段,此时驾驶员开始进行补偿性操作,车辆恢复向前行驶、结束曲线运动。初始化驾驶输入与道路曲率和车辆速度的关系式为:

$$g_s = \frac{1}{1000}[SR \times l(1 + F_s u^2)C_r] \quad (3\text{-}10)$$

式中:g_s——转向盘转角(rad);

SR——驾驶员对单位输入的反应;

l——轴距(m);

F_s——稳定性参数;

u——速度(m/s);

C_r——车道曲率(m^{-1})。

驾驶输入的标准差约为转向盘转角的 9%。曲线越弯,需要的转角越大,相应地,驾驶输入越不准确,而且在补偿操作阶段会引起更多的振荡。

2) 制动

驾驶员的操作性能与基本控制输入中的制动或加速配置相结合。这里将制动看作连续控制输入,车辆在感觉-反应时间之后开始减速或停车。

(1) 开环制动

最简单的制动方式是驾驶员以最大制动力踩踏制动踏板,近似瞬间地给予车辆一个制动输入。车辆对这种制动输入的反应超出了本章的讨论范围,但可理解为导致一个或多个车轮抱死。当车速高于 32km/h 时,可能出现制动失灵,除非车辆装备了防抱死制动系统(Antilock Brake System,ABS)。1990 年 AASHTO 提出的制动距离公式为:

$$d = \frac{u_0^2}{257.9f} \tag{3-11}$$

式中:d——制动距离(m);

u_0——初始速度(km/h);

f——轮胎与道路表面的摩擦系数,大约等于以重力加速度 g 为单位的减速度。

一辆没有装备 ABS 的标准客车以 64.4km/h 的速度行驶在一段干燥的平直路段上,驾驶员不知何时制动或是否需要制动,图 3-6 描述了这种情况下的实际制动过程。从图中可看出,减速度迅速上升至超过 $0.9g$ 的峰值,然后稳定在约 $0.7g$ 使车辆停止,制动距离是 65m;还应注意,车辆完全停止后,延迟的反弹引起减速度的一个特有震荡。

图 3-7 描述了相同驾驶员和车辆在潮湿路面上的制动情况。与干燥路面相比,潮湿路面上减速度的变化规律类似,但需更长的制动距离。此时,减速度的峰值和稳定值分别为不到 $0.6g$ 和约 $0.4g$。

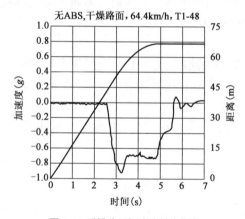

图 3-6 干燥路面驾驶员制动曲线

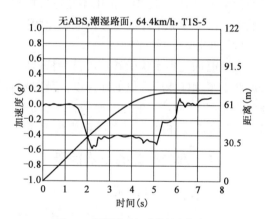

图 3-7 潮湿路面驾驶员制动曲线

从建模角度看,驾驶员对车辆的开环制动类似于一个"阶跃"信号。

(2)闭环制动

依据凡波等人收集的经验数据,表 3-10 列出了减速度的一些稳态值。这些数据来自封闭道路上驾驶装备仪器的自有车辆时驾驶员在两种情况下做出的反应,一种情况是驾驶员遇到意外的障碍或物体,另一种情况是驾驶员预知需要制动但不知何时制动。当道路条件相同时,意外的与预期的闭环制动减速度比大约为 1.22:1。无冰情况下,道路摩擦力对驾驶员的制动减速度没有太大影响。稳态情况下,潮湿路面和干燥路面上的减速度差值为 $(0.05 \sim 0.10)g$。

意外和预期两种情况下减速度的稳态值　　表 3-10

情 况	均 值	标 准 差	75%分位数	90%分位数	95%分位数	99%分位数
意外情况	$-0.55g$	$0.07g$	$-0.43g$	$-0.37g$	$-0.32g$	$-0.24g$
预期情况	$-0.45g$	$0.09g$	$-0.36g$	$-0.31g$	$-0.27g$	$-0.21g$

(3)最佳减速度

在交叉口或交通控制设备前,驾驶员可能需要停车,那么车辆开始减速前必须识别这些设备。对计划的制动情形所做的驾驶输入近似为线性减函数,其斜率由到期望停车位置的距离或车队被赶上的稳态速度决定。驾驶员通过踩踏制动踏板获得期望的减速度,通常公认的最大"舒适"减速度约为 $-0.3g$ 或 -3.0m/s^2。1990 年 AASHTO 提供了车辆接近交叉口时速度变化的图解说明,使用线性方法从图中计算的减速度为 $(-0.27 \sim -0.2)g$ 或 $(-2.6 \sim -2.0)\text{m/s}^2$。

3) 速度与加速度

驾驶员通过加速踏板或其他设备控制和改变车辆的速度或发动机转速。

(1)稳态速度控制

在稳态交通条件下,驾驶员的主要任务是利用作为显示器的速度计和作为控制输入的加速踏板来完成跟踪任务。驾驶员对当前显示速度和期望速度之差的反应取决于工作量、期望速度和当前显示速度的关系、速度计位置与设计以及影响驾驶员瞬间行为的个人考虑等。在大交通量情况下,驾驶员将自身车辆在交通流中相对于其他车辆的位置作为主要的跟踪线索。驾驶员倾向于降低速度进行换道,研究发现期望速度比实际速度小 $0.3 \sim 0.8 \text{m/s}$。处于交通流的稳定阶段时,速度误差范围不超过 $\pm 1.5 \text{m/s}$,基本能用正弦曲线建模。毋庸置疑,智能运输系统会使交通流中速度误差的波动振幅减小一半甚至更多。

(2)加速度控制

车辆能加速到多快受驾驶员行为特性限制,实际的加速度(尤其是在交通流中起动时)通常远低于车辆性能所提供的加速度,特别是客车。在 48km/h 或更高速度下,舒适加速度的范围为 $0.6 \sim 0.7 \text{m/s}^2$。在自由流条件下,驾驶员愿意使用的加速度大约是车辆最大加速度的 65%,即 1m/s^2。相对于客车或轻型载货汽车,重型载货汽车的加速度更依赖于车辆性能。

3.1.4 驾驶行为的影响因素

1) 交通流中的追赶与超车

通常,驾驶员以加速方式追赶和超越其他车辆。统计结果表明,公路上超越另一辆客车的加速度约为 1m/s^2。当速度从零变化到稳态值时,客车的最大加速度由大约 3m/s^2 减小至小于 2m/s^2。当高速行驶时,一些微型汽车的加速度会减小至 1m/s^2。在水平道路上,大型载货汽车或带拖车的拖拉机起动时的最大加速度不会超过 0.4m/s^2,当速度达 100km/h 时,其加速度为 0.1m/s^2。此时若超车,驾驶员必须用力踩踏加速踏板以便发挥车辆的最大加速性能。

1990 年 AASHTO 的几何设计规范认为,56km/h 速度时的合理加速度为 0.63m/s^2,70km/h 速度时的合理加速度为 0.64m/s^2,100km/h 速度时的合理加速度为 0.66m/s^2。这些设计值相对非常保守,理论研究者在进行灵敏度分析时经常采用上述提到的较高值。

2) 可插车间隙与合流

(1)可插车间隙

汇入或穿越交通流时,驾驶员必须判断潜在冲突车辆与自身车辆的间距才能决定是否汇入或穿越。间隙是指相邻两辆车到达道路上同一点或同一断面的时间间隔。临界间隙是驾驶员试图汇入或穿越交通流时所需要的最小间隙。需要考虑可插车间隙的情形有如下 5 种:

①无交通控制时,左转穿越对向交通;

②有交通控制时,在许可绿灯期间左转穿越对向交通;
③从停车或让行控制交叉口左转汇入横向车流;
④从停车或让行控制交叉口穿过横向车流;
⑤从停车或让行控制交叉口右转汇入横向车流。

1985版HCM针对上述情况给出了无信号交叉口的临界间隙值,如表3-11所示。由此可见,临界间隙最小值和最大值分别为4s和8.5s。因此,当一列车队以50km/h(即14m/s)的速度行驶,车间距离为56~119m;若速度为90km/h(即25m/s),车间距离为100~213m。

无信号交叉口临界间隙值　　　　　表3-11

操作类型	控制类型	平均速度50km/h 所需的临界间隙(s)		平均速度90km/h 所需的临界间隙(s)	
		主路上2条车道	主路上4条车道	主路上2条车道	主路上4条车道
1	无	5.0	5.5	5.5	6.0
2	许可绿灯	5.0	5.5	5.5	6.0
3	停车	6.5	7.0	8.0	8.5
3	让行	6.0	6.5	7.0	7.5
4	停车	6.0	6.5	7.5	8.0
4	让行	5.5	6.0	6.5	7.0
5	停车	5.5	5.5	6.5	6.5
5	让行	5.0	5.0	5.5	5.5

注:对操作类型2,是指在绿灯间隔期间。对操作类型5,如果曲线半径>15m或转弯角度<60°,减去0.5s;如果有加速车道,减去1.0s。对所有操作类型,如果人口>250000,减去0.5s;如果视距受限,加1.0s;最多减少1.0s;最大临界间隙≤8.5s。

(2)合流

在公路上,驾驶员以加速方式汇入交通流。对于有加速匝道、含4条车道的高速公路或相似设施,当以90km/h的速度行驶、有1s加速时间的车辆汇入干道交通流时,情形⑤提供了一个可接受间隙的基准估计值4.5s。理论上,如果车辆以相同或近似的速度行驶,当从一条车道汇入另一条车道时,最小的可接受间隙大约等于3辆车的长度(即14m)。然而,对于这样的车道汇入操作来说,通常至少使用这一间隙长度的2倍。

3)停车视距

道路上的最小视距应保证以设计速度行驶的车辆在到达其前方的"固定物体"之前能停车。换句话说,视距至少需满足"平均水平以下"的驾驶员或车辆在这个距离内能停车。感觉-反应时间与制动的前述研究能为估计停车视距(Stopping Sight Distance,SSD)提供依据。为考虑"低于平均水平"的驾驶员或车辆,一般使用"最坏情形"进行分析。显然,90%置信水平的感觉-反应时间和制动距离将组合为更保守的99%$[1-(1-0.9)^2=0.99]$置信水平,此时每个驾驶员的停车视距小于或等于这一距离。

计算停车视距时,应考虑最不利情况,即感觉-反应时间选用表3-3中的1.57s、制动减速度选用表3-10中的$-0.37g$。假设车辆以88km/h的速度行驶在干燥的水平路面上,那么停车视距为感觉-反应距离加上制动距离。此时,感觉-反应距离为$1.57\times88/3.6=38.4(m)$,制动距离为$88^2/(257.9\times0.37)=81.2(m)$,则停车视距为$38.4+81.2=119.6(m)$。如果感觉-反应时间为 2.50s，干燥水平道路的摩擦系数为 0.65g，那么感觉-反应距离为 $2.50 \times 88/3.6 = 61.1(m)$，制动距离为 $88^2/(257.9 \times 0.65) = 46.2(m)$，停车视距为 $61.1 + 46.2 = 107.3(m)$。当然，针对其他具体情况，可以考虑选用相同或不同的置信水平来估计停车视距。

4) 交叉口视距

为保障交叉口行车安全，驾驶员必须在交叉口前一段距离内能看清相交道路上的交通状况，以便顺利驶过交叉口或及时停车。这一距离必须大于或等于停车视距，该距离称为交叉口视距。1990 年 AASHTO 提出的《几何设计规范》对 4 种情况明确了交叉口视距。前面已经讨论过信号交叉口（即第 4 种情况），下面分析前 3 种情况。

(1) 不设管制

对居民区或工业区的内部交叉口，车速通常不高，而且驾驶员熟悉路况，此时可以不设管制。对于不设管制的交叉口，应保证提供足够的视距。在这类交叉口附近，驾驶员通过观察横向车流来调整速度。这种情况下，感觉-反应时间与简单反应时间相同，可应用停车视距原理。AASHTO 建议使用 3.0s 来确定交叉口视距，该值相对较保守。事实上，交叉口视距因人而异，驾驶员感觉-反应时间一般为 0.5～4.0s。

(2) 让行控制

让行或让路控制即在次要道路上设置让行或让路标志，要求次要道路上的车辆在进入交叉口时预先估计能否利用间隙或空当通过交叉口。这种情况非常复杂，没有可靠数据能估计感觉-反应时间，可将其看作从让行标志初次被视认清楚到驾驶员开始减速操作或在横向交通前加速通过交叉口之间的时间。由于事先需要对让行标志而非前方交通状况进行反应，驾驶员经常在距离交叉口 300m 甚至更远就开始减速。因此，感觉-反应过程一般持续 20～30s，还因驾驶方式差异存在很强的可变性。

(3) 二路停车控制

二路停车控制即为单向停车控制。一般来讲，为保证主干道畅通，在次要道路上设置停车标志，要求次要道路上的车辆减速停车后利用主路车流中出现的合适间隙穿越主路车流。对大多有合理停车视距的交叉口来说，驾驶员到达停车线前已经观察了横向道路。此时，感觉-反应时间存在表 3-12 所示的 3 种情况：①从车辆停止开始；②从队列中第一辆车在停车线处移动开始；③从最近车辆向前或转向移动开始。这 3 种情况虽然考虑的起始点不同，但都以车辆开始加速或减速终止。对大部分驾驶员而言，感觉-反应时间的保守估计略大于 3s。

交叉口感觉-反应时间　　　　表 3-12

感觉-反应时间 (s)	四路交叉口		三路交叉口	
	均值	85%分位数	均值	85%分位数
第 1 种情况	2.2	2.7	2.8	3.1
第 2 种情况	1.8	2.6	1.9	2.8
第 3 种情况	1.6	2.5	1.8	2.5

5) 其他驾驶员行为特征

(1) 速度错觉

经验丰富的驾驶员可以在不看速度计的情况下准确地判断车辆的当前速度。但是，在持续高速行驶后，驾驶员倾向于低估当前速度。例如，以 112km/h 的速度行驶 32km 后，当要求

"速度减半"时,驾驶员会将速度降至64km/h,这一速度比要求的速度高出14%。从城外道路驶入城市道路时,许多驾驶员不能及时随交通条件变化而改变速度,这致使在郊区道路上的事故数多于在市中心交通量大的街道上的事故数。相反,当从低速到高速时,驾驶员倾向于高估当前速度,实际速度往往比要求的速度低10%~20%。一般来说,驾驶员需要几分钟时间来适应新的交通流状况。

通常,估计速度的准确性随驾龄增长而增加,但与驾驶员年龄也有关,老年驾驶员趋向于低估,而年轻驾驶员趋向于高估。周边环境也影响驾驶员判断速度。比如,驾驶员在四车道道路上以100~110km/h的速度行驶的感受类似于在有道旁树的两车道道路上以60~70km/h的速度行驶的感受。

(2) 信息干扰

当驾驶员途经事故发生地、商业区、活动区、建筑工地、维修作业区等,经常碰到与驾驶任务无关却试图转移其注意力的事件,这些额外信息将对驾驶员造成视觉干扰。驾驶员应尽量避免转移注意力以便保证行车安全。由于缺乏详细而精确的信息干扰对驾驶员影响的数据,在研究中可通过增加加速度项来描述驾驶员注意力分散。这种信息干扰通常来自以前进方向为中心的30°锥体范围内,而且可能致使车道偏移振幅增加。

(3) 实时信息

驾驶员的信息处理能力是有限的,尽管可以被分派各种任务,但会以降低部分任务的效率和精确性为代价。如果相互竞争的任务使用相同的感官和相似的大脑资源,错误将明显增加。当任务复杂性提高,譬如在非常拥挤的城市高速公路条件下,任何额外的任务(如使用移动电话)都可能影响驾驶员的正常行为,尤其是老年驾驶员。试验结果表明,当驾驶员以64km/h的速度行驶时使用触摸屏,将造成车道偏移量增加15%。

随着智能运输系统的发展,很多车辆安装了信息屏、冲突避免显示器或其他设备,未来可能会安装更多类似设备。例如,网约车驾驶员在行车过程中使用智能手机甚至进行接单操作,这些行为可能影响正常驾驶任务。信息处理工作量的增加必将引起驾驶员行为的变化,有必要充分考虑信息选择和设计原理以免实时信息系统对驾驶员行为造成负面影响。

3.2 骑车人行为特性

在我国,自行车交通占有较大比重。通常,非机动车特指自行车,称其行为主体为骑车人。

3.2.1 骑车人心理特性

1) 生理特征

人与自行车相互配合构成了人-车系统,严格来说,也属于一种人-机系统。在人-车系统中,骑车人是主导因素,通过控制车把、踩踏脚镫子使自行车运转。骑车人通过眼、耳、手、脚、臀部等感觉器官感知自行车、道路、交通、环境等外界信息,并将这些信息传入大脑,然后经过大脑处理信息后做出分析、判断、决策,再将指令信息传给相应器官,同时通过相应器官的操作完成行动,从而使自行车实现加速、匀速、减速、停车、转弯等运动。这一过程是骑车人通过生理过程接收信息、再通过心理过程做出反应、再通过生理过程完成行动的一系列活动。因此,不同的骑车人或交通环境往往产生不同的交通状态和效果。研究骑车人在道路交通环境中的生理和心理特性,对于防治自行车交通事故是非常有必要的。

自行车的转动、平衡、转向、加减速等操作完全由骑车人控制。在精神正常的情况下,骑车人的体力大小因人而异,男人、女人、年轻人、老人、小孩、胖人、瘦人、高个儿、矮个儿的身体状况和体力情况都不相同。他们的骨骼质量、长短以及肌肉纤维组织、发育状况等不同,因而其肌力与做功能力也不同。例如,老人、妇女、小孩的蹬车能力、耐力、控制自行车动态平衡的能力都不如青壮年男子。他们力不从心、平衡能力差、骑车速度慢、可达距离短、容易摔倒,这些都是由生理条件决定的。

骑车容易疲劳,这里主要指生理疲劳,特别是逆风而行或长距离骑行,会引起大腿肌肉、腰椎、中枢神经疲劳,腿部、臀部疼痛,腰背部酸疼,这是因为骑自行车完全依靠骑车人的体力。疲劳后,骑车人往往自感精神不佳、体力下降,产生厌倦情绪。此时,骑车人可能大脑反应迟钝、动作缓慢且不灵活、车速降低、容易判断失误,发生交通事故的可能性增加,这些都属于生理条件。

2)心理状态

在骑自行车的过程中,骑车人的生理在起作用,同时心理活动也在不断地发生变化。生理条件和心理活动不是独立的而是同步显现的。生理过程和心理过程在骑行过程中始终如影随形、唇齿相依、不可分割。不同生理条件的骑车人往往产生不同的心理活动。骑车人的生理和心理过程在输入、处理和输出信息各方面相互依附、协调工作。

(1)急快、超越心理

一般来说,骑自行车出行都有一定目的,如上班、上学、购物、休闲、游憩等。对于准时性要求高的出行(如上班、上学),人们往往希望按时到达目的地,怕迟到误事或想早点回家而抢时间、争速度、争先恐后,前面自行车稍慢,后面必然要超越。这种行为在年轻男子中表现得尤为突出,骑快车、骑飞车、见空就钻、走S形路线,甚至在车流和人流中穿来穿去。有些骑车人怕非机动车道拥挤而跑到机动车道上,与机动车抢道,在交叉口闯红灯。在这种心理作用的驱使下,表现为快速、急迫、抢道、超越、猛拐、硬钻等行为,甚至违反交通法规,因此容易导致交通事故。

对于准时性要求不高的出行(如休闲、游憩),骑车人的急快、超越心理常常会减弱,这将有助于骑车人遵守交通法规,从而降低对机动车交通的负面影响、减少交通事故。

(2)胆怯心理

初学骑车者常因技术不熟练而东摇西晃。当看到拥挤的自行车流和同向行驶的机动车,老人、妇女、少年常因力不从心和心里紧张而感到心慌胆怯、不知所措,想靠边躲闪又插不过去,想慢骑又被迫慢不下来,往往失去控制力。有资料显示,日本自行车死亡事故中,60岁以上老人占39.8%,15~59岁青壮年人占44.6%,15岁以下少年儿童占15.6%,老人和少年儿童共占55.4%。这两部分骑车人在总体中的占比不高,但死亡比例却相当大,其原因在于这些骑车人心理胆怯,遇到险情时惊慌失措而失去平衡。

(3)随机心理

自行车的特点决定了骑车人在骑行过程中的心理活动。骑车人一般从容自如、精神不太紧张、警惕性较低、注意力不大集中,经常东张西望、不断变换注意点,结伴并行、边骑边聊,绕来绕去、随意转弯、路线不固定、有时还逆行,遇到热闹常停下来围观,遇到障碍常绕道而行。

这种随机心理引起的任意性、精神放松、注意力不集中可能在无意间酿成交通事故。

(4) 异常心理

有些骑车人年轻好胜、爱逞能、大撒把、见车就超、见空就钻、横冲直撞，甚至在汽车前后穿来穿去，连汽车鸣笛都不理会，这种行为往往使周边其他骑车人、行人或驾驶员胆战心惊。有些骑车人爱冲动，当被他人超了车或稍有碰撞就火冒三丈，不是停下来吵闹，就是猛追猛赶、企图报复，这种行为严重影响交通安全和秩序。少年男女有时不知深浅、蹬车戏闹、你追我赶或追车，扒住车身吊在后面借力，只顾玩得高兴，不顾危险。青年男女有时骑车兜风，避开警察骑车带人或三五成群霸占车道。小商小贩只顾赚钱、负荷超载，在路上摇摇晃晃，稍有碰撞就难免发生事故。个别骑车人将就、对付，明知自行车有部件不灵，也不维修、不更换，意外情况出现时只好听天由命。还有酒后骑车者，游来荡去、迷迷糊糊、歪歪扭扭，与汽车抢道，有时自己往汽车上撞，酿成悲剧。

3) 空间需求

骑车人通常喜欢选择比较平坦宽敞、车辆较少的道路。这样，骑车人可以不受干扰、自由自在，不仅使紧张情绪减少，而且使速度得到保证。在自行车流密度较高的道路上，骑车人常感到不舒服、不耐烦，总想超越穿行、摆脱拥挤，甚至从非机动车道上穿到机动车道上，即使有分隔带，也想从分隔带缺口处进入机动车道，骑行一段，再回到非机动车道上。当自行车流饱和或过饱和时，骑车人对行驶空间的占有心理导致违反交通法规的现象激增，这不仅影响机动车辆的正常通行，而且埋下交通安全隐患，诱发交通事故。

自行车在排队时横向间距一般很小。调查数据显示，排队状态下每辆自行车的横向占用宽度约为0.6m。因此，高峰期间自行车流在交叉口排队时经常会形成密度较大的集群。在绿灯启亮后，自行车迅速起动、加速并驶离停车线。在加速过程中，自行车之间的横向间距增大，这造成了自行车流释放过程中的侧向膨胀现象。当膨胀宽度过大时，容易出现绿灯初期驶离停车线的自行车流挤占机动车道的现象，此时自行车流对机动车流会造成很大的横向干扰。

膨胀系数可用来描述自行车流的侧向膨胀现象，能表征自行车流的侧向膨胀程度，被定义为自行车流起动膨胀后的横向平均宽度与静态停车时的横向平均宽度的比值，即：

$$K_E = \frac{\overline{D_E}}{\overline{D_0}} \tag{3-12}$$

式中：K_E——自行车流的膨胀系数；

$\overline{D_E}$——自行车流起动膨胀后的横向平均宽度(m)；

$\overline{D_0}$——自行车流静态停车时的横向平均宽度(m)，一般取0.6m。

3.2.2 骑行轨迹特点

自行车尺寸小、体积小、占地面积小、灵活性强、随意性强，其骑行轨迹随机多变，有时"杂乱无章"。当自行车流量较大时，骑车人不得不聚集而使得自行车交通呈现明显的集群性。由于交通信号的周期性干扰，自行车交通的集群性在交叉口表现得更加明显，自行车的骑行轨迹并不像机动车的行驶轨迹那样有规律。在交叉口绿灯初期，自行车以饱和流率释放，其骑行轨迹错综复杂，尤其是大型交叉口、交通流组成复杂的情况。大多数骑车人比较喜欢集群通行，因此自行车交通流与机动车流的行驶轨迹具有明显差异。对自行车来说，饱和车头时距是指前后两辆自行车安全地同向行驶在同一车道上时前后两车的车头之间至少应该保持的时间间隔。通常,假设在车道上前后两辆自行车在同一轨迹上行驶,且没有重叠。事实上,自行车骑行轨迹复杂,重叠现象时有发生。

在骑行过程中,自行车经常随时改变行驶方向和行驶轨迹。自行车比机动车起动快,因此自行车在交叉口往往利用右转机动车的间隙通过冲突区,而且速度不会发生太大变化。在两相位交叉口,由于自行车行驶速度慢以及运行轨迹多变,自行车之间的冲突对交叉口安全的影响并不大。左转自行车与不同流向机动车的冲突很复杂,可归纳为两种情况:在停车线处的左转自行车在绿灯启亮后提前起动,先于机动车进入交叉口,直接左转通过交叉口,这部分左转自行车对机动车通行几乎没有影响;在机动车进入交叉口后才能进入的左转自行车无法直接左转通过冲突区,只能先直行,停留在直行机动车流侧面,然后寻找可插车间隙,伺机通过交叉口,这部分左转自行车可能对机动车通行造成较大影响,当左转自行车流量较大时,这些自行车会占用部分直行机动车道和自行车道,同时会阻碍对向的左转机动车转弯,此时对机动车的负面影响不可忽视。

自行车的骑行轨迹复杂多变,又有集群特性。有时,自行车与自行车、行人或机动车之间的冲突不仅影响正常的交通秩序,而且使交通效率降低、交通安全隐患增加。因此,在交通管理与控制中,应该科学、合理地规范自行车的骑行轨迹,以便提高交通秩序和安全性,进而提高交通效率。

3.3 行人行为特性

步行是一种绿色的、环保的、永恒的交通方式,其行为主体称为行人。

3.3.1 行人心理特性

(1)客观环境

客观环境对行人心理及其行为具有一定的影响和作用,包括自然环境和社会环境,是决定行人行为的外在条件。自然环境为行人提供便利又施加约束,社会环境为行人制定规范又给予限制,两者共同影响并决定着行人的通行需求。行人心理与行人行为一方面受到自然环境的影响和制约,另一方面受到社会环境的影响和制约。

步行时,行人融入客观环境,受到周边道路、车辆、景观及其他交通参与者的影响和制约,单个行人或其群体不可能随心所欲。当遭遇冲突时,行人可能需要避让机动车、非机动车以及各种道路设施。这些因素直接影响行人的情绪、意志、注意力等心理状态,进而影响行人的步速、步幅、步频、过街设施选择、过街时机选择等行为特性。心理状态通常以行为特性表现出来,例如,行人心情舒畅时更倾向于遵守交通法规,相应地,更容易出现保障通行安全的行为方式。

(2)主观需要

主观需要是指客观环境刺激并作用于人的大脑所引起的个体缺乏某种东西的状态,即人对某种目标的渴求或欲望,通常表现为不满足感或渴望某种事物。这种渴望越强烈,所引发的活动会越有力、越积极。

步行过程中,行人有多种多样的主观需要,按其发生的先后顺序,可归纳为安全需要、节省需要、选择需要、接触需要和空间需要5类。

安全需要:行人步行时的最基本需要,其他需要都应基于安全需要来考虑。在交通参与者中,行人是最弱势的一方,最容易受到伤害,在任何时间、任何空间都需要受到保护,特别是行人单独过街时有更强烈的安全需要。调查结果发现,单个行人的过街步速明显高于行人群体的过街步速,老年人过街时更倾向于夹在人群中,行人闯红灯时的步速远高于其守法过街时的步速,行人在绿灯闪烁时的过街步速高于其正常过街时的步速。

节省需要:行人步行时的第二需要。行人完全依靠体力步行,因此一般只选择近距离出行。步行方式有很大的局限性而且速度相对非常低。在步行过程中,行人期望最大限度地节省时间、体力、花费等来满足其他需要。行人过街时,其节省需要表现为选择最短路线强行穿越机动车道,即便违章也愿意选择平面设施而不是立体设施(除非有特殊的管制措施或便利的过街条件),为节省一点时间而闯红灯或与车辆抢行。正是这种节省需要导致了行人过街的截短行为产生。

选择需要:在满足前两个需要的前提下,行人会根据身体状况和主观意愿选择具体的步行路线、速度、方式等。在一次完整的出行过程中,出行者总是以步行开始和结束。步行过程仅受个人意志支配,行人可自由选择步行的路线、位置、设施、停留时间、周边环境等,而且其选择具有很强的随机性和可变性。当过街时,行人可以选择跟随或超越同方向其他行人,也可选择从某个方向避让障碍物或对向行人,还可选择人行横道、人行天桥或地下通道,亦可选择遵守或违反交通法规。

接触需要:行人选择步行是为了某种特定的目的,如上班、上学、购物、休闲、游憩、锻炼身体等。不管因为哪种目的,行人都会与自然、社会、车辆、交通设施、其他交通参与者以及各种信息发生接触。步行占用空间很小、通达性很高,几乎可到达任何场所。由于步行具有很高的自由度,行人可以最大限度地接触交通环境。随着科学发展和社会进步,步行的自由度在一些方面会不断地扩大,而在另一些方面会不断地缩小。

空间需要:人的自然属性驱使行人寻求足够的空间来满足其安全需要。所处空间越大,行人感觉越舒适。如果周边环境显得拥挤,例如在路边等待过街或随大群行人一同过街,将不断地有其他行人在身边出现,这时行人的可利用空间会不断地缩小,行人不得不自行调整与其他行人之间的距离。当机动车流量过大或速度过快时,行人会本着安全原则采取避让行为,适时寻找安全间隙,并与机动车保持安全距离,以便保护个人或小群体的私密性和领域性。可见,行人的空间需要随环境变化而改变。

上述5种主观需要按次序逐级上升,当下一级需要基本满足后,追求上一级需要将成为驱动行人行为的动力。主观需要的层次越低,行人越能获得满意感;主观需要的层次越高,行人的满意度越低。行人的这些需要可能是有意识的,也可能是无意识的。一般来说,行人的主观需要是无意识的或潜意识的。

3.3.2 行人行为空间

行人行为空间是指行人为与其他行人、群体、机动车、非机动车或交通设施保持特定空间距离而要求在交通环境中占据的一定活动空间。行人行为空间是行人感知和利用周边环境时显现的一种本能。具体的行人行为不仅取决于文化背景和社会规范,而且依赖于当时的周边环境和特殊情景。在步行过程中,行人行为空间分为静止空间(或称静态空间)、运动空间(或称动态空间)和心理空间(或称心理缓冲空间)3个层次。

(1)静止空间

行人静止空间是指行人在身体处于静止状态时所占的空间范围,即身体前后胸方向的厚度和两肩的宽度。研究结果显示,95%穿着棉衣的男性工人的肩宽不超过0.579m、肩厚不超过0.330m,静止空间的最低要求为$0.22\sim0.26m^2$。因此,很多设计以身材较大的男性为准,并假设身体是椭圆的。有研究将成年男子身体所占面积模拟成一个短轴为0.50m、长轴为0.60m的椭圆体,其面积等于$0.30m^2$。图3-8展示了单个行人和行人群的静止空间。当行人携带物品时,静止空间相对增加。

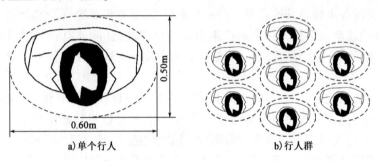

图3-8 行人的静止空间

(2)运动空间

行人运动空间是指行人在步行时身体处于运动状态下所占据的空间范围,包括运动区域、感知区域、反应区域和视觉区域,如图3-9所示。

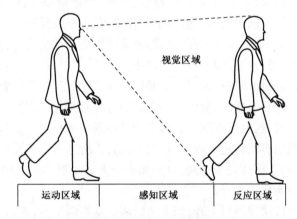

图3-9 行人的运动空间

步行运动区域:当行人处于运动状态时,运动区域内所需空间大于身体静止时所需空间。随着运动速度增加,运动区域内需要的空间也随之增大。单个行人的行走宽度约为0.75m。若两人并排行走,所需宽度为1.50~2.50m。当行人携带不同的物品时,运动区域内所需空间取决于所带物品的几何形状和尺寸。

步行感知区域:通常,行人能感知到正前方行走的另一个行人,并对其进行完全观察,最接近的距离为1.8m。超出此距离,行人才能感到视觉舒服,以正常速度行走,且双方才不会发生碰撞。

步行反应区域:以正常速度行走时,行人会在自己前方预留一个反应区域,以便有足够的反应时间在需要时采取避让行为。该区域的长度等于反应时间与正常步速的乘积。行人的反应时间为 2~3s,正常步速约为 1.2m/s,因此反应区域长度为 2.4~3.6m。

步行视觉区域:视觉区域一方面受到行人生理条件限制,另一方面与其注意力集中程度相关。从生理条件来看,行人单眼视角可达 160°,双眼视角可达 200°,双眼重叠区为 120°。事实上,行人在可视范围内对不同区域的敏感程度存在明显差异。一般来说,行人对双眼前方 120°范围内的事物较为敏感。从注意力集中程度来看,行人对所关注的事物或运动物体较为敏感。

当评价行人设施时,HCM 建议,行人运动空间取 $0.75m^2$。由于中国人体形略小于西方人,若忽略运动速度对空间需求的影响,我国行人运动空间取 $(0.6 \times 0.8)m^2$ 较为合适。

行人感知周边环境具有不对称性,能够感知前进方向视野范围内的变化,而很难感知身后发生的变化。当通过冲突区域,尤其是有较多车辆或行人时,行人通常会环顾四周,观察正向及侧向的交通情况,其感知范围取决于所关注的具体任务。

(3)心理空间

前述静止空间和运动空间是行人步行过程中所需的客观条件。从主观上说,人们比较重视私人空间。行人在步行时也有一定的心理空间,所选空间通常与其"领域"感、地位、文化、教育、民族习惯及自身形象等有关。除了某些拥挤场合(如高峰期公交车上或地铁站出入口),人们一般会利用一切机会争取个人空间,避免与他人有身体接触,甚至是视觉接触。如果强调舒适性,心理空间远大于静止空间的最低限值。研究发现,男性与女性都选择与异性分开较大的距离;在拥挤条件下,女性较男性需要的心理空间大,男性较女性对不可避免的碰撞有更强的忍受力和耐心。

行人步行时,心理空间类似于一个安全罩,能使行人感觉安全。行人的心理空间使其与同向或反向的其他行人、机动车、非机动车或道路设施保持一个安全净空。当多个行人一起过街时,每个人的心理空间会小于单个行人过街时所需的心理空间,原因在于周边陌生人造成的不安全感远不及行驶的机动车引起的恐惧感。同时,与周边行人的共同目的还带来了集团心理和从众心理,因而能忍受狭小空间带来的不舒适感。通常,行动不便、反应较慢的老年人、残疾人等弱势群体更易表现出这种合群行为。当然,也有行人拒绝这种不舒适感,他们倾向于选择在人行横道不远处而非人行横道上行走,此时的危险性显然高于在人群中行走。通常,行动轻便、反应敏捷的年轻人和儿童等强势群体更易表现出这种离群行为,这一点是人行横道处产生行人溢出现象的主要原因。

通常,除了结伴而行,行人之间彼此不认识,心理空间属于社交空间和公共空间。即使流量较大,行人之间也会保持一定间距,这不仅是人的本能表现,而且是文明社会的约定俗成,侵入他人独立空间被视为不礼貌行为。

考虑舒适性要求,行人心理空间大于其静止空间和运动空间。当行人从事不同活动时,需要不同的额外空间,这样才能感觉舒适。研究结果表明,行人在公众场合需要的基本空间为 1.8m,购物时所需空间为 2.7~3.7m,步行时所需空间为 4.6~5.5m,漫步时所需空间为 10.7m。

3.3.3 行走轨迹特点

行人较自行车尺寸更小、体积更小、占地面积更小、灵活性更强、随意性更强,其行走轨迹更加随机多变,有时更为"杂乱无章"。与骑车人相比,行人具有更显著的从众心理。因此,相对于自行车流,行人流的集群特性更加明显。当行人流量较大时,人行横道处更易出现行人流溢出现象,表现为实际行人群宽度大于人行横道宽度。类似于自行车,行人违章率远高于机动车。这使得行人行走轨迹常常远远偏离人行横道的中心线或边缘线。其原因在于行人的"抄近道"心理,即节省需要。实际行走轨迹取决于行人的短期出行目的,即当次过街的起终点,而短期出行目的具有非常强的随机性、随意性和临时性。

单个行人的行走轨迹比行人群的行走轨迹更具随意性,因此通常更关注行人群的行走规律。与自行车相比,行人起步更快。很多时候,这使得行人在人行横道绿灯启亮之前就已起步进入交叉口,有可能与上一相位的机动车或非机动车发生冲突。因为行人起步和停步都非常快,所以一些胆大、着急、冒进的行人经常无视人行横道灯而出现"率先性"闯红灯行为。由于行人存在极强的从众心理,这种闯红灯行为会使得其他行人出现"跟进式"闯红灯行为。这样的违章行为让行人的行走轨迹变得更加"杂乱无章"。这种现象在交叉口比在路段上表现得更明显、更突出,原因在于机动车在路段上的行驶速度明显要快很多。

行人的不遵章和行走轨迹的杂乱不仅给理论研究者带来麻烦,而且给交通安全带来隐患。在行人流量较大的地方,这种行为和现象直接造成了交通秩序的混乱。在交通管理与控制中,合理规划行人设施、设置行人信号对于规范行人行为具有重要作用。随着科技手段的日新月异,行人违章的视频检测和监测已经在实际中进行应用和推广。这将有助于规范行人行为,也将会对行人交通流特性及建模有一定影响。

【复习思考题】

1. 简述驾驶员在行车过程中所承担任务的层级划分及其基本原理。
2. 简述感觉-反应时间和移动时间的基本概念、计算方法以及统计规律。
3. 简述影响驾驶员处理交通控制设备信息的影响因素。
4. 简述能见度和视觉敏锐度的含义和统计规律。
5. 简述视认距离和视认时间对交通安全的重要性。
6. 简述智能运输系统对驾驶员行为的影响。
7. 简述影响驾驶员行为的各种因素。
8. 简述连续驾驶模型的基本原理。
9. 简述驾驶员制动曲线的基本规律。
10. 简述速度错觉、信息干扰和实时信息对驾驶员行为的影响。
11. 简述骑车人的心理特性及其骑行轨迹特点。
12. 简述行人的心理特性、行为空间及其行走轨迹特点。
13. 驾驶员通过事故发生地、商业区、活动区等地时,会遇到与驾驶任务无关却使其转移较大注意力的事件,这会增加对驾驶员的_____,应尽力_____。
14. 驾驶员在行车过程中主要通过以下哪种感觉器官获得外界信息?(   )
    A. 味觉　　　　　　B. 嗅觉　　　　　　C. 视觉　　　　　　D. 听觉
15. 举例说明制动踏板与加速踏板对移动时间的具体影响。

第4章
驾驶行为建模

机动车流是交通流的重要组成部分,其特性取决于驾驶员行为。微观交通仿真的主要功能之一是面向机动车模拟交通流现象与特征,其核心之一是驾驶行为模型。在道路交通流中,驾驶员行为主要包括跟驰行为、换道行为和超车行为。因此,驾驶行为建模是指为描述驾驶员的跟驰、换道或超车行为而建立数学模型,其具体包括跟驰模型、换道模型和超车行为模型。

4.1 跟驰模型

在单车道、不可超车条件下,驾驶员的典型行为是跟驰行为,这种行为是表征机动车流现象和特征的最基本行为。车辆跟驰行驶是车队行驶过程中非常重要的一种现象。跟驰理论利用动力学方法描述驾驶员在限制超车的单车道上的跟驰行为,即行驶车队中因前车速度发生变化而引起的后车反应。国内外众多学者和研究人员一直致力于建立和改进跟驰模型,以便更准确地描述特定的场景或环境下驾驶员的跟驰行为。由于具体条件和约束的差异,跟驰模型形式众多,不同的模型有不同的优缺点和适用范围。所有跟驰模型形成的理论称为跟驰理论。随着社会经济的发展,跟驰理论的研究内容和方法一直处于不断更新和发展的过程中。

4.1.1 概述

跟驰理论研究的一个重要参数是在给定速度下车辆跟驰行驶时的平均车头间距,这一参数能用来估计单车道通行能力,其表达式为:

$$C = 1000\frac{u}{s} \tag{4-1}$$

式中:C——单车道通行能力(veh/h);
u——平均速度(km/h);
s——平均车头间距(m)。

另外,平均车头间距与车辆平均速度的关系可表示为:

$$s = \alpha + \beta u + \gamma u^2 \tag{4-2}$$

式中:α、β、γ——系数,$\alpha = L, \beta = T, \gamma = 0.5/a$;
L——车身长度(m);
T——反应时间(s);
u——平均速度(m/s);
a——最大减速度(m/s²)。

式(4-2)可以理解为,当前车紧急停车时,为保证后车不与前车发生碰撞需要的足够空间。这一空间包括三部分,即前车车身长度 α、后车在反应时间 T 内匀速行驶的距离 βu,以及后车匀减速至停车行驶的距离 γu^2。通常,γ 被解释为跟驰车辆最大减速度的二倍之倒数,其经验值近似为 $0.023 s^2/ft$[❶]。一般来说,γ 是非线性的。对于车速恒定或近似恒定、车头间距相等的交通流,γ 计算公式近似为:

$$\gamma = 0.5(a_f^{-1} - a_1^{-1}) \tag{4-3}$$

式中:a_f、a_1——分别为后车或跟驰车(辆)和前车或前导车(辆)的最大减速度(m/s²)。

上述分析表明,跟驰理论可用于计算平均车头间距,进而能用来计算单车道通行能力。一方面,跟驰理论可从微观角度解释车辆跟驰现象;另一方面,跟驰理论能从宏观角度描述交通流特性。由此可见,跟驰理论是描述车辆个体行为与车队宏观特性之间的桥梁。也就是说,跟驰理论是微观交通流理论与宏观交通流理论之间的桥梁。

4.1.2 跟驰理论一般形式

跟驰理论认为,单车道上车头间距在 100~125m 以内的相邻车辆彼此之间存在相互影响。一般将跟驰车辆驾驶员的反应过程划分为 3 个阶段。①感知阶段:驾驶员通过视觉搜集相关信息,包括前车速度与加速度、车间间距(前车车尾与后车车头之间的距离,不同于车头间距)、相对速度等;②决策阶段:驾驶员分析所获信息后决定驾驶策略;③控制阶段:根据自己的决策以及前车与道路的状况,驾驶员操纵与控制车辆。在分析驾驶员反应特性的基础上,经过简化可得线性跟驰模型。

利用传统控制理论可以描述跟驰理论的一般形式,如图 4-1a)所示。当图 4-1a)中的驾驶

---

❶ 1ft = 0.3048m,下同。

员行为替换为反应时间和反应强度系数,则得到线性跟驰模型,如图 4-1b)所示。毫无疑问,跟驰理论的更完整表达应该包括一系列方程,以便描述车辆及道路的动态特性、驾驶员的生理心理特性以及车辆间的配合。

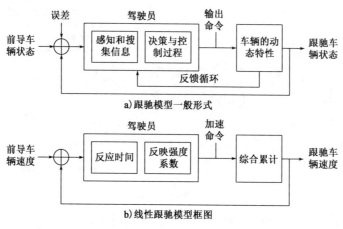

图 4-1 跟驰理论框图

实质上,跟驰模型可以表达为反应-刺激方程,即:

$$R = \lambda S \tag{4-4}$$

式中:R——驾驶员对刺激做出的反应;
 λ——驾驶员对刺激的反应强度系数,也称为灵敏度或灵敏系数;
 S——驾驶员接受的刺激。

驾驶员接受的刺激是指前导车辆的加速或减速行为以及随之而来的前后两车间的速度差或车间距离变化;驾驶员对刺激做出的反应是指驾驶员根据前导车辆的加速或减速运动对跟驰车辆进行的控制或操作及其效果。

当使用不同的变量及函数形式表达刺激、反应和灵敏度时,就产生了不同形式的跟驰模型。如果跟驰模型被表达为一个线性方程,则称为线性跟驰模型;反之,则称为非线性跟驰模型。

4.1.3 线性跟驰模型

线性跟驰模型相对比较简单,其建模原理如图 4-2 所示。在一条车道上,将前后相邻的两辆车分别记为 n 车和 $n+1$ 车。假设 t 时刻 n 车开始减速直至停车,$n+1$ 车在反应时间 T 之后开始减速直至停车。从图 4-2 可以得到如下关系式:

$$s(t) = x_n(t) - x_{n+1}(t) = d_1 + d_2 + L - d_3 \tag{4-5}$$

$$d_1 = u_{n+1}(t)T = u_{n+1}(t+T)T = \dot{x}_{n+1}(t+T)T \tag{4-6}$$

式中: $s(t)$——t 时刻前后两辆车的车头间距(m);
 $x_n(t)$、$x_{n+1}(t)$——分别为 t 时刻前后两辆车的空间位置(m);
 d_1——反应时间 T 内 $n+1$ 车的行驶距离(m);
 d_2——$n+1$ 车的制动距离(m);

d_3 —— n 车的制动距离(m);

L —— $n+1$ 车与 n 车的停车间距(m);

$u_{n+1}(t)$、$u_{n+1}(t+T)$ ——分别为 t 时刻和 $t+T$ 时刻 $n+1$ 车的行驶速度(m/s)。

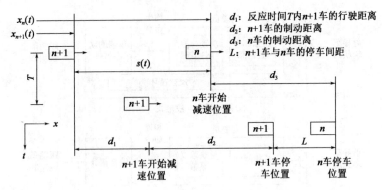

图 4-2 线性跟驰模型示意图

假设前后两辆车的制动距离相等(即 $d_2 = d_3$),那么可得:

$$s(t) = x_n(t) - x_{n+1}(t) = d_1 + L \tag{4-7}$$

进一步可得:

$$x_n(t) - x_{n+1}(t) = \dot{x}_{n+1}(t+T)T + L \tag{4-8}$$

再两边对 t 求导,则:

$$\dot{x}_n(t) - \dot{x}_{n+1}(t) = \ddot{x}_{n+1}(t+T)T \tag{4-9}$$

式(4-9)也可改写为:

$$\ddot{x}_{n+1}(t+T) = \lambda[\dot{x}_n(t) - \dot{x}_{n+1}(t)] \text{ 或 } \ddot{x}_{n+1}(t) = \lambda[\dot{x}_n(t-T) - \dot{x}_{n+1}(t-T)] \tag{4-10}$$

式中:$\lambda = T^{-1}$;

$n = 1, 2, 3, \cdots$。

与式(4-4)进行对比,式(4-10)类似于反应-刺激方程,其中刺激为前后两辆车的相对速度,反应为跟驰车辆的加速度,反应相对于刺激滞后反应时间 T。式(4-10)也可以理解为跟驰车辆在 $t+T$ 时刻的加速度与 t 时刻跟驰车辆与前导车辆的速度差呈正比。

式(4-9)基于前后两辆车制动距离相等、前导车辆减速停车以及跟驰车辆在反应时间 T 内匀速行驶而推导得出。实际情况远比这些假设复杂,例如刺激可能源于前导车辆加速,而且前后两辆车在变速行驶过程中驶过的距离可能不相等。为考虑一般情况,通常将式(4-10)看作线性跟驰模型,但其中 λ 的取值不一定为 T^{-1},也不一定理解为灵敏度或灵敏系数,而是称为反应强度系数,量纲为 s^{-1}。此时,λ 表示与驾驶员动作强度相关的程度。

4.1.4 非线性跟驰模型

如前所述,线性跟驰模型假设驾驶员的反应强度与车间间距无关。换句话说,对于给定的相对速度,无论车间间距较小(如 5m 或 10m)还是较大(如几百米),驾驶员的反应强度都是一样的(即没有差异)。

(1) 车头间距倒数模型

事实上,对于给定的相对速度,驾驶员的反应强度随着车间间距的减小而增大,原因在于驾驶员在车间间距较小时相对于车间间距较大时更为紧张,因此其反应强度更大。此外,反应强度系数也并非常量,而是与车头间距成反比。此时,可得如下非线性跟驰模型,即:

$$\ddot{x}_{n+1}(t+T) = \frac{\lambda_1}{x_n(t) - x_{n+1}(t)}[\dot{x}_n(t) - \dot{x}_{n+1}(t)] \quad (4-11)$$

式中:$\lambda = \frac{\lambda_1}{s(t)} = \frac{\lambda_1}{x_n(t) - x_{n+1}(t)}$;

λ_1——新参数,假设为常量。

(2) 正比于速度的间距平方倒数模型

有一种可能,驾驶员的反应强度不仅与车头间距的平方呈反比,而且与当前车速呈正比。那么,非线性跟驰模型可表达为:

$$\ddot{x}_{n+1}(t+T) = \frac{\lambda_2 \dot{x}_{n+1}(t+T)}{[x_n(t) - x_{n+1}(t)]^2}[\dot{x}_n(t) - \dot{x}_{n+1}(t)] \quad (4-12)$$

式中:$\lambda = \frac{\lambda_2 \dot{x}_{n+1}(t+T)}{[x_n(t) - x_{n+1}(t)]^2}$;

λ_2——新参数,假设为常量。

(3) 格林希尔治模型

将式(2-63)进行变形,可得:

$$u = u_f\left(1 - \frac{L}{s}\right) \quad (4-13)$$

对两边求导可得:

$$\dot{u} = \left(\frac{u_f L}{s^2}\right)\dot{s} \quad (4-14)$$

考虑前后两辆车以及反应时间,式(4-14)可改写为:

$$\ddot{x}_{n+1}(t+T) = \frac{u_f L}{[x_n(t) - x_{n+1}(t)]^2}[\dot{x}_n(t) - \dot{x}_{n+1}(t)] \quad (4-15)$$

式中:$\lambda = \frac{u_f L}{[x_n(t) - x_{n+1}(t)]^2}$。

式(4-15)表明,驾驶员的反应强度与车头间距的平方呈反比。

(4) 模型统一表示

对比式(4-10)~式(4-12)及式(4-15),线性和非线性跟驰模型可以统一表达为:

$$\ddot{x}_{n+1}(t+T) = \lambda[\dot{x}_n(t) - \dot{x}_{n+1}(t)] \quad (4-16)$$

式中:$\lambda = \frac{a_{l,m}[\dot{x}_{n+1}(t+T)]^m}{[x_n(t) - x_{n+1}(t)]^l}$,其中 $a_{l,m}$ 为常量,应根据试验数据进行确定;m 为速度项指数,$m \geq 0$;l 为距离项指数,$l \geq 0$。

表 4-1 总结了各种常用跟驰模型的形式及参数取值。当 $a_{l,m}$、m 和 l 在合理范围内取其他值时，将产生其他形式的跟驰模型。因此，通用的跟驰模型可通过调整参数 m 和 l 表达畅行车流与阻塞车流之间的各种交通流条件下的车辆跟驰行为。

跟驰模型形式及参数取值 表 4-1

参数取值	模型形式
$\lambda = T^{-1}$ 或 $a_{l,m} = T^{-1}, l=0, m=0$	$\ddot{x}_{n+1}(t+T) = \dfrac{1}{T}[\dot{x}_n(t) - \dot{x}_{n+1}(t)]$
$\lambda = \dfrac{\lambda_1}{x_n(t) - x_{n+1}(t)}$ 或 $a_{l,m} = \lambda_1, l=1, m=0$	$\ddot{x}_{n+1}(t+T) = \dfrac{\lambda_1}{x_n(t) - x_{n+1}(t)}[\dot{x}_n(t) - \dot{x}_{n+1}(t)]$
$\lambda = \dfrac{\lambda_2 \dot{x}_{n+1}(t+T)}{[x_n(t) - x_{n+1}(t)]^2}$ 或 $a_{l,m} = \lambda_2, l=2, m=1$	$\ddot{x}_{n+1}(t+T) = \dfrac{\lambda_2 \dot{x}_{n+1}(t+T)}{[x_n(t) - x_{n+1}(t)]^2}[\dot{x}_n(t) - \dot{x}_{n+1}(t)]$
$\lambda = \dfrac{u_f L}{[x_n(t) - x_{n+1}(t)]^2}$ 或 $a_{l,m} = u_f L, l=2, m=0$	$\ddot{x}_{n+1}(t+T) = \dfrac{u_f L}{[x_n(t) - x_{n+1}(t)]^2}[\dot{x}_n(t) - \dot{x}_{n+1}(t)]$

4.1.5 稳定性分析

这里讨论式(4-10)所示线性跟驰模型的局部稳定性和渐进稳定性，这两类稳定性用来反映一辆车的波动特性对其跟驰车辆及整个车队的影响。局部稳定性关注跟驰车辆对其前导车辆运行波动的反应，即关注相邻两辆车之间的局部行为。渐进稳定性关注一辆车的波动特性在车队中的表现，即车队的整体波动特性，例如头车的波动在车队中的传播。

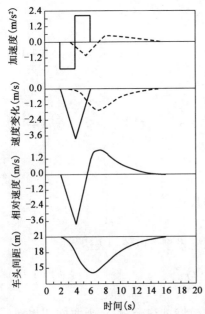

图 4-3 前车加速度波动方式及对两车运动的影响

（1）局部稳定性

根据已有研究，按照参数 $C = \lambda T$（λ 和 T 含义同前）的不同取值，跟驰车辆及其前导车辆的运动情况可分为 4 类，即：①当 $0 \leq C \leq e^{-1}(\approx 0.368)$ 时，车头间距不发生波动；②当 $e^{-1} < C < \pi/2$ 时，车头间距发生波动，且振幅呈指数衰减；③当 $C = \pi/2$ 时，车头间距发生波动，且振幅不变；④当 $C > \pi/2$ 时，车头间距发生波动，且振幅增大。

对于 $C = e^{-1}$、$T = 1.5$ 的情况，利用计算机模拟可得相邻两辆车的加速度、速度变化、相对速度及车头间距的变化曲线，如图 4-3 所示。图中，假设前车采用恒定的加速度和减速度，实线代表前车的参数变化，虚线代表后车的参数变化，速度变化指前车和后车每一时刻的速度分别相对于初始速度之差。

图 4-4 给出了 C 取其他 4 个值时所得的车头间距变化曲线，分别代表阻尼波动、恒幅波动和增幅波动几种情况。

显然，车队运动过程不一定是起动过程或制动过程。对于一般情形，考虑实际意义，将式(4-10)左边对 t 求定积

分,则有:

$$\int_0^\infty \ddot{x}_f(t+T)\mathrm{d}t = u_2 - u_1 \quad (4\text{-}17)$$

式中:$\ddot{x}_f(t+T)$——$t+T$时刻跟驰车辆的加速度(m/s²);
u_2——跟驰车辆的最终速度(m/s);
u_1——跟驰车辆的初始速度(m/s)。

将式(4-10)右边对 t 求定积分,可得:

$$\lambda \int_0^\infty [\dot{x}_1(t) - \dot{x}_f(t)]\mathrm{d}t = \lambda \Delta s \quad (4\text{-}18)$$

联立式(4-17)和式(4-18),则:

$$\Delta s = \frac{u_2 - u_1}{\lambda} \quad (4\text{-}19)$$

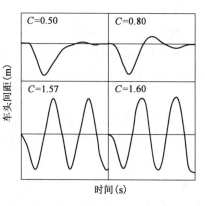

图 4-4 不同 C 值对应的车头间距变化曲线

式中:$\dot{x}_1(t)$、$\dot{x}_f(t)$——分别为 t 时刻前导车辆和跟驰车辆的速度(m/s);
Δs——车辆跟驰过程中车头间距的变化量(m)。

当 $C \leq \mathrm{e}^{-1}$ 时,车头间距以非波动形式变化(图4-4)。根据式(4-19)可知,当跟驰车辆的速度从 u_1 变化到 u_2 时,则车头间距的变化量为 Δs。如果前车停车,则最终速度为零,此时车头间距变化量为 $-u_1/\lambda$。为避免发生碰撞,后车与前车的车间距离最小值必须为 u_1/λ,相应的车头间距应为 $u_1/\lambda + l$(l 为前车的车身长度,可采用平均车身长度)。为使车头间距尽可能小,λ 应尽可能大,其理想值为 $(\mathrm{e}T)^{-1}$。

(2)渐进稳定性

下面通过分析一列行驶的车队(头车除外)来探讨式(4-10)所示线性跟驰模型的渐进稳定性。假设长度为 N 的一列车队中所有驾驶员具有相同的反应强度(即 λ 值相等),则描述这列车队跟驰行为的方程为:

$$\ddot{x}_{n+1}(t+T) = \lambda[\dot{x}_n(t) - \dot{x}_{n+1}(t)], n = 1,2,3,\cdots,N \quad (4\text{-}20)$$

无论车头间距的初始值如何,如果发生增幅波动,那么车队后方的某一位置必将发生碰撞,式(4-20)的数值解可以确定碰撞的发生位置。渐进稳定性的判断标准即为判断波动是属于阻尼波动还是属于增幅波动。

研究表明,当 $C = \lambda T < 0.50 \sim 0.52$(一般取0.50)时,一列行驶的车队是渐进稳定的,即波动在车队中的传播呈衰减趋势。渐进稳定性的判定标准将由 λ 和 T 确定的区域分为两部分,如图4-5所示。因此,当 $C = \lambda T \leq \mathrm{e}^{-1}$ 时,既能保证局部稳定性又能保证渐进稳定性。

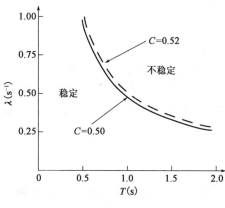

图 4-5 渐进稳定性区域

为说明车队的渐进稳定性,图4-6展示了利用计算机模拟获得的数值计算结果,具体给出了由8辆车组成的一列车队中相邻车辆之间的车头间距随时间的变化曲线,其中 C 分别取0.368、0.50 和 0.75。另外,头车 $n=1$ 的初始波动方式如图4-3所示,即先从初始速度匀减速至零再匀加速至初始速度,那么加速度对时间的积分为零。此外,$t=0$ 时车头间距均为21m。第1种情况,当 $C=\mathrm{e}^{-1}\approx 0.368$ 时,出现非波动状态。第2种情况,当 $C=0.50$(即渐进稳定性的限值)时,出现高阻尼波动,这说明即使在渐近稳定性标准的极限处,波动在车队中的传播也在不断衰减(即振幅不断减小)。第3种情况,当 $C=0.75$ 时,出现不稳定波动(即振幅不断增加)。

采用移动坐标系,坐标原点的速度与车队的初始速度一致,当 $C=0.80$ 时,图4-7给出了由9辆车组成的一列车队中每一辆车的运动轨迹。$t=0$ 时,所有车辆均以速度 u 行驶,车头间距均为12m。此时,头车以每秒4km/h的减速度减速2s,速度从 u 变为 $u-8\mathrm{km/h}$,之后加速至原速度 u。因为 $C=0.80$,所以头车的这种速度波动将在车队中不稳定地传播。从图中可见,头车发生第一次波动后,在大约24s时第7辆车与第8辆车的车间间距变为零,即车头间距等于车身长度,此时碰撞发生。

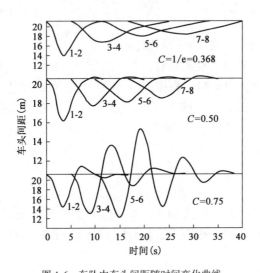

图4-6 车队中车头间距随时间变化曲线

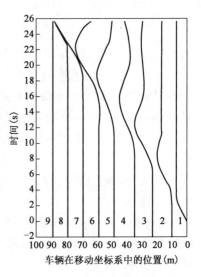

图4-7 $C=0.8$ 时9辆车所成车队的渐进稳定性

(3)次最近车辆的影响

实际上,跟驰车辆除了受最近车辆(在其前面的车辆)的影响之外,还可能受次最近车辆(在其前面的第二辆车)的影响。若考虑这种影响,跟驰模型为:

$$\ddot{x}_{n+2}(t+T)=\lambda_1[\dot{x}_{n+1}(t)-\dot{x}_{n+2}(t)]+\lambda_2[\dot{x}_n(t)-\dot{x}_{n+2}(t)] \quad (4\text{-}21)$$

式中:λ_1、λ_2——分别为跟驰车辆驾驶员对最近车辆和次最近车辆刺激的反应强度系数。

为了确定次最近车辆的影响程度,有研究人员专门进行了三车跟驰试验。试验结果显示,在车辆跟驰行驶过程中,只有最近车辆对跟驰车辆有显著影响,次最近车辆的影响可忽略不计。

4.1.6 稳态流分析

当跟驰模型能够既满足局部稳定性又满足渐进稳定性,此时交通流不会发生恒幅或增幅波动,称为稳态流。下面利用单车道跟驰模型探讨稳态流特性,针对不同状态的交通流扩充或修正跟驰模型,再推导相应的速度-密度、速度-间距、流量-密度等模型。

(1)线性模型

在式(4-10)两边对 t 求不定积分,可得:

$$\int \ddot{x}_{n+1}(t+T)\mathrm{d}t = \int \lambda[\dot{x}_n(t) - \dot{x}_{n+1}(t)]\mathrm{d}t,$$
$$\dot{x}_{n+1}(t+T) = \lambda[x_n(t) - x_{n+1}(t) + c] \tag{4-22}$$

式中:c——积分常数。

根据物理含义,式(4-22)可改写为:

$$u = \lambda(s+c), u = \lambda(k^{-1}+c) \tag{4-23}$$

由边界条件可知,当 $u=0$ 时,$k=k_j$,则有 $c = -k_j^{-1}$。那么,式(4-23)可确定为:

$$u = \lambda(k^{-1} - k_j^{-1}) \tag{4-24}$$

利用 $q = ku$,可得:

$$q = \lambda\left(1 - \frac{k}{k_j}\right) \tag{4-25}$$

当 $\lambda = u_f k$ 时,式(4-25)即为格林希尔治抛物线型流量-密度模型,即式(2-73)。

另一种做法,在式(4-10)两边对 t 求定积分,结合物理含义,可得:

$$\int_0^\infty \ddot{x}_{n+1}(t+T)\mathrm{d}t = \int_0^\infty \lambda[\dot{x}_n(t) - \dot{x}_{n+1}(t)]\mathrm{d}t,$$
$$u_2 - u_1 = \lambda(s_2 - s_1) = \lambda(k_2^{-1} - k_1^{-1}) \tag{4-26}$$

式中:u_1、u_2——分别为跟驰车辆的初始速度和最终速度(m/s);

s_1、s_2——分别为初始和最终稳定状态下的平均车头间距(m);

k_1、k_2——分别为初始和最终稳定状态下的交通流密度(veh/m)。

当两种稳定状态之一为阻塞状态时,即 $u_1=0, k_1=k_j$ 或 $u_2=0, k_2=k_j$,式(4-26)都可变为式(4-24)。需要注意的是,只有参数 $C = \lambda T < 0.50$ 才能保证交通流稳定,上述方程及推导过程才有意义。

图4-8对比了式(4-24)和单车道交通流观测结果。采用最小二乘法进行数据拟合,可得 λ 的估计值为 $0.60\mathrm{s}^{-1}$。根据渐进稳定性标准 $C = \lambda T < 0.50$,可得 T 的上限约束为 $0.83\mathrm{s}$。

为了使结果更具可比性,采用标准流量与标准密度,图4-9展示了由图4-8的数据转换后得到的标准流量与标准密度的关系,图中直线为式(4-25)标准化后的图示。标准流量是实际流量与最佳流量(即最大流量)之比;标准密度是实际密度与阻塞密度(即最大密度)之比。这种数据处理称为标准化,即将观测或计算所得绝对值与相应的最佳值或最大值相比后获得相对值。由图4-9可见,式(4-25)所要求的流量-密度关系无法很好地解释试验数据,因而引发了对线性跟驰模型的修正。

(2)车头间距倒数模型

类似地,在式(4-11)两边对 t 求不定积分,可得:

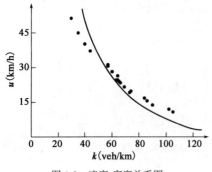

图 4-8 速度-密度关系图

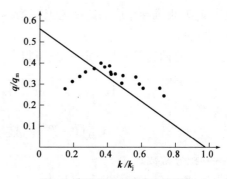

图 4-9 标准流量-标准密度关系图

$$\int \ddot{x}_{n+1}(t+T)\mathrm{d}t = \int \frac{\lambda_1}{x_n(t)-x_{n+1}(t)}[\dot{x}_n(t)-\dot{x}_{n+1}(t)]\mathrm{d}t, \quad (4\text{-}27)$$
$$\dot{x}_{n+1}(t+T) = \lambda_1\{\ln[x_n(t)-x_{n+1}(t)]+c\}$$

进一步,式(4-27)可改写为:

$$u = \lambda_1(\ln s + c), u = \lambda_1(\ln k^{-1}+c) \quad (4\text{-}28)$$

由边界条件可知,当 $u=0$ 时, $k=k_j$,则有 $c=-\ln k_j^{-1}$ 。那么,式(4-28)可确定为:

$$u = \lambda_1\left(\frac{\ln k_j}{k}\right) \quad (4\text{-}29)$$

进而可得:

$$q = \lambda_1 k\left(\frac{\ln k_j}{k}\right) \quad (4\text{-}30)$$

当 $\lambda_1 = u_m$ 时,式(4-30)即为格林伯流量-密度模型,即式(2-75)。

另外,可在式(4-11)两边对 t 求定积分,则有:

$$\int_0^\infty \ddot{x}_{n+1}(t+T)\mathrm{d}t = \int_0^\infty \frac{\lambda_1[\dot{x}_n(t)-\dot{x}_{n+1}(t)]}{x_n(t)-x_{n+1}(t)}\mathrm{d}t, \quad (4\text{-}31)$$
$$u_2 - u_1 = \lambda_1 \ln\left(\frac{s_2}{s_1}\right)$$

考虑两种稳定状态之一为阻塞状态,式(4-31)可变为式(4-29)。

使用最小二乘法,采用图 4-8 和图 4-9 中的数据对式(4-29)和式(4-30)进行拟合,可得图 4-10 和图 4-11,并得到 λ_1 和 k_j 的值分别为 27.7km/h 和 142veh/km。经过推导,密度为 $e^{-1}k_j$ 时对应最大流量,即 $\lambda_1 e^{-1}k_j$,该值即为通行能力。因此,此条件下的通行能力近似于 1400veh/h。

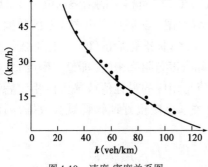

图 4-10 速度-密度关系图

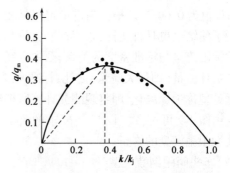

图 4-11 标准流量-标准密度关系图

分析式(4-30),在 $k = 0$ 时正切值 $\mathrm{d}q/\mathrm{d}k$ 趋于无穷大,这一点也可从图4-11中看出。显然,这是不合理的。事实上,低密度情况下的车头间距很大,车辆间的跟驰现象非常微弱。

(3) 正比于速度的间距平方倒数模型

同理,在式(4-12)两边对 t 求不定积分,可得:

$$\int \frac{\ddot{x}_{n+1}(t+T)}{\dot{x}_{n+1}(t+T)}\mathrm{d}t = \int \frac{\lambda_2[\dot{x}_n(t) - \dot{x}_{n+1}(t)]}{[x_n(t) - x_{n+1}(t)]^2}\mathrm{d}t, \quad (4\text{-}32)$$

$$\ln\left(\frac{u}{c}\right) = -\frac{\lambda_2}{s} = -\lambda_2 k$$

由边界条件可知,当 $u = u_\mathrm{f}$ 时,$k = 0$,则有 $c = u_\mathrm{f}$。那么,可得:

$$u = u_\mathrm{f} \mathrm{e}^{-\lambda_2 k}, \quad q = u_\mathrm{f} k \mathrm{e}^{-\lambda_2 k} \quad (4\text{-}33)$$

也可在式(4-12)两边对 t 求定积分,则有:

$$\int_0^\infty \frac{\ddot{x}_{n+1}(t+T)}{\dot{x}_{n+1}(t+T)}\mathrm{d}t = \int_0^\infty \frac{\lambda_2[\dot{x}_n(t) - \dot{x}_{n+1}(t)]}{[x_n(t) - x_{n+1}(t)]^2}\mathrm{d}t, \quad (4\text{-}34)$$

$$\ln\left(\frac{u_2}{u_1}\right) = -\lambda_2(s_2^{-1} - s_1^{-1}) = -\lambda_2(k_2 - k_1)$$

考虑两种稳定状态之一为自由流状态(即 $k = 0$ 且 $u = u_\mathrm{f}$),式(4-34)可变为式(4-33)。

如果最大流量对应的最佳速度为 $\mathrm{e}^{-1}u_\mathrm{f}$,则可得式(4-33)中的系数为 $\lambda_2 = k_\mathrm{m}^{-1}$,相应的稳态方程为:

$$u = u_\mathrm{f}\mathrm{e}^{-k/k_\mathrm{m}}, \quad q = u_\mathrm{f} k \mathrm{e}^{-k/k_\mathrm{m}} \quad (4\text{-}35)$$

式(4-35)即为安德伍德模型。

事实上,在低密度交通流条件下,速度与密度无关。因此,速度-密度关系式应写为:

$$u = \begin{cases} u_\mathrm{f}, & 0 \leqslant k < k_\mathrm{f} \\ u_\mathrm{f}\exp\left(-\dfrac{k - k_\mathrm{f}}{k_\mathrm{m}}\right), & k \geqslant k_\mathrm{f} \end{cases} \quad (4\text{-}36)$$

式中:k_f——车辆间出现相互影响的密度(veh/km)。

式(4-36)表明,当密度较小以致车辆间尚未出现相互影响时,交通流处于自由流状态;当密度较大以致车辆间出现相互影响时,交通流速度随着密度的增加而减小。

假设车辆间出现相互影响的车头间距为120m,那么 k_f 的值近似为8veh/km。前述格林希尔治线性模型能够近似地表达这种速度-密度关系。

(4) 格林希尔治模型

同理,在式(4-15)两边对 t 求不定积分,可得:

$$\int \ddot{x}_{n+1}(t+T)\mathrm{d}t = \int \frac{u_\mathrm{f}L}{[x_n(t) - x_{n+1}(t)]^2}[\dot{x}_n(t) - \dot{x}_{n+1}(t)]\mathrm{d}t, \quad (4\text{-}37)$$

$$u + c = -u_\mathrm{f}Ls^{-1} = -u_\mathrm{f}Lk = -u_\mathrm{f}\frac{k}{k_\mathrm{j}}$$

由边界条件可知,当 $u = u_\mathrm{f}$ 时,$k = 0$,则有 $c = -u_\mathrm{f}$。那么,可得:

$$u = u_\mathrm{f}\left(1 - \frac{k}{k_\mathrm{j}}\right), \quad q = u_\mathrm{f} k\left(1 - \frac{k}{k_\mathrm{j}}\right) \quad (4\text{-}38)$$

也可在式(4-15)两边对 t 求定积分,则有:

$$\int_0^\infty \ddot{x}_{n+1}(t+T)\mathrm{d}t = \int_0^\infty \frac{u_\mathrm{f} L}{[x_n(t)-x_{n+1}(t)]^2}[\dot{x}_n(t)-\dot{x}_{n+1}(t)]\mathrm{d}t, \qquad (4\text{-}39)$$

$$u_2 - u_1 = u_\mathrm{f} L(s_1^{-1} - s_2^{-1}) = u_\mathrm{f}\frac{k_1 - k_2}{k_\mathrm{j}}$$

当两种稳定状态之一为阻塞状态时,式(4-39)可变为式(4-38)。

(5) 跟驰模型与交通流模型的关系

从上述分析可以看出,跟驰模型通过积分能够得到交通流模型,交通流模型通过微分能够得到跟驰模型。跟驰模型从微观角度描述驾驶员的跟驰行为,即车辆跟驰行驶的动态演化过程,其中加速度表示车辆运行是变速的。交通流模型从宏观角度描述交通流状态,其中只涉及速度和距离,所描述的属于稳态流,即每辆车匀速行驶。此外,由跟驰模型推导交通流模型时,需要使用边界条件和最优条件。边界条件是指交通流处于两种极端情形,即自由流状态和阻塞状态。最优条件是指交通流处于饱和状态。由跟驰模型导出交通流模型具有重要的理论意义,不仅说明微观模型与宏观模型具有密切联系,而且为不同来源的理论搭建了桥梁。从某种程度上,印证了这些理论的合理性。

式(4-16)是跟驰模型的通用表达式,当参数 m 和 l 在合理范围内取值时,可以导出不同的交通流模型。一方面,参数 m 和 l 分别是速度项和距离项的指数,因此均应为非负数(如图4-12中阴影线右下方)。另一方面,$m \geqslant 1$ 导致阻塞密度不存在,$l \leqslant 1$ 导致畅行车速不存在。因此,为保证存在畅行车速和阻塞密度,m 和 l 的可行取值范围分别为 $0 \leqslant m < 1$ 和 $l > 1$ (如图4-12中的可行域)。

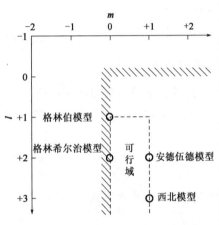

图4-12 跟驰模型与交通流模型的关系

4.1.7 交通流基本参数关系式

将式(4-16)两边对 t 求不定积分,可得:

$$f_m(u) = a \cdot f_l(s) + b \qquad (4\text{-}40)$$

式中:$f_m(u)$——以 m 为参数、以 u 为自变量的函数;

$f_l(s)$——以 l 为参数、以 s 为自变量的函数;

a、b——积分常数;

u——稳态交通流的速度(m/s);

s——稳态交通流的车头间距(m)。

$f_m(u)$ 和 $f_l(s)$ 可由 $f_p(x)$ 统一表达,其中 x 为 u 或 s,p 为 m 或 l,其具体表达式为:

$$f_p(x) = \begin{cases} x^{1-p}, & p \neq 1 \\ \ln x, & p = 1 \end{cases} \qquad (4\text{-}41)$$

积分常数 a 和 b 的确定依赖于参数 m 和 l 的取值(考虑实际意义应有 $m \geqslant 0$ 且 $l \geqslant 0$)以及两个边界条件:①当 $s \to \infty$ 时,$u \to u_\mathrm{f}$;②当 $s = L$ 时,$u = 0$。下面分几种情况进行讨论。

(1) 当 $0 \leqslant m < 1$ 且 $l > 1$ 时,两个边界条件均满足,积分常数 a 和 b 的计算公式为:

$$\begin{cases} a = \dfrac{-f_m(u_f)}{f_l(L)} \\ b = f_m(u_f) \end{cases} \quad (4\text{-}42)$$

(2)当 $m \geq 1$ 且 $l > 1$ 时,满足第一个边界条件,积分常数 b 的计算公式为:

$$b = f_m(u_f) \quad (4\text{-}43)$$

(3)当 $0 \leq m < 1$ 且 $l \leq 1$ 时,满足第二个边界条件,积分常数 a 和 b 的关系式为:

$$b = -a \cdot f_l(L) \quad (4\text{-}44)$$

(4)当 $m \geq 1$ 且 $l \leq 1$ 时,两个边界条件均不满足,积分常数 a 和 b 只能使用试验数据进行拟合。

根据式(4-40)~式(4-44)以及稳态流特性,可得速度、密度和流量之间的关系。图 4-13 和图 4-14 显示了参数 m 和 l 取不同值时对应的流量-密度关系曲线,这里采用标准流量和标准密度。从这两张图可看出,这些模型大部分与稳态流的定性描述一致,只要选择合适的参数值,就可以拟合图 4-8 所示的观测数据。在一般形式的跟驰模型中,参数 m 和 l 不一定取整数,可以取非整数。例如,曾有人提出 m 和 l 分别取 0.8 和 2.8 的跟驰模型。事实上,早期在对车辆跟驰和稳态流进行研究时,得到过各种各样的 m 和 l 值。

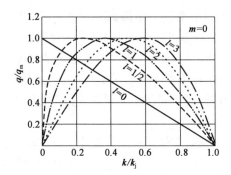
图 4-13 $m=0$ 时标准流量与标准密度关系图

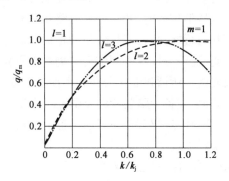
图 4-14 $m=1$ 时标准流量与标准密度关系图

对于满足两个边界条件的情况,使用式(4-40)~式(4-42)可得通用的速度-密度模型,即:

$$u^{1-m} = -u_f^{1-m}\left(\dfrac{s^{1-l}}{L^{1-l}}\right) + u_f^{1-m} = u_f^{1-m}\left[1 - \left(\dfrac{k}{k_j}\right)^{l-1}\right] \quad (4\text{-}45)$$

就一条具体的路段来说,通过回归分析或曲线拟合,可以使用实地调查数据标定式(4-45)中的参数 u_f、k_j、m 和 l,从而确定该路段的交通流模型。例如,HCM 曾给出的交通流模型为 $u = 60[1-(k/k_j)^{1.5}]^5$,其中 m 和 l 分别为 0.8 和 2.5。

4.1.8 跟驰理论的不足及发展

前述分析均假设驾驶员对同一刺激采用相同的比率加、减速(即加速度与减速度的绝对值相等)。然而,这一假设与实际不符。实际上,大多数车辆的减速性能强于其加速性能。当交通比较拥挤时,跟驰车辆的驾驶员对前导车辆减速的反应强度大于对前导车辆加速的反应强度,这是因为需要考虑行车安全。因此,对前导车辆加速或减速带来的刺激,跟驰车辆的反应具有不对称性。为反映这种不对称性,跟驰模型可改写为:

$$\ddot{x}_{n+1}(t+T) = \lambda_i [\dot{x}_n(t) - \dot{x}_{n+1}(t)] \tag{4-46}$$

式中：λ_i——跟驰车辆对前导车辆加减速的反应强度，$\lambda_i = \{\lambda_+, \lambda_-\}$，其中$\lambda_+$为跟驰车辆对前导车辆加速的反应强度，$\lambda_-$为跟驰车辆对前导车辆减速的反应强度；当跟驰车辆与前导车辆的相对速度为负或车头间距增大时，$\lambda_i = \lambda_+$；当跟驰车辆与前导车辆的相对速度为正或车头间距减小时，$\lambda_i = \lambda_-$。

相关研究表明，λ_-较λ_+平均大约高10%，这导致跟驰理论在解释跟驰现象时遇到了特殊困难，即在头车加速至较高速度再减速至初始速度的循环过程中，跟驰车辆的不对称性反应势必阻止跟驰车辆减速至初始速度。N次循环后，车头间距将增大到一定值以至于一部分车辆从车队中漂移。为解决这一困难，可在模型中增加松弛项来考虑这种不对称性，不过这方面的研究还有待深入。

上述稳态流分析说明，不断修正和扩充跟驰模型，可使其适用于各种不同的交通流状况。但是，跟驰理论还存在一些不足。进一步的研究发现，流量-密度曲线在接近通行能力处出现明显的间断，即流量突然下降，这说明流量-密度曲线具有不连续性。对于这样的情况，可以运用突变论进行解释。不同于传统跟驰理论，突变论使用完全不同的建模方法来描述交通流参数的不连续性。然而，此方面的研究也有待深入。

随着科学技术的不断发展，道路和车辆的技术水平也在不断提高。为进一步提高道路的利用率和通行能力，智能化公路和车辆自动驾驶正在一步步实现，目前已从实验室测试走向实际道路测试。不过，这些测试工作仍处于研究和探索阶段。随着技术不断完善和成熟，未来有望普及使用。所谓智能化公路和车辆自动驾驶，是指在道路上开设装有导向设备（如导向槽）的专门车道，配备特殊装置的车辆能进入专门车道进行自动行驶，无须驾驶员手动操作。这种车辆也可离开专门车道，在普通车道上由驾驶员手动操作。

传统跟驰理论是基于驾驶员手动操作的行为进行研究的。如果智能化公路和车辆自动驾驶技术得以应用，势必会拓宽跟驰理论的研究领域。目前，已有很多学术论文从自动驾驶角度对现有跟驰模型进行修正或改进。不过，这些研究大多立足于传统跟驰理论，只是改变或修正相关参数以便描述自动驾驶行为。当然，新技术的出现也会促进新的理论和方法的发展，可能产生全新的跟驰模型。

4.1.9 加速度干扰

通常，任何驾驶员在道路上行车时都很难始终维持一个恒定的速度，而是在一定范围内变化。当交通量较小时，这种现象也会出现；当交通量较大时，这种现象非常明显。由于交通信号的影响，车辆速度更易出现波动。加速度干扰用来描述车辆速度的摆动，可作为一个定量评价指标，并影响乘车舒适性。

(1) 计算公式

加速度干扰被定义为加速度的标准差，用以衡量车辆速度的摆动，其表达式为：

$$\sigma = \left\{ \frac{1}{T} \int_0^T [a(t) - \bar{a}]^2 dt \right\}^{\frac{1}{2}} \tag{4-47}$$

式中：σ——加速度干扰（m/s^2）；

T——观测时间（s）；

$a(t)$——时刻 t 的加速度(m/s^2);

$\bar{a}$——平均加速度(m/s^2)。

若平均加速度为零,则加速度干扰公式简化为:

$$\sigma = \left\{ \frac{1}{T} \int_0^T [a(t)]^2 dt \right\}^{\frac{1}{2}} \tag{4-48}$$

如果以时间间隔 Δt 对加速度进行连续采样,那么式(4-47)和式(4-48)可改写为:

$$\sigma = \left\{ \frac{1}{T} \sum [a(t) - \bar{a}]^2 \Delta t \right\}^{\frac{1}{2}} \tag{4-49}$$

$$\sigma = \left\{ \frac{1}{T} \sum [a(t)]^2 \Delta t \right\}^{\frac{1}{2}} \tag{4-50}$$

实际应用中,将观测时间离散化,假设各观测时段内加速度恒定,采用如下实用形式,即:

$$\sigma = \left\{ \frac{1}{T} \sum [(a_i - \bar{a})^2 \Delta t_i] \right\}^{\frac{1}{2}} \tag{4-51}$$

式中:a_i——第 i 个观测时段内的加速度(m/s^2);

Δt_i——第 i 个观测时段的持续时间(s)。

式(4-51)可进一步变形为:

$$\sigma = \left\{ \frac{1}{T} \sum \left[\left(\frac{\Delta u_i}{\Delta t_i} - \bar{a} \right)^2 \Delta t_i \right] \right\}^{\frac{1}{2}} \tag{4-52}$$

式中:Δu_i——第 i 个观测时段的速度变化(m/s)。

(2)影响因素

加速度干扰主要受驾驶员、道路和交通状况三方面影响。鲁莽型驾驶员通常比稳重型驾驶员更频繁地改变车速,因此前者的加速度干扰较后者更大。狭窄弯曲的道路或有信号控制的城市街道往往比多车道高速道路更易出现速度变化大且频繁的情况,因此前者比后者具有更大的加速度干扰。

有关试验结果发现,加速度干扰有以下规律:

①对于丘陵地区的两条道路,狭窄的双车道道路比双向四车道道路的加速度干扰大很多;

②对于丘陵地区的同一条道路,下坡路段比上坡路段的加速度干扰大;

③两个驾驶员以低于公路设计车速的不同速度行驶时,其加速度干扰大致相同;

④驾驶员超过设计车速驾驶时,其加速度干扰很大且随速度提高而增大;

⑤当交通量增加时,加速度干扰增大;

⑥停车、公共汽车靠站、横向交通、过街行人等经常导致交通拥挤加剧,进而使加速度干扰增加;

⑦相比行驶时间和停车时间,加速度干扰能更好地度量交通拥挤;

⑧较大的加速度干扰意味着潜在危险的存在。

一般认为,$\sigma > 1.5$ 为高值,$\sigma < 0.7$ 为低值。当加速度干扰处于高值时,乘车舒适性很差。车辆速度的摆动直接影响乘车舒适性,因此加速度干扰可作为乘车舒适性的定量评价指标。然而,相关研究还不够充分,有待进一步探讨。

4.2 换道模型

在多车道道路上,驾驶员在行车过程中经常因各种原因(如转向、前车减速或停车、前方施工或发生事故等)需要或不得不从一条车道换到另一条车道,这种行为称为换道行为。尽管现实中存在一次换道过程中跨越了两条以上的车道,但是按照交通规则驾驶员每次只能从当前车道换至其相邻车道。如果需要跨越两条以上的车道,驾驶员应逐车道实施换道行为。描述驾驶员换道行为的模型称为换道模型,其中假设驾驶员仅从当前车道换至其相邻车道。换道模型描述驾驶员换道行为的全过程,包括换道意图产生、换道可行性分析、换道行为实施和换道轨迹确定。

4.2.1 换道行为分类

根据驾驶员换道行为的必要性和紧迫性,换道行为通常划分为自由换道和强制换道两种行为。自由换道也称任意换道(Arbitrary Lane-Changing),是指驾驶员的换道行为不是很紧迫也不是必需的,仅仅为了追求更高的车速或更快到达目的地而自由选择的换道行为。强制换道(Mandatory Lane-Changing)是指驾驶员的换道行为很紧迫且是必需的,因某种原因(如转向或前方堵塞)而不得不选择的换道行为。

(1)自由换道

自由换道行为可能因条件不满足而放弃实施,其常见情形如下:

①提高车速;

②追求更大的行驶空间;

③超越慢速行驶的车辆,尤其是重型车辆或大型车辆。

对于自由换道行为,产生换道需求是非常重要的。然而,驾驶员在什么时刻需要或不需要换道,这一过程很难把握。国外成熟的做法是采用不同情形下驾驶员对当前行驶状况的满意度来衡量。在产生换道需求后,根据可插车间隙理论判断驾驶员是否接受当前车流中出现的间隙。如果该间隙不被接受,此次换道需求被放弃,驾驶员继续留在当前车道;否则,驾驶员执行换道行为,即从当前车道换至目标车道,并成功汇入目标车道。图 4-15 描述了由需求产生、间隙检测和操作执行三步骤组成的自由换道行为的实施流程。

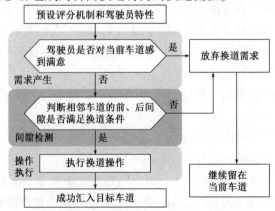

图 4-15 自由换道行为的实施流程

(2) 强制换道

强制换道因其必要性存在最迟换道位置,在该位置之前,驾驶员一直在寻求合适的机会换道,并为此采取各种措施(包括加速、减速等)。如果在最迟换道位置之前还未换道成功,驾驶员将减速直至停车从而使车辆在该位置等待,直到出现合适的机会完成换道。强制换道行为的常见情形包括:

①需要在下一交叉口转弯而必须换到正确的车道上;
②绕过下游障碍物或由诸如交通事故或特殊交通管制引起的阻塞;
③避免进入无权使用的车道或特地进入专用车道(如公交专用道、高占有率车道等);
④在高速公路上由入口匝道加速段汇入主线;
⑤在高速公路上驶离主线由减速车道进入出口匝道;
⑥收到警告信息(如车道减少、撤离所在车道等)的最后通牒。

驾驶员换道行为主要源于短期动机和长远动机。短期动机是指为避免前方可能出现的减速、瓶颈等而激发换道行为的心理过程。这一动机是为了减少延误、获得速度优势。通常,驾驶员的自由换道行为源自短期动机,这一动机是当前车道的相对速度劣势和相邻车道的相对速度优势综合刺激的结果。长远动机是指驾驶员按出行路径计划而激发换道行为的心理过程。这一动机促使驾驶员行驶至正确的目标车道以便在交叉口处很容易地进入既定的路径。一般来说,驾驶员的强制换道行为源自长远动机,即寻找目标车道的动机。如果短期动机和长远动机同时存在,长远动机将占据优势。

4.2.2 换道的前提条件

分析换道行为首先需要了解驾驶员在什么条件下产生换道需求,即在什么情况下形成换道决策。换道行为发生的前提条件涉及如下3个方面。

(1) 具有换道的内外需求

产生换道需求主要源于两个原因:一是行驶车道本身的特殊要求,例如,车辆在合流、分流和交织路段上行驶,若想实现正常行驶,就必然产生换道需求;二是驾驶员的主观意愿,即驾驶员在主观上对车辆运行现状不满意,为寻求更自由、更理想的运行条件而产生换道需求。相关研究表明,引起驾驶员在主观上对车辆运行现状不满意的刺激因素主要有车辆的运行速度、加速度以及与当前车道上前导车辆之间的车头时距等。

(2) 具备换道的时空条件

首先,目标车道应具备车辆完成换道操作的行驶空间;其次,驾驶员预测的换道时间能得到周边环境的支持和驾驶员能力的许可。只有满足这两个条件,才能在时空上保证驾驶员的感知、决策及操作控制以便使车辆顺利驶入目标车道。

(3) 具备良好的车辆状况

车辆应具有进行换道操作的动力支持和转向能力的许可,以便从机械上保证在预期的时间和空间条件下完成换道操作。

换道行为能否实现需满足以下条件:

一是目标车道必须提供足够的空间,从而使车辆在驶入该车道后不至于发生碰撞、刮擦等现象,这一空间取决于换道车辆与目标车道上前、后车辆的行驶速度和空间距离;二是必须有足够的时间保证换道操作能完成,这需要驾驶员能准确地预判周边环境,所需时间主要取决于驾驶员的自身条件以及驾驶特性等。

4.2.3 换道的影响因素

换道行为的影响因素涉及驾驶员特性、车辆特性、道路特性与环境特性4个层面。

(1)驾驶员特性

在换道过程中,驾驶员处理信息的准确性是决定换道是否成功的关键。是否产生换道行为与驾驶员特性直接相关。驾驶员的气质差异造成了其行为方式的显著差异。根据驾驶倾向性,通常将驾驶员分为保守型(也称谨慎型)、正常型(也称普通型)和鲁莽型(也称激进型或冲动型)3类。一般来说,鲁莽型驾驶员易于冲动、更易发生换道行为,其换道更频繁;保守型驾驶员比较谨慎、较少发生换道行为,其换道频率较低。此外,驾驶员反应越灵敏,把握换道时机的能力越强,越易于发生换道行为。表4-2比较了驾驶员性别、年龄、驾驶倾向性对换道行为的影响。

驾驶员特性对其换道行为的影响　　　　表4-2

差异类型	分类	特 性 描 述	是否易发生换道行为
性别	男	反应时间短、不在乎高速行车、紧急状态下多想办法摆脱现状	易发生
	女	反应时间长、对高速行车慎重、紧急状态下紧张(表现出依赖性)	不易发生
年龄	青年	身体素质好、精力旺盛、反应时间短、易高速行车	易发生
	中年	介于青年和老年之间	介于青年和老年
	老年	身体素质差、精力不济、反应时间长、易低速行车	不易发生
驾驶倾向性	鲁莽型	好动、敏感、反应迅速、注意力易转移、易高速行车、多超车	易发生
	正常型	机敏、精力旺盛、易中速行车	介于保守型和鲁莽型
	保守型	沉稳、慎重、注意力不易转移、善于忍耐、易低速行车、少超车	不易发生

(2)车辆特性

车辆特性的主要评价指标包括动力性、制动性、机动性、稳定性和通过性等。动力性指标细分为最高行驶速度、加速能力和爬坡能力。制动性主要表现为车辆紧急制动时的制动时间和制动距离,同时表现为车辆制动时的方向稳定性(即沿既定轨迹行驶的能力)。机动性是指在最小范围内车辆的转向和转弯能力。稳定性是指根据驾驶员意愿车辆按所规定的方向行驶且不发生侧滑或侧翻的能力。通过性是指不借助辅助措施车辆能以足够高的平均速度通过各种路面(如潮湿、冰、雪等)、无路路段和各种自然障碍的能力。

机动车辆种类繁多、性能各异。为研究方便,习惯上按一定标准将车辆分为小型车、中型车和大型车3类,见表4-3。一般来说,小型车外形尺寸较小,其动力性、制动性、机动性、稳定性等性能相对较好,因此有利于发生换道行为。各车型的部分性能对换道行为的定性影响见表4-4。

(3)道路特性

在复杂的城市道路网中,由于道路或车道之间的交织或相交等特性经常引起换道现象。这些道路特性主要有当前车道及相邻车道的交通条件和障碍物位置。

车辆类型划分表 表4-3

车型分类		轴数	轴距(m)	车身长度(m)
小型车	微型客/货车	2	1.6~2.3	<3.5
	小型客/货车	2	2.3~3.0	3.5~7.0
中型车	中型客/货车	2	3.0~4.6	7.0~10.0
大型车	大型客/货车	>2	>4.6	>10.0

车辆部分性能对换道行为的影响 表4-4

车型分类	最大加速度(m/s^2)	最大减速度(m/s^2)	自由流条件下平均车速(km/h)	是否易发生换道行为
小型车	2.48	2.14	62.0	易发生
中型车	2.01	1.85	50.0	介于两者之间
大型车	1.76	1.69	36.5	不易发生

当前车道的交通条件主要涉及以下几方面：

①受试车辆及其前车的间距能否提供足够的空间，以便受试车辆在必要时经过加速完成换道操作。

②受试车辆及其前车之间的相对速度，尤其是前车速度与受试车辆期望速度之间的相对大小是驾驶员决定自由换道的直接刺激之一。

③如果前车将换道或将在下游交叉口转弯，意味着前车即将离开当前车道，此时受试车辆换道的可能性会降低。

④一般来说，如果下游有重型车辆，小型车辆的驾驶员总会尽量避免跟随重型车辆行驶，因为重型车辆的加速性能一般较差，通常会导致较大延误。同时，因为这一缘故，重型车辆的前方通常会有较大间隙，这样又为其他车辆换道至重型车辆前方提供了可能。

⑤后车驾驶员的攻击性决定受试车辆驾驶员在执行换道操作时采取的加速度策略。

相邻车道的交通条件主要涉及以下几方面：

①受试车辆与目标间隙是否处于合适的相对位置。如果位置不合适，受试车辆驾驶员会调整加速度以便使受试车辆与目标间隙处于合适的相对位置。

②受试车辆的行驶车速相对于目标间隙的前方车辆是否过快，而相对于其后方车辆是否过慢。如果是，受试车辆驾驶员会调整速度以便使其车速相对于目标间隙的前后车辆合适。

③相邻车道的下游是否有重型车辆。如果是，受试车辆换道的可能性降低。

当熟悉道路交通情况时，驾驶员可能会换道以避开障碍物，同时忽略当前车道带来的暂时好处。障碍物位置对换道行为的影响随着受试车辆距离障碍物的远近而不同。一般来说，当接近固定障碍物时，驾驶员会接受一个在通常条件下不予接受的间隙。

当遇到障碍物或绕过前方慢速行驶的车辆时，公交车辆可能从专用车道变换到其他车道。当需要转弯或避开交通拥挤时，社会车辆可能从普通车道变换到公交专用道。

交叉口转向的影响程度取决于受试车辆距离转弯地点的远近。当距离较远时，可以认为交叉口转向对驾驶员行为没有影响；当距离较近时，驾驶员变换到非目标车道的可能性降低；当接近转弯地点时，驾驶员会选择合适的时机变换到目标车道，甚至会调整车速以使换道操作更安全、更舒适。

(4) 环境特性

交通环境指人们借助道路进行交通运输的客观条件,包括车内环境和车外环境,见表4-5。在这些影响因素中,道路条件和交通条件对换道行为有显著影响。已有研究成果表明,随着道路流量的增加,换道行为的发生频率先增加后减少;存在一个中间的流量值,换道行为的发生频率最高。

交通环境内容　　　　　　　　　　　　　　　表4-5

车内环境	车外环境
温度是否合适	行车时间:白天、黄昏、夜间
湿度是否合适	天气:晴、雨、雪、雾
噪声及振动是否过大	道路条件:道路线形、坡度以及位于市区、郊区、山区等
仪表是否易于观察	交通条件:畅通、拥挤、堵塞
座椅是否舒适	道路安全设施:完善、不完善
与同乘者关系是否融洽	

4.2.4 换道过程的逻辑结构

图4-16描述了车辆换道过程的逻辑结构,包括3个阶段:①决策是否换道;②寻求可接受间隙;③实施换道策略。实际中,这3个阶段是连续反复执行的。首先,驾驶员判断当前车道的属性(如目标车道、非目标车道、优先车道、非优先车道等),再根据自身的短期动机或长远动机决策是否换道。然后,如果决定换道,驾驶员将确认是否具备换道条件,即相邻车道是否存在可接受的前间隙和后间隙。最后,如果换道条件具备,驾驶员将执行换道操作。如果每次判断的结果为否,驾驶员将继续留在当前车道。

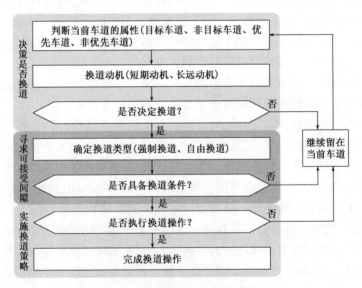

图4-16 车辆换道过程的逻辑结构

如果受试车辆将在前方交叉口转向,该交叉口进口道上使受试车辆正确转向的车道称为目标车道,其余车道称为非目标车道。如果受试车辆将在前方交叉口下游的某个交叉口转向,前方交叉口进口道上与使受试车辆正确转向的车道最相邻的直行车道称为优先车道,其余车道称为非优先车道。

根据以上分析,车辆换道模型包含换道决策模型、换道条件模型和换道策略执行模型。

(1) 换道决策模型

驾驶员的换道决策行为是非常复杂的,当对其进行建模时,不可能包含现实交通中驾驶员的所有换道决策行为,因此必须建立一个基本规则,并进行一些假设。现场观察发现一些较为普遍适用的规律,结合相关条件的假设,将车辆换道决策行为的规则归纳如下:

①假设驾驶员换道有两个目的:为到达正确的车道;为获得速度优势(包括维持期望车速、避免可能的延误)。

②根据下一交叉口的路径选择计划(即直行、左转或右转),判断当前车道是否与即将采取的策略一致。如果当前车道为驶离该路段的正确车道,则其为目标车道;否则,当前车道为非目标车道,驾驶员将换道至正确车道,以便执行既定策略。当受试车辆已在目标车道时,只有相邻车道出现足够大的速度优势时,驾驶员才有可能换道。然而,如果此时受试车辆已接近交叉口,除非前方拥挤或阻塞且有机会绕过,驾驶员一般不愿意换道。

③当受试车辆不在目标车道时,驾驶员必须在即将转弯的交叉口进口道前变换到目标车道,因而驾驶员需要不停地寻找可接受间隙。如果一直没找到可接受间隙,驾驶员会降低车速甚至停车来等待可接受间隙的出现。此时,目标车道上的一些车辆可能减速并让行以使受试车辆安全驶入间隙,这属于合作性礼让。

④当受试车辆处于优先车道时,驾驶员实际上已达到长远目标。但此时在短期动机驱使下,如果条件具备,驾驶员可能变换到相邻车道,以便维持其期望车速。如果条件不允许,驾驶员将继续留在当前车道。

⑤当受试车辆处于非优先车道时,驾驶员根据长远动机总会在条件具备时变换到优先车道。如果条件不具备,驾驶员将在当前车道行驶。

驾驶员换道的决策模型结构如图 4-17 所示。如果受试车辆在目标车道或优先车道上,只有当其速度优势小于某一阈值时,驾驶员才会决定换道,此时属于自由换道。如果受试车辆在非目标车道上,由于受试车辆需要在下一交叉口转向,驾驶员将不得不寻找目标车道并准备换道,此时属于强制换道。如果受试车辆在非优先车道上,驾驶员将会寻找时机首先变换到优先车道。

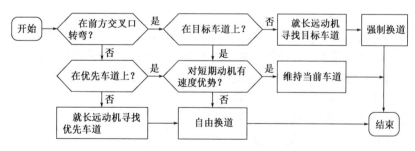

图 4-17 驾驶员换道的决策模型结构

(2) 换道条件模型

驾驶员换道所需条件主要指是否具备换道所需的可接受间隙。在城市道路网中,驾驶员换道时对目标间隙的可接受程度主要取决于以下因素:

①间隙大小——间隙由前间隙和后间隙两部分组成,如图 4-18 所示,只有前、后间隙都在

可接受范围内时,驾驶员才会选择该间隙进行换道。

②相对速度——当选择可接受间隙时,驾驶员还会考虑目标车道上前车和后车与自身的相对速度,如图 4-18 所示。如果前车速度小于自身速度,为避免换道过程中与前车发生碰撞,驾驶员会选择更安全的前间隙。如果后车速度小于自身速度,驾驶员可能选择更激进(即较小)的后间隙;反之,驾驶员会选择更安全的后间隙。

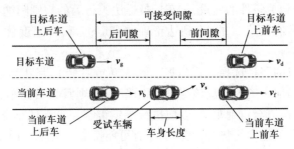

图 4-18　驾驶员换道的可接受间隙示意图

③与最迟换道位置的距离——该参数针对强制换道情形,距离最迟换道位置越近,为避免违反交通规则或被迫改变出行路径计划,驾驶员选择可接受间隙时会越激进。

(3) 换道策略执行模型

执行换道策略主要表现为受试车辆在换道时的速度和加速度的变化,其中速度变化是由加速度引起的。特殊情况下,目标间隙的后车也会调整其加速度。考虑执行不同换道策略时,主要讨论执行换道过程中驾驶员对加速度的调整。

①受试车辆匀速换道。

这是最理想的情况,目标车道上前、后间隙足够大,而且受试车辆与目标车道上的前车和后车的相对速度也在安全范围内,此时驾驶员只需以当前速度驶入目标车道。

②受试车辆加速换道。

当目标车道的后间隙小于驾驶员可接受的最小安全间隙,但该间隙的前车与后车的距离足够大,此时驾驶员在换道过程中会提高速度以便产生可接受间隙,从而达到完成换道的目的。这种情况下,换道策略还受以下条件制约:

当前车道上,受试车辆与其前车的间距;完成换道所需时间以及与必须完成换道的最终地点的距离。

③受试车辆减速换道。

当目标车道的前间隙小于驾驶员可接受的最小安全间隙,但该间隙的前车与后车的距离足够大,此时驾驶员在换道过程中会降低速度以便产生可接受间隙,从而达到完成换道的目的。这种情况下,换道策略还受以下条件制约:

当前车道上,受试车辆与其后车的间距。

④目标车道上的后车调整其加速度。

特殊情况下,尤其是受试车辆需要强制换道,但没有可接受间隙,这时在受试车辆指示尾灯的提示下,目标车道上的后车可能降低其速度,从而产生一个可接受间隙,以便受试车辆能完成换道。现实交通中,这种礼让行为也比较常见。

⑤受试车辆停车等候。

如果受试车辆必须换道(如在交叉口进口道处、进出口匝道的起始段),但上述尝试又失败后,为了按照出行路径计划行驶,驾驶员将不得不停车,然后等待合适的间隙出现,再进行换道。

4.2.5 换道模型的数学表达

(1) 自由换道意图

判别是否产生自由换道意图的方法主要有 3 种:速度判断法、效用函数法和换道概率法。

① 速度判断法。

速度判断法认为车辆产生自由换道意图的条件为:

$$v_R < \gamma \cdot v_D \tag{4-53}$$

式中:v_R——受试车辆跟驰当前车道上前车行驶时采用的速度(km/h);

v_D——受试车辆的期望速度(km/h);

γ——折减率,实际观测的统计结果为 0.75~0.85。

如果受试车辆当前的行驶速度满足式(4-53),那么驾驶员将产生自由换道意图;否则,驾驶员将不会产生自由换道意图。

② 效用函数法。

效用函数法认为加速度是效用函数的自变量,即假设车辆分别在不同的车道上行驶,在某条车道上获得的加速度越大,这条车道的效用对驾驶员来说就越大。一条车道对驾驶员的效用函数为:

$$U_{in} = \theta_0 + \theta_1 \cdot a_{in} \tag{4-54}$$

式中:$i = \{1,2\}$,$i=1$ 表示车辆 n 在当前车道上行驶,$i=2$ 表示车辆 n 在相邻车道上行驶;

U_{in}——车道 i 对车辆 n 的效用;

a_{in}——车辆 n 在车道 i 上行驶时所拥有的加速度(m/s^2);

θ_0、θ_1——待定系数。

对受试车辆来说,如果相邻车道的效用大于当前车道的效用,那么驾驶员将产生自由换道意图;否则,驾驶员将不会产生自由换道意图。

③ 换道概率法。

换道概率法使用驾驶员满意状态作为评价指标。当驾驶员处于不满意状态时,根据概率分布初始化其换道需求。换道概率法在早期的仿真模型中被广泛应用。直到现在,很多模型依然沿袭这种方法,只是在其应用范围上加上限制条件,力求增强模型的适应性。在一些模型中,只有满足某种或多种条件时才使用换道概率分布。详细内容请参阅相关文献。

(2) 强制换道意图

判别是否产生强制换道意图的方法主要有两种:距离判断法和换道概率法。

① 距离判断法。

当受试车辆与最迟换道位置的距离小于某一阈值或者到达最迟换道位置时,驾驶员不得不强制换道。

② 换道概率法。

受试车辆产生强制换道意图的函数是服从某些参数的概率分布,其概率密度函数为:

$$p_n = \begin{cases} \exp\left[-\dfrac{(x_n - x_0)^2}{\sigma_n^2}\right], & x_n > x_0 \\ 1, & x_n \leq x_0 \end{cases} \tag{4-55}$$

式中：p_n——车辆 n 处于位置 x_n 时产生强制换道意图的概率；

x_n——车辆 n 与下游交叉口或车道阻塞位置之间的距离(m)；

x_0——临界距离,可能与特殊的信息标志(例如最后出口警告标志)的位置相关(m)；

σ_n——与所需穿越车道数和交通密度相关的一个变量。

σ_n 可具体表达为：

$$\sigma_n = \alpha_0 + \alpha_1 m_n + \alpha_2 k_n \tag{4-56}$$

式中：m_n——车辆 n 为到达目标车道所需穿越的车道数；

k_n——车辆 n 所处区段的交通密度(veh/m)或标准化密度；

α_0、α_1、α_2——待定参数。

当受试车辆已经产生强制换道意图,驾驶员将保持强制换道意图直至其完成期望的换道操作。从式(4-55)可看出,受试车辆距离下游交叉口或车道阻塞位置越近,驾驶员产生强制换道意图的概率越大；当受试车辆到达下游交叉口或车道阻塞位置时,驾驶员不得不强制换道,此时换道概率为1。

(3)换道的可接受间隙

由图 4-19 可见,无论是自由换道还是强制换道,对受试车辆来说,可接受间隙由前间隙、车身长度和后间隙 3 部分组成。根据刺激-反应方程,前、后间隙可由跟驰模型来确定。因此,可接受间隙及其前、后间隙的临界值(即最小值)分别为：

$$\begin{aligned} g_c &= g_{cd} + l_s + g_{cg}, \\ g_{cd} &= \left[\dfrac{a_0 v_s^m}{a_s}(v_d - v_s)\right]^{\frac{1}{l}}, \\ g_{cg} &= \left[\dfrac{a_0 v_g^m}{a_g}(v_s - v_g)\right]^{\frac{1}{l}} \end{aligned} \tag{4-57}$$

式中：g_c——可接受间隙的临界值(m)；

g_{cd}——前间隙的临界值(m)；

l_s——车身长度(m)；

g_{cg}——后间隙的临界值(m)；

v_s——受试车辆的速度(m/s)；

v_d——目标车道上前车的速度(m/s)；

v_g——目标车道上后车的速度(m/s)；

a_s——受试车辆的加速度(m/s²)；

a_g——目标车道上后车的加速度(m/s²)；

a_0——由试验数据确定的常量；

m、l——分别为速度项和距离项的指数,应由试验数据进行标定。

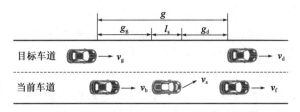

图 4-19　可接受间隙及其前、后间隙的关系示意图

对于图 4-19，假设忽略不同车辆之间的速度差异，记 g、g_d 和 g_g 分别为可接受间隙、前间隙和后间隙。当 $g_d \geq g_{cd}$ 且 $g_g \geq g_{cg}$ 时，前、后间隙对受试车辆来说均合适，此时驾驶员可以实施换道操作；当 $g_d < g_{cd}$ 且 $g_g \geq g_{cg}$ 时，前间隙对受试车辆来说不合适，驾驶员应减速使得前、后间隙合适以便进行换道操作；当 $g_d \geq g_{cd}$ 且 $g_g < g_{cg}$ 时，后间隙对受试车辆来说不合适，驾驶员应加速使得前、后间隙合适以便进行换道操作；当 $g_d < g_{cd}$ 且 $g_g < g_{cg}$ 时，前、后间隙对受试车辆来说均不合适，驾驶员应放弃换道意图或继续寻找可接受间隙。当前间隙不合适时，驾驶员在减速过程中还需再次确认后间隙是否合适，如果前间隙合适且后间隙依然合适，驾驶员可以实施换道操作，否则应放弃换道意图或继续寻找可接受间隙。如果后间隙不合适，驾驶员可以使用指示尾灯向目标车道上的后车示意，如果目标车道上后车减速使得前、后间隙合适，驾驶员可以实施换道操作，否则应放弃换道意图或继续寻找可接受间隙。

现实中，不同车辆之间的速度差异往往不能被忽略，实际的换道行为远比上述分析更复杂。

(4) 自由换道模型

如果受试车辆的实际行驶速度低于其期望速度，那么受试车辆产生自由换道意图。没有换道之前，受试车辆只能以较低的速度继续在当前车道上行驶。

在产生自由换道意图之后，受试车辆将判断前、后间隙是否满足要求，若满足则开始换道行为，否则继续在当前车道上行驶。对于自由换道，间隙接受模型为：

$$g_{cd} = g_{ad} + \varepsilon_d, \quad g_{cg} = g_{ag} + \varepsilon_g \tag{4-58}$$

式中：g_{cd}——最小前间隙(m)；

g_{cg}——最小后间隙(m)；

g_{ad}——平均前间隙(m)；

g_{ag}——平均后间隙(m)；

ε_d——前间隙的误差项(m)；

ε_g——后间隙的误差项(m)。

式(4-58)中，g_{ad} 和 g_{ag} 均为模型参数，ε_d 和 ε_g 均为分布函数。当 ε_d 和 ε_g 分别为不同的分布函数时，将产生不同形式的自由换道模型。当后间隙不满足要求时，目标车道上后车以一定的概率减速使得受试车辆能够实施换道操作；否则，受试车辆驾驶员需要放弃自由换道意图或继续寻找可接受间隙。目标车道上后车的减速概率及其分布取决于目标车道上后车的驾驶员行为特性，还依赖于受试车辆以及周边车辆的驾驶员行为特性，也可能受交通管理措施、信号控制状态、交通流状况、周围环境等因素的影响。

(5) 强制换道模型

当受试车辆接近交叉口时，驾驶员需要重新选择路径或者事先已经确定路径。如果受试车辆需要在交叉口转弯,那么驾驶员可能需要强制换道,否则可能无法到达目的地。如果受试车辆前方发生交通事故或事件,其正常行驶将无法进行,此时将会产生强制换道意图,否则其车速将降至零。这一情况也适用于交通阻塞的情形。

随着受试车辆接近下游交叉口、交通事故或事件发生地、车道数减少处或交通阻塞位置,强制换道所需的可接受间隙可能减小。假设驾驶员接近最迟换道位置时倾向于接受较小的间隙,对于强制换道,间隙接受模型为:

$$g_{cd} = \begin{cases} g_d^{max} + \varepsilon_d, & x \geqslant x_d^{max} \\ g_d^{min} + (g_d^{max} - g_d^{min}) \dfrac{x - x_d^{min}}{x_d^{max} - x_d^{min}} + \varepsilon_d, & x_d^{min} < x < x_d^{max} \\ g_d^{min} + \varepsilon_d, & x \leqslant x_d^{min} \end{cases} \quad (4\text{-}59)$$

$$g_{cg} = \begin{cases} g_g^{max} + \varepsilon_g, & x \geqslant x_g^{max} \\ g_g^{min} + (g_g^{max} - g_g^{min}) \dfrac{x - x_g^{min}}{x_g^{max} - x_g^{min}} + \varepsilon_g, & x_g^{min} < x < x_g^{max} \\ g_g^{min} + \varepsilon_g, & x \leqslant x_g^{min} \end{cases} \quad (4\text{-}60)$$

式中:g_d^{min}、g_d^{max}——分别为前间隙的下限和上限(m);

g_g^{min}、g_g^{max}——分别为后间隙的下限和上限(m);

x_d^{min}、x_d^{max}——分别为定义前间隙下限和上限的最小和最大距离(m);

x_g^{min}、x_g^{max}——分别为定义后间隙下限和上限的最小和最大距离(m);

x——受试车辆的当前位置(m);

其余符号意义同前。

在式(4-59)和式(4-60)中,当 ε_d 和 ε_g 分别为不同的分布函数时,将产生不同形式的强制换道模型。类似于自由换道,当后间隙不满足要求时,目标车道上的后车可能以一定的概率进行减速操作,这一减速概率及其分布同样受上述因素影响。与自由换道不同,受试车辆不会因目标间隙不可接受而放弃换道意图,而是在到达最迟换道位置之前的一定范围内开始减速甚至停车等待直至目标车道上出现可接受间隙。

4.2.6 换道行为对交通流的影响

(1)对交通流运行的影响

换道行为对交通流运行会产生较大的影响,具体来说,车辆的加速、减速或制动会对交通流带来扰动。对于自由换道,驾驶员通过自身的调整获得满意的速度,对交通流有积极的影响,但是如果一条车道上涌入大量的车辆,就会使交通流变得拥挤甚至阻塞。因此,自由换道并非越多越好。对于强制换道,选择较好的换道位置可以积极地避免因换道带来的交通流扰动;反之,若换道位置选择不当,或交通标志、标线不明显,不仅使交通流得不到较好的分流,而且可能引起交通事故。

无论是自由换道还是强制换道,都存在谨慎驾驶和鲁莽驾驶的情况。如果所有驾驶员都谨慎,那么道路资源会得不到有效利用;如果所有驾驶员都鲁莽,那么交通安全将无法得以保障。当交通流密度较小时,谨慎驾驶和鲁莽驾驶的差别并不大;当交通流密度较大时,鲁莽驾驶行为可以很好地疏导交通流,使交通量增大而密度减小,而谨慎驾驶行为更倾向于停车等待,会使密度继续增加。这说明,谨慎驾驶行为对鲁莽驾驶行为有抑制作用;正因为既存在谨慎驾驶又存在鲁莽驾驶,交通流才能在安全和效率之间寻得一种平衡。

鲁莽驾驶意味着较多的换道次数,谨慎驾驶意味着较少的换道次数。因此,通过调查换道次数可以分析换道行为对交通量的影响。调查结果发现,当交通量不大时,换道行为有助于提高交通量,随着换道次数增加,交通量开始从通行能力处下降。鉴于此,在公路或城市道路设计中,对于交通量不大的路段,应适当鼓励车辆换道;对于交通拥挤的路段,应限制车辆换道。

(2) 对交通安全的影响

换道模型是交通流仿真和驾驶辅助系统的重要组成部分。换道是车辆由当前车道换至相邻车道的行为。换道行为对交通安全有重要影响,其表现在违章超车、频繁换道、出入口强行换道和公交车进站前换道 4 个方面。

① 违章超车。

驾驶员在换道行为中起着重要作用。如果驾驶员不满意当前行车状况,且其交通安全意识薄弱,就会发生违章超车的情况。虽然驾驶员违章超车的行为可能没有引起交通事故,但是会导致大量的交通冲突。研究显示,在相同交通量的条件下,违章超车次数越多,冲突数越多;在违章超车次数相同的条件下,交通量越大,冲突数越多。

② 频繁换道。

车辆频繁换道的情况多见于出租车或少数鲁莽型驾驶员,因其急于到达目的地而追求最大速度。在城市道路上,出租车为获得最大满载率而经常出现换道情况。一方面,这取决于乘客的离散性;另一方面,出租车的运营规范存在一些漏洞。在同一条道路上,当交通量相同时,出租车换道次数越多,交通流受到的影响就越大。

③ 出入口强行换道。

现实中经常发现,在城市道路的出入口,由于分流或合流,驾驶员经常发生换道行为。在这些出入口,车流往往比较混乱,很多车辆为追求较大速度而占用较空的车道,不仅阻碍该车道上的车辆通行,而且给交通安全带来诸多隐患。

④ 公交车进站前换道。

在城市道路上,很多公交车站台设置在人行道附近或占用人行道。在公交车进站前,驾驶员必须进行换道,换道过程中公交车将对周边车辆或行人造成一定影响。另一方面,由于站台一般距离进站口较近,公交车需要在极短时间内进行换道,无疑增加了交通安全隐患。

(3) 对交通系统的影响

换道行为对交通效率和交通安全都有较大的影响,也就是说,换道行为对交通系统有着重要的影响。通过研究换道行为及特性,可以从道路设计和驾驶员素质两方面来改善交通系统运行状况。

① 道路设计。

从车辆换道的交通条件来看,道路设计不仅应保证良好的线形、视距和视野,而且在必须换道的路段上应保证在最迟换道位置之前设置合理的警告或提示标志,必要时应重复设置。针对交叉口或出入口违章换道的情况,应该通过信号灯、防护栏等措施加以控制或防范。

分析驾驶员的心理特性,科学合理的线形设计和出入口渠化可以使驾驶员对道路的走向和路况做出准确的判断从而减少操作失误。相反,恶劣的道路环境可能使驾驶员心理压抑而产生疲劳感和抵触心理,甚至会对周围车辆产生挑衅心理,进而导致各种违章现象发生,非常容易引起交通事故。

完善道路系统的具体措施包括:合理设计道路线形、合理布置道路横断面、合理设计道路走向、设置清晰的标志标线以及进行科学的交叉口渠化。

②驾驶员素质。

驾驶员是影响换道安全的重要因素。现实中,新驾驶员由于技术不成熟、经验不足往往对换道时机的把握不准而造成误判,老驾驶员自恃经验丰富、思想麻痹大意、精力不集中而频繁违章换道致使交通事故发生。

提高驾驶员素质有助于提高交通安全。首先,应加强驾驶员职业道德教育和安全教育。其次,提高驾驶员应变能力。人、车、路、环境构成的道路交通系统极为复杂,其各因素存在极大的不确定性和时变性,从而决定着交通事故的随机性和偶然性。因此,驾驶员应机敏、冷静、技术成熟进而确保行车安全。然后,应增强驾驶员的自制能力。驾驶员必须克服外界因素干扰并控制自我情绪,保持良好的心态和清醒的头脑,专心致志地驾驶车辆。在行车过程中,如果驾驶员带着个人情绪而精力不集中,就可能导致交通事故发生,从而造成无法弥补的损失。最后,应加大交通管理的力度,严查、严惩违章超车、超速、酒后驾驶、抢道等违法行为。

4.3 超车行为

如前所述,当同车道上前车行驶缓慢甚至停车,后车将不得不选择换道。特别是当前车是重型车或大型车时,由于视线被阻挡,跟驰行驶往往会带来巨大的安全隐患,此时换道行为显得更为必要和急迫。在现实中,经常限于道路条件或交通条件,后车不只是需要换至相邻车道而是需要超越前车后回到当前车道。在近距离范围内,后车经过连续两次换道超越同车道上前车的行为即为超车行为。超车行为可以分解为两次换道行为,有两种常见情形:一种是后车借助同方向的相邻车道超越前车,另一种是后车借助相反方向的相邻车道超越前车。

4.3.1 同向超车

同向超车行为即利用同向相邻车道完成超车意图的行为。图 4-20 展示了同向超车行为的实施过程,可以分为两个阶段:①受试车辆从当前车道换至同向相邻车道,此时受试车辆与相邻车道上前车与后车之间的间隙分别为前间隙和后间隙,驾驶员根据前、后间隙判断是否满足换道条件,如果满足即可实施换道操作,否则继续寻求可接受间隙或放弃超车意图;②受试车辆从同向相邻车道返回当前车道,此时受试车辆与当前车道上再前车与前车之间的间隙分别为前间隙和后间隙,驾驶员根据前、后间隙判断是否满足换道条件,如果满足即可完成超车行为,否则继续寻求可接受间隙或终止超车行为。事实上,在这两个阶段之间存在受试车辆在相邻车道上行驶的一个短暂过程,因此也可将同向超车行为的实施过程划分为3个阶段。

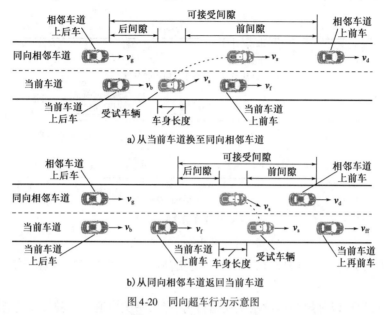

图 4-20　同向超车行为示意图

无论当前车道上前车处于运动状态或缓行甚至停车状态,受试车辆都可能因条件变化在换至相邻车道之后改变意图而不再返回当前车道,此时驾驶员仅完成一次换道操作。如果当前车道上前车处于缓行甚至停车状态,在交通拥挤时大部分受试车辆会完成超车行为以便快速离开交通阻塞位置。

4.3.2　反向超车

反向超车行为即利用反向相邻车道完成超车意图的行为,这种情况多发生在双向两车道公路上。图 4-21 展示了反向超车行为的实施过程,可以分为两个阶段:①受试车辆从当前车道换至反向相邻车道,此时受试车辆与当前车道上再前车之间的间隙为同向前间隙,受试车辆与相邻车道上前车之间的间隙为反向前间隙,驾驶员需要判断同向和反向的前间隙是否同时满足超车条件,如果满足即可实施换道操作,否则继续寻求可接受间隙或放弃超车意图;②受试车辆从反向相邻车道返回当前车道,此时受试车辆与当前车道上前车之间的间隙为后间隙,驾驶员需要判断变化后的同向和反向的前间隙是否同时满足换道条件,还需结合后间隙调整加速度以便完成超车行为。因为受试车辆行驶方向与相邻车道上前车行驶方向相反,所以驾驶员必须在第一阶段确认同向和反向的前间隙在整个超车过程中均满足要求,在第二阶段驾驶员可以通过调整加速度尽快完成超车行为。类似于同向超车,反向超车在这两个阶段之间也存在受试车辆在相邻车道上行驶的一个短暂过程。然而,为了避免正面碰撞,反向超车的这个短暂过程要比同向超车短得多,可以忽略不计。事实上,出于交通安全的目的,反向超车必须一气呵成,不能在第一阶段实施后终止。

尽管同向超车与反向超车有相似之处,但实质上反向超车要比同向超车复杂得多,而不能简单地理解为连续两次换道,因为这个"连续"要求的时间间隔远小于同向超车。为了保障行

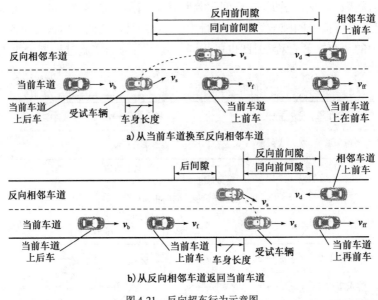

图 4-21 反向超车行为示意图

车安全,驾驶员在反向超车时要比在同向超车时更高频率地对更多信息进行持续判断并不断调整加速度。

同向超车行为可以理解为连续两次换道行为,当第一次换道后驾驶员改变意图,则此次行为简化为换道行为,否则,构成一次完整的超车行为。反向超车行为表面上是两次换道行为,但实际上必须一次完成,驾驶员不得中途改变意图,否则可能酿成大祸。

【复习思考题】

1. 简述跟驰模型的基本原理,并给出线性跟驰模型的推导过程。
2. 简述常见的非线性跟驰模型的含义、公式及其统一表达式。
3. 简述交通流的局部稳定性和渐进稳定性的联系与区别。
4. 简述次最近车辆对跟驰车辆的影响。
5. 为什么跟驰模型是微观模型与宏观模型之间的桥梁?举例说明跟驰模型与交通流模型的关系。
6. 简述跟驰理论存在的问题及未来发展趋势。
7. 简述加速度干扰的含义及计算方法。
8. 简述加速度干扰的影响因素及其统计规律。
9. 简述自由换道行为的实施流程。
10. 通常,哪些情形下会出现强制换道行为?
11. 驾驶员换道行为源于哪些动机?这种行为发生的前提条件有哪些?
12. 简述影响驾驶员换道行为的各种因素。
13. 以图的形式描述车辆换道过程的逻辑结构。
14. 简述换道决策模型、换道条件模型和换道策略执行模型的基本原理。
15. 自由换道意图和强制换道意图的常见模型分别有哪些?请简述这些模型的基本原理。

16. 简述换道模型中可接受间隙的计算方法以及对换道行为的影响。
17. 简述自由换道模型和强制换道模型的数学表达式及其含义。
18. 简述换道行为对交通流的影响。
19. 简述谨慎驾驶和鲁莽驾驶对交通流运行的作用。
20. 简述超车行为的实施过程。

第 5 章
连续交通流模型

从飞机上俯瞰一条高速公路或城市道路，人们自然而然地将来来往往的车流想象成一条河流或一种连续的流体。因为这种相似性，流量、密度、速度等流体力学术语经常被用来描述交通流特性。众所周知，流体满足两条基本假设，即流量守恒以及速度与密度（或流量与密度）对应。针对任意一个交通系统，输入量总是等于输出量加上存储量。可见，第一条假设对交通流来说显而易见、无须争论。然而，第二条假设需要满足一定的条件才能成立。有时，交通流在碰到阻碍后从一种状态变化到另一种状态，这种类似于冲击波的现象称为交通波。信号交叉口处，经常出现典型的集结波和消散波，称为起动-停车波。在城市道路网中，相互追赶的起动波与停车波能用来分析交通阻塞的形成与消散。连续交通流模型介绍守恒方程、动态模型、交通波理论、起动-停车波模型以及应用。

5.1 守恒方程

利用守恒方程描述流量守恒规律，使用确定的速度-密度关系获得守恒方程的解析解，通过对时间和空间进行离散化处理求得守恒方程的数值解。

5.1.1 基本原理

如图5-1所示,在一条单向连续路段上,设置间距为Δx的两个观测站,其间既没有出口又没有入口,即该路段上没有交通流产生或离去。假设N_1和N_2分别为观测时间间隔Δt内通过观测站1和观测站2的车辆数,q_1和q_2分别为观测站1和观测站2测得的流量,Δt为两个观测站统计车辆数的持续时间,则有$N_1/\Delta t = q_1$和$N_2/\Delta t = q_2$。进一步可得$(N_2 - N_1)/\Delta t = q_2 - q_1$,令$\Delta N = N_2 - N_1$和$\Delta q = q_2 - q_1$,那么$\Delta N/\Delta t = \Delta q$。如果$\Delta x$足够小,使得该路段上的密度保持一致,那么密度增量$\Delta k$可写为$\Delta k = -\Delta N/\Delta x$,这里等式右边的负号表示密度的变化与车辆数的变化相反。具体来说,若$\Delta N > 0$,说明从观测站2驶离的车辆数大于从观测站1驶入的车辆数,即两个观测站之间的车辆数减少,因而密度减小;反之,若$\Delta N < 0$,说明两个观测站之间的车辆数增多,因而密度增大。换言之,ΔN与Δk符号相反。由此可知$\Delta N = \Delta q \cdot \Delta t = -\Delta k \cdot \Delta x$,经变形可得守恒方程为:

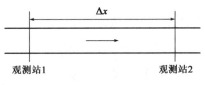

图5-1 用于推导守恒方程的路段示意图

$$\frac{\Delta q}{\Delta x} + \frac{\Delta k}{\Delta t} = 0 \tag{5-1}$$

假设两个观测站之间的交通流连续,而且允许有限的增量为无穷小,那么求极限可得:

$$\frac{\partial q}{\partial x} + \frac{\partial k}{\partial t} = 0 \tag{5-2}$$

式(5-2)描述了流量守恒规律,即著名的守恒方程或连续方程,其形式与流体力学的守恒方程类似。

如果两个观测站之间的路段上有交通流产生或离去,那么应采用守恒方程的更一般形式,即:

$$\frac{\partial q}{\partial x} + \frac{\partial k}{\partial t} = g \tag{5-3}$$

式中:q——交通流量(veh/s),$q = q(x,t)$;

k——交通密度(veh/m),$k = k(x,t)$;

g——交通流的产生率或离去率,即单位长度、单位时间内产生或离去的车辆数$[\text{veh}/(\text{m} \cdot \text{s})]$,$g = g(x,t)$。

5.1.2 解析解法

式(5-2)和式(5-3)所示的守恒方程能够用来确定任意路段的交通流状态,该方程将两个互相依赖的变量(即流量和密度)与两个相互独立的变量(即距离和时间)联系起来。然而,如果没有其他附加方程或假设条件,对式(5-2)进行求解是不可能的。为此,将流量看作密度的函数,即$q = f(k)$。相应地,$u = f(k)$是一个合理的假设,但只有在平衡状态时才成立。

下面介绍守恒方程的解析解法。已知基本关系式$q = ku$,在式(5-3)中令$u = f(k)$,则得到只有一个未知量的方程,那么可以获得其解析解。针对一般情况,其解析解法非常复杂,而且也不便于实际应用。为简化求解过程,考虑路段上没有交通流产生或离去,即$g = 0$,也就是式(5-2),这样守恒方程可变形为:

$$\frac{\partial(ku)}{\partial x} + \frac{\partial k}{\partial t} = \frac{\partial[kf(k)]}{\partial x} + \frac{\partial k}{\partial t} = f(k)\frac{\partial k}{\partial x} + k\frac{df}{dk}\frac{\partial k}{\partial x} + \frac{\partial k}{\partial t} = \left[f(k) + k\frac{df}{dk}\right]\frac{\partial k}{\partial x} + \frac{\partial k}{\partial t} = 0$$
(5-4)

式(5-4)是一阶拟线性偏微分方程,可以使用特征曲线法求其解析解,详细内容可参阅相关文献。需要指出的是 $f(k)$ 可以是任一函数,没有必要特意构造条件使得结果通用。假如采用格林希尔治速度-密度线性模型,式(5-4)可变为:

$$u_f\left(1 - \frac{2k}{k_j}\right)\frac{\partial k}{\partial x} + \frac{\partial k}{\partial t} = 0 \tag{5-5}$$

式中:u_f——自由流速度(m/s);

k_j——阻塞密度(veh/m)。

5.1.3 数值解法

从上面的分析可以看出,守恒方程的解析解法的主要缺点是在推导过程中过于简化所需条件,包括初始交通流条件、车辆到达-驶离模型、路段上没有出入口、流量-密度关系模型等。然而,现实中经常遇到非常复杂的情况,例如存在转向车道、出入口匝道等。因此,在很多情况下,想获得精确的解析解是非常困难的。

类似于可压缩流体,可以对守恒方程进行数值求解。数值解法可以考虑实际中可能遇到的各种复杂情况,包括真实的车辆到达-驶离模型、复杂的速度-密度关系模型以及试验条件等。数值解法的主要思想是:首先将所研究的道路经过离散化处理变成若干个微小的路段 Δx,然后按连续时间增量 Δt 更新离散化的网络中每一节点的交通流参数值。

如图5-2所示,首先从空间上对路段进行离散化处理,然后再将时间进行离散化处理,那么如下方程成立:

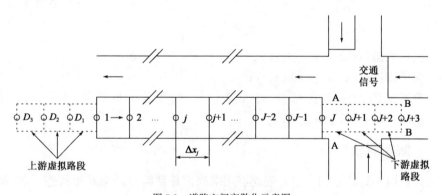

图5-2 道路空间离散化示意图

$$k_j^{n+1} = \frac{1}{2}(k_{j+1}^n + k_{j-1}^n) - \frac{\Delta t}{2\Delta x}(q_{j+1}^n - q_{j-1}^n) + \frac{\Delta t}{2}(g_{j+1}^n + g_{j-1}^n) \tag{5-6}$$

式中:$n = T/\Delta t$,其中 T 为观测周期(s);

Δt——时间增量(s);

Δx——空间增量(m);

k_j^n——路段 j 在时刻 $t_0 + n\Delta t$ 的密度(veh/m),t_0 为初始时刻(s);

q_j^n——路段 j 在时刻 $t_0 + n\Delta t$ 的流量(veh/s);

g_j^n——路段 j 在时刻 $t_0 + n\Delta t$ 的净流率,即产生率减去离去率[veh/(m·s)]。

如果密度确定,在时刻 $t_0 + (n+1)\Delta t$ 的速度可由平衡态速度-密度关系 $u_e(k)$ 获得,即:

$$u_j^{n+1} = u_e(k_j^{n+1}) \tag{5-7}$$

例如,对于格林希尔治线性模型有:

$$u_j^{n+1} = u_f\left(1 - \frac{k_j^{n+1}}{k_j}\right) \tag{5-8}$$

式中:u_j^{n+1}——路段 j 在时刻 $t_0 + (n+1)\Delta t$ 的速度(m/s);

其余符号意义同前。

需要指出的是,式(5-7)适用于任何速度-密度模型,包括不连续模型。如果无法获得速度的解析表达式,那么可以根据速度-密度曲线使用数值方法获得其数值解。在时刻 $t_0 + (n+1)\Delta t$ 的流量可由式(5-9)得到:

$$q_j^{n+1} = u_j^{n+1} k_j^{n+1} \tag{5-9}$$

数值解法所需数据可由交通流检测设备获得,因而其应用较为广泛,其中有代表性的是分析多车道交通流的动态特性。

5.1.4 多车道模型

考虑一条同向双车道路段,如图 5-3 所示。假设每条车道均满足守恒方程,而且两条车道之间的车辆交换代表其交通流产生或离去,即路段上没有其他出入口,那么守恒方程可写为:

$$\frac{\partial q_i}{\partial x} + \frac{\partial k_i}{\partial t} = Q_i, Q_i = \begin{cases} \alpha[(k_2 - k_1) - (k_{20} - k_{10})], i = 1 \\ \alpha[(k_1 - k_2) - (k_{10} - k_{20})], i = 2 \end{cases} \tag{5-10}$$

式中:$i \in \{1,2\}$,1 为外侧车道,2 为内侧车道;

q_i——第 i 条车道的交通流量(veh/s),$q_i = q_i(x,t)$;

k_i——第 i 条车道的交通密度(veh/m),$k_i = k_i(x,t)$;

k_{i0}——第 i 条车道的平衡密度(veh/m),$k_{i0} = k_{i0}(x,t)$;

Q_i——第 i 条车道的车辆交换率[veh/(m·s)],正值代表进入,负值代表离开,满足 $\sum_{i \in \{1,2\}} Q_i = 0$;

α——敏感系数(s^{-1})。

实际上,路段上可能存在其他出入口,敏感系数也可能随着两条车道的密度变化而变化,而且还可能存在时间延迟。因此,为符合实际情况,式(5-10)应进一步变形为:

$$\begin{gathered}\frac{\partial q_i}{\partial x} + \frac{\partial k_i}{\partial t} = \begin{cases} g + Q_i, i = 1 \\ Q_i, \quad i = 2 \end{cases}, \\ Q_i = \begin{cases} \alpha\{[k_2(x, t-\tau) - k_1(x, t-\tau)] - (k_{20} - k_{10})\}, i = 1 \\ \alpha\{[k_1(x, t-\tau) - k_2(x, t-\tau)] - (k_{10} - k_{20})\}, i = 2 \end{cases}\end{gathered} \tag{5-11}$$

式中:g——交通流的产生率或离去率[veh/(m·s)],$g = g(x,t)$,正值代表产生率,负值代表离去率;

τ——时间延迟(s);

其余符号意义同前。

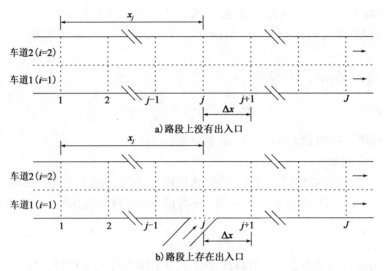

a) 路段上没有出入口

b) 路段上存在出入口

图 5-3 同向双车道路段空间离散化示意图

事实上,一条路段上同一方向可能设置两条以上车道,如图 5-4 所示,那么更广义的守恒方程为:

$$\frac{\partial q_i}{\partial x} + \frac{\partial k_i}{\partial t} = \begin{cases} g + Q_i, & i = 1 \\ Q_i, & i = 2,3,4,\cdots,I \end{cases} \tag{5-12}$$

式中:I——路段上的单向车道数;

其余符号意义同前。

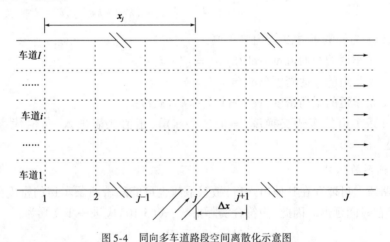

图 5-4 同向多车道路段空间离散化示意图

5.1.5 二维连续方程

上述所讨论的模型没有明确地包含车道宽度,即没有对车道宽度方向进行离散化处理。因为已经将道路划分为多条车道,所以对车道宽度方向的离散化是很自然的。理论上,一个二维空间模型可以更准确地描述交通流特性。满足守恒定律的一个比较简单的二维连续方程为:

$$\frac{\partial k}{\partial t} + \frac{\partial(ku_x)}{\partial x} + \frac{\partial(ku_y)}{\partial y} = g(x,y,t) \tag{5-13}$$

式中： x、y——二维空间坐标；

t——时间坐标；

k——交通密度(veh/m)，$k = k(x,y,t)$；

u_x——速度向量沿 x 方向(与道路中心线平行)的分量(m/s)，$u_x = u_x(x,y,t)$；

u_y——速度向量沿 y 方向(与道路中心线垂直)的分量(m/s)，$u_y = u_y(x,y,t)$；

$g(x,y,t)$——交通流的产生率或离去率[veh/(m·s)]。

式(5-13)所示方程含有 3 个未知量，因此必须与以下两个状态方程联立才能求解：

$$u_x = u_x(x,y,t) = u_e(k) \tag{5-14}$$

$$u_y = u_y(x,y,t) = v_e(k) \tag{5-15}$$

式中：$u_e(k)$、$v_e(k)$——分别为在平衡状态时速度向量沿 x 和 y 方向的分量(m/s)。

这里需要指出的是，密度代表每单位区域内的车辆数，例如阻塞密度应重新定义为 $k_j = 1/(s_x s_y)$，其中 s_x 和 s_y 分别为 x 和 y 方向的最小车头间距。

式(5-13)也可表达为：

$$k_t + (ku_x)_x + (ku_y)_y = g \tag{5-16}$$

同样可以采用数值解法获得式(5-13)和式(5-16)的数值解，相应地能得到 $u_e(k)$ 和 $v_e(k)$ 的表达式。详细内容可参阅相关文献。

5.2 动态模型

交通流随着时间和空间一直处于不断发展变化的过程中，其参数流量、速度和密度的关系并不总是处于稳定状态。因此，需要使用动态模型来描述驾驶员对交通流状态变化做出的实时响应。

5.2.1 交通流中的加速度

前述守恒方程的解析解法曾将速度看作密度的函数，即 $u = f(k)$，这简化了解析解的求解过程。然而，实际情况表明，交通流的平均速度 u 不可能瞬时地随着其密度 k 的变化而发生变化。因此，在动态交通流条件下使用稳态关系 $q(k)$ 无法准确地描述流量-速度的动态过程。实际上，驾驶员总是根据前方密度对速度进行调整。

假设交通流的速度为 u，根据数学中的微分可知：

$$du = \frac{\partial u}{\partial t}dt + \frac{\partial u}{\partial x}dx, \frac{du}{dt} = \frac{\partial u}{\partial t} + \frac{\partial u}{\partial x}u \tag{5-17}$$

式中：$\dfrac{du}{dt}$——观测者随交通流行驶时测得的交通流的加速度(m/s²)；

$\dfrac{\partial u}{\partial t}$——观测者在路边固定点测得的交通流的加速度(m/s²)。

再假设 u 是 k 的函数，即 $u = u(k)$，则有：

$$\frac{\partial u}{\partial t} = \frac{\mathrm{d}u}{\mathrm{d}k}\frac{\partial k}{\partial t}, \frac{\partial u}{\partial x} = \frac{\mathrm{d}u}{\mathrm{d}k}\frac{\partial k}{\partial x} \tag{5-18}$$

将式(5-18)代入式(5-17),可得:

$$\frac{\mathrm{d}u}{\mathrm{d}t} = \frac{\mathrm{d}u}{\mathrm{d}k}\frac{\partial k}{\partial t} + u\frac{\mathrm{d}u}{\mathrm{d}k}\frac{\partial k}{\partial x} \tag{5-19}$$

由于 $q = ku = ku(k) = q(k)$,则有:

$$\frac{\partial q}{\partial x} = \frac{\mathrm{d}q}{\mathrm{d}k}\frac{\partial k}{\partial x} = u_w\frac{\partial k}{\partial x} \tag{5-20}$$

在式(5-20)中, $u_w = \dfrac{\mathrm{d}q}{\mathrm{d}k}$ 为交通波的速度,将在后面详细介绍。

结合式(5-20)和式(5-2),可以得到:

$$\frac{\partial k}{\partial t} = -\frac{\partial q}{\partial x} = -u_w\frac{\partial k}{\partial x} \tag{5-21}$$

因为 $q = ku$, u_w 可改写为:

$$u_w = \frac{\mathrm{d}q}{\mathrm{d}k} = \frac{\mathrm{d}(ku)}{\mathrm{d}k} = u + k\frac{\mathrm{d}u}{\mathrm{d}k} \tag{5-22}$$

将式(5-21)代入式(5-19),可得:

$$\frac{\mathrm{d}u}{\mathrm{d}t} = \frac{\mathrm{d}u}{\mathrm{d}k}\left(-u_w\frac{\partial k}{\partial x}\right) + u\frac{\mathrm{d}u}{\mathrm{d}k}\frac{\partial k}{\partial x} = \frac{\mathrm{d}u}{\mathrm{d}k}\frac{\partial k}{\partial x}(u - u_w) \tag{5-23}$$

将式(5-22)代入式(5-23),则有:

$$\frac{\mathrm{d}u}{\mathrm{d}t} = -k\left(\frac{\mathrm{d}u}{\mathrm{d}k}\right)^2\frac{\partial k}{\partial x} \tag{5-24}$$

式(5-24)表示观测者随交通流行驶时测得的交通流的加速度是密度梯度 $\dfrac{\partial k}{\partial x}$ 的函数,由于平方项为正,交通流的加速度 $\dfrac{\mathrm{d}u}{\mathrm{d}t}$ 取决于密度梯度 $\dfrac{\partial k}{\partial x}$。具体来说,当 $\dfrac{\partial k}{\partial x} > 0$ 时,前方密度增加,此时 $\dfrac{\mathrm{d}u}{\mathrm{d}t} < 0$,这意味着交通流减速;当 $\dfrac{\partial k}{\partial x} < 0$ 时,前方密度减小,此时 $\dfrac{\mathrm{d}u}{\mathrm{d}t} > 0$,这意味着交通流加速。由此可见,从理论上证明了交通流的加减速行为与其前方密度之间的关系。

5.2.2 速度动态模型

进一步研究表明,驾驶员调整速度需要一个反应过程,而且车辆本身的动力、传动装置等也需要一个调整时间,因而车速的变化总是比前方 Δx 处密度的变化滞后一个时间 τ,即:

$$u(x, t + \tau) = u[k(x + \Delta x, t)] \tag{5-25}$$

将式(5-25)左侧对 τ、右侧对 Δx 进行泰勒级数展开,并略去高阶项,可得:

$$u(x,t) + \tau\frac{\mathrm{d}u(x,t)}{\mathrm{d}t} = u[k(x,t)] + \frac{\mathrm{d}u[k(x,t)]}{\mathrm{d}k}\frac{\partial k}{\partial x}\Delta x \tag{5-26}$$

调查研究发现,Δx 取平均车头间距比较合适,即 $\Delta x = s = \dfrac{1}{k}$,再将 $\dfrac{\mathrm{d}u}{\mathrm{d}k}$ 近似地看作一个小于零的常数,引入一个大于零的常数 $\gamma = -\dfrac{\mathrm{d}u}{\mathrm{d}k}$,同时将全导数 $\dfrac{\mathrm{d}u}{\mathrm{d}t} = \dfrac{\partial u}{\partial t} + \dfrac{\partial u}{\partial x}u$ 代入式(5-26),则有:

$$\frac{\partial u}{\partial t} = -u\frac{\partial u}{\partial x} + \frac{1}{\tau}\left[u(k) - u - \frac{\gamma}{k}\frac{\partial k}{\partial x}\right] \tag{5-27}$$

式(5-27)即为连续形式的速度动态模型。

经过空间离散化处理，将所研究道路划分为若干条路段，假设在第 i 条路段上交通流是均质的，其速度和密度分别为 $u_i(t)$ 和 $k_i(t)$，那么有：

$$\dot{u} = \frac{1}{\tau}[u(k_i) - u_i] + \frac{u_i}{\Delta i}(u_{i-1} - u_i) - \frac{\gamma}{\tau \Delta i}\frac{k_{i+1} - k_i}{k_i + \lambda}, i = 1,2,3,\cdots \tag{5-28}$$

式中：Δi——路段 i 的长度(m)，在动态情况下这一长度应尽量短，这样才能认为该路段上的交通流处于均匀分布状态；

λ——调整系数，可避免当 k_i 很小时所在项出现很大的、不切实际的情况。

再经过时间离散化处理，将分析期划分为若干个时段，得到：

$$u_i(j+1) = u_i(j) + \frac{T}{\tau}[u(k_i) - u_i(j)] + \frac{T\xi}{\Delta i}u_i(j)[u_{i-1}(j) - u_i(j)] -$$

$$\frac{\gamma T}{\tau \Delta i}\frac{k_{i+1}(j) - k_i(j)}{k_i(j) + \lambda}, i = 1,2,3,\cdots;j = 0,1,2,\cdots \tag{5-29}$$

式中：T——采样周期持续时间(s)；

j——采样周期编号；

ξ——调整系数，用于调整其所在项的权重，使模型更符合实际情况；

τ、γ 也可通过适当估计后用于调整其所在项的权重。

式(5-29)为实用形式的速度动态模型，可以精确地描述道路交通流空间平均速度的动态变化，即交通流从畅通状态过渡到拥挤状态再恢复到畅通状态的整个过程。该式还表明，当前路段在下一时段的平均速度取决于4个方面：①当前路段在本时段的平均速度；②平均速度向稳态方向变化；③上游相邻路段的平均速度；④下游相邻路段的交通密度。

研究表明，对于车道数保持不变、出入口匝道流量不大的公路，上述模型在描述各种交通流状况及其相互转变、常发性与偶发性交通拥挤形成与消散等方面可以获得令人满意的精度。然而，现实中可能车道数会发生变化或者出入口匝道流量很大，这两种情况都可能导致进出车辆在匝道附近交织运行、速度较低，进而影响干线交通流的运行速度，此时需要对上述模型进行改进，具体可以引入适当的修正项。详细内容可参考有关文献。

5.3 交通波理论

实际交通观测经常发现，交通流的某些行为与流体波的行为极为类似。图5-5为八车道路段过渡到六车道路段的半幅平面示意图。由该图可见，交通流在四车道路段(即原路段)和三车道路段(即瓶颈段)上都是各行其道、秩序井然，但在从四车道到三车道的过渡段上出现拥挤、紊乱，甚至阻塞。其原因在于交通流在即将进入瓶颈时产生一列与自身运行方向相反的波，类似于声波碰到障碍物时发生反射，或者管道内的水流突然受阻时发生后涌，这列波致使交通流在瓶颈之前的路段上出现紊流现象。下面将详细探讨交

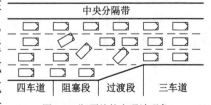

图5-5 瓶颈处的交通波现象

通流的波动行为。

5.3.1 模型建立

假设一条公路上有两个相邻的、不同的交通流区域,其密度分别为 k_1 和 k_2,用垂直线 S 分割这两个区域,称 S 为波阵面,并设其速度为 u_w,并规定交通流按照图中箭头 x 正方向运行,如图 5-6 所示。图中,u_1 和 u_2 分别为交通流在 A 区和 B 区的平均速度(km/h),k_1 和 k_2 分别为交通流在 A 区和 B 区的平均密度(veh/km),u_w 为在 A 区与 B 区之间形成的波阵面的平均速度(km/h)。

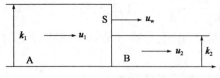

图 5-6 两种密度的交通流运行情况

显然,由流量守恒可知,在时间 t 内通过波阵面 S 的车辆数 N 可表达为:

$$N = u_{r1}k_1 t = u_{r2}k_2 t \tag{5-30}$$

式中:u_{r1}、u_{r2}——分别为相对于垂直分界线 S 交通流在 A 区和 B 区的平均速度(km/h),$u_{r1} = u_1 - u_w$,$u_{r2} = u_2 - u_w$。

式(5-30)可变形为:

$$u_2 k_2 - u_1 k_1 = u_w(k_2 - k_1) \tag{5-31}$$

根据交通流三参数的基本关系 $q = ku$,可将式(5-31)改写为:

$$u_w = \frac{q_2 - q_1}{k_2 - k_1} \tag{5-32}$$

式中:u_w——交通波速度(km/h);
q_2——波阵面前方的交通流量(veh/h);
k_2——波阵面前方的交通密度(veh/km);
q_1——波阵面后方的交通流量(veh/h);
k_1——波阵面后方的交通密度(veh/km)。

式(5-32)即为波速计算公式,有时也写为:

$$u_w = \frac{\Delta q}{\Delta k}, u_w = \frac{dq}{dk} \tag{5-33}$$

式(5-33)为基本交通波模型,简写为 BTW(Basic Traffic Wave)模型。

用于计算波速的式(5-33)所描述的交通波模型是一种抽象模型,其具体形式取决于流量与密度的函数关系。为了使波速计算公式具体化以便于更容易地理解波速大小,可将前述交通流基本参数的函数关系代入式(5-33)。

5.3.2 基本图式

交通波描述两种交通流状态的转化过程,u_w 代表这种转化的方向及进程。$u_w > 0$ 表示波阵面的运动方向与交通流的运动方向相同,即交通波向前传播;$u_w = 0$ 表示波阵面维持在原地不动,即交通波既不向前传播也不向后传播;$u_w < 0$ 表示波阵面的运动方向与交通流的运动方向相反,即交通波向后传播。图 5-7a)使用流量-密度曲线描述交通波,其中 A、B 两点代表两种交通流状态,当这两种交通流状态相遇时,便产生交通波,AB 连线的斜率即为波速。图 5-7b)使用时空轨迹图描述交通波,其中两组平行线分别代表两种交通流状态下每辆车的

运行轨迹,这两组平行线的交点所形成的直线代表交通波,该直线的斜率也即波速。

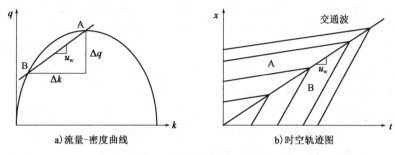

图 5-7　交通波示意图

由式(5-32)可知,$u_w > 0$ 意味着 $q_2 - q_1 > 0, k_2 - k_1 > 0$ 或者 $q_2 - q_1 < 0, k_2 - k_1 < 0$,前一种情况如图 5-8a)所示,后一种情况如图 5-8b)所示。图 5-8a)表示交通流从低流量、低密度、高速度状态进入高流量、高密度、低速度状态,两种状态间的波阵面向下游运动,即高密度状态并未向上游扩展,比如交通流从两条 4 车道支路汇集到一条 6 车道主路。图 5-8b)表示交通流从高流量、高密度、低速度状态进入低流量、低密度、高速度状态,尽管下游交通流状态较好,但因波阵面向前运动,所以上游交通流状态并未得到改善,比如交通流从一条 6 车道主路分流至两条 4 车道支路。

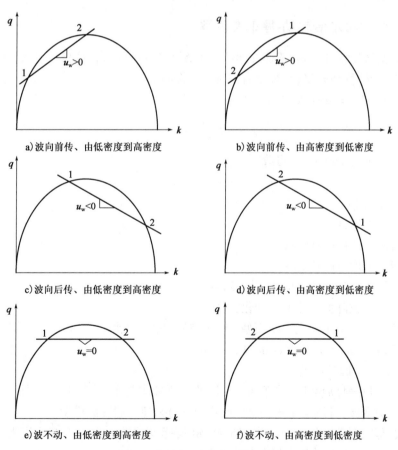

图 5-8　各种交通流状态下的交通波

由式(5-32)也可知，$u_w<0$ 意味着 $q_2-q_1<0,k_2-k_1>0$ 或者 $q_2-q_1>0,k_2-k_1<0$，前一种情况如图 5-8c)所示，后一种情况如图 5-8d)所示。图 5-8c)表示交通流从高流量、低密度、高速度状态进入低流量、高密度、低速度状态，两种状态间的波阵面向上游运动，即上游交通流因受到影响而状态变差，或者说高密度状态向上游扩展，比如交通流前方出现阻碍。图 5-8d)表示交通流从低流量、高密度、低速度状态进入高流量、低密度、高速度状态，因波阵面向后运动，上游交通流状态得以改善，比如交通流前方解除阻碍。

由式(5-32)还可知，$u_w=0$ 意味着 $q_2=q_1,k_2\neq k_1$，这是一种流量相同、密度和速度不同的两种交通流状态的转换，如图 5-8e)或图 5-8f)所示，例如在流量不大的条件下道路由多车道变为少车道(即由宽变窄)或相反。此时，交通波发生在瓶颈处，波阵面既不前移又不后退。

5.4 起动-停车波模型

在信号交叉口，绿灯期间形成的交通波称为起动波(Start Wave)，红灯期间形成的交通波称为停车波(Stop Wave)，这两种交通波统称为起动-停车波(Start-Stop Waves)。起动波是一种消散波，停车波是一种集结波。分析起动-停车波的具体特性，采用合适的模型描述波阵面前方和后方的交通流参数，则可推导出不同形式的起动-停车波模型。

5.4.1 格林希尔治起动-停车波模型

由第 2 章交通流特性可知，描述交通流基本参数关系的模型首推格林希尔治线性模型，该模型形式简单，函数性质较好，是很多后续研究工作的基础。

将式(2-63)和 $q=ku$ 代入式(5-32)，可得：

$$u_w=-u_f\left(\frac{k_1+k_2}{k_j}-1\right) \tag{5-34}$$

若将密度标准化，式(5-34)可改写为：

$$u_w=-u_f[(\eta_1+\eta_2)-1] \tag{5-35}$$

式中：$\eta_i=k_i/k_j, i\in\{1,2\}$；

u_w——交通波速度(km/h)；

u_f——自由流速度(km/h)；

k_j——阻塞密度(veh/km)；

k_1、k_2——分别为波阵面两侧的交通密度(veh/km)；

η_1、η_2——分别为波阵面两侧的标准化密度。

式(5-34)为格林希尔治交通波模型，式(5-35)是标准化密度表达的格林希尔治交通波模型，简写为 GSTW(Greenshields Traffic Wave)模型。

(1)格林希尔治起动波模型

当信号交叉口绿灯启亮时，停车线处排队的车辆依次起动，此时形成一列起动波，起动波是一种特殊的交通波，可以运用式(5-34)或式(5-35)来建立起动波模型。

下面考察车辆起动时的情况。当车辆起动时，起动波波阵面后方交通流阻塞，即 $k_1=k_j$ 且 $\eta_1=1$。此时得到的起动波模型可表述如下：

$$u_{\text{wst}} = -u_{\text{f}}\frac{k_2}{k_{\text{j}}}, u_{\text{wst}} = -u_{\text{f}}\eta_2 \tag{5-36}$$

再利用格林希尔治速度-密度模型可得：

$$u_{\text{wst}} = -(u_{\text{f}} - u_2) \tag{5-37}$$

式中：u_{wst}——起动波速度(km/h)；

k_2——起动波波阵面前方交通流的密度(veh/km)；

η_2——起动波波阵面前方交通流的标准化密度；

u_2——起动波波阵面前方交通流的速度(km/h)；

其余符号意义同前。

式(5-37)被称为格林希尔治起动波模型，简写为 GSSTW(Greenshields Start Wave)模型。由于 u_2 是刚刚起动时的车速，该值很小，同 u_{f} 相比可以忽略不计。因此，红灯期间的排队队列从绿灯启亮时就产生了起动波，该列波近似以自由流速度向后传播。然而，实际调查数据显示，起动波速度远远达不到自由流速度。

应用式(5-37)之前，需要标定自由流速度 u_{f}，该参数应在交通流处于自由流状态时进行观测。在应用式(5-37)时，需要观测起动波波阵面前方交通流的速度 u_2。u_{f} 和 u_2 可以采用图 2-4 所示原理进行测定，其区别在于观测不同状态的交通流。根据交通流特性，速度是比较容易观测的。

图 5-9 对比了根据两组样本数据获得的起动波速度观测值及其格林希尔治模型估计值，前者根据波速定义计算得到，后者为自由流速度。第一次调查地点为长春市人民大街-重庆路交叉口南进口中央分隔线与分隔带之间的外侧直行车道，调查时间为 2003 年 10 月 15 日；第二次调查地点为北京市北三环快速路四通桥与联想桥之间的路段，调查时间为 2004 年 6 月 24 日和 25 日。图中周期编号仅仅代表所筛选出的有效周期的相对顺序号，因此两次调查所示周期编号并无对应关系。结果发现，不考虑传播方向时，起动波速度的观测值远远小于自由流速度，这说明格林希尔治起动波模型难以反映车队起动过程中的波现象，即无法准确估算起动波速度。

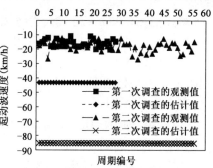

图 5-9 起动波速度观测值及其格林希尔治模型估计值

(2) 格林希尔治停车波模型

下面来考察车辆停车的情况。车辆停车时，停车波波阵面前方交通流阻塞。现假定车队以平均速度 u_1 行驶，在交叉口停车线处遇到红灯停车。此时，$k_2 = k_{\text{j}}$，即 $\eta_2 = 1$。根据式(5-35)，则有：

$$u_{\text{wsp}} = -u_{\text{f}}\frac{k_1}{k_{\text{j}}}, u_{\text{wsp}} = -u_{\text{f}}\eta_1, u_{\text{wsp}} = -(u_{\text{f}} - u_1) \tag{5-38}$$

式中：u_{wsp}——停车波速度(km/h)；

k_1——停车波波阵面后方交通流的密度(veh/km)；

η_1——停车波波阵面后方交通流的标准化密度；

u_1——停车波波阵面后方交通流的速度(km/h)；

其余符号意义同前。

式(5-38)被称为格林希尔治停车波模型，简写为 GSSPW(Greenshields Stop Wave)模型。

该式说明,停车波以 $u_f\eta_1$ 的速度向后方传播。经过 t 秒以后,将形成一列长度为 $u_f\eta_1 t$ 的排队队列。

应用式(5-38)之前,需要标定自由流速度 u_f。在应用式(5-38)时,需要观测停车波波阵面后方交通流的速度 u_1。u_f 的观测方法如前所述,u_1 的观测方法类似于 u_2,区别在于交通流状态不同。

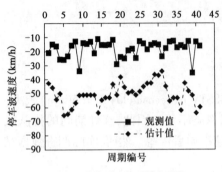

图 5-10 停车波速度观测值及其格林希尔治模型估计值

图 5-10 对比了根据北京市快速路的样本数据获得的停车波速度观测值及其格林希尔治模型估计值,前者根据波速定义计算得到,后者由式(5-38)计算得到。此次调查的地点为北京市北三环快速路四通桥与联想桥之间的路段,调查时间为 2004 年 6 月 24 日和 25 日。图中周期编号的意义同前。结果发现,不考虑传播方向时,停车波速度的观测值明显小于其估计值,这说明格林希尔治停车波模型难以反映车队停车过程中的波现象,即很难准确估算停车波速度。

5.4.2 格林伯起动-停车波模型

事实上,当车辆刚刚起动时,起动波后方的交通流处于阻塞状态;当车辆停车排队时,停车波前方的交通流处于阻塞状态。格林希尔治模型不适合描述这两种情况,而格林伯模型比较合适。

将式(2-64)和 $q = ku$ 代入式(5-32),可得:

$$u_w = -\frac{u_m(k_2\ln\eta_2 - k_1\ln\eta_1)}{k_2 - k_1} \tag{5-39}$$

式中:u_m——最佳速度(km/h);

其余符号意义同前。

式(5-39)即为格林伯交通波模型,简写为 GBTW(Greenberg Traffic Wave)模型。

(1)格林伯起动波模型

当车辆起动时,起动波波阵面后方交通流阻塞,即 $k_1 = k_j$ 且 $\eta_1 = 1$。那么,式(5-39)变为:

$$u_{wst} = -\frac{u_m k_2 \ln\eta_2}{k_2 - k_j} \tag{5-40}$$

式(5-40)被称为格林伯起动波模型,简写为 GBSTW(Greenberg Start Wave)模型,其中各符号意义同前。

应用式(5-40)之前,需要标定最佳速度 u_m 和阻塞密度 k_j,u_m 应在交通流处于饱和状态时进行观测,k_j 应在交通流处于阻塞状态时进行观测。在应用式(5-40)时,需要观测起动波波阵面前方交通流的密度 k_2。u_m 的观测方法类似于 u_2,k_j 和 k_2 可以采用图 2-5 所示原理进行测定。根据交通流特性,密度通常不易观测,但阻塞密度比较容易观测。

为验证格林伯起动波模型,图 5-11 给出了起动波调查原理图。对于一条指定车道上红灯期间在排

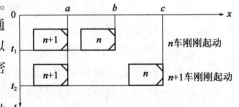

图 5-11 起动波调查原理图

队队列中的每辆车,记录后车排队时所处位置 $a(\mathrm{m})$、前车排队时所处位置 $b(\mathrm{m})$、后车起动时前车所处位置 $c(\mathrm{m})$ 以及后车反应时间 $T(\mathrm{s})$。

结合交通流参数关系,依据图 5-11 可以计算格林伯起动波模型中的各项参数,其公式为:

$$\hat{u}_{\mathrm{wst}} = -\frac{u_{\mathrm{m}} k_2 \ln \eta_2}{k_2 - k_j}, \bar{u}_{\mathrm{wst}} = \frac{b-a}{T} \tag{5-41}$$

式中: $u_{\mathrm{m}} = (c-b)/T$;
　　　$k_2 = 1/(c-a)$;
　　　$k_j = 1/(b-a)$;
　　　$\eta_2 = k_2/k_j$;
　　　$\hat{u}_{\mathrm{wst}}$——起动波速度的估计值(m/s);
　　　$\bar{u}_{\mathrm{wst}}$——起动波速度的观测值(m/s);
　　　其余符号意义同前。

有文献使用城市道路的交通流数据验证了式(5-40),结果发现起动波速度的估计值与其观测值的相对误差较大,进一步引入修正系数 α 提出了格林伯起动波修正模型,即:

$$u_{\mathrm{wst}} = -\alpha \frac{u_{\mathrm{m}} k_2 \ln \eta_2}{k_2 - k_j} \tag{5-42}$$

依然采用城市道路的交通流数据,该文献利用最小二乘法得到 α 的拟合值为 0.6,还使用另一组数据对标定的模型进行了验证。图 5-12 对比了根据这两组样本数据获得的起动波速度观测值及其格林伯修正模型估计值,前者由波速定义计算得到,后者由 α 取 0.6 的式(5-42)计算得到。这里两次调查的地点均为长春市人民大街-重庆路交叉口南进口中央分隔线与分隔带之间的外侧直行车道,第一次调查时间为 2003 年 10 月 15 日,第二次调查时间为 2003 年 11 月 1 日。图中周期编号的意义同前。研究结果认为,修正系数 α 取 0.6 的格林伯起动波修正模型比较适合描述信号交叉口的起动波现象,即能够准确地测算起动波速度。

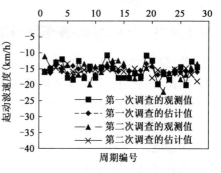

图 5-12　起动波速度观测值及其格林伯模型估计值

表 5-1 列出了长春市人民大街-自由大路交叉口南进口以及解放大路-同志街交叉口西进口各条左转或直行车道上测得的起动波速度的观测值和估计值及其相对误差,其中观测值和估计值的计算方法及数据含义同图 5-12,表中数据是多组有效数据的平均值。

不同位置测得的起动波速度　　　　　　　　　表 5-1

起动波速度	人民大街-自由大路交叉口南进口(由内向外对车道编号)				解放大路-同志街交叉口西进口(由内向外对车道编号)				
	第1条左转车道	第2条左转车道	第1条直行车道	第2条直行车道	第1条左转车道	第2条左转车道	第1条直行车道	第2条直行车道	第3条直行车道
观测值(km/h)	-15.26	-15.43	-15.40	-16.13	-15.64	-14.98	-15.23	-14.99	-15.71
估计值(km/h)	-15.62	-15.19	-15.21	-15.58	-16.01	-15.64	-15.48	-15.36	-15.59
相对误差(%)	2.30	1.58	1.25	3.53	2.31	4.22	1.61	2.41	0.77

(2) 格林伯停车波模型

当车辆停车时,停车波波阵面前方交通流阻塞,即 $k_2 = k_j$ 且 $\eta_2 = 1$。那么,式(5-39)变为:

$$u_{\text{wsp}} = -\frac{u_m k_1 \ln \eta_1}{k_1 - k_j} \tag{5-43}$$

式(5-43)被称为格林伯停车波模型,简写为 GBSPW(Greenberg Stop Wave)模型,其中各符号意义同前。

应用式(5-43)之前,需要标定最佳速度 u_m 和阻塞密度 k_j。在应用式(5-43)时,需要观测停车波波阵面后方交通流的密度 k_1。u_m 和 k_j 的观测方法如前所述,k_1 的观测方法类似于 k_2。

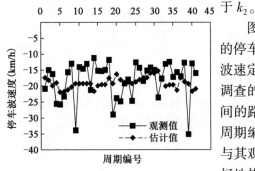

图 5-13 停车波速度观测值及其格林伯模型估计值

图 5-13 对比了根据北京市快速路的样本数据获得的停车波速度观测值及其格林伯模型估计值,前者根据波速定义计算得到,后者根据式(5-43)计算得到。此次调查的地点为北京市北三环快速路四通桥与联想桥之间的路段,调查时间为 2004 年 6 月 24 日和 25 日。图中周期编号的意义同前。结果显示,停车波速度的估计值与其观测值较为吻合,这说明格林伯停车波模型可以很好地描述快速路上的停车波现象,即准确估算停车波的速度。

5.4.3 一般起动-停车波模型

前述起动波和停车波模型是运用格林希尔治或格林伯流量-速度-密度关系推导而得出的。然而,当交通流状态不能明确地运用这两个模型描述时,可以由基本交通波模型推导出更具有一般意义的起动波和停车波模型。

(1) 一般起动波模型

同样地,当车辆起动时,起动波波阵面后方交通流阻塞,即 $k_1 = k_j$ 且 $u_1 = 0$。结合 $q = ku$,则可将式(5-32)变形为:

$$u_{\text{wst}} = -\frac{k_2 u_2}{k_j - k_2} \tag{5-44}$$

由于 $k_2 < k_j$,所以 $u_{\text{wst}} < 0$,也就是说,起动波传播方向与交通流行驶方向相反。式(5-44)被称为一般起动波模型,简写为 USTW(Universal Start Wave)模型,其中各符号意义同前。

应用式(5-44)之前,需要标定阻塞密度 k_j。在应用式(5-44)时,需要观测起动波波阵面前方交通流的速度 u_2 和密度 k_2。k_j、u_2 和 k_2 的观测方法如前所述。

(2) 一般停车波模型

同样地,当车辆停车时,停车波波阵面前方交通流阻塞,即 $k_2 = k_j$ 且 $u_2 = 0$。结合 $q = ku$,则可将式(5-32)变形为:

$$u_{\text{wsp}} = -\frac{k_1 u_1}{k_j - k_1} \tag{5-45}$$

由于 $k_1 < k_j$,所以 $u_{\text{wsp}} < 0$,也就是说,停车波传播方向与交通流行驶方向相反。式(5-45)被称为一般停车波模型,简写为 USPW(Universal Stop Wave)模型,其中各符号意义同前。

应用式(5-45)之前,需要标定阻塞密度 k_j。在应用式(5-45)时,需要观测停车波波阵面后方交通流的速度 u_1 和密度 k_1。k_j、u_1 和 k_1 的观测方法如前所述。

5.4.4 运动学起动-停车波模型

1) 运动学起动波模型

(1) 模型建立

下面来分析一列车队在信号交叉口的起动过程。忽略车队中车辆之间的个体差异,以任意相邻的两辆车为例来说明起动波的传播过程,如图 5-14 所示。假设车辆加速特性一样,$t=0$ 时刻第 n 辆车以加速度 $a(\text{m/s}^2)$ 经过时间 $\tau(\text{s})$ 后获得最终行驶速度 $u_{st}(\text{m/s})$,车辆到达停车线(或某一位置)的时刻为 $t_n(\text{s})$、行驶距离为 $x_n(\text{m})$;第 $n+1$ 辆车在第 n 辆车起动 $\Delta t(\text{s})$ 时间后以加速度 a 经过时间 τ 后获得最终行驶速度 u_{st},车辆到达停车线(或同一位置)的时刻为 $t_{n+1}(\text{s})$、行驶距离为 $x_{n+1}(\text{m})$。

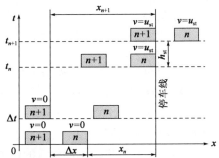

图 5-14 起动波传播过程中车辆运动图示

根据运动学定律,存在如下关系式,即:

$$x_n = 0.5a\tau^2 + u_{st}(t_n - \tau) \tag{5-46}$$

$$x_{n+1} = 0.5a\tau^2 + u_{st}(t_{n+1} - \tau - \Delta t) \tag{5-47}$$

式(5-47)减去式(5-46),可得:

$$x_{n+1} - x_n = u_{st}(t_{n+1} - t_n - \Delta t) \tag{5-48}$$

第 $n+1$ 辆车与第 n 辆车通过停车线(或同一位置)的时间差恰好为饱和车头时距 $h_{st}(\text{s/veh})$,即:

$$h_{st} = t_{n+1} - t_n \tag{5-49}$$

又知,起动波从第 n 辆车传到第 $n+1$ 辆车所需时间为 Δt,所传过的距离为 $\Delta x(\text{m})$,由图 5-14 可知:

$$\Delta x = x_{n+1} - x_n \tag{5-50}$$

将式(5-49)和式(5-50)代入式(5-48),则有:

$$\Delta x = u_{st}(h_{st} - \Delta t) \tag{5-51}$$

另外,起动波传过的距离恰好是两辆车之间的停车间距,即阻塞密度 $k_j(\text{veh/m})$ 的倒数,那么有:

$$\Delta x = \frac{1}{k_j} \tag{5-52}$$

将式(5-52)代入式(5-51),可得:

$$\Delta t = h_{st} - \frac{1}{k_j u_{st}} \tag{5-53}$$

起动波速度 $u_{wst}(\text{m/s})$ 等于起动波传过的距离除以传过这一距离所需的时间,即:

$$u_{wst} = -\frac{\Delta x}{\Delta t} \tag{5-54}$$

将式(5-52)和式(5-53)代入式(5-54),则得:

$$u_{wst} = -\frac{u_{st}}{k_j h_{st} u_{st} - 1} \tag{5-55}$$

式(5-55)即为运动学起动波模型,简写为 KSTW(Kinematic Start Wave)模型,式中负号"-"表示起动波传播方向与车流运行方向相反。

根据交通流特性可知,关系式 $q = ku$ 和 $q = 1/h$ 存在,若利用这两个式子,式(5-55)可改写为:

$$u_{wst} = -\frac{u_{st} k_{st}}{k_j - k_{st}} \tag{5-56}$$

式中:k_{st}、k_j——分别为起动波前方和后方的车流密度,即平均密度和阻塞密度(veh/m)。

经对比发现,式(5-56)即为式(5-44),这说明运动学起动波模型与一般起动波模型殊途同归。

(2)交通调查方案

为标定并验证式(5-55)所示的运动学起动波模型,设计如图 5-15 所示的交通调查方案,具体内容如下:

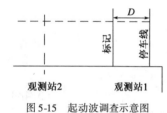

图 5-15 起动波调查示意图

①选择没有行人干扰的单车道路段作为起动波观测对象,在停车线后方距其 $D(m)$ 的位置设置一个标记,在停车线与标记所处位置设置固定观测站 1,在停车线后方设置移动观测站 2。

②通过观测站 2,每个信号周期内,红灯期间人工记录所观测车队的头车和尾车的序号与停车位置,绿灯期间人工记录所观测车队的头车和尾车的起动时刻。

③通过观测站 1,利用摄像机(应正对车道进行拍摄以保证图像清晰)获取车辆运动的视频影像,然后记录每个信号周期内每辆车的最终行驶车速和相邻两辆车之间的饱和车头时距。

为获得模型所需参数,设计以下两张数据记录表:

①表 5-2 用来记录所观测车队的停车与起动情况;②表 5-3 用来记录所观测车队中每辆车起动后通过下游各断面的情况。

车辆停车位置和起动时刻记录表   表 5-2

周期编号	车队头车			车队尾车		
	序号	停车位置(m)	起动时刻(s)	序号	停车位置(m)	起动时刻(s)
1						
...						

车辆到达时刻记录表   表 5-3

周 期 编 号	车 辆 编 号	车辆到达标记的时刻(s)	车辆到达停车线的时刻(s)
1	1		
	...		
...	1		
	...		

(3) 参数标定

由式(5-55)可以看出,模型中需要标定 3 个参数 k_j、h_{st} 和 u_{st}。

各个周期与观测时段测得的平均阻塞密度分别为:

$$\bar{k}_j(i) = \frac{n_e(i) - n_h(i)}{x_e(i) - x_h(i)}, \quad \bar{k}_j = \frac{1}{n}\sum_{i=1}^{n}\bar{k}_j(i) \tag{5-57}$$

式中: $\bar{k}_j(i)$——第 i 个周期测得的平均阻塞密度(veh/m);

$n_h(i)$、$n_e(i)$——分别为第 i 个周期绿灯期间所观测车队中头车与尾车的序号;

$x_h(i)$、$x_e(i)$——分别为第 i 个周期绿灯期间所观测车队中头车及尾车与停车线之间的距离(m);

$\bar{k}_j$——观测时段测得的平均阻塞密度(veh/m);

n——观测周期数。

各个周期内,绿灯期间所观测车辆的饱和车头时距及所观测车队的平均饱和车头时距分别为:

$$h_{st}(i,j) = t_{SL}(i,j) - t_{SL}(i,j-1), \quad \bar{h}_{st}(i) = \frac{1}{n_i}\sum_{j=1}^{n_i}h_{st}(i,j) \tag{5-58}$$

观测时段内,所观测车队的平均饱和车头时距为:

$$\bar{h}_{st} = \frac{\sum_{i=1}^{n}\sum_{j=1}^{n_i}h_{st}(i,j)}{\sum_{i=1}^{n}n_i} \tag{5-59}$$

式中: $h_{st}(i,j)$——第 i 个周期第 j 辆车的饱和车头时距(s/veh);

$t_{SL}(i,j)$、$t_{SL}(i,j-1)$——分别为第 i 个周期所观测车队中第 j 辆车和第 $j-1$ 辆车到达停车线的时刻(s);

$\bar{h}_{st}(i)$——第 i 个周期所观测车队的平均饱和车头时距(s/veh);

$\bar{h}_{st}$——观测时段内所观测车队的平均饱和车头时距(s/veh);

n_i——第 i 个周期绿灯期间所观测的正常行驶车辆数;

n——观测周期数。

各个周期内,绿灯期间所观测车辆的最终行驶速度及所观测车队的平均行驶速度分别为:

$$u_{st}(i,j) = \frac{D}{t_{SL}(i,j) - t_{SG}(i,j)}, \quad \bar{u}_{st}(i) = \frac{1}{n_i}\sum_{j=1}^{n_i}u_{st}(i,j) \tag{5-60}$$

观测时段内,绿灯期间所观测车队的平均行驶速度为:

$$\bar{u}_{st} = \frac{\sum_{i=1}^{n}\sum_{j=1}^{n_i}u_{st}(i,j)}{\sum_{i=1}^{n}n_i} \tag{5-61}$$

式中: $u_{st}(i,j)$——第 i 个周期绿灯期间第 j 辆车的最终行驶速度(m/s);

D——标记与停车线的间距(m);

$t_{SG}(i,j)$、$t_{SL}(i,j)$——分别为第 i 个周期所观测车队中第 j 辆车到达标记与停车线的时刻(s);

$\bar{u}_{st}(i)$——第 i 个周期所观测车队的平均行驶速度(m/s);

n_i——第 i 个周期绿灯期间所观测的正常行驶车辆数;

$\bar{u}_{st}$——观测时段内起动波下游车队的平均行驶速度(m/s);

n——观测周期数。

(4)模型验证

根据前述统计数据,各个周期内起动波速度的平均观测值为:

$$\bar{u}_{\mathrm{wst}}(i) = -\frac{x_{\mathrm{e}}(i) - x_{\mathrm{h}}(i)}{t_{\mathrm{se}}(i) - t_{\mathrm{sh}}(i)} \tag{5-62}$$

式中:$\bar{u}_{\mathrm{wst}}(i)$——第 i 个周期起动波速度的观测值(m/s);

$t_{\mathrm{sh}}(i)$、$t_{\mathrm{se}}(i)$——分别为第 i 个周期绿灯期间所观测车队中头车与尾车的起动时刻(s);

其余符号意义同前。

式中负号"-"表示起动波向后传播。

将每周期各参数的标定值 $\bar{k}_{\mathrm{j}}(i)$、$\bar{h}_{\mathrm{st}}(i)$ 和 $\bar{u}_{\mathrm{st}}(i)$ 代入式(5-55),可得起动波速度的估计值,即:

$$\hat{u}_{\mathrm{wst}}(i) = -\frac{\bar{u}_{\mathrm{st}}(i)}{\bar{k}_{\mathrm{j}}(i)\bar{h}_{\mathrm{st}}(i)\bar{u}_{\mathrm{st}}(i) - 1} \tag{5-63}$$

式中:$\hat{u}_{\mathrm{wst}}(i)$——第 i 个周期起动波速度的估计值(m/s);

其余符号意义同前。

若不区分起动波在各个周期内的差异,可使用观测时段内的所有数据对波速进行分析,此时起动波速度的观测值和估计值分别为:

$$\bar{u}_{\mathrm{wst}} = \frac{1}{n}\sum_{i=1}^{n}\bar{u}_{\mathrm{wst}}(i), \hat{u}_{\mathrm{wst}} = -\frac{\bar{u}_{\mathrm{st}}}{\bar{k}_{\mathrm{j}}\bar{h}_{\mathrm{st}}\bar{u}_{\mathrm{st}} - 1} \tag{5-64}$$

式中:$\bar{u}_{\mathrm{wst}}$、$\hat{u}_{\mathrm{wst}}$——分别为观测时段内起动波速度的观测值和估计值(m/s)。

2)运动学停车波模型

(1)模型建立

下面探讨一列车队即连续交通流中停车波的传播规律。忽略车队中车辆之间的个体差异,以停车波从第 n 辆车传到第 $n+1$ 辆车为例来分析停车波传播过程,如图 5-16 所示。假定 $t=0$ 时刻第 n 辆车和第 $n+1$ 辆车分别距离停车线 x_n(m)和 x_{n+1}(m),其初始行驶速度均为 u_{sp}(m/s),此时第 n 辆车开始减速停车,第 $n+1$ 辆车在 Δt(s)时间后开始减速停车,停车时第 n 辆车和第 $n+1$ 辆车分别距离停车线 x'_n(m)和 x'_{n+1}(m),假定两辆车减速性能相同,即减速度和减速时间均为 a(m/s²)和 τ(s)。

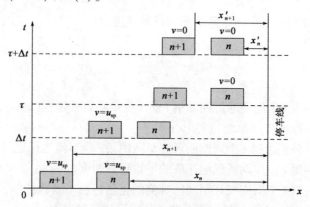

图 5-16 停车波传播过程中车辆运动图示

同理，根据运动学定律可得以下关系式，即：

$$x_n - x'_n = 0.5a\tau^2 \tag{5-65}$$

$$x_{n+1} - x'_{n+1} = 0.5a\tau^2 + u_{sp}\Delta t \tag{5-66}$$

式(5-66)减去式(5-65)，可得：

$$\Delta t = \frac{(x_{n+1} - x_n - x'_{n+1} + x'_n)}{u_{sp}} \tag{5-67}$$

又知，车辆行驶时车头间距等于平均密度的倒数，车辆停车时车头间距等于阻塞密度的倒数，即：

$$x_{n+1} - x_n = \frac{1}{k_{sp}}, \quad x'_{n+1} - x'_n = \frac{1}{k_j} \tag{5-68}$$

式中：k_{sp}、k_j——分别为停车波后方和前方交通流的密度，即平均密度和阻塞密度(veh/m)。

将式(5-68)代入式(5-67)，可得停车波从第 n 辆车传到第 $n+1$ 辆车所需时间为：

$$\Delta t = \frac{k_j - k_{sp}}{k_j k_{sp} u_{sp}} \tag{5-69}$$

从传播过程来看，停车波从第 n 辆车传到第 $n+1$ 辆车所传播的距离 Δx(m)为：

$$\Delta x = x'_{n+1} - x'_n = \frac{1}{k_j} \tag{5-70}$$

停车波从第 n 辆车传到第 $n+1$ 辆车的传播速度 u_{wsp}(m/s)为传播距离与所需时间之比，即：

$$u_{wsp} = -\frac{\Delta x}{\Delta t} \tag{5-71}$$

将式(5-69)和式(5-70)代入式(5-71)，则得：

$$u_{wsp} = -\frac{k_{sp} u_{sp}}{k_j - k_{sp}} \tag{5-72}$$

如果利用由交通流特性得到的关系式 $q = ku$ 和 $q = 1/h$，那么可将式(5-72)变形为：

$$u_{wsp} = -\frac{u_{sp}}{k_j h_{sp} u_{sp} - 1} \tag{5-73}$$

式中：h_{sp}——停车波后方交通流的车头时距(s/veh)。

式(5-73)即为运动学停车波模型，简称为 KSPW(Kinematic Stop Wave)模型，式中负号"-"表示停车波传播方向与车流运行方向相反。

类似地，可以发现式(5-72)即为式(5-45)，这说明运动学停车波模型与一般停车波模型殊途同归。

比较式(5-55)和式(5-73)，起动波模型与停车波模型具有相同的结构和形式，仅参数的含义略有不同。对比其他形式的起动-停车波模型，也可以发现此规律。

(2) USPW模型标定与验证

为标定并验证式(5-72)所示的运动学停车波模型,设计如图5-17a)所示的交通调查方案,具体内容如下:

①选择没有行人干扰的单车道路段作为停车波观测对象,在停车线后方设置标记1、标记2和标记3;在停车线后方设置移动观测站1,在标记1和标记2所处位置设置固定观测站2,在标记3所处位置设置固定观测站3。

②通过观测站1,每个信号周期内,红灯期间人工记录所观测车队中头车与尾车的序号、停车时刻和停车位置,这些数据用于标定阻塞密度和实测停车波速度。

③停车线与标记1的间距为$L(m)$,标记1与标记2的间距为$D(m)$,标记2与标记3的间距为$L'(m)$;在观测站2,标记1与标记2联合记录上游交通流的平均行驶速度,该速度近似为点速度,用来代替车辆从标记3行驶至标记1的平均行驶速度;标记1和标记3分别记录通过所在断面的累计车辆数,观测站2与观测站3的数据联合标定停车波上游交通流的平均密度;为便于数据处理,在观测站2和观测站3均利用摄像机(应正对车道进行拍摄以保证图像清晰)获取车辆运动的视频影像。

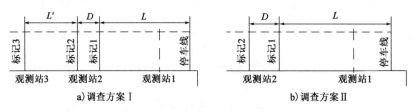

图5-17 停车波调查示意图

为获取模型所需参数,设计如下两张数据记录表:

①表5-4用于记录每个信号周期内所观测车队的停车情况;②表5-5用于记录所观测车队中每辆车停车前通过上游各断面的情况。

车辆停车时刻及位置记录表　　　　表5-4

周期编号	车 队 头 车			车 队 尾 车		
	序号	停车时刻(s)	停车位置(m)	序号	停车时刻(s)	停车位置(m)
1						
…						

车辆通过上游各断面的时刻记录表　　　　表5-5

周期编号	车辆编号	车辆到达时刻(s)		
		标记3	标记2	标记1
1	1			
	…			
…	1			
	…			

由式(5-72)可见,模型中需要标定3个参数k_j、k_{sp}和u_{sp}。

各个周期内及观测时段内的平均阻塞密度的计算方法类似于式(5-57),区别在于部分参数的含义略有不同,此处不再赘述。

每个周期开始时刻记录路段上标记 3 与标记 1 之间的初始车辆数,每个周期内分别统计通过标记 3 和标记 1 的车辆数,那么每个周期内分别通过标记 3 和标记 1 的累计车辆数可表达为:

$$N_3(i) = Q_3(i), N_1(i) = N_0(i) + Q_1(i) \tag{5-74}$$

式中:$N_3(i)$、$N_1(i)$——分别为第 i 个周期内上游车队通过标记 3 和标记 1 的累计车辆数(veh);

$Q_3(i)$、$Q_1(i)$——分别为第 i 个周期内上游车队通过标记 3 和标记 1 的车辆数(veh);

$N_0(i)$——第 i 个周期开始时刻路段上标记 3 与标记 1 之间的初始车辆数(veh)。

那么,第 i 个周期红灯期间标记 3 与标记 1 间所观测车队的平均密度为:

$$\bar{k}_{sp}(i) = \frac{N_1(i) - N_3(i)}{D + L'} \tag{5-75}$$

式中:$\bar{k}_{sp}(i)$——第 i 个周期停车波上游交通流的平均密度(veh/m)。

进一步,观测时段内红灯期间所观测车队的平均密度为:

$$\bar{k}_{sp} = \frac{1}{n}\sum_{i=1}^{n}\bar{k}_{sp}(i) \tag{5-76}$$

式中:$\bar{k}_{sp}$——观测时段内停车波上游交通流的平均密度(veh/m);

n——观测周期数。

各个周期内,红灯期间所观测车辆的初始行驶速度及所观测车队的平均行驶速度分别为:

$$u_{sp}(i,j) = \frac{D}{t_{SG1}(i,j) - t_{SG2}(i,j)}, \bar{u}_{sp}(i) = \frac{1}{n_i}\sum_{j=1}^{n_i}u_{sp}(i,j) \tag{5-77}$$

式中:$u_{sp}(i,j)$——第 i 个周期红灯期间所观测车队中第 j 辆车的初始行驶速度(m/s);

$t_{SG1}(i,j)$、$t_{SG2}(i,j)$——分别为第 i 个周期红灯期间所观测车队中第 j 辆车通过标记 1 和标记 2 的时刻(s);

$\bar{u}_{sp}(i)$——第 i 个周期所观测车队的平均行驶速度(m/s);

n_i——第 i 个周期红灯期间所观测的正常行驶车辆数。

观测时段内停车波上游车队中所有车辆的平均行驶速度为:

$$\bar{u}_{sp} = \frac{\sum_{i=1}^{n}\sum_{j=1}^{n_i}u_{sp}(i,j)}{\sum_{i=1}^{n}n_i} \tag{5-78}$$

式中:$\bar{u}_{sp}$——观测时段内停车波上游车辆的平均行驶速度(m/s)。

基于上述统计数据,各个周期内停车波速度的平均观测值为:

$$\bar{u}_{wsp}(i) = -\frac{x_e(i) - x_h(i)}{t_{se}(i) - t_{sh}(i)} \tag{5-79}$$

式中:$\bar{u}_{wsp}(i)$——第 i 个周期起动波速度的观测值(m/s);

$x_h(i)$、$x_e(i)$——分别为第 i 个周期所观测停车队列中头车及尾车与停车线之间的距离(m);

$t_{\text{sh}}(i)$、$t_{\text{se}}(i)$——分别为第 i 个周期所观测停车队列中头车与尾车的停车时刻(s)。

式中负号"−"表示停车波向后传播。

将每周期各参数的标定值 $\bar{k}_{\text{j}}(i)$、$\bar{k}_{\text{sp}}(i)$ 和 $\bar{u}_{\text{sp}}(i)$ 代入式(5-72),可得停车波速度的估计值,即:

$$\hat{u}_{\text{wsp}}(i) = -\frac{\bar{k}_{\text{sp}}(i)\bar{u}_{\text{sp}}(i)}{\bar{k}_{\text{j}}(i) - \bar{k}_{\text{sp}}(i)} \tag{5-80}$$

式中:$\hat{u}_{\text{wsp}}(i)$——第 i 个周期停车波速度的估计值(m/s);

其余符号意义同上。

若不区分停车波在各个周期内的差异,可使用所选时段内的所有数据对波速进行分析,此时停车波速度的观测值和估计值分别为:

$$\bar{u}_{\text{wsp}} = \frac{1}{n}\sum_{i=1}^{n}\bar{u}_{\text{wsp}}(i),\hat{u}_{\text{wsp}} = -\frac{\bar{k}_{\text{sp}}\bar{u}_{\text{sp}}}{\bar{k}_{\text{j}} - \bar{k}_{\text{sp}}} \tag{5-81}$$

式中:$\bar{u}_{\text{wsp}}$、$\hat{u}_{\text{wsp}}$——分别为所选时段内停车波速度的观测值和估计值(m/s)。

(3) KSPW 模型标定与验证

为标定并验证式(5-73)所示的运动学停车波模型,设计如图5-17b)所示的交通调查方案,具体内容如下:

①选择没有行人干扰的单车道路段作为停车波观测对象,在路段上游设置标记1和标记2,标记1距离停车线为 $L(\text{m})$,标记2距离标记1为 $D(\text{m})$;在停车线后方设置移动观测站1,在标记1和标记2所处位置设置固定观测站2。

②通过观测站1,每个信号周期内,人工记录所观测车队中头车和尾车的序号、停车时刻与停车位置,这些数据用于标定阻塞密度和实测停车波速度。

③通过观测站2,使用摄像机(应正对车道进行拍摄以保证图像清晰)获取车辆运动的视频影像,相关数据用来标定停车波上游交通流的车头时距和行驶速度。

为采集标定模型所需参数,设计的数据表包括:①车队停车时刻及位置记录表,如表5-4所示;②上游车队中车辆到达时刻记录表,与表5-5类似,但只需观测车辆通过标记1和标记2的情况。

由式(5-73)可见,模型中需要标定三个参数 k_{j}、h_{sp} 和 u_{sp}。

各个周期内及观测时段内的平均阻塞密度的计算方法类似于式(5-57),区别在于部分参数的含义略有不同;各个周期内红灯期间所观测车辆的初始行驶速度与所观测车队的平均行驶速度的计算方法如式(5-77),观测时段内停车波上游车队的平均行驶速度的计算方法如式(5-78);这里不再赘述。

各个周期内,红灯期间所观测车辆的车头时距及所观测车队的平均车头时距分别为:

$$h_{\text{sp}}(i,j) = t_{\text{SG1}}(i,j) - t_{\text{SG1}}(i,j-1),\bar{h}_{\text{sp}}(i) = \frac{1}{n_i}\sum_{j=1}^{n_i}h_{\text{sp}}(i,j) \tag{5-82}$$

观测时段内,停车波上游车队的平均车头时距为:

$$\bar{h}_{\text{sp}} = \frac{\sum_{i=1}^{n}\sum_{j=1}^{n_i}h_{\text{sp}}(i,j)}{\sum_{i=1}^{n}n_i} \tag{5-83}$$

式中： $h_{sp}(i,j)$——第 i 个周期所观测车队中第 j 辆车的车头时距(s/veh)；

$t_{SG1}(i,j)$、$t_{SG1}(i,j-1)$——分别为第 i 个周期所观测车队中第 j 辆车和第 $j-1$ 辆车到达标记 1 的时刻(s)；

$\bar{h}_{sp}(i)$——第 i 个周期红灯期间所观测车队的平均车头时距(s/veh)；

$\bar{\bar{h}}_{sp}$——观测时段内停车波上游车队的平均车头时距(s/veh)；

n_i——第 i 个周期红灯期间所观测的正常行驶车辆数；

n——观测周期数。

将每周期各参数的标定值 $\bar{k}_j(i)$、$\bar{h}_{sp}(i)$ 和 $\bar{u}_{sp}(i)$ 代入式(5-73)，可得停车波速度的估计值，即：

$$\hat{u}_{wsp}(i) = -\frac{\bar{u}_{sp}(i)}{\bar{k}_j(i)\bar{h}_{sp}(i)\bar{u}_{sp}(i)-1} \tag{5-84}$$

同理，当不考虑周期性差异时，观测时段内停车波速度的观测值和估计值分别为：

$$\bar{u}_{wsp} = \frac{1}{n}\sum_{i=1}^{n}\bar{u}_{wsp}(i), \quad \hat{\bar{u}}_{wsp} = -\frac{\bar{\bar{u}}_{sp}}{\bar{\bar{k}}_j\bar{\bar{h}}_{sp}\bar{\bar{u}}_{sp}-1} \tag{5-85}$$

式(5-84)和式(5-85)中，各符号意义如前所述。

3) 实地调查与数据分析

(1) 起动-停车波调查方案

式(5-55)所示的运动学起动波模型以及式(5-73)所示的运动学停车波模型可以统称为运动学起动-停车波模型，简称为 KSW(Kinematic Start-Stop Waves)模型。事实上，一个信号周期内既可以观测起动波又可以观测停车波。结合图 5-15 和图 5-17，可以提出如图 5-18 所示的起动-停车波调查方案，其原理与内容如前所述。

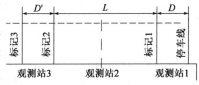

图 5-18 起动-停车波调查示意图

(2) 起动-停车波调查结果

表 5-6 列出了 32 个信号周期采集的实际数据对运动学起动波模型的验证结果，这些数据来源于 2006 年 4 月 5 日长春市人民大街-重庆路交叉口南进口中央分隔线与分隔带之间的外侧直行车道。从该表可见，起动波速度的理论值与观测值的相对误差分布在 0.02% ~ 31.73%之间，两者相对误差小于 5% 和 10% 的周期分别占 43.75% 和 59.38%，这说明运动学起动波模型可以很好地描述信号交叉口车队起动过程中表现出来的波现象。

实际数据对 KSTW 模型的验证结果　　　　表 5-6

周期编号	车头时距 (s/veh)	行驶速度 (km/h)	阻塞密度 (veh/km)	估计波速 (km/h)	观测波速 (km/h)	相对误差 (%)
1	1.97	33.77	150.00	-19.03	-18.48	2.96
6	2.09	25.85	163.27	-17.85	-18.25	2.16
7	2.16	20.63	150.00	-24.21	-20.51	18.02
8	2.09	21.81	170.94	-18.81	-19.65	4.25
9	2.01	28.88	166.67	-17.07	-19.35	11.81

续上表

周期编号	车头时距 (s/veh)	行驶速度 (km/h)	阻塞密度 (veh/km)	估计波速 (km/h)	观测波速 (km/h)	相对误差 (%)
10	2.30	23.24	148.15	−19.43	−18.97	2.46
11	2.45	20.84	154.64	−17.46	−15.66	11.52
12	2.07	26.88	155.17	−19.17	−18.49	3.65
13	2.12	27.14	155.17	−18.39	−26.94	31.73
14	2.34	27.05	159.29	−14.98	−12.31	21.67
15	2.43	26.81	159.66	−14.17	−19.14	25.96
16	2.29	26.77	155.17	−16.26	−16.96	4.12
17	2.61	22.08	146.79	−16.39	−16.13	1.60
18	1.87	28.56	150.94	−23.00	−24.68	6.82
19	2.37	22.24	152.54	−18.06	−17.17	5.16
20	2.16	25.11	155.17	−18.77	−20.84	9.92
21	2.12	24.04	162.16	−18.56	−25.10	26.07
22	1.86	33.00	140.35	−23.69	−21.26	11.41
23	2.49	23.30	153.85	−15.75	−18.91	16.70
24	1.95	24.69	163.64	−20.78	−25.06	17.10
25	2.13	29.14	153.85	−17.66	−18.00	1.89
26	2.82	24.11	154.64	−12.55	−13.07	3.94
28	2.28	24.29	147.54	−19.20	−19.20	0.02
29	2.09	24.43	156.86	−19.98	−20.40	2.05
30	2.44	20.17	145.83	−20.30	−20.33	0.13
32	2.23	27.95	147.06	−18.10	−17.88	1.21
33	2.23	26.51	157.89	−16.68	−20.20	17.39
34	2.16	28.05	144.14	−19.60	−17.81	10.09
35	2.20	26.04	148.94	−19.01	−20.19	5.87
37	2.19	25.54	145.83	−20.15	−20.84	3.35
40	2.12	22.91	155.96	−20.67	−23.30	11.28
41	2.06	23.89	157.89	−20.63	−22.06	6.52
平均值	2.21	25.49	154.06	−18.64	−19.60	9.34

表 5-7 和表 5-8 分别列出了 11 个信号周期采集的实际数据对一般停车波模型与运动学停车波模型的验证结果,这些数据来源于 2006 年 10 月 11 日长春市新民大街-隆礼路交叉口西进口外侧直右车道。表 5-7 显示,停车波速度的理论值与观测值的相对误差分布在 0.54% ~

27.04%之间,两者相对误差小于5%和10%的周期分别占45.45%和63.64%,这说明一般停车波模型可以描述信号交叉口车队停车过程中表现出来的波现象。表5-8显示,停车波速度的理论值与观测值的相对误差分布在0.41%~54.79%之间,相对误差小于5%和10%的周期分别占54.55%和81.82%,这说明运动学停车波模型可以描述信号交叉口车队停车过程中表现出来的波现象。

实际数据对 USPW 模型的验证结果　　　　　　　　　　　　　　　　　表 5-7

周 期 编 号	平均密度 (veh/km)	行驶速度 (km/h)	阻塞密度 (veh/km)	估计波速 (km/h)	观测波速 (km/h)	相对误差 (%)
7	50.00	28.84	143.54	-15.41	-14.39	7.15
8	45.31	32.94	160.77	-12.93	-13.02	0.71
11	50.00	26.75	139.86	-14.89	-18.42	19.18
12	50.00	30.06	153.37	-14.54	-14.91	2.49
15	68.75	28.95	171.67	-19.34	-19.64	1.57
23	62.50	27.42	150.38	-19.50	-19.74	1.23
24	89.29	19.43	157.89	-25.28	-25.15	0.54
30	56.25	28.68	134.53	-20.61	-19.34	6.55
31	50.00	26.46	162.16	-11.79	-13.40	11.99
39	50.00	24.56	158.73	-11.29	-14.03	19.50
40	50.00	25.98	135.50	-15.19	-20.82	27.04
平均值	56.55	27.28	151.67	-16.43	-17.53	8.90

实际数据对 KSPW 模型的验证结果　　　　　　　　　　　　　　　　　表 5-8

周 期 编 号	车头时距 (s/veh)	行驶速度 (km/h)	阻塞密度 (veh/km)	估计波速 (km/h)	观测波速 (km/h)	相对误差 (%)
7	2.58	30.82	143.54	-14.21	-14.39	1.21
8	2.41	29.90	160.77	-13.49	-13.02	3.61
11	2.34	25.32	139.86	-19.45	-18.42	5.58
12	2.26	30.06	153.37	-15.91	-14.91	6.70
15	1.93	28.21	171.67	-17.70	-19.64	9.89
23	2.06	27.48	150.38	-20.17	-19.74	2.14
24	2.15	18.65	157.89	-24.68	-25.15	1.86
30	1.83	28.68	134.53	-29.94	-19.34	54.79
31	2.51	26.46	162.16	-13.31	-13.40	0.65
39	2.92	24.56	158.73	-11.36	-14.03	19.03
40	2.34	25.04	135.50	-20.74	-20.82	0.41
平均值	2.30	26.84	151.67	-18.27	-17.53	9.62

图5-19对比了根据两组样本数据获得的起动波速度观测值及其运动学模型估计值,前者由式(5-62)计算得到,后者由式(5-63)计算得到。第一次调查地点为长春市人民大街-重庆路交叉口南进口中央分隔线与分隔带之间的外侧直行车道,调查时间为2006年4月5日;第二

次调查地点为大连市五一路-沿河街交叉口西北进口外侧直右车道,调查时间为 2008 年 12 月 30 日。图 5-20 对比了根据两组样本数据获得的停车波速度观测值及其运动学模型估计值,前者由式(5-79)计算得到,后者由式(5-84)计算得到。第一次调查地点为长春市新民大街-隆礼路交叉口西进口外侧直右车道,调查时间为 2006 年 10 月 11 日;第二次调查地点为大连市五一路-沿河街交叉口西北进口外侧直右车道,调查时间为 2008 年 12 月 30 日。这两张图中的周期编号与前述含义相同。另外,起动波和停车波的第一次调查时段均为晚高峰,而第二次调查时段相同且为下午非高峰期。

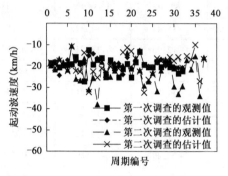

图 5-19　起动波速度观测值及其运动学模型估计值

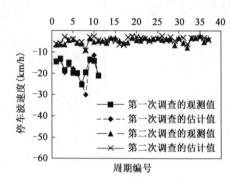

图 5-20　停车波速度观测值及其运动学模型估计值

从图 5-19 和图 5-20 来看,高峰期内起动波速度略高于停车波速度,非高峰期内起动波速度明显高于停车波速度,这说明起动波速度值稳定,与交通量关系不大,而停车波速度值不稳定,很大程度上依赖于交通量。进一步,比较同一信号周期内的起动波与停车波的观测值与运动学模型估计值,并分析波速相对误差的频率分布,结果发现运动学起动波模型的计算精度高于运动学停车波模型,这也从侧面说明起动波速度较停车波速度更具稳定性。

从交通调查、参数标定和模型验证的具体情况来看,起动波易于观测,且其速度的波动范围不大,相对来说很稳定;然而,停车波较难观测,且其速度的波动性很强。究其原因在于,绿灯期间驾驶员都急于离开交叉口,车队起动过程中每辆车均处于跟驰行驶状态,后车的反应仅取决于前车给予的刺激,而与信号灯状态并无太大关系;但是,红灯期间驾驶员在距离停车线较远处就已意识到需要减速停车,此时后车的反应不仅受前车状态影响,而且受信号灯状态影响,换句话说,很多车辆并不是看到前车减速停车而减速停车,而是看到绿灯信号即将结束或已经结束就开始减速停车。

5.5　模 型 应 用

在城市道路的信号交叉口,红灯期间车辆在停车线后方依次停车排队,形成一列停车波,队列头部位置不发生变化,队列尾部位置不断地向后移动,随之排队长度不断地增长;绿灯期间停车线后方车辆依次起动,形成一列起动波,队列前方车队开始消散,队列头部位置不断地向后移动,同时红灯期间形成的停车波还继续向后传播,队列后方车辆继续排队,队列尾部位置也不断地向后移动,由于起动波速度大于停车波速度,因此排队长度不断地缩短。图 5-21 和图 5-22 分别形象地描述了红灯期间和绿灯期间排队队列的变化过程,图中队列头部和队列尾部分别简称为队头和队尾。由此可见,排队队列的属性包括:①队列头部位置;②队列尾部位置;③队列长度。

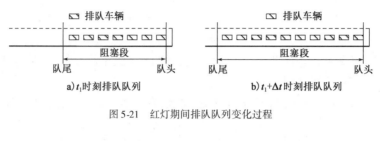

图 5-21 红灯期间排队队列变化过程

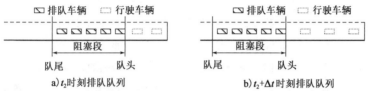

图 5-22 绿灯期间排队队列变化过程

5.5.1 交通阻塞段与排队属性

确定交通阻塞段即确定排队队列属性,也就是确定队列头部位置、队列尾部位置和队列长度,其中队列长度为队列尾部位置与队列头部位置之间的距离。每个信号周期内,红灯启亮时产生一列向后传播的停车波,绿灯启亮时产生一列向后传播的起动波,当起动波追上停车波时,该信号周期内产生的停车波与起动波同时消失。

(1)红灯期间排队队列属性及确定

红灯期间只存在停车波的传播。此时,队列头部位置在停车线处且不发生变化;队列尾部位置为停车波到达的地方,可根据停车波模型来确定;队列长度即为其尾部位置与头部位置的间距。

(2)绿灯期间排队队列属性及确定

绿灯期间同时存在起动波和停车波的传播。此时,队列头部位置为起动波到达的地方,可根据起动波模型来确定;队列尾部位置仍然是停车波到达的地方,可根据停车波模型来确定;队列长度仍是其尾部位置与头部位置的间距。当起动波追上停车波时,本周期形成的排队队列的长度为零。

5.5.2 排队属性的函数描述

基于上述运动学起动-停车波模型,下面以信号周期为单位分析车辆排队过程及其属性。这里仅针对拥挤交通流进行讨论,假定交通流在整个路段上是连续均匀的。从路段上没有车辆排队开始讨论,将每个信号周期内出现的停车波和起动波作为一对波,确定任意一个信号周期内形成的排队队列在任意时刻的属性。

(1)排队队列尾部位置函数

根据信号配时理论和交通波理论,任意时刻的排队队列尾部位置与有效红灯开始时刻和排队队列完全消散时刻密切相关,其函数式为:

$$x_e(i,f,p,t) = \begin{cases} 0, & t \leq t_{rs}(i,p) \\ -u_{wsp}(i,f,p)[t - t_{rs}(i,p)], & t_{rs}(i,p) < t < t_{rf}(i,p) + T_d(i,f,p) \\ 0, & t \geq t_{rf}(i,p) + T_d(i,f,p) \end{cases}$$

(5-86)

式中：$x_e(i,f,p,t)$——第 i 个周期与第 p 个相位关联的第 f 股车流在 t 时刻排队队列尾部与停车线之间的距离(m)；

$u_{wsp}(i,f,p)$——第 i 个周期与第 p 个相位关联的第 f 股车流的停车波速度(m/s)，

$$u_{wsp}(i,f,p) = -\frac{u_{sp}(i,f,p)}{h_{sp}(i,f,p)k_j(f,p)u_{sp}(i,f,p) - 1};$$

$u_{sp}(i,f,p)$——第 i 个周期与第 p 个相位关联的第 f 股车流停车前的行驶速度(m/s)；

$h_{sp}(i,f,p)$——第 i 个周期与第 p 个相位关联的第 f 股车流停车前的车头时距(s/veh)；

$k_j(f,p)$——与第 p 个相位关联的第 f 股车流的阻塞密度(veh/m)；

$T_d(i,f,p)$——第 i 个周期与第 p 个相位关联的第 f 股车流其排队车辆完全消散所需时间(s)，$T_d(i,f,p) = \dfrac{u_{wsp}(i,f,p)t_r(p)}{u_{wst}(i,f,p) - u_{wsp}(i,f,p)}$；

$t_{rs}(i,p)$——第 i 个周期第 p 个相位的有效红灯开始时刻(s)；

$t_{rf}(i,p)$——第 i 个周期第 p 个相位的有效红灯结束时刻(s)；

$t_r(p)$——第 p 个相位的有效红灯时间(s)；

$u_{wst}(i,f,p)$——第 i 个周期与第 p 个相位关联的第 f 股车流的起动波速度(m/s)。

(2) 排队队列头部位置函数

类似地，根据信号配时理论和交通波理论，任意时刻的排队队列头部位置与有效红灯结束时刻和排队队列完全消散时刻密切相关，其函数式为：

$$x_h(i,f,p,t) = \begin{cases} 0, & t \leq t_{rf}(i,p) \\ -u_{wst}(i,f,p)[t - t_{rf}(i,p)], & t_{rf}(i,p) < t < t_{rf}(i,p) + T_d(i,f,p) \\ 0, & t \geq t_{rf}(i,p) + T_d(i,f,p) \end{cases}$$

(5-87)

式中：$u_{wst}(i,f,p) = -\dfrac{u_{st}(i,f,p)}{h_{st}(i,f,p)k_j(f,p)u_{st}(i,f,p) - 1}$；

$x_h(i,f,p,t)$——第 i 个周期与第 p 个相位关联的第 f 股车流在 t 时刻排队队列头部与停车线之间的距离(m)；

$u_{st}(i,f,p)$——第 i 个周期与第 p 个相位关联的第 f 股车流起动后的行驶速度(m/s)；

$h_{st}(i,f,p)$——第 i 个周期与第 p 个相位关联的第 f 股车流起动后的车头时距(s/veh)。

(3) 排队长度确定函数

排队长度等于排队队列尾部与停车线之间的距离减去排队队列头部与停车线之间的距离，即：

$$l_q(i,f,p,t) = x_e(i,f,p,t) - x_h(i,f,p,t) \tag{5-88}$$

式中：$l_q(i,f,p,t)$——第 i 个周期与第 p 个相位关联的第 f 股车流在 t 时刻的排队长度(m)。

根据排队队列尾部位置函数和排队队列头部位置函数，则有排队长度函数，即：

$$l_q(i,f,p,t) = \begin{cases} 0, & t \leq t_{rs}(i,p) \\ -u_{wsp}(i,f,p)[t-t_{rs}(i,p)], & t_{rs}(i,p) < t \leq t_{rf}(i,p) \\ [u_{wst}(i,f,p)-u_{wsp}(i,f,p)] \cdot [t-t_{rs}(i,p)] - u_{wst}(i,f,p) \cdot t_r(i,p), \\ & t_{rf}(i,p) < t < t_{rf}(i,p) + T_d(i,f,p) \\ 0, & t \geq t_{rf}(i,p) + T_d(i,f,p) \end{cases}$$
(5-89)

以上排队属性描述函数不仅给出了排队长度,而且确定了排队队列在路段上的时空位置,可统称这3个函数为排队位置确定模型。

5.5.3 网络效应分析

1) 概念描述

车辆排队产生网络效应的源头在于路网中某些敏感交叉口形成的排队长度超过了路段长度。每个交叉口的信号配时方案包含多个信号相位。如果某一信号相位的绿灯时间小于该相位一个信号周期内某股车流形成的排队队列完全消散所需的时间,那么该股车流形成的排队在一个信号周期内不能完全消散。在这种情况下,该股车流形成的排队队列将在这一信号周期结束后的一段时间内可能会对上游交叉口内与其冲突的一股或几股车流造成一定程度的阻滞。当这种阻滞仅在不连续的个别信号周期内出现时,车辆排队将不会持续向上游上溯,只在路网的局部范围内形成短期的个别交叉口拥堵,不会形成严重的网络效应;然而,当这种阻滞在连续的多个信号周期内出现时,车辆排队将不断地向上游上溯,从而形成连锁反应,导致路网大范围内的多个交叉口长时间拥堵,形成严重的网络效应,造成路网大面积瘫痪。

记 $t_g(p)$ 为第 p 个相位的有效绿灯时间(s),根据前述排队队列属性确定函数,当 $t_g(p) \geq T_d(i,f,p)$ 时,与第 p 个相位关联的第 f 股车流在第 i 个周期红灯期间的排队车辆在本周期绿灯期间能够完全消散;否则,不能在本周期绿灯期间完全消散,则可能阻滞上游交叉口的某些车流。

另外,单股车流完全阻塞其所在的整条路段需要的时间也是一个关键的参数,该参数可表达为:

$$T_{sp}(i,f,p,l) = -\frac{D(f,l)}{u_{wsp}(i,f,p)} \tag{5-90}$$

式中:$T_{sp}(i,f,p,l)$——第 i 个周期与第 p 个相位关联的第 f 股车流完全阻塞所在路段 l 需要的时间(s);

$D(f,l)$——第 f 股车流所在路段 l 的长度(m)。

当车流在红灯期间已经阻塞所在路段,则可能阻滞该车流在上游交叉口的延续车流,进而阻滞与延续车流发生冲突的其他车流。

2) 数学表达

以任意相邻的两个交叉口为例,分别称为上游交叉口、下游交叉口;以下游交叉口的某股车流为研究对象,称为下游车流;当下游车流延续到上游交叉口时,称为延续车流;以上游交叉口内某股与延续车流发生冲突的车流为例,称为冲突车流。

为了便于表达,定义以下变量:

d 为下游交叉口编号;$f(d)$ 为下游车流编号;$i(d)$ 为下游车流所在周期编号;$p(d)$ 为下游

车流所在相位编号;$t_r[p(d)]$为下游交叉口第$p(d)$个相位的有效红灯时间(s);$t_g[p(d)]$为下游交叉口第$p(d)$个相位的有效绿灯时间(s);$t_{rs}[i(d),p(d)]$为下游交叉口第$i(d)$个周期第$p(d)$个相位的有效红灯开始时刻(s);$t_{rf}[i(d),p(d)]$为下游交叉口第$i(d)$个周期第$p(d)$个相位的有效红灯结束时刻(s);u为上游交叉口编号;$f(u)$为延续车流编号;$i(u)$为延续车流所在周期编号;$p(u)$为延续车流所在相位编号;$t_{gs}[i(u),p(u)]$为上游交叉口第$i(u)$个周期第$p(u)$个相位的有效绿灯开始时刻(s);$t_{gf}[i(u),p(u)]$为上游交叉口第$i(u)$个周期第$p(u)$个相位的有效绿灯结束时刻(s);$t_{rs}[i(u),p(u)]$为上游交叉口第$i(u)$个周期第$p(u)$个相位的有效红灯开始时刻(s);$t_{rf}[i(u),p(u)]$为上游交叉口第$i(u)$个周期第$p(u)$个相位的有效红灯结束时刻(s);$g(u)$为冲突车流编号;$q(u)$为冲突车流所在相位编号;$t_{gs}[i(u),q(u)]$为上游交叉口第$i(u)$个周期第$q(u)$个相位的有效绿灯开始时刻(s);$t_{gf}[i(u),q(u)]$为上游交叉口第$i(u)$个周期第$q(u)$个相位的有效绿灯结束时刻(s);$t_{rs}[i(u),q(u)]$为上游交叉口第$i(u)$个周期第$q(u)$个相位的有效红灯开始时刻(s);$t_{rf}[i(u),q(u)]$为上游交叉口第$i(u)$个周期第$q(u)$个相位的有效红灯结束时刻(s);$l(u,d)$为上游交叉口与下游交叉口之间的路段的编号;$T_{sp}[i(d),f(d),p(d),l(u,d)]$为下游交叉口第$i(d)$个周期与第$p(d)$个相位关联的第$f(d)$股车流完全阻塞所在路段$l(u,d)$所需时间(s);$t_{sp}[i(d),f(d),p(d),l(u,d)]$为下游交叉口第$i(d)$个周期与第$p(d)$个相位关联的第$f(d)$股车流完全阻塞所在路段$l(u,d)$的时刻(s);$T_d[i(d),f(d),p(d)]$为下游交叉口第$i(d)$个周期与第$p(d)$个相位关联的第$f(d)$股车流完全消散所需时间(s);$t_d[i(d),f(d),p(d)]$为下游交叉口第$i(d)$个周期与第$p(d)$个相位关联的第$f(d)$股车流完全消散的时刻(s)。

以上变量满足如下关系式:

$$t_{sp}[i(d),f(d),p(d),l(u,d)] = t_{rs}[i(d),p(d)] + T_{sp}[i(d),f(d),p(d),l(u,d)]$$
(5-91)

$$t_d[i(d),f(d),p(d)] = t_{rf}[i(d),p(d)] + T_d[i(d),f(d),p(d)]$$
(5-92)

现在来讨论下游车流是否会对延续车流或冲突车流造成阻滞作用。

(1) 以完全阻塞时间为分界线

完全阻塞时间决定了车流在红灯结束时是否能阻塞所在路段,根据有效红灯时间与该时间的大小关系,又分3种情况。

① 当$t_r[p(d)] < T_{sp}[i(d),f(d),p(d),l(u,d)]$时,红灯结束时下游车流形成的排队尚未阻塞所在路段,延续车流不会被阻滞,进而冲突车流不会被阻滞,如图5-23所示。此种情况交通供给超过交通需求,不会产生网络效应。

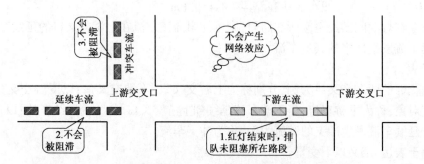

图5-23 有效红灯时间小于完全阻塞时间的车辆排队效应图

② 当 $t_r[p(d)] = T_{sp}[i(d),f(d),p(d),l(u,d)]$ 时,红灯结束时下游车流形成的排队恰好阻塞所在路段,这是一种临界状态,如果不考虑交叉口几何尺寸,可以认为此时延续车流恰好不会被阻滞,进而冲突车流不会被阻滞,如图 5-24 所示。此种情况交通供给恰好满足交通需求,不会产生网络效应。

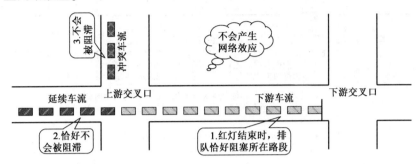

图 5-24 有效红灯时间等于完全阻塞时间的车辆排队效应图

③ 当 $t_r[p(d)] > T_{sp}[i(d),f(d),p(d),l(u,d)]$ 时,红灯结束时下游车流形成的排队已经阻塞所在路段。是否会阻滞延续车流,分两种情况。

a. 当 $t_{rs}[i(u),p(u)] \leq t_{sp}[i(d),f(d),p(d),l(u,d)]$ 时,在完全阻塞时刻之前,延续车流所在相位切换为红灯,此时延续车流不会被阻滞,进而冲突车流不会被阻滞,如图 5-25a) 所示。这种情况没有形成连锁反应,不会产生网络效应。

b. 当 $t_{gs}[i(u),p(u)] \leq t_{sp}[i(d),f(d),p(d),l(u,d)]$ 时,在完全阻塞时刻之前,延续车流所在相位切换为绿灯,此时延续车流被阻滞,形成连锁反应。是否会阻滞冲突车流,又分两种情况。

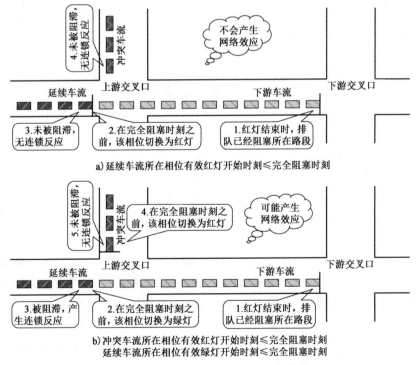

a) 延续车流所在相位有效红灯开始时刻≤完全阻塞时刻

b) 冲突车流所在相位有效红灯开始时刻≤完全阻塞时刻
延续车流所在相位有效绿灯开始时刻≤完全阻塞时刻

图 5-25

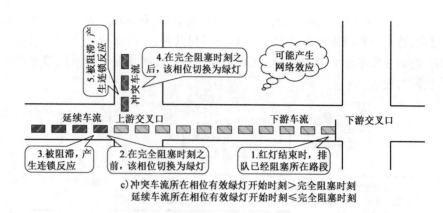

图 5-25　有效红灯时间大于完全阻塞时间的车辆排队效应图

- 当 $t_{rs}[i(u),q(u)] \leqslant t_{sp}[i(d),f(d),p(d),l(u,d)]$ 时，在完全阻塞时刻之前，冲突车流所在相位切换为红灯，此时冲突车流不会被阻滞，没有形成连锁反应，如图 5-25b) 所示。由于延续车流被阻滞，因此这种情况可能产生网络效应。

- 当 $t_{gs}[i(u),q(u)] > t_{sp}[i(d),f(d),p(d),l(u,d)]$ 时，在完全阻塞时刻之后，冲突车流所在相位切换为绿灯，此时冲突车流被阻滞，形成连锁反应，如图 5-25c) 所示。由于延续车流和冲突车流都被阻滞，因此，这种情况可能产生网络效应。

(2) 以完全消散时间为分界线

完全消散时间决定了车流在红灯期间形成的排队是否能在一个绿灯时间内消散，根据有效绿灯时间与该时间之间的大小关系，又分 3 种情况。

① 当 $t_g[p(d)] > T_d[i(d),f(d),p(d)]$ 时，下游车流红灯期间形成的排队在绿灯期间能够完全消散，延续车流不会被阻滞，进而冲突车流不会被阻滞，如图 5-26 所示。此种情况交通供给超过交通需求，不会产生网络效应。

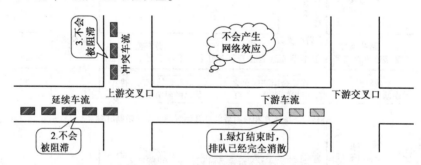

图 5-26　有效绿灯时间大于完全消散时间的车辆排队效应图

② 当 $t_g[p(d)] = T_d[i(d),f(d),p(d)]$ 时，下游车流红灯期间形成的排队在绿灯期间恰好完全消散，这是一种临界状态，在不考虑交叉口几何尺寸的条件下，可以认为延续车流不会被阻滞，进而冲突车流不会被阻滞，如图 5-27 所示。此种情况交通供给恰好满足交通需求，不会产生网络效应。

③ 当 $t_g[p(d)] < T_d[i(d),f(d),p(d)]$ 时，绿灯结束时下游车流形成的排队尚未完全消散。是否会阻滞延续车流，分两种情况。

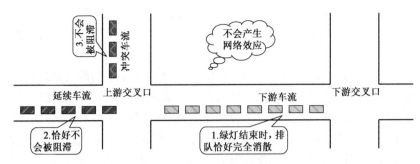

图 5-27 有效绿灯时间等于完全消散时间的车辆排队效应图

a. 当 $t_{gf}[i(u),p(u)] > t_d[i(d),f(d),p(d),l(u,d)]$ 时，在完全消散时刻之后，延续车流所在相位仍然为绿灯，此时延续车流被阻滞，进而冲突车流被阻滞，如图 5-28a) 所示。这种情况形成连锁反应，可能产生网络效应。

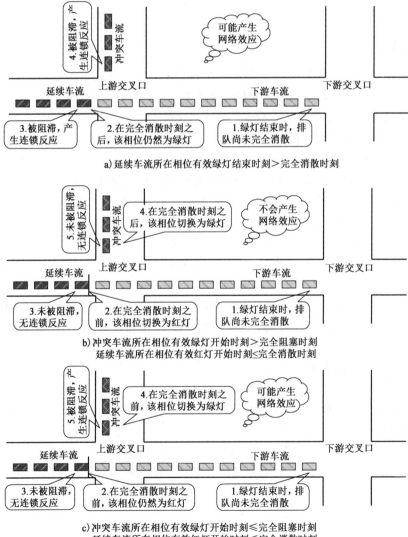

a) 延续车流所在相位有效绿灯结束时刻 > 完全消散时刻

b) 冲突车流所在相位有效绿灯开始时刻 > 完全阻塞时刻
延续车流所在相位有效红灯开始时刻 ≤ 完全消散时刻

c) 冲突车流所在相位有效绿灯开始时刻 ≤ 完全阻塞时刻
延续车流所在相位有效红灯开始时刻 ≤ 完全消散时刻

图 5-28 有效绿灯时间小于完全消散时间的车辆排队效应图

b. 当 $t_{rs}[i(u),p(u)] \leq t_d[i(d),f(d),p(d),l(u,d)]$ 时，在完全消散时刻之前，延续车流所在相位切换为红灯，此时延续车流不会被阻滞，没有形成连锁反应。是否会阻滞冲突车流，又分两种情况：

当 $t_{gs}[i(u),q(u)] > t_d[i(d),f(d),p(d),l(u,d)]$ 时，在完全消散时刻之后，冲突车流所在相位切换为绿灯，此时冲突车流不会被阻滞，没有形成连锁反应，如图 5-28b) 所示。由于延续车流和冲突车流都没有被阻滞，因此，这种情况不会产生网络效应。

当 $t_{gs}[i(u),q(u)] \leq t_d[i(d),f(d),p(d),l(u,d)]$ 时，在完全消散时刻之前，冲突车流所在相位切换为绿灯，此时冲突车流被阻滞，形成连锁反应，如图 5-28c) 所示。由于冲突车流被阻滞，因此，这种情况可能产生网络效应。

以上几种情况中，当延续车流或冲突车流被阻滞时，如果被阻滞的时间超过所在相位有效绿灯时间，那么该股车流在绿灯时间内完全不能通行，有可能进一步阻塞其所在路段。随着时间推移，阻塞会在路网中不断扩散，从而引起路网大面积瘫痪，造成严重的网络效应。

【复习思考题】

1. 简述守恒方程的基本原理、解析解法和数值解法。
2. 简述满足守恒定律的二维连续方程的物理含义。
3. 依据动态模型，简述交通流中加速度的物理含义。
4. 简述速度动态模型的物理含义及求解方法。
5. 简述交通波理论的基本原理，并给出模型推导过程。
6. 使用流量-密度曲线和时空轨迹图解释交通波的形成及规律。
7. 简述格林希尔治、格林伯和运动学起动-停车波模型的联系与区别。
8. 简述起动波和停车波的交通调查原理以及参数标定方法。
9. 举例说明起动波和停车波的速度大小及相对关系。
10. 利用运动学方程推导起动-停车波模型，并说明该模型与一般起动-停车波模型的关系。
11. 简述由运动学起动-停车波模型导出一般起动-停车波模型（或相反）的关键桥梁。
12. 为什么运动学起动-停车波模型优于一般起动-停车波模型？
13. 简述信号交叉口交通阻塞段的形成与消散过程。
14. 简述排队队列的属性及其描述函数。
15. 简述交通阻塞引起网络效应的基本原理。
16. 当一股交通流的状态发生改变时，流量从 1250veh/h 降为 1000veh/h，速度从 50mile[①]/h 降为 20mile/h，则可知交通波速度为_____，其方向与交通流方向_____。

[①] 1mile = 1609.344m，下同。

第6章
宏观交通流模型

近几十年来,许多城市一直面临着由于快速发展所致的交通设施拥挤的突出问题,因而城区可达性成为城区生活质量的主要组成部分。从道路网规划、智能运输系统等全局优化到进口道展宽、信号配时设计等局部优化,人们为解决交通拥挤问题提出了各种各样的工程技术手段。众多研究人员一直在探讨这些手段对改善交通系统性能的有效性,并形成了多套评价方法,如交叉口性能评价、干道性能评价等。然而,人们更关心的问题是如何评价道路交通系统的改善效果,特别是对于智能运输系统。建立面向路网的交通系统优化与评价的模型体系显得尤为重要。为评价交通网络性能,有必要从宏观角度探讨流量、速度和密集度的测算方法,并建立宏观交通流模型。这些模型可应用于:对比分析同一城市在不同时期的交通状态;对比分析不同城市在同一时期的交通状态;设计与评价路网交通设施。本章探讨中心商务区的交通特性、一般网络模型、二流理论及其应用等。

6.1 以 CBD 为中心的交通特性

城区中某一区域的交通特性与其所处位置有关,不同位置具有不同的交通特性,两者之间呈现某种函数关系。

6.1.1 交通强度

交通强度是指单位面积上单位时间内所有通过的车辆(折算为标准小汽车)的总行驶距离。一般来说,中心商务区(Central Business District,CBD)是城市交通最为敏感的区域;随着自 CBD 的距离的增加,交通强度倾向于降低。研究人员以自 CBD 的距离为自变量建立了各种各样的交通特性评价模型。有学者于 1972 年研究了英国 4 个城市的高峰期和非高峰期数据,其结果如图 6-1 所示,发现交通强度与自 CBD 的距离之间呈指数函数关系,其表达式为:

$$I = Ae^{-\sqrt{r/a}} \tag{6-1}$$

式中:I——交通强度[10^3 pcu/(h·km)];

r——自 CBD 的距离(km);

A、a——待定参数,在高峰期和非高峰期取不同值。

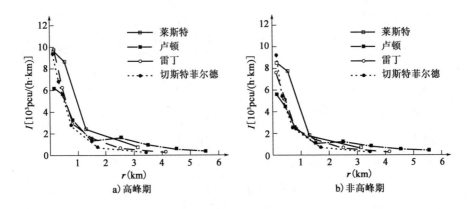

图 6-1 交通强度与自 CBD 距离的关系

式(6-1)表明,距离 CBD 越近的位置,其交通强度越大;相反,距离 CBD 越远的位置,其交通强度越小。

6.1.2 平均速度

使用道路研究实验室在 1963 年对英国 6 个城市收集的数据,有研究人员于 1974 年采用 5 种函数分析了平均速度与自 CBD 距离的关系。应用最小二乘法使用每种函数分别对每个城市的数据进行了拟合,还对 6 个城市的集计数据进行了拟合。市中心被定义为放射状道路相交的点,CBD 的平均速度在所选中心的 0.3km 范围内测得。每条路段的平均速度由该路段长度除以实际行程时间得到。所选的 5 种函数的表达式分别为:

$$u = a + br \tag{6-2}$$

$$u = c + ar^b \tag{6-3}$$

$$u = ar^b \tag{6-4}$$

$$u = a - be^{-cr} \tag{6-5}$$

$$u = \frac{1 + b^2 r^2}{a + cb^2 r^2} \tag{6-6}$$

式中：u——平均速度(km/h)；

a、b、c——待定参数；

r——意义同前。

式(6-2)为线性模型,意味着平均速度随着 r 增加而线性增加,在应用中出现对 CBD 的平均速度高估了 3~4km/h 的情况。式(6-3)为修正的幂函数,在应用中对其中两个城市的市中心估计出负的平均速度,且对集计数据估计的平均速度为零。因此,这两个模型被淘汰。

式(6-4)为幂函数,在市中心预测的平均速度为零；式(6-5)为负指数函数,平均速度将渐近于某个最大的平均速度；式(6-6)为分式,意味着在城市郊区存在一个有限的最大平均速度,该式最初应用于放射状道路和环形道路,但这里应用于所有类型的道路。

使用式(6-4)~式(6-6)所示模型,图 6-2~图 6-4 显示了这 3 个模型对诺丁汉市的调查数据的拟合情况。从这些图可以看出,式(6-4)~式(6-6)均可用来描述平均速度与自 CBD 距离的关系；这 3 个模型都能实际地预测城市郊区的平均速度；与幂函数相比,分式模型可以很好地预测 CBD 的平均速度；然而,幂函数比分式模型显示出全面的、较好的拟合效果,因而前者是首选模型。尽管负指数函数比幂函数的拟合效果稍好,但由于像分式模型一样在估计时比较复杂而被拒绝。建议在测得的市中心速度处截断幂函数来克服在市中心估计的速度为零的缺点。图 6-5 显示了幂函数对诺丁汉市的完整数据集的拟合情况,图中在 r 为 0.3km 处截断了拟合的幂函数。

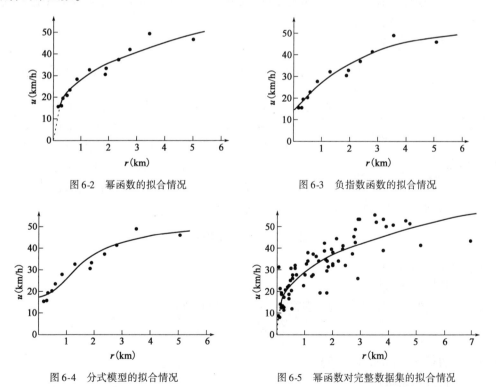

图 6-2 幂函数的拟合情况　　图 6-3 负指数函数的拟合情况

图 6-4 分式模型的拟合情况　　图 6-5 幂函数对完整数据集的拟合情况

如果使用幂函数分别拟合每条放射状道路的数据,相比考察集计数据时,平均速度与自

CBD 距离的关系更强。另有学者于 1974 年使用道路研究实验室在 1967 年对英国 8 个城市收集的数据也检验了幂函数和负指数函数。详细内容请参阅相关文献。

6.2　一般网络模型

在网络范围内研究流量、速度、密集度等交通流参数即可构建一般网络模型来描述道路交通系统的宏观特性。

6.2.1　网络通行能力

有学者于 1966 年考虑可以"有用地"进入一个城市中心区的车辆数,并且定义 N 为单位时间内可以进入城市中心的车辆数。一般来说,N 依赖于道路网的总体设计、道路宽度、交叉口控制类型、目的地分布和车辆组成。对于有相似网络形状、控制类型和车辆组成的市中心,所建立的模型为:

$$N = \alpha f c \sqrt{A} \tag{6-7}$$

式中:N——单位时间内进入市中心的车辆数(pcu/h);
　　　α——常数;
　　　f——道路占地比例;
　　　c——单位时间内通过单位道路宽度的车辆数[pcu/(h·km)],简称为通行能力(假设对所有道路相同);
　　　A——市区面积(km²)。

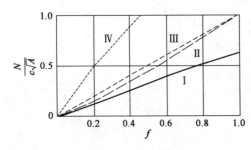

图 6-6　城市道路系统的理论通行能力

对 3 种常规网络类型,图 6-6 描绘了 f 与 $\dfrac{N}{c\sqrt{A}}$ 之间的一般关系。图中,曲线 I 代表包含环路的路网,曲线 II 代表放射状路网,曲线 III 代表放射弧形路网,曲线 IV 代表不包含环路的路网。

有研究人员于 1964 年使用一个 Wardrop 流量-速度方程估计了伦敦市中心的通行能力。所采用的流量-速度方程为:

$$q = 2440 - 0.220 u^3 \tag{6-8}$$

式中:q——流量(pcu/h);
　　　u——速度(km/h)。

在式(6-8)两边除以平均道路宽度 12.6m(即 42ft),则得:

$$c = 58.2 - 0.00524 u^3 \tag{6-9}$$

式中:c——通行能力[pcu/(h·ft)];
　　　u——速度(km/h)。

如果采用更好地拟合 16km/h 以下速度的流量-速度关系,则可得 $c = 68 - 0.13 u^2$。可见,当使用不同的流量-速度模型时,将得到不同的通行能力估计模型,因此前者的选择极为重要。图6-7比较了运用式(6-9)对放射状、放射弧形和环形3种路网估计的理论通行能力以及来自13个城市的实际数据。图中,每条线上的数字是以 mile/h 为单位的平均行程速度。

利用多个城市的数据可标定式(6-7)中的 α 值或得到其经验值,进而能确定网络通行能力的测算模型。以伦敦市为例,考虑高峰期市中心平均速度可达16km/h的情况,式(6-7)可变形为:

$$N = (33 - 0.003u^3)f\sqrt{A} \quad (6-10)$$

式中:N——单位时间内进入市中心的车辆数(pcu/h);
u——速度(mile/h);
f——有效用于道路的区域所占比例;
A——市区面积(ft^2)。

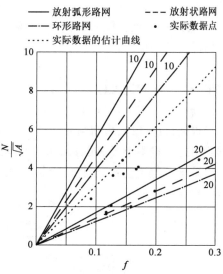

图6-7 进入 CBD 的车辆数与路网的理论通行能力

后来,有学者于1968年提出一种替代模型,其表达式为:

$$N = (33 - 0.003u^3)Jf\sqrt{A} \quad (6-11)$$

式中:f——实际用于道路的区域所占比例;
J——用于交通流动的车行道所占比例,在英国的几个城市中该值在0.22~0.46之间;
其余符号意义同上。

从上述分析不难看出,流量-速度关系模型是构建网络通行能力模型的关键,因此,有必要专门探讨流量-速度关系。

6.2.2 流量-速度关系

有学者于1967年使用伦敦中心区的数据提出了一种线性的速度-流量模型。这些数据由英国道路研究实验室和大伦敦委员会收集,每两年采集一次,共持续了14年,包括每年路网范围内的平均速度和流量。平均速度由车辆循环通过伦敦中心区的预设路线而测得。平均流量为先将测得的连线流量转换成标准小汽车流量,再按连线长度对其进行加权所得的加权平均值。最终,获得了8个年份的由平均速度和流量组成的两组数据点,分别对应高峰期和非高峰期,如图6-8所示。

从图6-8可见,每年两点所成连线的斜率均为负,这说明流量增加导致速度下降;随着年份增长,两点所成连线有向右移动的趋势,这说明网络通行能力逐年提升,其原因在于交通管理水平提高以及车辆性能改进。

两点所成连线不足以说明流量与速度之间的关系。若将所有年份的数据统一到同一年份,再观

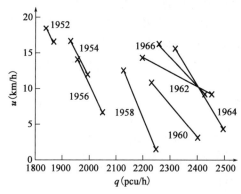

图6-8 伦敦中心区 1952—1966 年速度与流量的关系

察这16个数据点,则可以得到速度与流量呈线性关系,如图6-9所示。图中,以1964年为基准年,考虑网络通行能力变化,对所有流量值进行了调整。利用线性回归技术,由图6-9中的数据得到的模型为:

$$u = 30.2 - 0.0086q \tag{6-12}$$

式中:u——平均速度(mile/h);
q——平均流量(pcu/h)。

根据式(6-12),可得自由流速度(即回归曲线在速度轴上的截距)为48.3km/h,但历史数据给出的流量不小于2200pcu/h。因此,还需进一步研究自由流速度。有研究人员在几个星期天采集了低流量数据,将所绘制的曲线与式(6-12)所得曲线进行了比较,见图6-10,由此不难看出自由流速度。

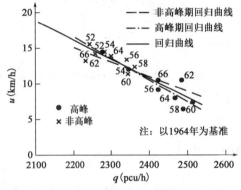

图6-9 伦敦中心区1952~1966年速度与调整的流量

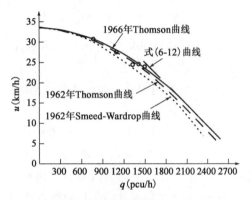

图6-10 低流量时的速度-流量关系

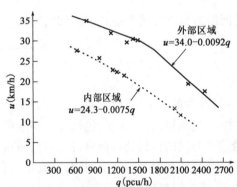

图6-11 内部和外部区域速度-流量曲线

事实上,所观测区域的速度-流量关系与其所处地理位置的关系很大,在市中心交叉口较多的位置和在郊区交叉口较少的位置获得的研究结果有很大差别。图6-11展示了伦敦市内部和外部区域的速度-流量曲线,其中内部和外部区域的信号控制交叉口密度分别为每英里7.5个和2.6个。由该图可见,这两个区域所得到的速度-流量曲线存在明显差异,而且其回归方程也有显著差别。

Wardrop于1968年直接将平均的道路宽度和交通信号间距考虑进平均速度-平均流量关系之中。这里平均速度是指平均行程速度,即所观测时间包含停车时间。因此,可得如下关系式:

$$\frac{1}{u} = \frac{1}{u_r} + fd \tag{6-13}$$

式中:u——平均速度(mile/h);
u_r——行驶速度(mile/h),即所观测时间不包含停车时间;
f——信号交叉口密度,即每英里的信号交叉口数;
d——每个交叉口的平均延误(h)。

假设存在以下关系式:

$$u_r = a\left(1 - \frac{q}{Q}\right),$$

$$d = \frac{b}{1 - \dfrac{q}{\lambda S}} \tag{6-14}$$

式中：λ——绿信比，$\lambda = g/C$，其中 g 为有效绿灯时间（s），C 为信号周期时长（s）；

Q——通行能力（pcu/h）；

S——饱和流率（pcu/h）；

a、b——待定参数；

其余符号意义同上。

利用式（6-14），式（6-13）可具体写为：

$$\frac{1}{u} = \frac{1}{a\left(1 - \dfrac{q}{Q}\right)} + \frac{fb}{1 - \dfrac{q}{\lambda S}} \tag{6-15}$$

式（6-15）所示的速度-流量关系考虑了多种影响因素。有学者提出，伦敦中心区的行驶速度为：

$$u_r = 31 - \frac{0.7q + 430}{3w} \tag{6-16}$$

式中：w——平均道路宽度（ft）。

因为伦敦中心区平均道路宽度为 42ft，所以伦敦中心区的平均行驶速度为 $u_r = 28 - 0.0056q$，后来又根据经验将其调整为 $u_r = 28 - 0.0058q$。仍以伦敦市为例，如果 Q 为 2610pcu/h 且 fb 的估计值为 0.00507，则有：

$$\frac{1}{u} = \frac{1}{28 - 0.0058q} + \frac{0.00507}{1 - \dfrac{q}{2610}} \tag{6-17}$$

式（6-17）经简化后可变为：

$$\frac{1}{u} = \frac{1}{28 - 0.0058q} + \frac{1}{197 - 0.075q} \tag{6-18}$$

若 Q 为 2770pcu/h，可得式（6-18）右侧第二项中 q 的系数为 0.071。

将式（6-16）推广到一般情形，则有：

$$u_r = 31 - \frac{140}{w} - \frac{aq}{w} \tag{6-19}$$

根据伦敦中心区数据，因为 w 为 42ft 时 a/w 为 0.0058，所以 a 为 0.244，那么有：

$$u_r = 31 - \frac{140}{w} - \frac{0.244q}{w} \tag{6-20}$$

另有研究者认为，交叉口通行能力与停车线宽度或道路宽度成比例。引入常数 k，式（6-14）中的延误可改写为：

$$fd = \frac{fb}{1 - \dfrac{q}{k\lambda w}} \quad (6\text{-}21)$$

就伦敦市来说，w 和 λ 分别为 42ft 和 0.45，则 $k\lambda w$ 为通行能力 Q，即 2770pcu/h，那么 k 为 147，则：

$$fd = \frac{fb}{1 - \dfrac{q}{147\lambda w}} \quad (6\text{-}22)$$

若 f 为 5 且 fb 为 0.00507，则 b 为 0.00101，那么，式(6-22)变为：

$$fd = \frac{f}{1000 - \dfrac{6.8q}{\lambda w}} \quad (6\text{-}23)$$

将式(6-20)和式(6-23)代入式(6-13)，可得：

$$\frac{1}{u} = \frac{1}{31 - \dfrac{140}{w} - \dfrac{0.244q}{w}} + \frac{f}{1000 - \dfrac{6.8q}{\lambda w}} \quad (6\text{-}24)$$

上述分析以伦敦市为例获得了速度-流量关系模型，其过程仅提供研究思路与方法。就其他城市而言，可照此思路与方法进行研究，但绝不能直接使用上面的模型。

显然，q/w 即交通强度，由式(6-24)及其推导过程可以看出，平均速度取决于交通强度、信号交叉口密度、绿信比及道路宽度。图 6-12 ~ 图 6-14 直观地显示了这一结论。

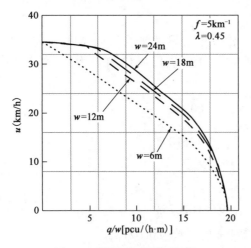

图 6-12 道路宽度对平均速度与交通强度关系的影响

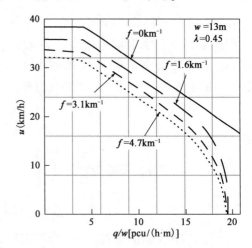

图 6-13 信号交叉口密度对平均速度与交通强度关系的影响

6.2.3 网络模型与参数

当使用网络模型定量评价路网服务质量时，需要定义一些描述路网特征的参数。这里讨论有学者于 1972 年提出的 α 关系模型，其表达式为：

$$I = \alpha \left(\frac{u}{R}\right)^m \quad (6\text{-}25)$$

式中：I——交通强度[pcu/(h·m)]；

u——加权区间平均速度(km/h);

R——道路密度,即每单位面积上的道路长度或面积(km/km² 或 km²/km²);

α、m——待定参数。

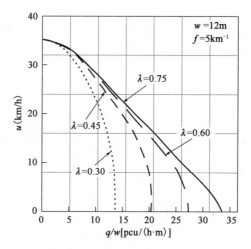

图 6-14 绿信比对平均速度与交通强度关系的影响

式(6-25)是根据英国和美国多个城市的实际观测数据建立的,其中待定参数 α 和 m 的标定非常关键。由 6 个城市的观测数据标定的 m 值都接近于 -1,如图 6-15 所示,图中显示了伦敦和匹兹堡的主要路网 α 关系。因此,式(6-25)可简化为:

$$I = \alpha R/u \tag{6-26}$$

研究发现,不同城市或不同地区获得的 α 值往往不同;对于同一个城市或同一个地区,道路宽度、交叉口密度等路网特征对 α 值有很大影响。那么,α 值可用于度量路网特征和交通行为的关系,也可称其为路网服务水平的指示器。图 6-16 给出了伦敦市的 α 图,其中虚线为区域分界线、圆圈为区域质心、实线代表路网服务水平。这些实线类似于等高线,相同 α 值的线具有相同的服务水平。随着 α 值的增大,路网服务水平逐渐提高。

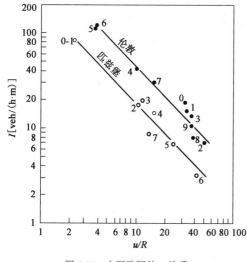

图 6-15 主要路网的 α 关系

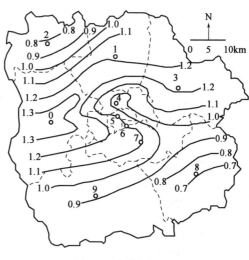

图 6-16 伦敦市的 α 图

6.3 二流理论

二流理论将交通流中的车辆分为运动车辆和停止车辆两类,其模型参数能够反映驾驶员行为和路网特征对路网服务水平的影响。

6.3.1 基本理论

为了定量描述路网服务水平,将交通流划分为两类(即二流):运动车辆(或行驶车辆)和停止车辆。停止车辆是指在交通流中停顿下来的车辆,停车原因涉及信号、标志、临时装卸货、临时上下客、拥挤等,但不包括车流以外的停车,如停车场停车、路旁停车位长时间停车等。二流理论的基本假设包括:①路网中交通流的平均行驶速度与运动车辆所占比重成比例;②路网中循环试验车辆的停车时间等于同期所有车辆的平均停车时间。

根据第一条假设,交通流的平均行驶速度可表达为:

$$u_r = u_m f_r^n \tag{6-27}$$

式中:u_r——平均行驶速度(km/min);

u_m——最大平均行驶速度(km/min);

f_r——运动车辆所占比重;

n——表征道路交通服务质量的参数。

记 u_t 为平均行程速度(km/min),并定义 $u_t = u_r f_r$,那么:

$$u_t = u_m f_r^{n+1} \tag{6-28}$$

记 f_s 为停止车辆所占比重,则 $f_r + f_s = 1$,式(6-28)可改写为:

$$u_t = u_m (1 - f_s)^{n+1} \tag{6-29}$$

当 $f_s = 0$ 时,$u_t = u_m$;当 $f_s = 1$ 时,$u_t = 0$;这两个条件为边界条件。

记 T_t 为平均行程时间(min/km),T_r 为平均行驶时间(min/km),T_s 为平均停车时间(min/km)。就单位距离来讲,$T_t = 1/u_t$,$T_r = 1/u_r$,$T_m = 1/u_m$,这里 T_m 为平均最短行驶时间(min/km)。

根据第二条假设,可得如下关系式:

$$f_s = \frac{T_s}{T_t} \tag{6-30}$$

进一步,式(6-29)可变形为:

$$T_t = T_m \left(1 - \frac{T_s}{T_t}\right)^{-(n+1)} \tag{6-31}$$

由于 $T_t = T_r + T_s$,则有:

$$T_r = T_m^{\frac{1}{n+1}} T_t^{\frac{n}{n+1}} \tag{6-32}$$

相应地,可得:

$$T_s = T_t - T_m^{\frac{1}{n+1}} T_t^{\frac{n}{n+1}} \tag{6-33}$$

许多实测数据证实了二流模型,这表明参数 n 和 T_m 可以较好地反映城市路网的交通状

况。为便于标定模型,式(6-32)两边取自然对数,则有:

$$\ln T_r = \frac{1}{n+1}\ln T_m + \frac{n}{n+1}\ln T_t \tag{6-34}$$

利用最小二乘法进行线性回归即可标定式(6-34)中的参数 n 和 T_m,图 6-17 为奥斯汀 CBD 的实测数据以及二流模型的拟合曲线。

6.3.2 模型参数

(1) 参数意义

参数 T_m 为单位距离所需的平均最短行驶时间,其具体含义为车辆在路网中没有任何停顿且行驶时畅通无阻的情况下所耗时间,其理想条件为路网中只有一辆车。这种理想条件很难存在,即便存在这种理想条件,也很难直接观察到这样理想的参数,因为即使路网中只有一辆车行驶,在城市道路上也难免遇到信号灯而导致行驶受阻。因此,通常在低流量条件下测得平均最短行驶时间。一般来说,T_m 值越大,说明路网服务质量越差;反之,T_m 值越小,说明路网服务质量越好。

单位距离所耗平均停止时间 T_s 随着 n 值的增加而增加,相应地,单位距离所需的平均行程时间也增加。由于 $T_t = T_r + T_s$,因而平均行程时间 T_t 至少与平均停止时间 T_s 具有相同的增长速度。根据式(6-32)可知,若 $n=0$,则 T_r 为常数,此时平均行程时间 T_t 与平均停止时间 T_s 的增长速度相等;若 $n>0$,平均行程时间 T_t 的增长速度大于平均停止时间 T_s 的增长速度。直观来看,n 值一定大于 0,因为停止时间的增加是由交通拥挤引起的,而交通拥挤势必导致车速降低,进而致使行程时间增加更多。实际数据的研究结果发现,n 值在 0.8~3.0 之间。这些分析表明,n 值的大小代表路网环境变化的快慢。当 n 值较大时,随着交通需求增加,路网环境变差的速度较快。从上述分析来看,二流模型参数能反映路网对交通需求的敏感性。因此,这些参数经常被用来评价各种交通需求状态下的路网状况。

图 6-18 给出了奥斯汀等 4 个城市 1984 年实测数据的研究结果。例如,休斯敦的标定结果为 T_m 和 n 分别是 2.70min/mile 和 0.80,奥斯汀的标定结果 T_m 和 n 分别是 1.78min/mile 和 1.65。对于休斯敦,因为 n 值较小,当 T_s 较小时,T_t 较大,但随着 T_s 增加,T_t 增加得相对较慢;

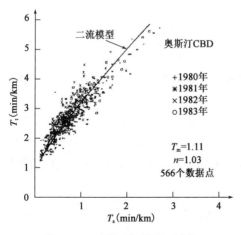

图 6-17 二流模型的时间关系曲线

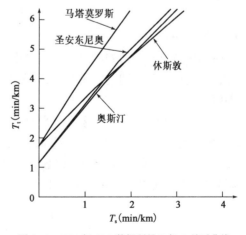

图 6-18 1984 年 CBD 数据所得 T_t 与 T_s 关系曲线

对于奥斯汀,因为 n 值较大,当 T_s 较小时,T_t 较小,但随着 T_s 增加,T_t 增加得相对较快。这些实际数据证实了前面的理论分析结果。

(2) 驾驶员行为影响

标定二流模型参数的数据是由跟车试验所得的,这种试验要求跟驰车辆的驾驶员随机地跟随一辆车行驶,直至其停车或离开预设路网,然后就近再选择一辆车并跟随其行驶,如此重复直到试验结束。跟驰车辆的驾驶员在跟车过程中需要尽可能地模仿其他驾驶员的行为,以便真实地反映其他驾驶员所耗的停车时间。选择路网中的常用路线可以使样本更加真实。跟驰车辆的行驶路程以 1mile 为单位进行分段,记录或计算单位距离所耗的行驶时间和行程时间,再将其观测值用于参数估计。

跟车试验最重要的一点是驾驶员行为,包括跟驰车辆及其前导车辆的驾驶员行为。对于同一路网中的跟驰车辆,图 6-19 描述了由罗阿诺克和奥斯汀两个城市的 3 类驾驶员的实际数据所得的二流曲线,这里将驾驶员分为正常型、鲁莽型和保守型 3 类。图中,正常型曲线是基于标准跟车试验所获数据绘制的,另外两条曲线是基于鲁莽跟车试验和保守跟车试验所获数据绘制的。从图中可以看出,3 条曲线存在明显差异。由此可见,驾驶员行为对二流模型参数有很大影响。

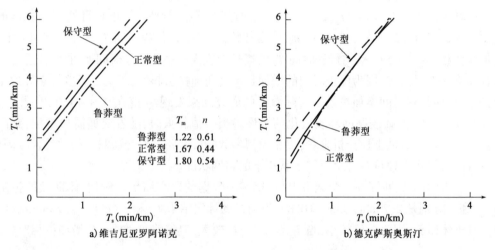

图 6-19 不同驾驶行为的二流模型的拟合曲线

(3) 路网特征影响

路网几何特征和交通控制状况对路网服务水平具有相当重要的影响。如果可以构建这些因素与二流模型参数之间的定量关系,就可以从中找到改善交通流状态的方法,并提供比较不同改善措施的办法。

有学者于 1986 年在进行这项研究时选择了 7 种因素,包括:①每平方英里的车道长度 C_1;②每平方英里的交叉口数 C_2;③单向交通街道的比例 C_3;④平均信号周期时长 C_4;⑤平均街区长度 C_5;⑥平均每条街道的车道数 C_6;⑦街区的平均长宽比 C_7。使用 4 个城市的数据进行实证分析,确定其中 3 个变量是有用的,所建立的模型为:

$$T_m = 3.59 - 0.54 C_6 \tag{6-35}$$

$$n = -0.21 + 2.97 C_3 + 0.22 C_7 \tag{6-36}$$

后来,有研究人员在进行此项研究时选择了更多的因素,包括:①平均街区长度 X_1;②单向交通街道比例 X_2;③平均每条街道的车道数 X_3;④交叉口密度 X_4;⑤信号控制交叉口密度 X_5;⑥速度限制 X_6;⑦平均信号周期时长 X_7;⑧允许路边停车的道路长度比例 X_8;⑨感应式信号交叉口比例 X_9;⑩信号控制交叉口入口占全部入口的比例 X_{10}。利用 10 个城市的数据进行了实证研究,确定其中 6 个变量是有用的,所提模型的表达式为:

$$T_m = 3.93 + 0.0035X_5 - 0.047X_6 - 0.433X_{10} \tag{6-37}$$

$$n = 1.73 + 1.124X_2 - 0.180X_3 - 0.0042X_5 - 0.271X_9 \tag{6-38}$$

上述两项研究中,相关系数的差别较大,式(6-35)和式(6-36)的相关系数都接近 1,而式(6-37)和式(6-38)的相关系数分别为 0.72 和 0.75,这说明选择的变量和数据对于模型准确性有重要影响。这些模型为相关研究提供了有价值的思路,但因其局限性无法在其他环境下直接使用。

从上述研究可以看出,尽管使用多元线性回归方法能建立路网特征与二流模型参数之间的定量关系,但是选择变量以及获取数据是比较困难的。正因如此,当标定二流模型参数时,目前普遍选择计算机模拟方法。计算机模拟的优点在于:人为控制描述路网特征的各种因素;试验成本低廉。这种方法存在的问题是模拟软件本身需要不断地改进,以便更好地反映真实的交通状况。实际上,交通流理论的研究成果与交通仿真软件的开发及完善存在互动关系,换言之,交通流理论的研究成果能够用来开发及完善交通仿真软件,反过来,交通仿真软件有助于促进交通流理论的进一步研究。

6.4 二流理论应用

根据二流理论描述交通流的二流特性,然后利用三检测器原理建立当量排队长度模型,进一步修正后得到实时排队长度模型,最后使用微积分推导当量排队长度变化率模型。与此同时,使用仿真数据或实测数据说明这些模型的应用效果。

6.4.1 交通流二流特性

Viloria 等于 2000 年针对信号交叉口比较了各种排队长度模型,认为这些模型基于不同的排队定义,使用不同的计算方法,从而导致不同的计算结果。有研究发现,交通波理论认为车速为零时车辆加入排队队列,而交通仿真软件 VISSIM 认为车速减至某一值时车辆加入排队队列而再次加速至另一值时离开排队队列。交通波的排队定义基于稳定流假设,这种假设导致车辆在波阵面上完成速度的改变是瞬间的。VISSIM 的排队定义认为车辆在完成速度的改变时不是瞬间的而是渐变的,这种定义更符合实际情况。然而,这种情况下不再存在明显的波阵面,事实上,存在一个各处状态均不相同的波阵区。在波阵区内的车辆并没有停车,但因为减速而不能正常行驶,实际上已经不同程度地受到排队的影响。如何统一排队的定义并建立一种计算排队长度的普适性模型显得尤为重要。

下面分析拥挤交通流中排队的实际形成过程。假定一股交通流在一条单车道路段上运行,某一时刻位置 1 处由于红灯或事件使得车辆依次停车排队,经过一段时间,路段上交通流实际运行状态如图 6-20a) 所示,逆着交通流运行方向,从位置 1 到位置 2,交通流状态分为三部分:A 部分车辆速度均为零,交通流阻塞;B 部分车辆速度依次增大,交通流密度由大变小;C 部分车辆正常运行,速度和密度均为某一定值。三种交通流状态中 A 部分和 C 部分都是均匀流,而 B 部分是不均匀流,它是交通流从 A 状态向 C 状态转化的过渡状态。随着时间推移,交通流 A 和 C 是稳定流,而交通流 B 是不稳定流。如何处理过渡状态中的交通流以便更好地反映拥挤交通流中的排队现象就成了问题的关键。

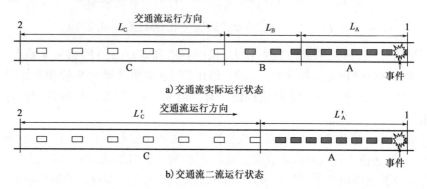

图 6-20 路段下游发生事件后的交通流运行状态

Prigogine 和 Herman 于 1971 年提出包含两种不同流量模式的交通流动力学理论。后来,Herman 等于 1979 年和 1984 年基于处理多车道交通的动力学理论提出了描述城市路网中密集流模式的城市交通二流理论。该理论将交通流中的车辆分为运动车辆和停止车辆两类。

根据二流理论的思想,将运动车辆形成的交通流称为行驶交通流,停止车辆形成的交通流称为阻塞交通流。这样,可以把图 6-20a) 中过渡状态 B 的不均匀交通流相当于 A 部分阻塞交通流和 C 部分行驶交通流的某种加权和,即交通流只包含两种均匀交通流(阻塞交通流 A 和行驶交通流 C)。由此,可以将图 6-20a) 中的交通流实际运行状态相当于图 6-20b) 中的交通流二流运行状态。图中,L_A、L_B 和 L_C 分别为交通流阻塞状态、过渡状态和行驶状态所占的实际空间长度;L'_A 和 L'_C 分别为交通流阻塞状态和行驶状态所占的当量空间长度。

从实际情况来看,阻塞交通流 A 中的车辆由于停车完全受到排队的影响,行驶交通流 C 中的车辆由于正常行驶完全不受排队的影响,而过渡状态 B 是一种渐变的非均匀状态,其间车辆由于减速而不能正常行驶,虽然没有停车排队,但是已经不同程度地受到排队的影响。交通波理论计算的排队长度只能反映出完全受到排队影响的车辆,而不能反映过渡段内不完全受到排队影响的车辆。但根据二流理论思想得到的交通流二流运行状态恰好能够把这种部分受到排队影响的车辆反映出来。因此,图 6-20a) 中所有受到排队影响的车辆形成的排队队列的长度就成了图 6-20b) 中 A 状态停止车辆形成的排队队列的长度。为了区别于通常所说的排队长度[见图 6-20a) 中的 L_A],将二流运行状态中阻塞交通流的长度称为当量排队长度[见图 6-20b) 中的 L'_A]。由于将过渡状态中的一部分车辆看作停止车辆,因而当量排队长度大于实际排队长度,即图中 $L'_A > L_A$。

上述分析是从第一辆停止车辆开始逆着交通流运行方向来研究交通流的不同运行状态,即前方交通流阻塞而后方交通流畅行。根据二流理论思想,同样可以研究前方交通流畅行而后方交通流阻塞的情况。假定在路段上位置 2 和位置 1 之间发生交通事件,一段时间后,交通流实际运行状态如图 6-21a) 所示;事件发生位置前方的交通流正常运行,处于一种行驶状态

C;后方的交通流由于事件而依次排队,处于阻塞状态 A。这样的交通流实际运行状态可以相当于事件发生在位置 1,路段上前方是阻塞交通流而后方是行驶交通流的情况,如图 6-21b)所示。对比图 6-21a)与图 6-21b)可见,图 6-21b)是将图 6-21a)中的行驶交通流 C 平移到阻塞交通流 A 的后方而得到的。这里没有考虑阻塞交通流后方的过渡交通流,如果考虑过渡交通流,只需将过渡交通流的一部分归入阻塞交通流 A,另一部分归入行驶交通流 C 即可。因此,可使用当量排队长度来描述任意拥挤交通流中的排队现象。

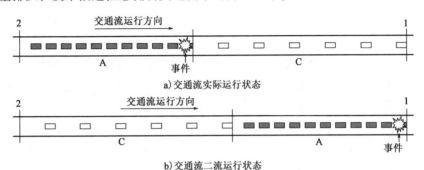

图 6-21 路段中间发生事件后的交通流运行状态

6.4.2 当量排队长度模型

(1)三检测器原理

对于路段上的连续交通流,图 6-22 所示为三检测器原理布设图,沿着交通流方向依次布设上游检测器、中间检测器和下游检测器,用符号 U、M 和 D 分别表示其检测器所处断面。上游检测器和下游检测器为真实检测器,用于提供上、下游断面的交通流参数(如流量、速度和占有率);中间检测器为虚拟检测器,用于推算车辆排队长度。中间检测器与上游检测器的距离用 L_U 表示,与下游检测器的距离用 L_D 表示,上、下游检测器之间的距离用 L 表示,因此,有关系 $L = L_U + L_D$。

图 6-22 三检测器原理布设图

上、下游路段之间的流量-密度关系如图 6-23a)所示,采用简化的分段式线性关系来描述,最大流量在 (k_m, q_m) 点获得,路段阻塞密度为 k_j,自由流速度为 u_f。上、下游路段间的车辆运行距离-时间关系如图 6-23b)所示。

现假定堵塞从下游断面 C 点开始,向后传播的集结波速度为 u_w,排队队尾到达中间断面 P 点,那么,存在以下关系式:

$$\tau_2 = \frac{L_D}{-u_w}, \tau_1 = \frac{L_U}{u_f} \tag{6-39}$$

式中:τ_2——集结波从 C 点传到 P 点所需时间,即 C 点检测到的车辆随时间的累积曲线反映在 P 点的滞后时间(s);

τ_1——车辆从上游断面 B 点以自由流速度行驶到达中间断面 P 点所需时间,即 B 点检测到的车辆随时间的累积曲线反映在 P 点的滞后时间(s);

其余符号意义同前,图中 A 点为速度小于自由流速度的任一点。

同时,当车辆从 C 点排队到 P 点,其间最大排队车辆数 δ 为:

$$\delta = k_j L_D = k_j(-u_w)\tau_2 \tag{6-40}$$

式(6-40)可简化为:

$$-u_w \tau_2 = L_D \tag{6-41}$$

式(6-41)表示从 C 点开始的集结波以 u_w 向后传,经过 τ_2 的时间,恰好传过的距离是 L_D。此时,L_D 正好是 C 点到 P 点的排队长度。由该式可见,排队长度取决于集结波速度和集结波从下游阻塞点传到队尾的时间,而两者相互依赖,因而,无法确定排队长度。

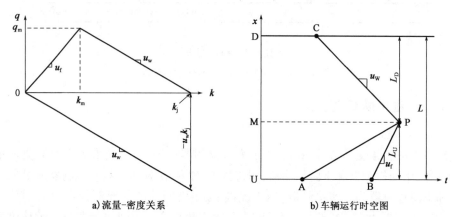

a) 流量-密度关系　　　　b) 车辆运行时空图

图 6-23　流量-密度关系及车辆运行时空图

(2) 强拥挤交通流二流特性

根据前述分析,交通流实际运行状态可以相当于交通流二流运行状态,即任意交通流都可以由阻塞交通流和行驶交通流组成。然而,行驶交通流状态有很多种,以哪种行驶交通流来做标准更合适是需要考虑的一个问题。由交通流理论可知,流量-密度曲线可表达为二次抛物线型,当密度取得最佳值时,流量达到最大值,以此为界,交通流状态被划分为非拥挤和拥挤两种状态。交通控制中更关注拥挤状态,当信号配时方案能够满足拥挤交通流的需求时,一定能满足非拥挤交通流的需求。因此,以划分拥挤和非拥挤的临界状态(即交通流最佳行驶状态)为行驶交通流的标准。

这里讨论路段交通流和上游行驶交通流均处于拥挤状态的情况,称这种交通流为强拥挤交通流。以单车道路段为例,如图6-24a) 所示,当下游断面1处发生事件后,路段上的交通流分为三部分,断面2至断面1之间的交通流阻塞,断面4至断面3之间的交通流正常行驶,断面3至断面2之间的交通流处于过渡状态。根据三检测器原理,断面4和断面1处相当于分别有一个检测器,记为 U 和 D;断面2处相当于有一个虚拟检测器,记为 M;下游检测器 D 与虚拟检测器 M 之间的距离为实际排队长度,如图中 L_q 所示。图 6-24a) 中假定 C 部分交通流处于最佳行驶状态且路段交通流处于拥挤状态,即 $k_C = k_m$ 且 $k_{UD} > k_m$,此外 $k_A = k_j$ 且 $k_C < k_B < k_A$。这里 k_A、k_B 和 k_C 分别表示 A、B 和 C 三部分交通流的密度;k_{UD} 表示路段上、下游之间的平

均密度;k_m和k_j分别表示最佳密度和阻塞密度。根据二流理论,图6-24a)中的交通流实际运行状态相当于图6-24b)中的二流运行状态;图6-24b)中$k_C = k_m$且$k_A = k_j$。从图中可以看出,图6-24a)中的交通流B被划分为阻塞交通流和最佳交通流,虚拟检测器M由图6-24a)中的位置2移到图6-24b)中的位置2′。显然,图6-24b)中L_D为当量排队长度,且$L_D > L_q$。

图6-24中的行驶交通流处于一种临界状态,当其处于拥挤状态时,即$k_m < k_C < k_j$,此时,不仅交通流B的一部分被划入阻塞交通流,而且交通流C的一部分也被划入阻塞交通流。这种情况下,当量排队长度比实际排队长度更大,关系$L_D > L_q$依然存在。

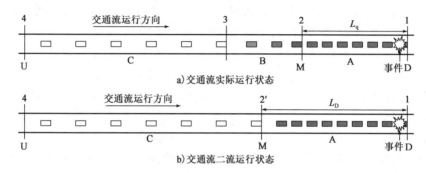

图6-24 路段拥挤且上游拥挤的交通流运行状态

(3)模型建立

①EQLSS模型。

针对单入口单出口不可超车的单车道路段,下面建立描述强拥挤交通流的当量排队长度模型。根据流量守恒原理,可知:

$$N_0 + N_U(t) = N_D(t) + \Delta N(t) \tag{6-42}$$

式中:N_0——初始时刻(即$t=0$)上、下游断面之间的车辆数(veh);

$N_U(t)$——时刻t通过上游断面的累计车辆数(veh);

$N_D(t)$——时刻t通过下游断面的累计车辆数(veh);

$\Delta N(t)$——时刻t上、下游断面之间的车辆数(veh)。

根据图6-24b)以及二流理论,$\Delta N(t)$又可表达为:

$$\Delta N(t) = k_j L_D(t) + k_m [L - L_D(t)] \tag{6-43}$$

式中:$L_D(t)$——时刻t上、下游断面之间的当量排队长度(km);

L——上、下游断面之间的距离(km);

k_m——上游交通流的最佳密度(veh/km);

k_j——下游交通流的阻塞密度(veh/km)。

联立式(6-42)和式(6-43),可得:

$$L_D(t) = \frac{N_0 + N_U(t) - N_D(t) - k_m L}{k_j - k_m} \tag{6-44}$$

式(6-44)即为基于三检测器原理的单车道路段当量排队长度模型,简称为EQLSS(Equivalent Queue Length for a Single-lane Segment)模型。

为了分析式(6-44)的适用条件,令$k(t)$表示时刻t上、下游断面之间的平均交通流密度(veh/km),则$k(t) = [N_0 + N_U(t) - N_D(t)]/L$。从宏观交通流的角度来分析流量-密度曲线,

当 $0 \leq k(t) < k_m$ 时,上、下游之间交通流处于非拥挤状态;当 $k(t) = k_m$ 时,上、下游之间交通流处于最佳行驶状态;当 $k_m < k(t) \leq k_j$ 时,上、下游之间交通流处于拥挤状态。实际上,车辆排队长度不可能小于零,也不可能超过路段长,即 $L_D(t)$ 应满足不等式 $0 \leq L_D(t) \leq L$。当 $N_0 + N_U(t) - N_D(t) = k_j L$ 时, $L_D(t) = L$,此时当量排队长度取得最大值,即等于路段长度;当 $N_0 + N_U(t) - N_D(t) = k_m L$ 时, $L_D(t) = 0$,此时当量排队长度取得最小值,即恰好没有排队,上、下游之间的交通流以最佳密度运行。这就是式(6-44)的两个边界条件。因此,式(6-44)的适用条件为 $k_m \leq k(t) \leq k_j$。

本节仅探讨拥挤交通流出现稳定排队现象的情形。此时,将交通流分为两部分,一部分为阻塞交通流,另一部分为最佳交通流,阻塞交通流的长度即为车辆的当量排队长度。这里,阻塞交通流指的是密度达到阻塞密度的交通流,最佳交通流指的是流量达到最大的交通流。

由式(6-44)可见,计算车辆当量排队长度 $L_D(t)$ 时需要获得 N_0、$N_U(t)$、$N_D(t)$、L、k_m 和 k_j。其中 N_0 和 L 可由实测值得到;$N_U(t)$ 和 $N_D(t)$ 可由检测器上传数据实时获得;k_m 和 k_j 需要根据实际数据来标定。

②EQLMS 模型。

对于单入口单出口的多车道路段,当交通流拥挤时,每一条车道的车辆很难有超车的机会,这种情况下,每一条车道都可以看作不存在超车现象的单车道路段,此时可分别采用式(6-44)来计算每一条车道的当量排队长度。

然而,上述单车道路段在实际中并不多见。Lawson 等于 1999 年指出拥挤出口匝道上游的路肩车道具有比中间车道更高的占有率,而且接近出口匝道时这种差异在数量上有所增加。Muñoz 和 Daganzo 于 2002 年重述了这些结论,认为驾驶员在先进先出的阻塞和出口匝道之间可能因为目的地而隔离自己且不同的车道由不同的车速来占上风,将这种现象称为"多通道"模式;进一步指出速度在非常接近出口的位置可能足够大,以致产生"半拥挤的"多通道状态,在那个位置运动波在不同的车道按相反的方向传播;其效果是在相同总流量的条件下多通道排队比单通道排队的密度稍小。Daganzo 于 2002 年还提出了长距离高速公路路段多车道交通流行为理论,认为这一理论可以对不同的车道组进行预测,并解释了多车道高速公路交通流在通过入口匝道时的行为,重点探讨了交通流汇入处排队的产生,即入口匝道处拥挤的开始。

以上针对多车道的研究,反映了车道之间存在的不平衡现象。显然,车辆换道是一个事实,车辆总有机会从某一条车道换到另一条车道。因此,多车道路段的任意一条车道都不能看作前述不存在超车现象的单车道路段。然而,车流密度越大,其可压缩性越小,车道间的差异也越小。所以,对于拥挤车流可以不考虑车道间的微小差异。将所有车道看作一条车道组,该车道组是一个满足前述条件的单车道路段,运用前面的计算方法可以获得一个反映多车道路段整体排队情况的平均单车道当量排队长度。此处针对路段特性不变的多车道路段建立平均当量排队长度模型。

根据单车道路段当量排队长度模型可以推导出多车道路段平均当量排队长度模型,简称 EQLMS(Equivalent Queue Length for a Multi-lane Segment)模型,其表达式为:

$$\bar{L}_D(t) = \frac{N_0 + \sum_{i=1}^{M} N_U(i,t) - \sum_{i=1}^{M} N_D(i,t) - M \bar{k}_m L}{M(\bar{k}_j - \bar{k}_m)} \tag{6-45}$$

式中:$\bar{L}_D(t)$——多车道路段时刻 t 上、下游断面间的平均当量排队长度(km);

$N_U(i,t)$——第 i 条车道时刻 t 通过上游断面的累计车辆数(veh);
$N_D(i,t)$——第 i 条车道时刻 t 通过下游断面的累计车辆数(veh);
M——车道数;
$\bar{k}_m$——上游交通流的平均最佳密度(veh/km);
$\bar{k}_j$——下游交通流的平均阻塞密度(veh/km);
N_0、L 意义同前。

与单车道路段当量排队长度模型类似,式(6-45)的适用条件为 $\bar{k}_m \leq \bar{k}(t) \leq \bar{k}_j$,其中 $\bar{k}(t)$ 表示时刻 t 上、下游断面之间的平均单车道交通流密度(veh/km)。式(6-45)仅适合多车道路段上车道数保持不变的情况,否则必须分段(使得每一段车道数保持不变)进行计算。

(4)模型验证
①参数标定。

前述分析认为,阻塞密度 k_j 和最佳密度 k_m 需要根据实际数据来标定。由交通流理论可知,阻塞密度是交通流速度为零时对应的最大密度。根据有关文献,该密度与道路条件、驾驶员特性等因素有关。有研究多次观测了城市道路上的车辆停车间距,结果表明不同道路的阻塞密度差别不大且稳定在 160veh/km 左右,则 k_j 可取 160veh/km。通常,交通流处于拥挤状态时才会出现车辆排队现象,格林伯模型最适合描述拥挤交通流的流量-密度关系,由该模型得到的最佳密度为 k_m,据此取最佳密度为 59veh/km。下述研究采用这两个值来计算车辆当量排队长度。实际应用中,应该根据路段的调查数据来标定这两个值。

从上述分析可以看出,当单车道路段平均交通流密度 $k_m \leq k(t) \leq k_j$ 时,当量排队长度 $0 \leq L_D(t) \leq L$;当多车道路段平均单车道交通流密度 $\bar{k}_m \leq \bar{k}(t) \leq \bar{k}_j$ 时,平均当量排队长度 $0 \leq \bar{L}_D(t) \leq L$。此外,由式(6-44)和式(6-45)可知,当量排队长度取决于路段上的车辆数,路段上车辆数越多,当量排队长度越大;另一方面,路段上车辆数越多,平均交通流密度越大。由交通流特性可知,交通流密度是度量交通拥挤程度的重要参数之一。因此,当量排队长度也可以作为评价交通流拥挤程度的一个指标。

②累计车辆数获取。

由前述可知,车辆当量排队长度实时预测中需要获得 $N_U(t)$ 和 $N_D(t)$,为此,设计如下调查方案和数据获取方法。选择一条封闭路段,在其上、下游布设间距为 L 的一对检测器,如图 6-25a)所示。上、下游检测器分别记录通过上、下游断面的车辆数。图 6-25b)为各检测器脉冲图示,符号 T 表示采样周期。

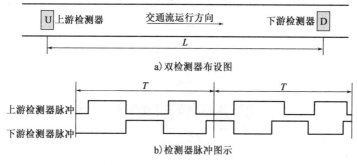

图 6-25 车辆当量排队长度的计算原理

假设时刻 t 恰好对应于第 j 个采样周期末,则时刻 t 通过上游断面的累计车辆数为:

$$N_U(j) = N_U(j-1) + Q_U(j) \tag{6-46}$$

式中:$N_U(j)$——第 j 个采样周期末累计通过上游断面的车辆数(veh);

$N_U(j-1)$——第 $j-1$ 个采样周期末累计通过上游断面的车辆数(veh);

$Q_U(j)$——第 j 个采样周期内通过上游断面的车辆数(veh)。

类似地,下游检测器检测到时刻 t 通过下游断面的累计车辆数为:

$$N_D(j) = N_D(j-1) + Q_D(j) \tag{6-47}$$

式中:$N_D(j)$——第 j 个采样周期末累计通过下游断面的车辆数(veh);

$N_D(j-1)$——第 $j-1$ 个采样周期末累计通过下游断面的车辆数(veh);

$Q_D(j)$——第 j 个采样周期内通过下游断面的车辆数(veh)。

式(6-46)和式(6-47)中,$j \in \{1,2,3,\cdots\}$;当 $j=1$ 时,$N_U(0)=0$ 且 $N_D(0)=0$,即上、下游断面的初始累计车辆数均为零。

③仿真结果。

利用交通仿真软件 VISSIM 设计以下两个模拟例子来验证当量排队长度对交通流拥挤程度评价的有效性。为模拟强拥挤交通流,方案中设计信号交叉口停车线后方的路段作为观测路段。实际应用中,只要路段上的交通流处于强拥挤状态(比如路段上发生交通事件、车道数减少、道路施工等)即可运用上述模型计算排队长度。

为比较当量排队长度与实际排队长度,引入排队长度绝对误差和相对误差,其计算公式为:

$$e_D(j) = L_D(j) - L_q(j),\ e_r(j) = \frac{e_D(j)}{L_q(j)} \tag{6-48}$$

式中:$e_D(j)$、$e_r(j)$——分别为第 j 个周期末当量排队长度与实际排队长度的绝对误差(km)和相对误差;

$L_D(j)$、$L_q(j)$——分别为第 j 个周期末路段上的当量排队长度(km)和实际排队长度(km)。

单车道模拟路段如图 6-26a)所示,路段总长度为 500m,车道宽为 3.5m,断面 1 与断面 2 分别距离车辆发生源 250m 和 450m,断面 2 位于停车线;信号配时方案见图 6-26b),周期时长为 60s,显示绿灯时间为 20s;车辆随机产生,发生源流量为 1000veh/h,期望速度为 75~110km/h,仿真时间为 720s。在断面 1 与断面 2 分别设置数据采集器,记录每一采样间隔内的车辆数;在断面 2 设置排队计数器,记录每周期红灯末停车线处车辆的实际排队长度。

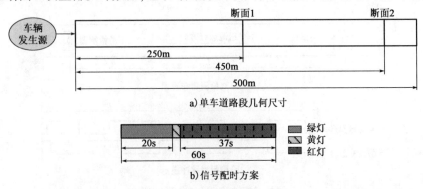

图 6-26 单车道模拟路段示意图

先根据每一采样间隔内的车辆数分别按式(6-46)和式(6-47)计算红灯末断面1和断面2的累计车辆数;再根据式(6-44)计算红灯末当量排队长度。表6-1为单车道路段当量排队长度模型验证结果,此处列出每个信号周期内红灯末的数据。由于模拟初期交通流不稳定,这里去掉前两个周期。

单车道路段当量排队长度模型验证结果　　　表6-1

周期编号	断面1累计车辆数(veh)	断面2累计车辆数(veh)	路段交通流密度(veh/km)	当量排队长度(m)	实际排队长度(m)	绝对误差(m)	相对误差(%)
3	52	26	130	140.68	120.00	20.68	17.23
4	67	40	135	150.56	115.00	35.56	30.92
5	80	54	130	140.68	114.00	26.68	23.40
6	94	69	125	130.79	106.00	24.79	23.39
7	108	83	125	130.79	106.00	24.79	23.39
8	122	96	130	140.68	114.00	26.68	23.40
9	135	109	130	140.68	115.00	25.68	22.33
10	148	123	125	130.79	112.00	18.79	16.78
11	162	137	125	130.79	107.00	23.79	22.23
12	176	150	130	140.68	118.00	22.68	19.22
平均值	—	—	—	137.71	112.70	25.01	22.23

这里以双车道路段为例来说明车道组平均当量排队长度的计算。双车道模拟路段如图6-27a)所示,路段总长度为500m,车道宽均为3.5m,断面1与断面2分别距离车辆发生源250m和450m,断面2位于停车线;信号配时方案如图6-27b)所示,周期时长为80s,显示绿灯时间为30s;车辆随机产生,发生源流量为2000veh/h,期望速度为75~110km/h,仿真时间为960s。在断面1与断面2分别设置数据采集器,记录每一采样间隔内的车辆数;在断面2设置排队计数器,记录每周期红灯末停车线处车辆的实际排队长度。

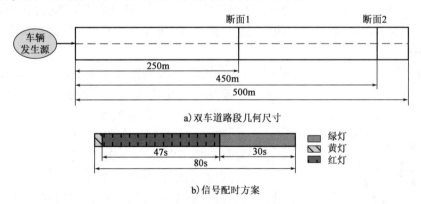

图6-27　双车道模拟路段示意图

先根据每一采样间隔内的车辆数分别按式(6-46)和式(6-47)计算红灯末断面1和断面2的累计车辆数;再根据式(6-45)计算红灯末的平均当量排队长度。表6-2为双车道路段平均当量排队长度模型验证结果,此处列出每个信号周期内红灯末的数据。考虑交通流初期不稳定,这里去掉前3个周期。

双车道路段平均当量排队长度模型验证结果 表6-2

周期编号	断面1累计车辆数（veh）	断面2累计车辆数（veh）	路段交通流密度 [veh/(km·ln)]	当量排队长度（m）	实际排队长度（m）	绝对误差（m）	相对误差（%）
4	168	113	138	155.51	140.00	15.51	11.08
5	207	151	140	160.45	150.00	10.45	6.97
6	245	189	140	160.45	147.00	13.45	9.15
7	281	226	138	155.51	141.00	14.51	10.29
8	319	263	140	160.45	141.00	19.45	13.79
9	357	301	140	160.45	143.00	17.45	12.20
10	395	339	140	160.45	145.00	15.45	10.66
11	434	378	140	160.45	147.00	13.45	9.15
12	471	416	138	155.51	137.00	18.51	13.51
平均值	—	—		158.80	143.44	15.36	10.75

由表6-1和表6-2可见,强拥挤交通流的当量排队长度均大于实际排队长度,这说明当量排队长度模型能够反映正常交通流与阻塞交通流中间存在的过渡状态,即强拥挤交通流中不完全停车交通流可被划分为阻塞交通流和最佳交通流。

对比表6-1和表6-2可发现,有很多周期的当量排队长度相同,然而其实际排队长度有所变化。产生这种结果的原因在于:①由于发生源流量一定且信号配时方案固定,因而路段上交通流状态基本相同,所以当量排队长度一样。②由于随机因素干扰导致过渡状态的交通流变化复杂,虽然路段上交通流状态基本一致,但是过渡交通流的长度有所不同,以致使实际排队长度不一样。

从表6-1可看出,单车道路段排队长度的绝对误差和相对误差的平均值分别为25.01m和22.23%。从表6-2可看出,双车道路段排队长度的绝对误差和相对误差的平均值分别为15.36m和10.75%。这两个例子的分析结果证明,基于二流理论的当量排队长度模型可定量描述强拥挤交通流中的过渡状态,使用当量排队长度能较好地表征交通流的拥挤程度。

④实测结果。

图6-28对比了根据两组样本数据获得的排队长度观测值及其估计值,前者由人工调查直接获得,后者由式(6-44)计算得到。第一次调查地点为长春市新民大街-隆礼路交叉口西进口外侧直右车道,调查时间为2006年10月11日;第二次调查地点为大连市红凌路-宏业街交叉口南进口内侧直左车道,调查时间为2009年7月1日。图中编号为所筛选出的有效数据的相对序号。从该图可见,当上游交通流处于拥挤状态时,排队长度的估计值大于其观测值,这说明当量排队长度模型能很好地描述拥挤交通流的排队情况,而且计算的当量排队长度能反映交通流因排队及减速而受到的影响。

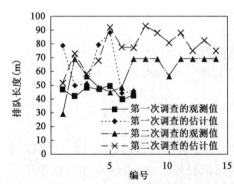

图6-28 实测排队长度及当量排队长度

6.4.3 实时排队长度模型

式(6-44)和式(6-45)均假定正常行驶交通流的密度为最佳密度,这并不合理,事实上正常行驶交通流可能有不同的密度值,此时运用这两个模型将不能很好地反映前方阻塞交通流的排队情况。

(1) 弱拥挤交通流二流特性

此处讨论路段交通流处于拥挤状态而上游行驶交通流处于非拥挤状态的情况,称这种交通流为弱拥挤交通流。以单车道路段为例,如图6-29a)所示,这里与图6-24a)所不同的是 $0 < k_C < k_m$。假设任意交通流可以由最佳交通流和阻塞交通流组成,这种情况下,不仅过渡状态交通流的全部被划入最佳交通流,而且阻塞交通流的一部分也被划入最佳交通流(由于过渡状态所含的车辆数很少,因此过渡状态交通流的长度很短),如图6-29b)所示,此时当量排队长度小于实际排队长度,即图中 $L'_D < L_q$。然而,如果认为此种拥挤交通流由行驶交通流和阻塞交通流两种状态组成,那么,过渡状态的交通流一部分被划入行驶交通流,另一部分被划入阻塞交通流,如图6-29c)所示,此时当量排队长度大于实际排队长度,即图中 $L''_D > L_q$。

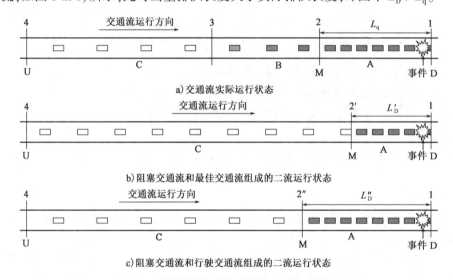

图6-29 路段拥挤且上游非拥挤的交通流运行状态

对比图6-24和图6-29中的两种拥挤交通流,在将交通流实际运行状态相当于二流运行状态的过程中,将实际运行状态划分为两种:行驶交通流和阻塞交通流。当上游行驶交通流密度大于或等于最佳密度时,取最佳密度作为行驶交通流的密度;当上游行驶交通流密度小于最佳密度时,取上游行驶交通流的实际密度作为行驶交通流的密度。这样,可以得到统一的结论:当量排队长度大于实际排队长度,也就是说,当量排队长度能将过渡状态交通流中不完全停车的部分反映出来。

(2) RQL 模型

下面通过修正当量排队长度模型来建立实时排队长度模型。对于单入口单出口不可超车的单车道路段,为描述行驶交通流的真实密度,将式(6-44)改写为:

$$L_D(t) = \frac{N_0 + N_U(t) - N_D(t) - k(t)L}{k_j(t) - k(t)} \tag{6-49}$$

由交通流特性可知：

$$k(t) = \frac{q(t)}{u(t)}, q(t) = \frac{1}{h(t)} \tag{6-50}$$

将式(6-50)代入式(6-49)，可得：

$$L_D(t) = \frac{[N_0 + N_U(t) - N_D(t)]h(t)u(t) - L}{k_j(t)h(t)u(t) - 1} \tag{6-51}$$

式中：$k(t)$——时刻 t 上游交通流的平均密度(veh/km)；

$q(t)$——时刻 t 上游交通流的流量(veh/h)；

$u(t)$——时刻 t 上游交通流的行驶速度(km/h)；

$h(t)$——时刻 t 上游交通流的车头时距(h/veh)；

$k_j(t)$——时刻 t 下游交通流的阻塞密度(veh/km)；

其余符号意义同前。

如果考虑多条车道，那么，式(6-51)可改写为：

$$\overline{L}_D(t) = \frac{[N_0 + \sum_{i=1}^{M} N_U(i,t) - \sum_{i=1}^{M} N_D(i,t)]\overline{h}(t)\overline{u}(t) - ML}{M[\overline{k}_j(t)\overline{h}(t)\overline{u}(t) - 1]} \tag{6-52}$$

式中：$\overline{u}(t)$——时刻 t 上游交通流的平均行驶速度(km/h)；

$\overline{h}(t)$——时刻 t 上游交通流的平均车头时距(h/veh)；

$\overline{k}_j(t)$——时刻 t 下游交通流的平均阻塞密度(veh/km)；

其余符号意义同前。

式(6-51)和式(6-52)统称为实时排队长度模型，简称为 RQL(Real-time Queue Length)模型。

(3) 调查方案

观察式(6-51)发现，实时排队长度模型需要标定行驶速度、车头时距和阻塞密度，需要获取路段上初始车辆数、上游断面累计车辆数和下游断面累计车辆数。为此，设计如下交通调查方案：①在停车线处设置固定观测站1，采用摄像方法获取视频影像，进而记录通过停车线的累计车辆数；②在停车线后方设置固定观测站2，在车道上设间距为 D 的标记1和标记2，其中标记1与停车线之间的距离为 L，该站同样采用摄像方法获取视频影像，进而记录通过标记1的累计车辆数以及车辆通过观测站2的行驶速度；③在停车线后方设置移动观测站3，记录观测开始时刻路段上标记2与停车线之间的车辆数 N_0 以及红灯后期典型时刻的车辆排队长度，此处采用人工记录方式。图 6-30 显示了排队长度调查示意图。表 6-3 为排队长度观测记录表，表 6-4 为车辆到达时刻记录表。

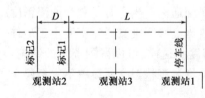

图 6-30 排队长度调查示意图

排队长度观测记录表　　　　　　表 6-3

周 期 编 号	记录时刻(s)	排队队尾位置(m)	队尾前方车辆数(veh)
1			
…			

车辆到达时刻记录表 表 6-4

周期编号	车辆编号	到达标记2的时刻(s)	到达标记1的时刻(s)	到达停车线的时刻(s)
1	1			
	...			
...	1			
	...			

(4) 参数标定

由式(6-51)可见,RQL 模型中有 5 个参数 $N_U(t)$、$N_D(t)$、$h(t)$、$u(t)$ 和 $k_j(t)$ 需要标定。为方便说明,使用下列符号定义表 6-3 和表 6-4 中的数据。t 为记录时刻(h);$L_q(t)$ 为时刻 t 排队队尾位置,即实际排队长度(km);$n_q(t)$ 为时刻 t 排队队尾前方车辆数(veh);$t_{SG1}(j)$ 为第 j 辆车到达上游标记 1 的时刻(h);$t_{SG2}(j)$ 为第 j 辆车到达上游标记 2 的时刻(h);$t_{SL}(j)$ 为第 j 辆车到达停车线的时刻(h)。

根据统计学可知,时刻 t 上、下游断面累计到达车辆数分别为:

$$N_U(t) = \text{count}[t_{SG1}(j) \leq t], N_D(t) = \text{count}[t_{SL}(j) \leq t] \quad (6-53)$$

式中:$N_U(t)$——时刻 t 通过上游标记 1 的累计车辆数(veh);

$N_D(t)$——时刻 t 通过停车线的累计车辆数(veh);

count——表示计数。

式(6-53)前半部分表示统计到达标记 1 的时刻小于或等于记录时刻的车辆数;其后半部分表示统计到达停车线的时刻小于或等于记录时刻的车辆数。

在观测站 2 第 j 辆车与前车的车头时距 $h(j) = t_{SG1}(j) - t_{SG1}(j-1)$,则时刻 t 上游车流中相邻两辆车之间的车头时距 $h(t)$ 为:

$$h(t) = h(j), |t_{SG1}(j) - t| \leq \varepsilon \quad (6-54)$$

式(6-54)表示选择到达标记 1 的时刻与记录时刻的误差不超过 ε 的那辆车与前车的车头时距作为时刻 t 上游车流的车头时距,这里 ε 为一个很小的正数。

在观测站 2 第 j 辆车的行驶速度 $u(j) = D/[t_{SG1}(j) - t_{SG2}(j)]$,则时刻 t 上游车流的行驶速度 $u(t)$ 为:

$$u(t) = u(j), |t_{SG1}(j) - t| \leq \varepsilon \quad (6-55)$$

式(6-55)表示选择到达标记 1 的时刻与记录时刻的误差不超过 ε 的那辆车的行驶速度作为时刻 t 上游车流的行驶速度,这里 ε 意义同上。

时刻 t 排队车流的阻塞密度 $k_j(t)$ 为:

$$k_j(t) = \frac{n_q(t)}{L_q(t)} \quad (6-56)$$

至此,所有参数标定结束。根据式(6-51)即可计算时刻 t 标记 1 与停车线之间交通流的当量排队长度 $L_D(t)$。

为比较当量排队长度与实际排队长度,引入如下绝对误差和相对误差:

$$e_D(t) = L_D(t) - L_q(t), e_r(t) = \frac{e_D(t)}{L_q(t)} \tag{6-57}$$

式中:$e_D(t)$、$e_r(t)$——分别为时刻 t 当量排队长度与实际排队长度的绝对误差(km)和相对误差。

(5) 模型验证

表 6-5 列出了 10 个信号周期采集的实际数据对实时排队长度模型的验证结果,这些数据来源于 2006 年 10 月 11 日长春市新民大街-隆礼路交叉口西进口外侧直右车道。从该表中可以看出,当量排队长度比实际排队长度均偏大,平均绝对误差为 4.27m,平均相对误差为 9.05%。这一结果表明在路段交通流拥挤而上游行驶交通流非拥挤情况下实时排队长度模型能够正确地描述车辆排队过程中的减速影响问题,可以准确地评价弱拥挤交通流中的交通拥挤现象。

实时排队长度模型的验证结果   表6-5

周期编号	车头时距(s/veh)	行驶速度(km/h)	阻塞密度(veh/km)	当量排队长度(m)	实际排队长度(m)	绝对误差(m)	相对误差(%)
11	3.94	19.29	163.27	54.49	49.00	5.49	11.20
12	4.50	24.55	166.67	52.87	48.00	4.87	10.15
14	3.46	18.62	160.00	50.85	50.00	0.85	1.70
15	2.08	18.62	148.94	50.84	47.00	3.84	8.16
19	2.24	30.00	144.03	50.53	48.60	1.93	3.98
22	3.21	25.71	153.85	52.34	45.50	6.84	15.03
23	11.42	31.76	168.78	49.16	47.40	1.76	3.71
24	3.40	24.55	160.92	49.44	43.50	5.94	13.66
36	1.68	23.24	148.31	52.33	47.20	5.13	10.87
37	2.00	16.36	160.00	56.00	50.00	6.00	12.00
平均值	3.79	23.27	157.47	51.89	47.62	4.27	9.05

图 6-31 对比了根据两组样本数据获得的排队长度观测值及其估计值,前者由人工调查直接获得,后者由式(6-51)计算得到。这两次调查的地点和时间以及图中编号都与图 6-28 相同。从该图可见,无论上游交通流处于拥挤状态还是非拥挤状态,排队长度的估计值均接近于其观测值,这说明实时排队长度模型能很好地描述交通流的排队情况。此外,当上游交通流处于非拥挤状态时,交通流的过渡状态可能不明显甚至不存在,再说还有随机干扰,所以由实时排队长度模型计算的排队长度并不像理论假设那样总是大于实测的排队长度。不过,从实际数据的验证结果来看,式(6-51)在实时估计排队长度时具有较高的精度。

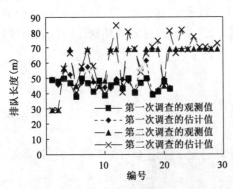

图 6-31 排队长度的观测值与估计值

6.4.4 当量排队长度变化率模型

(1) CREQLSS 模型

下面讨论强拥挤交通流条件下单车道路段的当量排队长度变化率。在式(6-44)中,令 $t = t_0$,则得此刻当量排队长度 $L_D(t_0)$ 为:

$$L_D(t_0) = \frac{N_0 + N_U(t_0) - N_D(t_0) - k_m L}{k_j - k_m} \tag{6-58}$$

同理,当 $t = t_0 + \Delta t$ 时,当量排队长度 $L_D(t_0 + \Delta t)$ 为:

$$L_D(t_0 + \Delta t) = \frac{N_0 + N_U(t_0 + \Delta t) - N_D(t_0 + \Delta t) - k_m L}{k_j - k_m} \tag{6-59}$$

在时刻 t_0,时间增加 Δt 引起的排队长度增量 $\Delta L_D(t_0)$ 为:

$$\begin{aligned}\Delta L_D(t_0) &= L_D(t_0 + \Delta t) - L_D(t_0) \\ &= \frac{N_U(t_0 + \Delta t) - N_U(t_0) - N_D(t_0 + \Delta t) + N_D(t_0)}{k_j - k_m}\end{aligned} \tag{6-60}$$

又知,时间 Δt 内通过上、下游断面的累计车辆数的增量分别为:

$$N_U(t_0 + \Delta t) - N_U(t_0) = Q_U(\Delta t), N_D(t_0 + \Delta t) - N_D(t_0) = Q_D(\Delta t) \tag{6-61}$$

式中:$Q_U(\Delta t)$、$Q_D(\Delta t)$——分别为时间 Δt 内通过上、下游断面的车辆数(veh)。

将式(6-61)代入式(6-60),可得:

$$\Delta L_D(t_0) = \frac{Q_U(\Delta t) - Q_D(\Delta t)}{k_j - k_m} \tag{6-62}$$

在 $t = t_0$ 处,当 $\Delta t \to 0$ 时,排队长度增量与时间增量之比取极限,可得该点的排队长度变化率,即:

$$L'_D(t_0) = \frac{dL_D(t)}{dt}\bigg|_{t=t_0} = \lim_{\Delta t \to 0} \frac{\Delta L_D(t_0)}{\Delta t} = \lim_{\Delta t \to 0} \frac{Q_U(\Delta t) - Q_D(\Delta t)}{(k_j - k_m)\Delta t} = \frac{q_U(t_0) - q_D(t_0)}{k_j - k_m}$$

$$\tag{6-63}$$

式中: $L'_D(t_0)$ ——时刻 t_0 当量排队长度的变化率(km/h);

$q_U(t_0)$、$q_D(t_0)$——分别为时刻 t_0 上、下游断面的流量(veh/h)。

对于任意时刻 t,当量排队长度变化率 $L'_D(t)$ 为:

$$L'_D(t) = \frac{q_U(t) - q_D(t)}{k_j - k_m} \tag{6-64}$$

式(6-64)即为时刻 t 单车道路段当量排队长度变化率模型。

根据积分学,可得时间 $[t_1, t_2]$ 内的平均当量排队长度变化率为:

$$\overline{L'_D}(t_1, t_2) = \frac{\int_{t_1}^{t_2} L'_D(t) dt}{t_2 - t_1} = \frac{N_U(t_2) - N_U(t_1) - N_D(t_2) + N_D(t_1)}{(k_j - k_m)(t_2 - t_1)} = \frac{\bar{q}_U(t_1, t_2) - \bar{q}_D(t_1, t_2)}{k_j - k_m}$$

$$\tag{6-65}$$

式中： $\bar{L}'_D(t_1,t_2)$——时间$[t_1,t_2]$内的平均当量排队长度变化率(km/h);
$\bar{q}_U(t_1,t_2)$、$\bar{q}_D(t_1,t_2)$——分别为时间$[t_1,t_2]$内上、下游断面的平均流量(veh/h)。

式(6-65)即为时间$[t_1,t_2]$内单车道路段平均当量排队长度变化率模型,简称为 CREQLSS (Change Ratio of Equivalent Queue Length for a Single-lane Segment)模型。

在交通控制系统中,通常使用数据采样间隔,设$t_2 - t_1 = T$,则得到采样间隔T内的平均当量排队长度变化率$\bar{L}'_D(T)$为:

$$\bar{L}'_D(T) = \frac{\bar{q}_U(T) - \bar{q}_D(T)}{k_j - k_m} \tag{6-66}$$

式(6-66)即为采样间隔T内单车道平均当量排队长度变化率模型。

从形式上来看,式(6-65)与交通波模型极为类似,可以将该式变形为:

$$\bar{L}'_D(T) = \frac{\bar{q}_U(T) - \bar{q}_D(T)}{\bar{k}_U(T) - \bar{k}_D(T)} \cdot \frac{\bar{k}_U(T) - \bar{k}_D(T)}{k_j - k_m} = \bar{u}_w(T) \cdot \frac{\bar{k}_U(T) - \bar{k}_D(T)}{k_j - k_m} \tag{6-67}$$

式中： $\bar{u}_w(T)$——单车道路段采样间隔T内交通波的平均速度(km/h);
$\bar{k}_U(T)$、$\bar{k}_D(T)$——分别为单车道路段采样间隔T内上、下游交通流的平均密度(veh/km)。

由式(6-67)可见,单车道路段当量排队长度变化率是交通波速度的$[\bar{k}_U(T) - \bar{k}_D(T)]/(k_j - k_m)$倍。

当采样间隔T内下游断面的平均流量为0时,式(6-66)中$\bar{q}_D(T) = 0$且$\bar{k}_D(T) = k_j$,则该式简化为:

$$\bar{L}'_D(T) = \bar{u}_{wsp}(T) \cdot \frac{\bar{k}_U(T) - k_j}{k_j - k_m} \tag{6-68}$$

式中:$\bar{u}_{wsp}(T)$——单车道路段采样间隔T内停车波的平均速度(km/h)。

可见,下游车流阻塞时单车道路段当量排队长度变化率是停车波速度的$[\bar{k}_U(T) - k_j]/(k_j - k_m)$倍。

当采样间隔T内上游断面的平均流量为0时,式(6-66)中$\bar{q}_U(T) = 0$且$\bar{k}_U(T) = k_j$,则该式简化为:

$$\bar{L}'_D(T) = \bar{u}_{wst}(T) \cdot \frac{k_j - \bar{k}_D(T)}{k_j - k_m} \tag{6-69}$$

式中:$\bar{u}_{wst}(T)$——单车道路段采样间隔T内起动波的平均速度(km/h)。

可见,上游车流阻塞时单车道路段当量排队长度变化率是起动波速度的$[k_j - \bar{k}_D(T)]/(k_j - k_m)$倍。

(2) CREQLMS 模型

下面讨论强拥挤交通流条件下多车道路段的当量排队长度变化率。在式(6-45)中,令$t = t_0$,则得此刻平均当量排队长度$\bar{L}_D(t_0)$为:

$$\bar{L}_{\mathrm{D}}(t_0) = \frac{N_0 + \sum_{i=1}^{M} N_{\mathrm{U}}(i,t_0) - \sum_{i=1}^{M} N_{\mathrm{D}}(i,t_0) - M\bar{k}_{\mathrm{m}}L}{M(\bar{k}_{\mathrm{j}} - \bar{k}_{\mathrm{m}})} \quad (6\text{-}70)$$

同理,当 $t = t_0 + \Delta t$ 时,平均当量排队长度 $\bar{L}_{\mathrm{D}}(t_0 + \Delta t)$ 为:

$$\bar{L}_{\mathrm{D}}(t_0 + \Delta t) = \frac{N_0 + \sum_{i=1}^{M} N_{\mathrm{U}}(i,t_0+\Delta t) - \sum_{i=1}^{M} N_{\mathrm{D}}(i,t_0+\Delta t) - M\bar{k}_{\mathrm{m}}L}{M(\bar{k}_{\mathrm{j}} - \bar{k}_{\mathrm{m}})} \quad (6\text{-}71)$$

同样采用上述方法,可得时刻 t 的平均当量排队长度的变化率为:

$$\bar{L}'_{\mathrm{D}}(t) = \frac{1}{M(\bar{k}_{\mathrm{j}} - \bar{k}_{\mathrm{m}})}\left[\sum_{i=1}^{M} q_{\mathrm{U}}(i,t) - \sum_{i=1}^{M} q_{\mathrm{D}}(i,t)\right] \quad (6\text{-}72)$$

式中: $\bar{L}'_{\mathrm{D}}(t)$ ——时刻 t 的平均当量排队长度变化率(km/h);

$q_{\mathrm{U}}(i,t)$、$q_{\mathrm{D}}(i,t)$ ——分别为时刻 t 第 i 条车道的上、下游断面流量(veh/h);

其余符号意义同前。

类似地,时间 $[t_1,t_2]$ 内的平均当量排队长度变化率 $\bar{L}'_{\mathrm{D}}(t_1,t_2)$ 为:

$$\bar{L}'_{\mathrm{D}}(t_1,t_2) = \frac{\bar{q}_{\mathrm{U}}(t_1,t_2) - \bar{q}_{\mathrm{D}}(t_1,t_2)}{\bar{k}_{\mathrm{j}} - \bar{k}_{\mathrm{m}}} \quad (6\text{-}73)$$

式中: $\bar{q}_{\mathrm{U}}(t_1,t_2)$、$\bar{q}_{\mathrm{D}}(t_1,t_2)$ ——分别为时间 $[t_1,t_2]$ 内上、下游断面的单车道平均流量(veh/h)。

式(6-73)即为时间 $[t_1,t_2]$ 内多车道路段平均当量排队长度变化率模型,简称为 CREQLMS(Change Ratio of Equivalent Queue Length for a Multi-lane Segment)模型。

采样间隔 T 内的平均当量排队长度变化率 $\bar{L}'_{\mathrm{D}}(T)$ 为:

$$\bar{L}'_{\mathrm{D}}(T) = \frac{\bar{q}_{\mathrm{U}}(T) - \bar{q}_{\mathrm{D}}(T)}{\bar{k}_{\mathrm{j}} - \bar{k}_{\mathrm{m}}} \quad (6\text{-}74)$$

式中: $\bar{q}_{\mathrm{U}}(T)$、$\bar{q}_{\mathrm{D}}(T)$ ——分别为采样间隔 T 内上、下游断面的单车道平均流量(veh/h)。

同样地,从形式上来看,式(6-74)也与交通波模型非常相似,可将其进行变形,得到平均当量排队长度变化率与交通波速度之间的关系。如果上游或下游交通流阻塞,则可得平均当量排队长度变化率与起动波或停车波速度之间的关系。此处不再赘述,详细内容可参阅相关文献。

(3)模型验证结果

表6-6列出了单车道路段当量排队长度变化率模型的验证结果,其数据采集方案如图6-26所示。这里排队长度变化率的估计值根据式(6-66)计算得到,其模拟值由 VISSIM 软件提供的排队长度计算得到。从该表可以看出,采样间隔取 5s 时,当量排队长度变化率与实际排队长度变化率有的比较接近、有的相差较多;采样间隔取 15s 时,当量排队长度变化率与实际排队长度变化率均比较接近。这说明短时间内排队长度的变化比较剧烈,而长时间内排队长度的变化比较平和。

单车道路段当量排队长度变化率模型的验证结果 表 6-6

周期编号	时刻(s)		排队长度变化率(m/s)		周期编号	时刻(s)		排队长度变化率(m/s)	
	起始	结束	估计值	模拟值		起始	结束	估计值	模拟值
3	165	170	3.95	5.40	8	465	470	5.93	4.00
	170	175	3.95	2.60		470	475	3.95	2.60
	175	180	3.95	4.20		475	480	3.95	2.80
4	225	230	3.95	4.00	9	525	530	3.95	5.40
	230	235	5.93	2.60		530	535	3.95	1.60
	235	240	5.93	4.00		535	540	5.93	2.80
5	285	290	3.95	5.00	10	585	590	3.95	6.40
	290	295	3.95	1.40		590	595	5.93	2.40
	295	300	3.95	2.60		595	600	3.95	2.80
6	345	350	3.95	2.80	11	645	650	5.93	6.80
	350	355	3.95	4.00		650	655	3.95	4.00
	355	360	5.93	1.40		655	660	3.95	1.40
7	405	410	3.95	4.20	12	705	710	3.95	4.00
	410	415	3.95	5.20		710	715	5.93	2.60
	415	420	5.93	2.80		715	720	1.98	2.60
3	165	180	3.95	4.07	8	465	480	4.61	3.13
4	225	240	5.27	3.53	9	525	540	4.61	3.27
5	285	300	3.95	3.00	10	585	600	4.61	3.87
6	345	360	4.61	2.73	11	645	660	4.61	4.07
7	405	420	4.61	4.07	12	705	720	3.95	3.07

表 6-7 列出了双车道路段平均当量排队长度变化率模型的验证结果,其数据采集方案如图 6-27 所示。这里排队长度变化率的估计值根据式(6-74)计算得到,其模拟值同样由 VISSIM 软件提供的排队长度计算得到。由该表可见,采样间隔取 5s 时,当量排队长度变化率与实际排队长度变化率有的差别不大、有的差别较大;采样间隔取 25s 时,当量排队长度变化率与实际排队长度变化率都比较接近。这说明短时间内排队长度变化率的波动性较强,而长时间内排队长度变化率的稳定性较强。

双车道路段平均当量排队长度变化率模型的验证结果 表 6-7

周期编号	时刻(s)		排队长度变化率(m/s)		周期编号	时刻(s)		排队长度变化率(m/s)	
	起始	结束	估计值	模拟值		起始	结束	估计值	模拟值
4	265	270	3.95	2.80	5	345	350	4.94	2.80
	270	275	3.95	4.00		350	355	3.95	2.80
	275	280	3.95	2.60		355	360	3.95	2.80
	280	285	1.98	2.80		360	365	3.95	4.40
	285	290	3.95	2.60		365	370	1.98	2.60

续上表

周期编号	时刻(s) 起始	时刻(s) 结束	排队长度变化率(m/s) 估计值	排队长度变化率(m/s) 模拟值	周期编号	时刻(s) 起始	时刻(s) 结束	排队长度变化率(m/s) 估计值	排队长度变化率(m/s) 模拟值
6	425	430	5.93	2.60	10	745	750	3.95	4.00
	430	435	3.95	2.80		750	755	5.93	1.60
	435	440	3.95	2.80		755	760	3.95	3.80
	440	445	3.95	2.80		760	765	2.97	2.80
	445	450	1.98	4.00		765	770	1.98	2.60
7	505	510	4.94	3.00	11	825	830	2.97	4.00
	510	515	3.95	2.80		830	835	5.93	2.60
	515	520	3.95	2.60		835	840	3.95	2.60
	520	525	3.95	2.80		840	845	3.95	4.40
	525	530	0.99	2.60		845	850	1.98	2.80
8	585	590	5.93	5.20	12	905	910	5.93	3.20
	590	595	3.95	2.60		910	915	2.97	2.80
	595	600	5.93	2.00		915	920	4.94	2.60
	600	605	1.98	3.60		920	925	1.98	2.60
	605	610	1.98	2.60		925	930	1.98	2.60
9	665	670	5.93	5.00	—	—	—	—	—
	670	675	3.95	1.40					
	675	680	3.95	4.00					
	680	685	3.95	2.80					
	685	690	1.98	2.60					
4	265	290	3.56	2.96	9	665	690	3.95	3.16
5	345	370	3.76	3.08	10	745	770	3.76	2.96
6	425	450	3.95	3.00	11	825	850	3.76	3.28
7	505	530	3.56	2.76	12	905	930	3.56	2.76
8	585	610	3.95	3.20	—	—	—	—	—

对于表6-6和表6-7中的数据，表6-8给出了排队长度变化率的估计值与模拟值之间的平均绝对误差和平均相对误差。从这张表可以发现，采样间隔越小，排队长度变化率的绝对误差和相对误差都越大，即排队长度的变化越不稳定；反之，采样间隔越大，排队长度变化率的绝对误差和相对误差都越小，即排队长度的变化越稳定。

排队长度变化率的误差分析　　表6-8

采样间隔(s)	单车道路段排队长度变化率 平均绝对误差(m)	平均相对误差(%)	采样间隔(s)	双车道路段排队长度变化率 平均绝对误差(m)	平均相对误差(%)
5	1.65	67.64	5	1.30	51.40
15	1.02	31.64	25	0.74	24.69

上述分析表明,单车道路段当量排队长度变化率模型以及多车道路段平均当量排队长度变化率模型都可以较好地描述排队长度的变化情况,进而能够定量地表征交通拥挤的扩散速度。这些研究结果有助于解释交通流运行状态的动态演化过程。

6.5 网络交通模型

从宏观角度,人们关注路网范围内全部车辆的平均流量 Q、平均速度 U 和平均密度 K。计算机仿真技术的发展为研究这些宏观变量的关系创造了条件。以往这种研究需要在同一时间对整个路网的交通流进行观测,其难度和成本可想而知。然而,计算机仿真技术通过模拟手段可以实现这些数据的采集和处理,大大降低了数据获取的难度和成本。本节介绍利用计算机仿真技术所建立的3个模型体系,这些模型假设 $Q = KU$ 并认可二流模型,其基本形式为 $U = f(K)$、$Q = g(K)$ 和 $f_s = h(K)$,这里 f、g 和 h 表示函数关系。

6.5.1 模型体系 I

因为 $f_s > 0$,所以 $f_s = h(K)$ 可具体表达为:

$$f_s = f_{s,\min} + (1 - f_{s,\min})\left(\frac{K}{K_j}\right)^\pi \tag{6-75}$$

式中: f_s ——停车比例;

$f_{s,\min}$ ——最小停车比例;

K ——平均密度 [veh/(km·ln)];

K_j ——阻塞密度 [veh/(km·ln)];

π ——表征路网服务质量的参数。

将式(6-75)代入式(6-29),可得:

$$U = U_m(1 - f_{s,\min})^{n+1}\left[1 - \left(\frac{K}{K_j}\right)^\pi\right]^{n+1} \tag{6-76}$$

由于 $Q = KU$,则有:

$$Q = KU_m(1 - f_{s,\min})^{n+1}\left[1 - \left(\frac{K}{K_j}\right)^\pi\right]^{n+1} \tag{6-77}$$

式中: Q ——平均流量 [veh/(h·ln)];

U ——平均速度(km/h);

U_m ——最大平均行驶速度(km/h)。

式(6-75)~式(6-77)统称为模型体系 I,其估计曲线与计算机模拟曲线吻合,结果如图 6-32 所示。由于代表最高密集度的点在 $\ln T_r - \ln T_t$ 直线上并不存在,对于是否有最高密集度点的两种情况分别估计二流模型参数 T_m 和 n,再根据模型体系 I 所得的曲线分别称为估计曲线 1 和估计曲线 2。

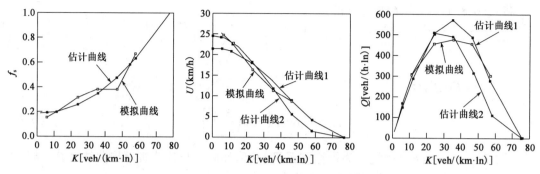

图 6-32 模型体系 I 的估计曲线与模拟曲线

6.5.2 模型体系 II

根据格林希尔治模型可得：

$$U = U_f\left(1 - \frac{K}{K_j}\right) \tag{6-78}$$

式中：U_f——自由流速度（km/h），$U_f \leqslant U_m$。

将式(6-78)代入式(6-29)，则有：

$$f_s = 1 - \left[\frac{U_f}{U_m}\left(1 - \frac{K}{K_j}\right)\right]^{\frac{1}{n+1}} \tag{6-79}$$

由于 $Q = KU$，那么：

$$Q = U_f K\left(1 - \frac{K}{K_j}\right) \tag{6-80}$$

式(6-78)~式(6-80)统称为模型体系 II，其估计曲线与计算机模拟曲线吻合，结果如图 6-33 所示。估计曲线 1 和估计曲线 2 的含义如前所述。

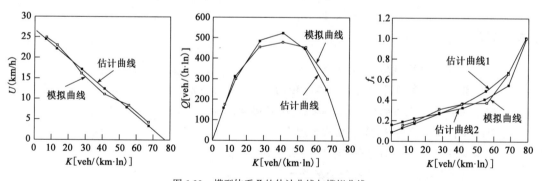

图 6-33 模型体系 II 的估计曲线与模拟曲线

6.5.3 模型体系 III

使用非线性钟形函数建立 U-K 模型，即：

$$U = U_f \exp\left[-\alpha\left(\frac{K}{K_m}\right)^d\right] \tag{6-81}$$

式中：K_m——最大流量对应的密度，即最佳密度[veh/(km·ln)]；

α、d——待定参数。

将式(6-81)代入式(6-29),可得:

$$f_s = 1 - \left\{\frac{U_f}{U_m}\exp\left[-\alpha\left(\frac{K}{K_m}\right)^d\right]\right\}^{\frac{1}{n+1}} \quad (6\text{-}82)$$

由于 $Q = KU$,则有:

$$Q = U_f K \exp\left[-\alpha\left(\frac{K}{K_m}\right)^d\right] \quad (6\text{-}83)$$

式(6-81)~式(6-83)统称为模型体系Ⅲ,其估计曲线与计算机模拟曲线吻合,结果如图 6-34 所示。估计曲线 1 和估计曲线 2 的含义同上。

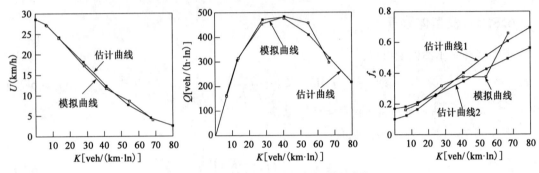

图 6-34 模型体系Ⅲ的估计曲线与模拟曲线

上述 3 个模型体系都可用来研究网络交通流,也可根据实际情况从中选择合适的模型体系。以上研究结果表明,面向网络的宏观交通流模型不仅可以建立,而且与微观交通流模型极为类似;在构建宏观交通流模型体系的过程中,二流模型对理论假设和函数转换具有重要作用,这也进一步证明了二流模型的合理性。

【复习思考题】

1. 简述交通强度的概念、计算方法和统计规律。
2. 使用数学函数解释平均速度与自 CBD 距离之间的关系。
3. 简述网络通行能力的概念、计算公式及其影响因素。
4. 简述 Wardrop 流量-速度方程的物理含义。
5. 简述网络通行能力与流量-速度方程之间的关系。
6. 简述路网形式对网络通行能力的影响。
7. 简述影响速度-流量关系曲线的各种因素。
8. 简述行程速度、行驶速度与延误之间的关系。
9. 哪些因素影响平均速度与交通强度之间的关系?
10. 简述网络模型及其参数含义。
11. 简述二流理论的基本假设。
12. 简述二流模型的物理含义及参数标定方法。
13. 简述平均最短行驶时间的概念及实际含义。

14. 简述驾驶员行为对二流模型参数的影响。
15. 简述路网特征对二流模型参数的影响。
16. 简述交通流所具有的二流特性。
17. 简述当量排队长度模型的推导过程及参数标定方法。
18. 简述当量排队长度模型、实时排队长度模型和当量排队长度变化率模型之间的关系。
19. 简述采样间隔对排队长度及其变化率的影响。
20. 简述二流理论与网络交通模型之间的关系。

第 7 章 交通影响模型

　　道路交通系统在自身运行过程中不可避免地对社会与环境造成一定程度的负面影响,这些影响主要包括交通安全、燃油消耗、交通或车辆排放(即尾气污染)、交通噪声(即噪声污染)等。为了寻求降低交通负面影响的有效措施,有必要建立数学模型来测度交通运行指标及其影响因素之间的定量关系,这些模型统称为交通影响模型。本章介绍交通与安全、燃油消耗、交通排放及交通噪声。

7.1 交通与安全

　　道路交通系统的设计目标是在保障道路交通安全的前提下使其高效、便捷、舒适地运行,进而保证交通参与者可以安全、快速、经济地完成出行任务(即从出发地到达目的地的整个过程)。然而,双方或多方交通参与者在同一时间可能竞相使用道路上的同一空间,此时即发生交通冲突。当这种冲突造成不良的后果时,即发生交通事件。当这种事件严重到一定程度时,即称为交通事故。因此,交通安全与交通事故密切相关。如果交通事故的发生率或严重程度较低,那么道路交通系统的安全性就较高。反之,道路交通系统将不安全,或称为存在安全隐患。

7.1.1 交通事故简介

交通事故是人、车、路、环境等要素在道路交通系统运行过程中相互作用时发生不良后果的一种表征。中华人民共和国国务院于1991年9月22日发布了《道路交通事故处理办法》，对交通事故进行了界定，其表述为："道路交通事故是指车辆驾驶人员、行人、乘车人以及其他在道路上进行与交通有关活动的人员，因违反《中华人民共和国道路交通管理条例》和其他道路交通管理法规、规章的行为（简称违章行为），过失造成人身伤亡或者损失的事故。"中华人民共和国全国人民代表大会常务委员会于2003年10月28日颁布了《中华人民共和国道路交通安全法》（实施日期为2004年5月1日），并于2007年12月29日和2011年4月22日对其进行了两次修正（施行日期分别为2008年5月1日和2011年5月1日），将"交通事故"定义为"车辆在道路上因过错或者意外造成的人身伤亡或者财产损失的事件"。

根据《道路交通事故处理办法》和《中华人民共和国道路交通安全法》对交通事故的定义及其内容，构成交通事故必须具备以下6个要素：

(1) 车辆

这里车辆包括各种机动车和非机动车。车辆是交通事故发生的前提条件，即当事方中必须有一方使用车辆，如无车辆则不认为是交通事故。

(2) 在道路上

这是交通事故的特征，指事故发生的空间处在《中华人民共和国道路交通管理条例》第二条规定的"公路、城市街道和胡同（里巷），以及公共广场、公共停车场等供车辆、行人通行的地方"。需要指出的是，判断事故是否发生在道路上，应该以事故发生时车辆所处位置而不是事故发生后车辆所处位置为准来进行判断。

(3) 在运动中

这是指交通事故定义中所说的车辆通行过程中，如车与路、车与人、车与车的相对运动。停车后溜滑发生的事故，在道路上属于交通事故，不在道路上则不属于交通事故；停在路边的车辆被过往车辆碰撞、刮擦发生的事故，也属于交通事故。因此，是否属于交通事故，关键在于车辆是否正在运动。

(4) 发生交通事故

这是指发生与道路交通有关的现象，如碰撞、碾压、刮擦、翻车、坠车、爆炸、失火等。如果没有发生这些事态，而是由于其他原因造成人、畜伤亡和车物损失的，则不属于交通事故。

(5) 发生事态的原因是过失

这是指交通事故所发生的事态是由于人为原因，而且是行为人在主观上过失造成的。过失指的是应当预见自己的行为可能发生有害的结果，但是没有预见，或者已经预见而轻信能够避免，以致发生了这种结果。在交通环境中，有些事态是由于人力无法抗拒的自然原因造成的，如地震、台风、山崩、泥石流等引起的事故，不属于交通事故，只能按意外事件处理。

(6) 有后果

这是指既要有以上特定条件，又要有人、畜伤亡或车、物损失的后果，没有后果或者这种后果没有达到交通管理部门规定的标准交通事件，则不能称之为道路交通事故。

上述6个要素可作为鉴定某个交通事件是否属于交通事故的依据。对于某个交通事件，这6个要素缺少其中任意一项都不能构成一起交通事故。

7.1.2 交通事故预测模型

交通事故预测是道路交通安全管理的重要研究内容,可用于评价道路交通规划方案的安全性以及交通管理措施对交通安全的影响程度。交通事故预测模型描述某一国家、地区、路线、路段或交叉口的交通安全程度,即一定交通环境下某一时期发生某类交通事故的数量与一股或几股交通流的各要素之间的定量关系。交通事故类型涉及追尾、刮擦、单车碰撞、多车碰撞与财产损失等。

国外对交通事故的预测采取宏观和微观两种形式。宏观预测以面为对象,对某一国家或地区未来可能发生的事故进行预测;微观预测以线或点为对象,对某条路线或路段甚至某个交叉口未来可能发生的事故进行预测。微观预测所需资料涉及范围较小且易于收集,其模型有多种形式,这里仅探讨交通量模型。相关模型大多属于经验模型,主要通过拟合数据来建立模型,其建模步骤包括数据采集、模型选择和参数标定3个阶段。

(1)数据采集

为确定交通事故率与交通量之间的定量关系,需要采集若干时期的交通事故数及相应的交通量,而且应保证这些数据涉及较大的变化范围。通常,主要有比较类推法和时间序列法两种。

①比较类推法。

一种最常用的方法,即选择许多类似的路段或交叉口,并忽略其交通流差异。在这种方法中,交通事故次数不仅反映交通量的影响,而且包含其他随交通量变化的因素的影响。譬如,交通量大的道路往往具有较好的交通设施和较高的维护标准,包括醒目的交通标志、先进的交通控制设备等,从而比交通量小的道路更安全。

②时间序列法。

一种不常用的方法,即调查同一条道路或同一个交叉口不同时期或时间段的交通量及相应的事故数。如果数据点是若干年的年平均日交通量(Annual Average Daily Traffic,AADT)和平均每年事故数,则年平均日交通量的变化范围通常太小,而且车队、天气和许多其他因素也在变化;如果数据点是一天中不同时段的交通量和事故数,则事故数又很少。

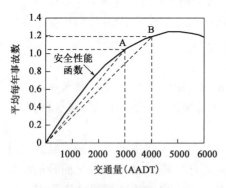

图7-1 交通事故预测模型

根据采集的数据绘制散点图,如图7-1所示。图中,横坐标为1972—1976年的年平均日交通量,纵坐标为某一路段的平均每年事故数。从该图可以看出,在其他因素不变的情况下,某一类型事故的发生率随着交通量的变化而变化。

(2)模型选择

选择合适的模型对采集的数据进行拟合,进而确定待定参数。以交通量为自变量的交通事故预测模型有以下几种常用形式。

当交通事故与一股交通流相关时,可以采用幂函数和多项式,其表达式为:

$$m = \alpha q^{\beta} \tag{7-1}$$

$$m = \alpha + \beta q + \gamma q^2 \cdots \qquad (7\text{-}2)$$

再有,更复杂的幂形式为:

$$m = \alpha q^{\beta + \gamma \lg q} \qquad (7\text{-}3)$$

还有,对数形式的多项式为:

$$\lg m = \lg \alpha + \beta \lg q + \gamma (\lg q)^2 \qquad (7\text{-}4)$$

式中:m——某一时期内某类事故的发生次数;
　　　q——小时交通量(veh/h);
α、β、γ——待定参数。

式(7-1)较为简单,且满足 $q=0$ 时 $m=0$ 的条件。当涉及一股交通流时,$\beta=1$;当涉及两股交通流时,$\beta=2$。然而,当 $\beta=1$ 时,该模型是线性的,此时不适用于交通量大的情况。相似地,当 $\beta=2$ 时,该模型是二次的,此时不适用于交通量小的情况。总之,如果选择的 β 能满足逻辑需要,模型将不能拟合调查数据;如果选择的 β 能拟合调查数据,模型将不会满足逻辑需要。式(7-2)由于引入更多的参数能够得到更好的拟合曲线,但对交通量小的情况不太适合。

上述模型的共同特点在于:这些模型是线性的或取对数后是线性的。这一点简化了统计参数的估计过程。这些函数的形状如图 7-2 所示。

当交通事故与两股或多股交通流相关时,可以采用幂函数的乘积形式,即:

$$m = \alpha q_1^{\beta} q_2^{\gamma} \cdots \qquad (7\text{-}5)$$

当小时交通量 q 增加以至超过一定水平时,函数 $m(q)$ 的斜率逐渐减小,甚至变为负的。此时,值得考虑下面的模型,即:

$$m = \alpha q^k e^{\beta q} \qquad (7\text{-}6)$$

式(7-6)中,$k \in \{1,2\}$ 为待定参数。当 $\beta<0$ 时,函数在 $q = -k/\beta$ 处取得最大值,图 7-3 显示了该模型的曲线形式。这个模型的优点在于:无论交通量大还是交通量小,都能获得很好的拟合效果。

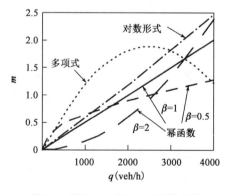

图 7-2　式(7-1)~式(7-4)的函数曲线

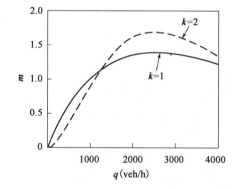

图 7-3　式(7-6)的函数曲线

(3)参数标定

使用回归分析方法对上述模型中的参数 α、β 和 γ 进行估计。根据不同路段(市区/乡村/高速公路、车道宽度、路肩宽度、是否有分隔带)、交叉口(T形/十字形交叉口、有/无信号交叉口)、步行交通及若干年事故资料等,美国、英国、日本等国家的研究人员均利用实际数据标定了待定参数,从而得到了相应的交通事故预测模型。相关研究结果存在较大差异,其原因在于:①数据调查方法不同;②使用的年平均日(小时)交通量等统计资料与事故发生时的具体交通状况并没有直接联系;③模型过于简单;④不同国家或地区对交通事故的判定标准不一样;⑤参数标定方法有差别;⑥更重要的是交通事故取决于包括交通量在内的很多因素而并非只有交通量,其模型实际上比较复杂。

目前,通过高速公路管理系统、永久性观测站或者不停车称重设备等能获得更多的交通流信息,根据交通流的所有相关特性,例如交通量、速度、密度、车头时距等,利用多元统计分析方法可以改进交通事故预测模型。

7.2 燃油消耗

燃油消耗是道路交通的一个重要影响,取决于车辆类型、燃油质量、起动方式、行驶工况、交通拥挤程度等因素。构建燃油消耗模型有助于寻求降低燃油消耗的有效措施与方法,进而改善交通流运行状况与环境。

7.2.1 燃油消耗的影响因素

科学的交通管理与控制能够促进城市的机动化,从而减少交通延误和燃油消耗,最终节约大量的能源。我国人均能源拥有量不到世界平均水平的一半,其中石油仅为1/10。作为世界上第二大能源消费国,与发达工业化国家相比,我国能源利用效率相对要低10多个百分点,而主要耗能产品的单位能耗相对要高30%~40%。自1993年起,我国已成为石油净进口国,而且进口量逐年增加。目前,我国汽车消耗的汽油和柴油分别约占我国汽油和柴油生产总量的90%和20%。燃油消耗已成为评价交通管理与控制策略的一个重要方面。

影响机动车燃油消耗的因素有很多,大致可归纳为4类,即车辆特性、驾驶环境、交通状况以及驾驶员特性。每类因素详述如下:

(1)车辆特性

车辆特性包括车辆重量、发动机大小、发动机类型(如汽油、柴油、电力、压缩天然气等)、传动类型、轮胎类型和大小、轮胎压力、轴距、制动和汽化系统状态、发动机温度、油料黏性、汽油类型(如常规的、无铅的等)、车辆类型(如小汽车、中型车、公交车、重型车等)以及空调、收音机、转向灯、雨刷器等辅助电气设备的使用程度。

(2)驾驶环境

驾驶环境包括道路坡度、风况(如风向、风速、风力等)、环境温度、海拔高度、路面类型(如沥青、混凝土、砂砾等)以及路面状况(如平整度、干燥程度或潮湿程度等)。

(3)交通状况

交通状况包括车辆行驶时的速度(如期望速度、平均速度、最高速度、最低速度等)、加速度(如期望加速度、平均加速度、最大加速度、最小加速度等)、停车次数(反映走走停停的频率)、加速度干扰(表征乘车舒适性)以及交通拥挤程度(如畅通、缓行、拥堵等)。

(4) 驾驶员特性

驾驶员特性是指驾驶员的心理与行为特性。由于车辆是由驾驶员来操纵的,所以驾驶员特性对燃油消耗有不小的影响。一般来说,鲁莽型驾驶员由于频繁加速、换道等行为经常导致燃油消耗量较大,在合适的速度范围内保持匀速行驶有助于降低燃油消耗量。

7.2.2 燃油标准与控制指标

我国于 1999 年首次发布了《车用无铅汽油》(GB 17930—1999)(简称国Ⅰ标准),之后于 2006 年、2011 年、2013 年和 2016 年先后进行了 4 次修订,并发布了《车用汽油》(GB 17930—2006)(简称国Ⅱ标准)、《车用汽油》(GB 17930—2011)(简称国Ⅲ标准)、《车用汽油》(GB 17930—2013)(简称国Ⅳ标准)和《车用汽油》(GB 17930—2016)(简称国Ⅴ标准)。另外,我国于 2003 年首次发布了《车用柴油》(GB/T 19147—2003),也进行了 4 次修订,新版本为《车用柴油》(GB 19147—2016)。自 2017 年 1 月 1 日起,我国汽柴油开始执行国Ⅴ标准。自 2019 年 1 月 1 日起,我国汽柴油开始执行国Ⅵ标准。这一系列标准从国家层面上规定了机动车污染物的排放指标与水平,从燃油角度为节能减排提供了政策与法规依据。

下面介绍影响燃油品质的几个重要指标,包括雷氏蒸气压、硫含量、馏程、成分含量等。

(1) 雷氏蒸气压

雷氏蒸气压(RVP)是衡量液体燃料好坏的一项重要指标。蒸气压越大说明蒸发性越好,蒸气压越小说明蒸发性越差。如果蒸气压过低,燃料中的轻质组分则不足,容易造成车辆起动困难。目前,我国燃油根据不同季节将 RVP 分为两种情况:夏季(从 5 月 1 日至 10 月 31 日)RVP 为 40~65kPa;冬季(从 11 月 1 日至 4 月 30 日)RVP 为 45~85kPa。

(2) 硫含量

国内外相关研究表明,降低汽油中的硫含量可以减少一氧化碳(CO)、碳氢化合物(HC)、氮氧化合物(NO_x)等有害物质的排放。因此,燃油标准主要是严格控制燃油中的硫含量。上述系列标准的修改也主要是调整硫含量,而其他指标一般变化不大。表 7-1 列出了上述系列标准规定的硫含量。

我国燃油标准规定的硫含量 表 7-1

燃油类型	硫含量(mg/kg)				
	国Ⅰ标准	国Ⅱ标准	国Ⅲ标准	国Ⅳ标准	国Ⅴ标准
汽油	1000	500	150	50	10
柴油	500	350	50	10	10

(3) 馏程

馏程是表征燃料组成分布和挥发性的理化指标,包括 T10、T50 和 T90 三种。T50 直接影响发动机的暖机时间、加速性和工作稳定性。T50 对应的温度越低,表明汽油的挥发性越好,意味着汽油与空气形成混合气所需的温度越低。T90 表征燃料中组分较重、难于挥发的重质组分的比例。T90 对应的温度越高,代表重质组分越多,意味着燃烧后容易形成积碳。我国汽油的 T50 和 T90 指标分别为 120℃和 190℃。

(4) 成分含量

燃油参数还涉及苯含量、烯烃含量、氧含量、芳香烃含量以及含氧化合物含量等。这些指标一般采用体积百分比进行表示。含氧化合物(MTBE)属于汽油非金属类抗爆剂中的醚类抗爆剂,该类物质可以通过调和作用提高燃油的辛烷值,从而降低CO的排放浓度,因此在全世界范围内普遍被使用。我国汽油中含氧量的质量分数不大于2.7%,其主要来源为醚类和醇类。

7.2.3 城市交通的燃油消耗模型

通过分析燃油消耗的影响因素,可以建立燃油消耗模型。换句话说,在不同的驾驶条件(如车辆重量、发动机大小、传动类型、轮胎大小和压力、发动机类型、温度等)下搜集大量的燃油消耗数据,统计分析这些数据之间的关系,从而建立燃油消耗模型。这些数据通常代表较长观测时间内的情况,一般忽略了驾驶员特性、环境温度、道路粗糙度、道路等级、风力状况、有效载荷、海拔等细微差别。当预测燃油消耗时,所建立的模型需要进行修正后方可应用。

自20世纪70年代以来,众多研究人员对机动车的燃油消耗进行了大量的研究,建立了多种多样的燃油消耗模型。下面探讨被广泛使用的那些模型。有学者研究了燃油消耗的16种影响因素,结果发现,在城市交通中单位距离的燃油消耗近似与平均速度的倒数呈线性关系,速度决定着70%以上的燃油消耗。不同于公路交通,城市交通的燃油效率随着平均速度的提高而增加,如图7-4所示。图中,速度小于55km/h的代表城市交通条件,速度大于55km/h的代表公路交通条件。当速度大于55km/h时,空气阻力对燃油消耗的影响随着平均速度的提高而逐渐增加,从而使燃油效率逐渐下降。

城市交通的燃油消耗模型反映城市道路上燃油消耗是单位距离平均行程时间的线性函数,如图7-5所示,该模型的表达式为:

$$\Phi = K_1 + K_2 T_t, u_t < 55 \tag{7-7}$$

式中:Φ——单位距离的燃油消耗(mL/km);

T_t——单位距离的平均行程时间(h/km),$T_t = 1/u_t$;

u_t——平均速度(km/h);

K_1——代表截距的模型参数(mL/km);

K_2——代表斜率的模型参数(mL/h)。

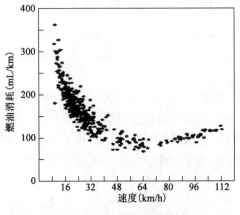

图7-4 城市交通的燃油消耗

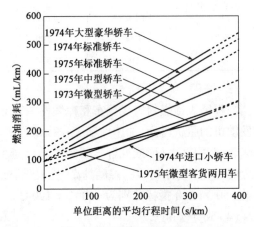

图7-5 各种乘用车的燃油消耗

在式(7-7)中,参数 K_1 反映克服滚动摩擦力的燃油消耗,与车辆重量密切相关,如图 7-6 所示;参数 K_2 可以提高模型精度。

阿克赛立科(Akçelik)将车辆行驶工况划分为稳态行驶、怠速和加减速 3 种,针对每种工况估计了燃油消耗,所提模型类似于 TRANSYT-7F 中使用的模型,其具体形式为:

$$F = f_1 X_s + f_2 d_s + f_3 h \qquad (7-8)$$

式中:F——路段上的平均燃油消耗量(mL);
f_1——稳态行驶时的燃油消耗率(mL/km);
X_s——路段长度(km);
f_2——怠速时的燃油消耗率(mL/s);
d_s——平均每辆车的停车延误(s);
f_3——加减速时的额外燃油消耗量(mL);
h——平均停车率。

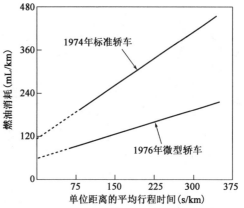

图 7-6 两类乘用车的燃油消耗

大量的相关研究发现,延误和停车次数不应作为同等变量在同一个模型中直接使用,其原因在于:在城市交通条件下,单位距离的停车次数与延误密切相关。因此,需要根据停车次数与延误的关系来确定其各自的加权系数,换言之,需要修正式(7-8)之后再行应用。

通过考虑加速期间的动能变化,沃森(Watson)提出了更完善的城市机动车燃油消耗模型,其表达式为:

$$F = K_1 + \frac{K_2}{u_s} + K_3 u_s + K_4 \cdot P_{KE},$$
$$P_{KE} = \frac{\sum (u_F^2 - u_I^2)}{12960 X_s} \qquad (7-9)$$

式中:　　F——燃油消耗率(L/km);
　　　　u_s——区间平均速度(km/h);
K_1、K_2、K_3、K_4——模型参数;
　　　　P_{KE}——加速期间的动能变化总和;
　　　　u_F——终止速度(km/h);
　　　　u_I——初始速度(km/h);
　　　　X_s——路段长度(km)。

7.2.4 公路交通的燃油消耗模型

在公路交通条件下,车辆速度较高,当平均速度超过 55km/h 时,必须重点考虑空气阻力对燃油消耗的影响。根据稳态行驶速度,人们对公路交通提出了两种燃油消耗模型。其中,TRANSYT-8 中使用的模型为:

$$f_c = a + b u_c + c u_c^2 \qquad (7-10)$$

式中:f_c——稳态行驶时的燃油消耗率(mL/km);
u_c——稳态行驶速度(km/h);
a——待定参数(mL/km);
b——待定参数(mL·h/km²);

c——待定参数($mL \cdot h^2/km^3$)。

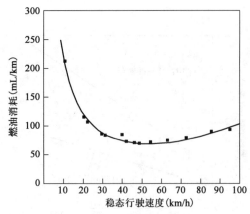

图 7-7 稳态行驶时的燃油消耗

另一种模型是在式(7-7)的基础上增加一个 u_c^2 项,用来解释空气阻力对燃油消耗的影响,如图 7-7 所示。该模型具体形式为:

$$f_c = b_1 + \frac{b_2}{u_c} + b_3 u_c^2 \qquad (7\text{-}11)$$

式中:b_1——待定参数(mL/km);

b_2——待定参数(mL/h);

b_3——待定参数($mL \cdot h^2/km^3$)。

对于城市或公路交通,通常采用瞬时燃油消耗模型来估计非稳态条件下的燃油消耗。许多微观交通仿真软件(如 NETSIM、MULTSIM 等)使用这种模型,基于每辆车的瞬时速度和加速度估计燃油消耗,并用以评价道路限速对燃油消耗的影响。这种瞬时燃油消耗模型的形式为:

$$f = K_1 + K_2 u + K_3 u^3 + K_4 au + K_5 a^2 u \qquad (7\text{-}12)$$

式中:f——瞬时燃油消耗量(mL/s);

u——瞬时速度(m/s);

a——瞬时加速度(m/s^2),$a > 0$;

K_1——怠速时的燃油消耗参数(mL/s);

K_2——克服旋转阻力的燃油消耗参数(mL/m);

K_3——克服空气阻力的燃油消耗参数($mL \cdot s^2/m^3$);

K_4——与加速相关的燃油消耗参数($mL \cdot s^2/m^2$);

K_5——与加速相关的燃油消耗参数($mL \cdot s^4/m^3$)。

汽车发动机的不断改进促使车辆的燃烧效率得到了很大程度上的提高,而且可替代燃料也获得了较大的发展。然而,这些变化并不会使上面的模型失效,因为基本的物理学能量转换规律保持不变,只是需要重新标定模型的各种参数,以便更好地反映燃油消耗速度与车辆重量、发动机大小等因素之间的关系。另外,通过改变参数的单位,如从 mL/s 或 L/km 变为 $kW \cdot h/s$ 或 $kW \cdot h/km$,上述模型对双燃料车同样适用。

7.3 交 通 排 放

交通排放(Traffic Emissions)或车辆排放(Vehicle Emissions)是指机动车排放,涉及的污染物有很多种类。机动车排放因子是衡量机动车排放水平的重要指标。污染物扩散模型用以描述机动车尾气对道路及社会环境造成的影响。

7.3.1 机动车尾气

道路交通对大气的污染是指交通运输中机动车排放的烟、尘和有害气体,其数量、浓度和持续时间超过了大气的自然净化能力和许可标准,使得人和生物深受其害。有害的空气污染物来源于固定污染源与移动污染源。固定污染源是指排放废气的工厂、加油站等固定物体。移动污染源是指车辆、轮船和飞机等移动物体。

机动车尾气也称汽车废气,是指一种排放部位低、不易扩散的移动污染源,已成为大气污染的重要来源,其影响面最宽、危害最大。美国环保局(Environmental Protection Agency,EPA)于2017年发布了《交通运输部门的碳污染——交通运输与气候变化》,这一文件指出:在过去的二十年,交通运输部门较其他部门在绝对数量上排放了更多的温室气体。机动车尾气主要由排气管、曲轴箱及燃油系统排放出来,所排放的废气有许多种类,其中危害较大的包括一氧化碳(Carbon Monoxide,CO)、碳氢化合物(Hydrocarbons,HC)、氮氧化合物(Nitrogen Oxides,NO_x)、二氧化硫(Sulfur Dioxide,SO_2)、二氧化碳(Carbon Dioxide,CO_2)、颗粒物(Particulate Matter,PM)、氨气(Ammonia,NH_3)等。

机动车排放的技术控制水平是决定机动车污染物排放量的最重要因素。除此之外,车辆的使用、保养、燃油质量及环境条件等因素也都会影响机动车的排放状况。20世纪60年代中期,美国开始控制机动车排放及其带来的污染。目前,发达国家已经走过了新车排放控制、在用车排放控制和管理、交通管理以及城市综合规划等几个控制阶段。近年来,我国也在不断制定和完善机动车排放污染的控制标准与办法。

道路交通流一般由不同种类、不同型号的各种车辆组成,不同类型的车辆通常配备不同的排放控制设备。即使同一类型车辆也有不同的发动机结构、变速器类型、化油器或燃油喷射系统,而且不同车辆经常有不同的维修保养状况、行驶里程等。因此,只有进行大量的、有代表性的排放测试才能得到车辆排放的总体统计状况。通常,各个城市或地区执行不同的检查和维护(Inspection/Maintenance,I/M)制度,这致使车辆使用的频率和方式存在差异。再者,各种类型的车辆在交通流中所占的比例往往不同,这也会影响实际运行的车队(Fleet或Platoon)的整体排放状况。

7.3.2 机动车排放因子

机动车排放因子是指单辆机动车行驶单位里程或单位时间排放某种污染物的质量,一般以g/(km·veh)或mg/(s·veh)为单位。排放因子不仅是反映机动车排放状况的最基本参数,而且是测度机动车污染物排放总量及其环境影响的重要依据。

(1)排放因子检测

对于机动车,量化其排放水平的最重要的一种方法是在排放实验室通过模拟各种行驶工况来检测其排放因子。为得到我国实际使用的机动车的基本排放状况以及排放变化规律,国家环保总局于1996年对常见的各种类型的在用车组织了实验室排放检测。此项工作将机动车划分为轻型车、重型汽油车和摩托车3类,分别在3个排放实验室进行检测。轻型车采用《轻型汽车排气污染物测试方法》(GB/T 11642—1989)(该标准已废止)的测试规程,相当于联合国欧洲经济委员会(United Nations Economic Commission for Europe,UNECE或ECE)规定的工况15;重型汽油车采用《车用汽油机排气污染物试验方法》(GB/T 14762—1993)(该标准已废止)的测试规程,相当于美国标准的工况9;摩托车同样采用美国的工况法进行测试。表7-2列出了本次实验室检测的结果。这一结果初步反映了我国实际使用中的机动车的平均排放水平,可以为计算机动车综合排放因子提供重要的基本输入参数。

测试工况下我国各车型的平均排放因子 表7-2

车 型	单 位	平均排放因子		
		CO	HC	NO$_x$
轿车	g/(km·veh)	44.2	5.2	1.5
微型车	g/(km·veh)	24.7	4.4	2.2
吉普车	g/(km·veh)	34.5	5.5	3.2
中型车	g/(km·veh)	51.7	8.1	4.3
重型汽油车	g/[(kW·h)·veh]	164.6	29.6	17.3
摩托车	g/(km·veh)	14.4	2.0	0.1

目前，机动车排放因子的测试方法可归纳为两类，即实测法和模型预测法。实测法又分为台架测试法、隧道测试法、实际工况法、道路车载试验以及遥感测试法。表7-2涉及的测试方法属于台架测试法。通常，实际测试需要耗费大量的人力、物力和财力，而且所获得的样本量非常有限，因而很难进行大规模的应用。为此，许多研究人员基于大量的机动车排放特性数据开发了一系列的交通排放估计模型，如MOBILE模型、IVE模型、COPERT模型、MOVES模型等。这些模型弥补了实测法的不足，可以根据实际情况进行参数标定后用来估计其他道路环境下的机动车排放。这种模型预测法在很多研究和应用中得到了广泛采用，并获得了不错的效果。

(2) 综合排放因子计算

机动车在实际道路上行驶时的综合排放因子，不仅取决于排放控制水平、行驶工况、使用年限及累计行驶里程，而且依赖于维护保养状况、燃油特征及运行环境等因素。众多因素的综合作用决定着机动车的实际排放。这些因素的相互作用是非常复杂的。目前，世界上最广泛应用的MOBILE模型通过考虑多种影响因素来计算机动车的综合排放因子，进而测算机动车的实际排放状况。

MOBILE车辆排放因子模型是美国环保局EPA开发的计算车队排放水平的程序，其数据来源为美国环保局组织的各种不同在用车排放水平的检测结果以及联邦测试程序(Federal Test Procedure，FTP)调试过程中测得的排放结果。该模型基于试验数据而开发，因此随着试验数据的不断积累而不断地改进。

MOBILE1于1978年发布，当时建立了MOBILE系列模型的计算框图、基本计算方法、基本输入输出格式等，程序运行后提供各年份、各车型的平均排放因子以及车辆参数(如发动机排量、车辆自重、车辆载重等)和环境参数(如温度、湿度、气压、CO含量等)对排放的影响。除了车辆自身的排放特性之外，不同的道路条件、不同的行驶工况同样会导致车辆的排放水平有所变化。另外，随着发动机技术的改进，机动车尾气排放的状况也在不断地改善，车辆在使用过程中曲轴箱排放和油路部分的蒸发排放对HC排放水平有着越来越多的影响。因此，MOBILE模型开发了系列版本。

依据车辆类型和发动机排放特性，MOBILE5将车辆分为8类，这种分类与汽车工程师协会(Society of Automotive Engineer，SAE)的做法一致，这样就可以利用FTP的大量测试数据。SAE对车辆的分类如下：

①轻型汽油车(Light Duty Gasoline Powered Vehicles，LDGV)；②轻型汽油卡车(Light Duty

Gasoline Powered Trucks, LDGT);③重型汽油车(Heavy Duty Gasoline Powered Vehicles, HDGV);④轻型柴油车(Light Duty Diesel Powered Vehicles, LDDV);⑤轻型柴油卡车(Light Duty Diesel Powered Trucks, LDDT);⑥重型柴油车(Heavy Duty Diesel Powered Vehicles, HDDV);⑦摩托车(Motorcycles, MC)。

MOBILE5 将 SAE 的第二类 LDGT 又按总质量(Gross Vehicle Weight, GVW)分为 LDGT1 (GVW < 2700kg)和 LDGT2(2700kg < GVW < 3900kg)两类。LDDV 和 LDDT 两类机动车在 MOBILE1 中是没有的。针对以上 8 类机动车,MOBILE5 先按各类车辆的排放特性独立计算其排放因子,再按各类车辆对总排放因子的权重进行加权平均后得到总排放因子。

各类车辆对总排放水平的权重是指该类车辆的行驶里程占机动车总行驶里程的比例, MOBILE 模型将其定义为里程权重系数(Travel Weighting Factor)。经统计可获得各类车辆每年行驶的平均里程以及该类车辆在登记时所占的比例,则可得到该类车辆的总行驶里程,进而可确定该类车辆在总排放中的权重。当计算某一类车辆的里程权重系数时,需要充分考虑这类车辆自身的排放特性,即考虑不同年份生产的各种车型的排放差异。随着生产技术的提高,机动车的排放水平随时间推移存在较大的改变。另外,排放法规和 I/M 制度都是针对某一年份生产的车型而制定的。为了更好地反映排放技术的差异,尤其是准确地评估各种排放法规及 I/M 制度的效果,各类车辆的排放因子应以同一年份为基准进行计算。

研究表明,对于特定类别、特定型号的车辆,在一定的环境条件(如 FTP 测试的标准条件)下,机动车排放因子与其行驶里程呈线性关系,即:

$$C_{ipn} = A_{ip} + B_{ip} Y_{in} \tag{7-13}$$

式中:i——车辆出厂年份;

p——污染物种类;

n——计算年份;

C_{ipn}——FTP1975 测试条件下的平均排放因子[g/(km·veh)];

A_{ip}——初始(即新车)排放因子[g/(km·veh)];

B_{ip}——排放因子劣化率[g/(km²·veh²)];

Y_{in}——累计行驶里程(veh·km)。

在基本排放因子的基础上,考虑各种影响因素,经过修正后,得到实际排放因子,即:

$$E = \text{SUM}(C, M, R, A, L, X, H) \tag{7-14}$$

式中:E——实际排放因子[g/(km·veh)];

SUM——与以下物理量相关的综合函数;

C——FTP1975 平均排放因子[g/(km·veh)];

M——该类车辆行驶里程占总行驶里程的比例;

R——包括温度、速度、热起动/冷起动工况等综合因素的环境修正参数;

A——空调修正参数;

L——负载修正参数;

X——拖车修正参数;

H——湿度修正参数。

上述各种参数的计算或确定方法分别简述如下:

①行驶里程比例(Fraction of Total Mileage)。

如前所述,各类车辆对总排放因子的权重等于行驶里程比例,因而在得到各类车辆的行驶里程之后,进行排放因子的综合计算。MOBILE 是美国针对本土的情况开发的排放因子计算程序,在考虑计算年份的排放因子时仅涉及此前 20 年的车辆类型。其原因在于使用年限达到 20 年的车辆在一般情况下均已报废,即那些超年限的车辆的行驶里程比例为零。这样,某一年份的车辆排放是此前 20 年内生产的车辆的平均排放。某类车辆在计算年份的行驶里程为:

$$M_{in} = R_{in}L_{in} \tag{7-15}$$

式中:M_{in}——出厂年份 i 的该类车辆在计算年份 n 的行驶里程(veh·km);

R_{in}——出厂年份 i 的该类车辆在计算年份 n 的登记比例;

L_{in}——出厂年份 i 的所有车辆在计算年份 n 的年平均行驶里程(veh·km)。

②环境修正参数。

环境修正参数的一般公式为:

$$\begin{aligned} R &= (B_1 + B_2 + B_3)/D_{EM}, \\ B_1 &= w[\exp(a - bT) + c + dA]u(g,s_1)/u(g,26), \\ B_2 &= (1 - w - z_r)(h + jA)u(g,s_2)/u(g,26), \\ B_3 &= z_r(e + fA)u(g,s_3)/u(g,26), \\ D_{EM} &= d_0 + d_1 A \end{aligned} \tag{7-16}$$

式中:R——环境修正参数;

B_1、B_2、B_3、D_{EM}——待定参数;

s_1、s_2、s_3——各指定状态的平均速度(km/h),由用户输入;

$u(g,s_1)$、$u(g,s_2)$、$u(g,s_3)$——各指定状态的速度修正因子,由模型给定;

w——冷起动状态占总行驶里程的比例,由调查获得;

z_r——热起动状态占总行驶里程的比例,由调查获得;

T——环境温度(℉);

A——车龄减去 1;

g——当地的车型登记分布,由调查获得;

a、b、c、d、e、f、h、j、d_0、d_1——与污染物种类和车辆类型有关的经验参数。

③空调修正参数(Air Conditioning Correction Factor)。

空调的动力来源于发动机,这种额外的动力要求必然会增加车辆的排放水平。空调装置对排放因子的修正参数为:

$$A = kr[f_c(A) - 1.0] + 1.0 \tag{7-17}$$

式中:A——空调修正参数;

k——配备空调的车辆所占比例,通过调查获得;

r——配备空调的车辆使用空调的比例,因季节而变化,通过调查获得;

$f_c(A)$——考虑排放污染物的修正因子,对于 CO、HC 和 NO_x 分别为 1.18、1.13 和 1.18。

④负载修正参数(Loading Correction Factor)。

FTP 规定的负载约为 136kg(包括驾驶员、燃油、水等),额外的负载会使排放因子增加。负载修正参数的计算公式为:

$$L = f_t[f_c(P) - 1.0] + 1.0 \tag{7-18}$$

式中：L——负载修正参数；

　　f_t——拖车比例，根据当地调查数据确定；

　　$f_c(P)$——考虑负载的修正因子，对 CO、HC 和 NO_x 分别为 1.20、1.06 和 1.03。

⑤拖车修正参数(Trailer Towing Correction Factor)。

拖车相当于增加了额外负载，这会导致发动机工作在功率较大的区间，因而会增加车辆的排放水平。拖车修正参数的计算公式为：

$$X = f_t[f_c(t) - 1.0] + 1.0 \tag{7-19}$$

式中：X——拖车修正参数；

　　f_t——拖车比例；

　　$f_c(t)$——考虑污染物种类和车辆类型的修正因子。

对于 1975 年以前的车辆，CO、HC 和 NO_x 的 $f_c(t)$ 分别取 2.15、1.32 和 1.16。对于 1975 年以后的车辆，$f_c(t)$ 由式(7-20)确定：

$$f_c(t) = \frac{wa(t) + (1-w)b(t)}{w + (1-w)c(t)} \tag{7-20}$$

式中：　　w——冷起动状态占总行驶里程的比例；

$a(t)$、$b(t)$、$c(t)$——参数，取值见表 7-3。

计算拖车修正参数时 3 个参数的取值　　　　表 7-3

污　染　物	$a(t)$	$b(t)$	$c(t)$
CO	2.15	1.55	0.39
HC	1.32	0.75	0.43
NO_x	1.16	1.28	0.90

⑥湿度修正参数。

湿度主要影响 NO_x 的排放。一般认为，标准条件下湿度为 75gr/lb(1gr/lb 等于 0.143g/kg)。在其他条件下，湿度修正参数的计算公式为：

$$H = 1.0 - 0.0047(h_m - 75) \tag{7-21}$$

式中：H——湿度修正参数；

　　h_m——湿度(gr/lb)，根据实际情况确定。

利用美国环保局开发的 MOBILE 模型，在实验室测试的基础上，对上述模型中的各种参数进行修正，进而可以计算我国典型城市各种机动车在实际运行条件下的排放因子。涉及模型输入的主要修正参数包括以下几个：

①机动车零公里排放因子和劣化率。根据实验室检测结果，使用回归分析法获得我国新车的基本排放因子和劣化率。

②典型城市机动车车龄分布和行驶里程分布。机动车车龄分布是指目前使用的机动车中各种车龄的车辆所占的比例。机动车行驶里程分布是指各种车龄的车辆的行驶里程占总行驶里程的比例。这两者共同反映在用机动车的使用情况。通过调查典型城市机动车的登记数据、行驶里程和使用年限可以获得机动车车龄分布和行驶里程分布。

③机动车平均运行速度。机动车平均运行速度是指机动车在研究范围(如某条道路或某个区域)内完成一次工况循环(包括加速、减速、急速和匀速)的平均速度，这种速度能反映机动车的总体运动状况。通过抽样调查了解各类车辆(如出租车、办公用车等)的出行情况，再

对起点和终点的工况进行分析,最后确定典型城市在不同道路上或不同区域内的平均运行速度。

④冷、热起动比例。冷、热起动比例影响机动车实际运行过程中污染物的排放量。冷、热起动的区别在于机动车起动时的车体温度不同,一般情况下车辆静置2h后的起动属于冷起动。

⑤燃油品质。影响机动车排放的最重要的燃油指标是饱和蒸气压,这一指标直接影响HC的排放。我国燃油品质的实际质量略好于国家标准,在模型中可使用标准值作为输入参数。

⑥机动车运行环境。机动车运行环境涉及机动车运行时的日均气温、最高气温、最低气温以及湿度等。

⑦机动车的空调使用、负载及拖车情况。通过调查获得机动车的空调使用情况、负载情况以及拖车情况。

⑧检查和维护制度。I/M制度对机动车排放因子有较大的影响。MOBILE考虑了各种I/M制度对排放因子的影响,具体考虑的因素包括I/M制度的实施类型、实行方法、普及率、效用等。

根据已经确定的城市机动车的实际排放因子,可以计算移动源的排放总量以及各类车辆的排放量分布,其计算公式为:

$$E'_p = \sum_j (P_j M_j E_{pj}) \tag{7-22}$$

式中:E'_p——污染物 p 的年排放总量(t);

P_j——第 j 类车的机动车保有量(10^3 veh);

M_j——第 j 类车的年平均行驶里程(10^3 km);

E_{pj}——第 j 类车排放污染物 p 的平均排放因子[g/(km·veh)]。

除MOBILE模型之外,人们还提出了其他很多用于计算排放因子和排放量的模型,例如EMFAC、COPERT、IVE、MOVES、PART、MICRO2等。这些模型各有其适用对象和范围,比如,PART模型针对柴油车计算颗粒物的排放因子,MICRO2模型针对交叉口估计机动车的污染物排放。

(3)机动车比功率

上面的综合排放因子是从宏观角度对机动车排放进行测算,一般是针对某个城市或地区建立机动车排放清单。从微观角度,人们研究发现,机动车排放因子取决于其比功率。机动车比功率(Vehicle Specific Power,VSP)即单位质量机动车的瞬时输出功率,表达为速度、加速度和坡度的函数。

针对一条车道组上的一类机动车来说,某一时刻单辆车的比功率为:

$$VSP_{j,\zeta}^{\eta}(t) = v_{j,\zeta}^{\eta}(t)[1.1 a_{j,\zeta}^{\eta}(t) + 9.8\sin(\theta_j^{\eta}) + 0.132] + 0.000302[v_{j,\zeta}^{\eta}(t)]^3 \tag{7-23}$$

式中:$VSP_{j,\zeta}^{\eta}(t)$——时刻 t 交叉口 η 车道组 j 上车辆 ζ 的比功率(kW/t);

$v_{j,\zeta}^{\eta}(t)$——时刻 t 交叉口 η 车道组 j 上车辆 ζ 的速度(m/s);

$a_{j,\zeta}^{\eta}(t)$——时刻 t 交叉口 η 车道组 j 上车辆 ζ 的加速度(m/s^2);

θ_j^{η}——交叉口 η 车道组 j 的道路坡度。

通过分析车载排放测试数据,研究人员对比功率进行了分区,其原则为相邻两个分区之间的污染物排放因子相差较大。这方面的研究有很多,尽管大多采用了相同的研究方法,但是不同学者提出的比功率分区个数以及对应的各污染物排放因子略有不同。表7-4列出了小汽车、中型车和公交车的比功率分区以及 CO、HC 和 NO_x 的排放因子,这些数据来源于长春市的一项车载排放试验。

比功率分区及污染物排放因子 表7-4

分区	比功率 (kW/t)	小汽车排放因子 [mg/(s·veh)]			中型车排放因子 [mg/(s·veh)]			公交车排放因子 [mg/(s·veh)]		
		CO	HC	NO_x	CO	HC	NO_x	CO	HC	NO_x
1	$VSP < -10$	1.9025	0.0673	0.3437	1.7658	0.2349	0.1256	0.3428	0.8936	2.3350
2	$-10 \leqslant VSP < -2$	2.0918	0.1030	0.5046	2.3659	0.2838	0.0772	0.8659	1.2138	3.8250
3	$-2 \leqslant VSP < 0$	2.5419	0.1593	0.5562	2.5380	0.2585	0.0793	3.3380	1.7685	12.2930
4	$0 \leqslant VSP < 2$	1.8237	0.2323	0.5855	3.1288	0.3188	0.1705	4.4288	1.8388	18.7050
5	$2 \leqslant VSP < 5$	2.3533	0.1896	0.6916	3.2344	0.2829	0.1929	6.7344	1.8929	22.0290
6	$5 \leqslant VSP < 9$	2.2451	0.2592	0.8216	3.9160	0.2982	0.2709	8.5160	1.9482	24.2090
7	$9 \leqslant VSP < 13$	2.6964	0.3180	1.0906	5.2499	0.4252	0.4120	7.9499	2.0052	26.6200
8	$13 \leqslant VSP < 17$	4.0725	0.4383	1.1764	5.8076	0.5458	0.5745	6.5076	2.1758	27.3450
9	$17 \leqslant VSP < 20$	3.9979	0.5472	1.3588	5.4015	0.6456	0.5627	6.2015	2.1810	30.8270
10	$20 \leqslant VSP$	4.5135	0.5174	1.4514	4.1770	0.6033	0.7570	5.2770	2.2033	32.9700

根据信号交叉口交通流特性可知,红灯期间车辆通过交叉口的运动规律明显不同于绿灯期间。假设红、绿灯期间各污染物排放因子稳定且存在差异。结合机动车比功率与信号配时方案,可以标定信号交叉口红、绿灯期间各污染物的排放因子。这里讨论若干个交叉口采用协调的预设信号控制方式。关于信号交叉口交通流特性及配时理论的基础知识,详见第9章。

根据机动车比功率分区及其排放因子,某一时刻单辆车排放某种污染物的质量为:

$$E_{j,\zeta}^{\eta,k}(t) = e_{\omega,\gamma}^{k} \cdot \tau, VSP_{j,\zeta}^{\eta}(t) \in [LVSP_{\omega,\gamma}, UVSP_{\omega,\gamma}), A_{j,\zeta}^{\eta}(t) = \omega \quad (7\text{-}24)$$

式中: $E_{j,\zeta}^{\eta,k}(t)$ ——时刻 t 交叉口 η 车道组 j 上车辆 ζ 排放污染物 k 的质量(mg);

$e_{\omega,\gamma}^{k}$ ——ω 类机动车的比功率位于分区 γ 时污染物 k 的排放因子[mg/(s·veh)];

τ ——速度-加速度数据的采样分辨率(s);

$LVSP_{\omega,\gamma}$、$UVSP_{\omega,\gamma}$ ——分别为 ω 类机动车比功率分区 γ 的下限和上限(kW/t);

$A_{j,\zeta}^{\eta}(t)$ ——时刻 t 交叉口 η 车道组 j 上车辆 ζ 的类别属性。

进一步,红绿灯期间和信号周期内某种污染物的排放因子为:

$$EFR_{j,\omega}^{\eta,k} = \frac{\sum_t \sum_\zeta E_{j,\zeta}^{\eta,k}(t)}{[\sum_t NR_{j,\omega}^{\eta}(t)] \cdot \tau}, \mod(t-o^\eta, C) \notin [GS_j^\eta + \iota_s, GE_j^\eta + \iota_s], A_{j,\zeta}^{\eta}(t) = \omega \quad (7\text{-}25)$$

$$EFG_{j,\omega}^{\eta,k} = \frac{\sum_t \sum_\zeta E_{j,\zeta}^{\eta,k}(t)}{[\sum_t NG_{j,\omega}^{\eta}(t)] \cdot \tau}, \mod(t-o^\eta, C) \in [GS_j^\eta + \iota_s, GE_j^\eta + \iota_s], A_{j,\zeta}^{\eta}(t) = \omega \quad (7\text{-}26)$$

$$EF_{j,\omega}^{\eta,k} = \frac{\sum_t \sum_\zeta E_{j,\zeta}^{\eta,k}(t)}{[\sum_t N_{j,\omega}^{\eta}(t)] \cdot \tau}, A_{j,\zeta}^{\eta}(t) = \omega \quad (7\text{-}27)$$

式中：$EFR_{j,\omega}^{\eta,k}$、$EFG_{j,\omega}^{\eta,k}$、$EF_{j,\omega}^{\eta,k}$——分别为交叉口 η 车道组 j 上 ω 类机动车在红灯期间、绿灯期间和信号周期内排放污染物 k 的因子，简称红灯期间、绿灯期间和信号周期内排放因子[mg/(s·veh)]；

$NR_{j,\omega}^{\eta}(t)$、$NG_{j,\omega}^{\eta}(t)$、$N_{j,\omega}^{\eta}(t)$——分别为时刻 t 交叉口 η 车道组 j 上红灯期间、绿灯期间和信号周期内驶离停车线的 ω 类机动车数(veh)；

$\mod(t-o^{\eta},C)$——$t-o^{\eta}$ 除以 C 的余数(s)；

o^{η}——交叉口 η 的绿时差(s)；

C——周期时长(s)；

GS_j^{η}、GE_j^{η}——分别为交叉口 η 车道组 j 的绿灯开始和结束时刻(s)；

ι_s——起动损失时间(s)。

对于计算红绿灯期间和信号周期内的各污染物排放因子，式(7-25)~式(7-27)适用于单点交叉口、干线协调交叉口群以及区域协调交叉口群。对于单点交叉口的每条车道组，表7-5显示了红绿灯期间排放因子与驾驶模式百分比的研究结果，这里驾驶模式意为车辆行驶工况。此项研究考虑了一个四路交叉口的8条车道组、低中高3种交通需求水平以及韦伯斯特和延误最小化两种信号配时方案，但仅考虑了小汽车一种车辆类型，并假设所有道路的坡度均为零。

单点交叉口红绿灯期间排放因子与驾驶模式百分比的研究结果　　　　表7-5

统计指标	污染物或行驶工况	均值	标准差	中位数	极差
绿灯期间排放因子 [mg/(s·pcu)]	CO	2.8419	0.1750	2.8939	0.6685
	HC	0.3153	0.0256	0.3260	0.0925
	NO$_x$	0.8953	0.0686	0.9229	0.2498
红灯期间排放因子 [mg/(s·pcu)]	CO	1.8795	0.0132	1.8790	0.0485
	HC	0.2201	0.0062	0.2227	0.0192
	NO$_x$	0.5777	0.0070	0.5798	0.0208
绿灯期间处于各行驶工况的车辆比例(%)	怠速	24.69	4.54	23.85	24.88
	加速	61.32	10.06	64.66	38.29
	减速	13.22	6.28	10.03	22.96
	匀速	0.76	0.59	0.57	2.49
红灯期间处于各行驶工况的车辆比例(%)	怠速	86.74	4.50	87.53	15.46
	加速	1.80	0.52	1.78	2.61
	减速	11.43	4.32	10.13	14.81
	匀速	0.03	0.02	0.02	0.09

对于一条干线道路上的每条车道组，表7-6给出了红绿灯期间排放因子的标定结果。这项研究基于大连市的实测交通流数据，考虑了4个交叉口的15条车道组、低中高3种交通需求水平以及4种信号配时方案(即现状方案、延误最小化方案、排放最小化方案、延误和排放最小化方案)，且考虑了小汽车、中型车和公交车3种车辆类型，并假设所有道路的坡度均为零。

干线交叉口群红绿灯期间排放因子的标定结果　　　　　　　　　　　表 7-6

车辆类型	配时方案	绿灯期间排放因子的平均值[mg/(s·veh)]			红灯期间排放因子的平均值[mg/(s·veh)]		
		CO	HC	NO_x	CO	HC	NO_x
小汽车	现状(调查)	2.7150	0.2923	0.8554	1.9039	0.2127	0.5718
	延误最小化	2.6208	0.2748	0.8119	1.9513	0.2017	0.5638
	排放最小化	2.6993	0.2842	0.8400	1.9471	0.2012	0.5628
	延误和排放最小化	2.6619	0.2794	0.8275	1.9552	0.1996	0.5620
中型车	现状(调查)	3.7019	0.3761	0.3161	2.9831	0.3090	0.1615
	延误最小化	3.6147	0.3658	0.2926	2.9027	0.3029	0.1557
	排放最小化	3.6868	0.3776	0.3148	2.9059	0.3032	0.1566
	延误和排放最小化	3.6367	0.3668	0.2979	2.8887	0.3023	0.1559
公交车	现状(调查)	6.3627	1.9118	21.8493	3.8276	1.7419	15.9084
	延误最小化	5.9207	1.8679	20.4608	3.5096	1.6925	14.4178
	排放最小化	6.1408	1.8906	21.2267	3.4210	1.6759	14.0537
	延误和排放最小化	6.0171	1.8749	20.6910	3.5098	1.6904	14.4189

车辆类型	配时方案	绿灯期间排放因子的标准差[mg/(s·veh)]			红灯期间排放因子的标准差[mg/(s·veh)]		
		CO	HC	NO_x	CO	HC	NO_x
小汽车	现状(调查)	0.2180	0.0402	0.0886	0.0560	0.0134	0.0104
	延误最小化	0.2483	0.0424	0.1057	0.0723	0.0176	0.0140
	排放最小化	0.2079	0.0399	0.0915	0.0702	0.0173	0.0134
	延误和排放最小化	0.2279	0.0412	0.0978	0.0764	0.0184	0.0138
中型车	现状(调查)	0.2493	0.0385	0.0609	0.0965	0.0061	0.0054
	延误最小化	0.3135	0.0413	0.0701	0.1300	0.0083	0.0077
	排放最小化	0.2520	0.0335	0.0566	0.1374	0.0088	0.0087
	延误和排放最小化	0.2980	0.0384	0.0649	0.1326	0.0086	0.0076
公交车	现状(调查)	0.3544	0.0401	1.2506	0.3401	0.0551	1.5648
	延误最小化	0.6688	0.0485	1.6896	0.5725	0.1016	2.5328
	排放最小化	0.5519	0.0476	1.5758	0.5923	0.1018	2.6333
	延误和排放最小化	0.6543	0.0464	1.6805	0.5475	0.0948	2.4436

表 7-5 和表 7-6 均基于表 7-4 所测结果及式(7-25)和式(7-26)来计算红绿灯期间的排放因子,计算过程中所采用的速度-加速度数据的采样分辨率为 1s,这些数据来自微观仿真软件 VISSIM 的 5 次运行结果。关于 VISSIM 的基本知识,详见第 10 章。从表 7-5 和表 7-6 可以看出,当不考虑道路坡度的影响时,对每类车辆排放的每种污染物来说,红绿灯期间的排放因子表现出很强的稳定性,而且绿灯期间的排放因子明显高于红灯期间。这一结论不受交叉口、车道组、交通需求及配时方案的影响,这与基于行驶工况的排放因子的研究结果保持一致。之所以绿灯期间的排放因子较高,是因为绿灯期间车辆处于加速状态的比例较高,这恰好与加速状态时排放因子较高的结论相呼应。

基于机动车比功率的微观测算方法是目前公认的、最准确的估计交通排放的方法,因为该方法所得交通排放可以剔除交通环境中除机动车外的其他因素。美国环保局开发的新一代机动车排放模型MOVES就采用了基于机动车比功率的车载排放测试方法以及大量的实测结果。关于MOVES的基本知识，详见第10章。如前所述，交通排放的实测法不仅成本高、耗时长，而且样本量非常有限。因此，许多研究人员将微观交通仿真软件和机动车排放模型进行结合，利用计算机仿真的可控性、重复性、节约时间等优点，进行交通排放测算及影响因素分析、交通管控措施评价以及交通政策评估等更深入的研究。有关研究结果证明：影响机动车排放因子的敏感性因素包括机动车类型、燃油类型、污染物种类、信号灯色与道路坡度，其非敏感性因素涉及交通需求水平、信号控制方案、采样分辨率和交通流随机性。

7.3.3 污染物扩散模型

为保护生活环境以促进人类健康，了解并预测空气中的污染物浓度（即环境空气浓度）是非常重要的。最直接的方法是进行空气质量监测，但是通常难以直接比较不同的监测结果，其原因在于监测得到的污染物浓度不可避免地受到监测点位置、气象条件、监测设备、分析方法等因素的影响。

空气中污染物的浓度水平与距离污染源的远近有着密切的关系。位于道路旁边的空气污染监测站，一般会测得与机动车排放密切相关的几种污染物的高浓度值。如果在电厂的下风向进行监测，测得的SO_2一般具有较高的浓度。风速、风向、日照等气象条件对污染物的浓度均有较大的影响。通常，当空气处于接近静止的状态时，污染物的浓度会达到最大。

20世纪60年代末以来，美国、欧洲、日本等国家或地区对机动车污染物扩散进行了大量研究，主要集中于建立适用于公路和城市道路的污染物扩散模型。早在20世纪70年代初，人们就提出了很多污染物扩散模型。近半个世纪以来，随着社会经济的发展和科技手段的进步，研究人员不断地改进已有的污染物扩散模型或开发新的污染物扩散模型。这些模型大多源于以微分方程的解析解为基础的烟羽、烟流或烟团模型，其次是直接求解微分方程的数值模拟模型，还有基于观测结果的半经验模型。一般来说，污染物扩散模型的开发和检验以现场监测、野外示踪剂试验和风洞模拟试验的结果为基础。

城市机动车污染物的扩散可以划分为3个层次。第1层次，模拟某条街道或某个狭窄区域的空气污染状况，这是精度最高、范围最小的层次，其模型通常称为街道峡谷模型，如STREET模型；第2层次，模拟一条主要道路两侧的空气污染状况，其模型通常称为线源模型，如CALINE模型；第3层次，为反映机动车排放对城市空气质量的影响，模拟城市路网中的空气污染状况，此时道路线源被处理成一般的面源，并采用城市多源空气污染的综合扩散模型，如ISCST3模型。下面主要介绍适用于公路线源的机动车污染物扩散模型。

（1）CALINE模型

20世纪70年代，美国加州交通局开发了名为CALINE的线源污染物扩散模型。该模型基于高斯扩散公式，使用混合带的概念描述公路上污染物的初始扩散规律。沃德（Ward）等通过修正CALINE模型开发了CALINE2模型；美国加州交通局又通过将道路处理成一系列与风向垂直的短连线而开发了CALINE3模型，从而克服了CALINE2模型在稳定和平行风时导致预测结果偏大的缺陷；后来，研究人员进一步改进了CALINE3模型而开发了CALINE4模型，新模型可以应用于道路交叉口与停车场。CALINE模型将公路上的一条路段划分为一系列的单元，每个单元处某一点污染物浓度的叠加量可由横向风作用下的有限线源公式近似得到，然后将所有这些微元累加起来即可获得该接受点的污染物总浓度的估计值。所有单元都被看作完全相等的线源,并与风向正交,那么公路上方区域将作为排放和湍流的均匀区。

(2) HIWAY 模型

1975 年,美国环保局开发了适用于公路的第一个高斯扩散模型,即 HIWAY 模型。后来,研究人员利用通用汽车(General Motors,GM)和纽约的试验数据改进了 HIWAY 模型,从而形成了 HIWAY2 模型。该模型认为公路上机动车排放是一系列有限线源,每条车道可视为连续的、具有均匀排放速率的有限直线源。然后,将线源模拟成一系列连续的点源,并对高斯点源方程进行积分,从而获得线源的污染物浓度。该模型的表达式为:

$$c = \frac{q}{u_w}\int_0^L f\mathrm{d}l \tag{7-28}$$

式中:c——污染物浓度(mg/m^3);

q——线源强度[$mg/(m \cdot s)$];

u_w——风速(m/s);

f——点源扩散方程,根据线源高度及有无混合层反射等情况选择合适的表达式;

L——线源长度(m)。

对于直线型线源等简单情况,可以求出连续线源浓度的解析公式。

HIWAY 模型主要用来模拟高速公路下风向的污染物浓度,其中涉及的扩散参数 σ_z 根据通用汽车和长岛实验的示踪数据进行确定。下风向的污染物扩散是初始扩散条件及稳定度的函数,初始扩散参数 σ_{z0} 设为 1.5m,稳定度分为 3 种类型。为了解释排放初始阶段污染物浓度出现降低的情况,该模型在初始速度中考虑了机动车的动力因素。在低风速且风向与道路平行的条件下,HIWAY 模型仍然能够合理地估计污染物的浓度。

(3) GM 模型

为回避点源假设,超科(Chock)利用无限线源方法和 GM 试验数据,建立了 GM 模型。该模型定义了扩散参数,将其表达为风与车道方位角和到源距离的函数。另外,该模型考虑了在相当稳定和微风条件下烟羽在车道上的抬升情况。GM 模型计算污染物浓度的公式为:

$$c = \frac{q}{\sqrt{2\pi}Y\sigma_z}\left\{\exp\left[-\frac{1}{2}\left(\frac{z+H_0}{\sigma_z}\right)^2\right] + \exp\left[-\frac{1}{2}\left(\frac{z-H_0}{\sigma_z}\right)^2\right]\right\} \tag{7-29}$$

式中:c——污染物浓度(mg/m^3);

q——线源强度[$mg/(m \cdot s)$];

Y——公路上横风有效风速与风速校正因子的和(m/s);

z——采样点高度(m);

H_0——烟羽高度(m);

σ_z——扩散参数(m)。

扩散参数 σ_z 反映水平和垂直扩散对浓度分布的影响,该参数表达为:

$$\sigma_z = (A + BFX)^C \tag{7-30}$$

式中:$F = 1 + \beta|(\theta - 90°)/90°|^\gamma$;

A、B、C——由稳定条件确定的经验参数;

X——采样点距车道中心的距离(m);

θ——风与公路之间的夹角(°);

β、γ——由稳定条件确定的经验参数。

烟羽高度 H_0 的计算公式为：

$$H_0 = \left[\frac{Rg(\rho_0 - \rho)}{\alpha\rho_0 u_w^2}\right]^{0.5} x \tag{7-31}$$

式中：R——烟羽宽度(m)；

g——重力加速度(m/s²)；

ρ_0——环境空气的密度(kg/m³)；

ρ——烟羽的密度(kg/m³)；

α——传输系数；

u_w——线源横风风速(m/s)；

x——到公路的距离(m)。

(4) ROADWAY 模型

ROADWAY 模型假设一个叠加了机动车尾气影响的表面层，该表面层由表面层近似理论来描述，利用有限差分近似求解一个质量守恒等式。该模型还假设汽车尾流对风域和湍流域的影响是线性的，其独特之处在于采用了汽车尾流理论。汽车尾流是指相对于车速降低的湍流增强带，其强度是车速、下风距离以及到尾流中心线距离的函数。根据车流量、车速、周围空气条件以及上风向的大气条件，可以计算公路断面上的判决速度和湍流区。公路上方、上风处以及下风处的浓度可以根据平均速度及湍流区进行预测。不同于其他模型，ROADWAY 模型并不依赖于通用汽车的示踪试验数据。

上述污染物扩散模型都可以预测机动车排放对空气质量的影响，其中将机动车排放因子与空气质量直接联系起来。这种关联对于分析机动车排放控制技术和对策带来的环境效果具有重要意义。

7.4 交通噪声

车辆在行驶过程中因发动机运转及其他零部件运动而产生各种噪声，如发动机转动、轮胎与地面摩擦、车体与空气摩擦等引起的噪声。道路交通系统中因车辆运行而造成的各种噪声统称为道路交通噪声(简称交通噪声)。不同环境下的交通噪声对人类健康产生不同程度的危害。科学地计量与预测交通噪声对于评价交通管控策略具有重要意义，并有助于控制与降低交通噪声以改善交通及社会环境。

7.4.1 含义与计量

噪声是指一切频率混杂、呆板、凌乱，妨碍人们工作、学习及生活，影响人们身心健康的声音。一般来说，凡是人们不需要的、令人厌烦的声音都称为噪声。交通噪声主要来自机动车噪声源，其影响范围广、持续时间长。机动车噪声源大致分为喇叭声、与发动机转速有关的声源(如进气噪声、排气噪声、冷却系风扇噪声、发动机表面辐射噪声、发动机附件噪声等)以及与车速有关的声源(如变速器与传动轴的传动噪声、轮胎噪声、车体产生的空气动力噪声等)。

交通噪声的影响因素主要包括：①声源的强度，涉及交通量、车速、车型、路面材料以及道路的宽度、坡度和平整度等。②传播的方式和路径,涉及接受点到声源的距离、地形起伏、地面植被状况、各类屏障对噪声的阻挡作用、各类地物对噪声的反射以及空气的温度、湿度和流动等。③接受点的空间位置,涉及接受点对声源的视角、接受点到交叉口的距离、接受点到车站的距离等。

交通噪声是随机变化的,属于变化范围很宽的随机噪声,会造成人的听觉疲劳或听力损伤,以致干扰人们的生活,对人体生理和心理都有很大的影响。很多研究表明,城市环境噪声的50%~70%来自交通噪声。

交通噪声对人的影响不仅取决于声源的强度与频率,而且依赖于噪声的持续时间与声强的变化幅度。声强的变化幅度很大,在寂静的环境中勉强能听到的最小的声音强度称为可听阈,使人耳开始感到疼痛的声音强度称为痛阈。从可听阈(2×10^{-5}Pa)到痛阈(20Pa),声压比的变化超过100万倍。那么,采用一个声级数值来评价交通噪声将遇到很大的困难。因此,人们提出了以下几种常用的计量指标。

(1)声压与声压级

声压是表示声音强弱的一种物理量,声压级是表征声音强度的相对大小的一个指标。声压级是指待测声压与标准声压之比的常用对数乘以20,其计算式为:

$$L_p = 20 \cdot \lg\left(\frac{p_e}{p_0}\right) \tag{7-32}$$

式中: L_p——声压级(dB);

p_e——待测声压(Pa);

p_0——标准声压(Pa),即 2×10^{-5}Pa。

由于标准声压常为20μPa,式(7-32)可改写为:

$$L_p = 20 \cdot \lg\left(\frac{p_e}{20}\right) \tag{7-33}$$

20μPa是可听阈的最低限,对应的声压级为0dB,痛阈的声压级为120dB,介于可听阈与痛阈之间的声音是人的可听声音。

(2)频率与频谱

声音是由声源振动而产生的,通过媒介进行传播。声波的频率是指每秒钟媒介质点振动的次数,其单位为Hz(即s^{-1})。

不同的声音包含的频率成分不一样,而且各个频率上的能量分布也不相同,这种频率成分与能量分布的关系即为声的频谱。声音的特性常用频谱进行描述,由各个频率或频段上的声的能量分布所绘成的图形称为频谱图。

(3)响度与响度级

响度即声音"响"的程度,其单位为sone。响度级是相对于频率为1000Hz的纯音的声压级,其单位为phon。规定响度级为40phon时,其响度为1sone。响度级与响度的关系为:

$$L_N = 40 + \log_2 N \tag{7-34}$$

式中: L_N——响度级(phon);

N——响度(sone)。

响度涉及对声音的主观评价,因此两个声音叠加时不能简单地将其响度作代数相加,必须修正由试验所得的效率才能得到总响度。

7.4.2 评价指标

交通噪声是一种非稳态的随机噪声。为适应其特点,常用以下评价指标。

(1) A 计权声级

声压级相同的声音,因频率不同而使所产生的主观感觉不同。为使声音的主观量度和人耳听觉的主观感受尽量一致,在测量声音的仪器(如声级计)上安装一个滤波器(即频率的计权网络),对所接受的声音按频带设置一定的衰减来模拟人耳的听觉特性。计权网络一般分 A、B、C 三级。利用计权网络测定的声压级称为计权声级。因为 A 声级和人耳对声音的主观听觉的灵敏度比较接近,所以交通工程中采用 A 计权声级,记为 dB(A)。

(2) 等效声级

因为交通噪声具有很强的时变性,所以不应使用某一时间的某一测定值表示其声级。为综合评价一段时间内交通噪声的大小,通常采用被测时段内的能量平均值表示该时段的等能量声级,又称等效声级。换句话说,使用一个在相同时间内声能与之相等的连续稳定的 A 计权声级表示该时段内不稳定噪声的声级。等效声级的计算式为:

$$L_{eq} = 10 \cdot \lg\left(\frac{1}{T}\int_0^T 10^{0.1L_i} dt\right) = 10 \cdot \lg\left(\frac{1}{n}\sum_{i=1}^n 10^{0.1L_i}\right) \tag{7-35}$$

式中:L_{eq}——等效声级[dB(A)];

L_i——n 个 A 计权声级中第 i 个测定值(dB);

T——被测时段总时间(s)。

(3) 统计声级

一般通过测定噪声对噪声质量进行分析与评价,此时常采用统计声级,具体包括累积统计分布对应的值 L_{10}、L_{50} 和 L_{90}。在测量的单位时间(通常取 1h)内,将很多大小不等的数据按大小顺序进行排列,则可得 L_{10}、L_{50} 和 L_{90} 的单位时间值,这是评价交通噪声污染程度的单值指标,其含义分别为:L_{10} 是指所测数据有 10% 超过的声级,即有 90% 的交通噪声比该值低,可以表示所测时段的噪声峰值;L_{50} 是指所测数据有 50% 超过的声级,即有 50% 的交通噪声比该值低,可以表示所测时段的噪声平均值;L_{90} 是指所测数据有 90% 超过的声级,即有 10% 的交通噪声比该值低,可以表示所测时段的本底噪声。试验结果显示,对于车流量较大的道路,L_{50} 数值和人们对吵闹感觉程度有较好的相关性,因而有些国家直接采用 L_{50} 评价交通噪声。

7.4.3 预测模型

在城市的各种噪声源当中,无论从污染面来看还是从污染强度来看,交通噪声都是最重要的噪声源。预测交通噪声对于评价公路建设项目的环境影响以及控制交通噪声都具有重要意义。早期的交通噪声预测模型只考虑了交通流特性(如车流量、车速、车种比例等)与交通噪声统计声级之间的关系。自 20 世纪 70 年代初,为了预测任意条件下的交通噪声,人们通过考虑道路条件和传播因素在内的多种因素,建立了预测交通噪声的经验模型,其中具有代表性的包括:美国联邦公路管理局的 FHWA 模型、英国交通部的 CRTN88 模型、西德与意大利合作建立的意大利城市交通噪声预测模型、日本声学学会道路交通噪声委员会的道路交通噪声预测模型等。

20 世纪 70 年代末,我国开始研究道路交通噪声的环境影响,交通部公路科研所从 1979

年开始进行这方面的研究,并与环保部门协作,制定了汽车噪声的标准。"七五"(即 1985～1990 年)期间,交通部科技信息所在交通部《公路建设对环境影响的研究》重点科技项目中,提出了我国的噪声影响预测公式。1990 年,交通部公路科研所负责组织的《公路建设项目环境影响的评价规范》编制组先后在 9 条一、二级汽车专用公路及公路两侧测取了 259 组 51800 个数据,对该公式及参数进行了修正。

(1)公路交通噪声预测模型

第 i 类车的交通噪声为:

$$(L_{Aeq})_i = L_{w,i} + 10 \cdot \lg\left(\frac{N_i}{u_{ri}T}\right) - \Delta L_D + \Delta L_S + \Delta L_P - 13 \tag{7-36}$$

式中:$(L_{Aeq})_i$——第 i 类车行驶时预测点接收到的小时交通噪声值(dB);

$L_{w,i}$——第 i 类车的平均辐射声级(dB);

N_i——第 i 类车行驶时的平均小时交通量(veh/h);

u_{ri}——第 i 类车的平均行驶速度(km/h);

T——预测时间(h);

ΔL_D——第 i 类车的行驶噪声,即在距噪声等效行车线距离为 r 的预测点处的交通噪声衰减量(dB);

ΔL_S——公路纵坡引起的交通噪声修正量(dB);

ΔL_P——公路路面引起的交通噪声修正量(dB)。

各类车辆在预测点产生的交通噪声为:

$$(L_{Aeq})_T = 10 \cdot \lg[10^{0.1(L_{Aeq})_L} + 10^{0.1(L_{Aeq})_M} + 10^{0.1(L_{Aeq})_S}] - \Delta L_1 - \Delta L_2 \tag{7-37}$$

式中:$(L_{Aeq})_T$——预测点接收到的交通噪声值(dB);

$(L_{Aeq})_L$、$(L_{Aeq})_M$、$(L_{Aeq})_S$——分别为大型车、中型车和小型车行驶时预测点接收到的交通噪声值(dB);

ΔL_1——公路曲线或有限长路段引起的交通噪声修正值(dB);

ΔL_2——公路与预测点间障碍物引起的交通噪声修正值(dB)。

环境噪声的预测值为:

$$(L_{Aeq})_F = 10 \cdot \lg[10^{0.1(L_{Aeq})_T} + 10^{0.1(L_{Aeq})_B}] \tag{7-38}$$

式中:$(L_{Aeq})_F$——预测点的环境噪声预测值(dB);

$(L_{Aeq})_B$——预测点的环境噪声背景值(dB)。

(2)预测模型中参数的确定

对于各类车的平均辐射声级,可针对不同类型车辆建立车速与声压级之间的关系,其表达式为:

$$L_{w,i} = a + bu_{ri} \tag{7-39}$$

式中:a、b——待定参数;

其余符号意义同前。

第 i 类车的车间距离为:

$$d_i = 1000 \times \frac{u_{ri}}{N_i} \tag{7-40}$$

式中:d_i——第i类车的车间距离(m);

其他符号意义同前。

预测点至噪声等效行车线距离为:

$$r = \sqrt{D_N D_F} \tag{7-41}$$

式中:r——预测点至噪声等效行车线的距离(m);

D_N——预测点至近车道的距离(m);

D_F——预测点至远车道的距离(m)。

当$r \leq 0.5d_i$时,$\Delta L_D = K_1 K_2 20 \cdot \lg(r/7.5)$;当$r > 0.5d_i$时,$\Delta L_D = 20K_1[K_2\lg(d_i/14) + \lg\sqrt{2r/d_i}]$。这里,$K_1$为预测点与公路之间的地面状况常数,对硬质地面取0.9,对土质地面取1.0,对绿化草地面取1.1;K_2为与车间距离相关的常数,其取值见表7-7。

与车间距离相关的常数   表7-7

d_i(m)	20	25	30	40	50	60	70
K_2	0.170	0.500	0.617	0.716	0.780	0.806	0.833
d_i(m)	80	100	140	160	250	300	
K_2	0.840	0.855	0.880	0.885	0.890	0.908	

对于大型车、中型车和小型车,公路纵坡引起的修正量分别为$\Delta L_S = 98\beta$、$\Delta L_S = 73\beta$和$\Delta L_S = 50\beta$,这里β为公路的纵坡坡度。

对于沥青混凝土路面和水泥混凝土路面,公路路面引起的修正量分别为0dB和1~2dB。

公路曲线或有限长路段引起的交通噪声修正值为:

$$\Delta L_1 = -10 \cdot \lg\left(\frac{\theta}{180°}\right) \tag{7-42}$$

式中:θ——预测点与公路两端视线间的夹角(°)。

公路与预测点间障碍物引起的交通噪声修正值为:

$$\Delta L_2 = \Delta L_{2T} + \Delta L_{2B} + \Delta L_{2S} \tag{7-43}$$

式中:ΔL_{2T}——树林障碍物引起的等效A声级衰减量(dB);当树林相当密集、树林高度大于4.5m,且林带宽度为30m时,ΔL_{2T}为5dB;当林带宽度为60m以上时,ΔL_{2T}为10dB;ΔL_{2T}的最大修正量为10dB;

ΔL_{2B}——建筑障碍物引起的等效A声级衰减量(dB);当第一排建筑物占预测点与公路中心线间面积的40%~60%时,ΔL_{2B}为3dB;当第一排建筑物占预测点与公路中心线间面积的70%~90%时,ΔL_{2B}为5dB;每增加一排建筑物,ΔL_{2B}的值增加1.5dB,最多增加10dB;

ΔL_{2S}——预测点在公路路堤或低路堑两侧声影区引起的等效A声级衰减量(dB);当预测点处于声照区,ΔL_{2S}为0dB;当预测点位于声影区,根据声波路程差进行确定。

(3)预测模型的适用范围

上述模型的适用条件如下:

①预测点在距噪声等效行车线7.5m以外;②车辆平均行驶速度在20~100km/h之间;③预测精度为±2.5dB。

【复习思考题】

1. 简述构成交通事故的基本要素。
2. 简述常用的交通事故预测模型的基本原理。
3. 简述影响燃油消耗的各种因素。
4. 简述影响燃油品质的重要指标。
5. 简述城市交通燃油消耗模型的基本原理。
6. 简述公路交通燃油消耗模型的基本原理。
7. 简述机动车尾气的主要特点及成分。
8. 简述机动车排放因子的物理含义及测试方法。
9. 简述影响综合排放因子的各种因素。
10. 简述机动车比功率的概念及影响因素。
11. 简述红绿灯期间排放因子的统计规律。
12. 举例说明污染物扩散模型的基本原理。
13. 简述交通噪声的含义、影响因素及计量指标。
14. 简述评价交通噪声的常用指标。
15. 简述公路交通噪声预测模型的基本原理及参数标定方法。

第 8 章
无信号交叉口理论

　　道路网由若干个交叉口和若干条路段相互连接而组成。两条或两条以上的道路在同一空间相交则形成平面交叉口。当平面交叉口同时存在多股交通流时,交通冲突在所难免。考虑交通安全,经常需要对其进行适当的控制。无特殊说明时,交叉口指平面交叉口。根据是否使用交通信号,交叉口可分为无信号交叉口和信号交叉口。当交叉口交通量较低时,一般采取无信号控制方式;当其交通量超过一定限值时,一般采取信号控制方式。无信号交叉口在道路网中普遍存在,尽管其通行能力可能低于信号交叉口,但是对网络交通控制起着非常重要的作用。一个运行状况较差的无信号交叉口可能影响整个信号网络或智能运输系统的运行。此外,无信号交叉口理论是信号交叉口理论的基础。针对无信号交叉口,本章介绍可插车间隙理论、二路/四路停车控制交叉口及经验方法。

8.1　可插车间隙理论

　　不同于信号交叉口,无信号交叉口不会给驾驶员明确的指示或控制,驾驶员必须自行判断何时进入交叉口是安全的。驾驶员所寻求的安全进入交叉口的空当或间隙称为可插车间隙,使用时间来进行衡量,而且等于某一车头时距。可插车间隙理论是分析无信号交叉口运行规律的基本理论,所有相关的研究在某种程度上都依赖于该理论。即便有些研究没有明确地应用可插车间隙理论,但也以该理论为基础。下面介绍可插车间隙理论涉及的基本概念及参数。

8.1.1 基本概念与假设

可插车间隙理论(简称间隙理论)又名间隙接受(Gap Acceptance)理论,是分析无信号交叉口交通流运行规律的基本理论,其关键概念是可插车间隙或称可利用间隙。譬如,主路上连续到达的车辆之间的时间间隔为10s,那么次路上到达的车辆能否安全驶离停车线?有多少驾驶员能在10s的间隔内安全驶过交叉口?

有学者将车流描述为车辆、间隙或阻塞段的连续流动。图8-1直观界定了有关交通流的各种时间间隔。相邻两个事件发生的时间间隔简称为间隔,图8-1中有10个事件和9个间隔,其中第1个间隔是指次路上车辆到达冲突点的时刻(即事件1的发生时刻)到主路上紧邻该车辆的下一辆车通过冲突点的时刻之间的时间间隔,其余间隔均是指主路上相邻两辆车通过冲突点的时刻之间的时间间隔。如果某一间隔等于或大于临界车头时距,那么次路上到达的车辆可以利用该间隔通过冲突点;否则,必须等待以寻求合适的间隔再行通过。图8-1中,间隔1、3、4、5和8均小于临界车头时距,间隔2、6、7和9均大于临界车头时距,但是显然这4个间隔中都是仅有一部分时间可以用于车辆通行。根据间隔是否可被用于车辆通行,间隔可划分为间隙和非间隙以及阻塞和非阻塞两对概念。

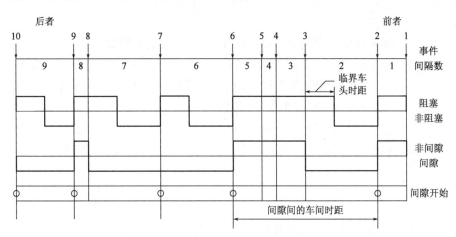

图8-1 有关交通流各种时间间隔的界定

具体来说,间隔是相邻两个事件发生的空当,间隙是可供车辆或行人穿越的间隔,非间隙是不能供车辆或行人穿越的间隔,阻塞是不能供车辆或行人穿越的连续时间段,非阻塞是可供车辆或行人穿越的连续时间段,非阻塞是间隙的一部分。因此,非阻塞数等于间隙数;又因相邻两个阻塞之间有一个非阻塞,所以非阻塞数也等于阻塞数。

具有优先权的车流称为优先车流或主要车流,不具有优先权的车流称为非优先车流或次要车流。次要车流中所有驾驶员在相似的位置所能接受的最小间隙称为临界间隙。依据通常假设的驾驶员行为模式,只有当主要车流的车辆间隙至少等于临界间隙时,次要车流的驾驶员才能进入交叉口。比如,如果临界间隙是4s,那么次要车流的驾驶员进入交叉口至少需要主要车流的车辆之间提供一个4s的间隙,而且任何情况下通过同一个交叉口都同样需要4s的间隙。此外,如果出现一个非常长的间隙,将有多名驾驶员从次路上进入交叉口。可插车间隙理论将在较长时间间隙中进入交叉口的次要车流车辆间的车头时距称为跟随时间。

无信号交叉口理论经常假设驾驶员既具有一致性又具有相似性。一致性是指驾驶员在任何时刻面临所有相似情况都具有相同的行为方式,不会出现先拒绝一个较大间隙而后接受一个较小间隙的情况;相似性是指所有驾驶员的行为严格地属于同一种方式。

驾驶员行为一致且相似的假设很显然是不符合现实情况的。如果驾驶员行为不一致,那么进口道通行能力将会下降;如果驾驶员行为一致,那么进口道通行能力将会提高。研究表明,如果假设驾驶员行为既是一致的又是相似的,进口道通行能力的预测结果与实际情况仅差几个百分点。换句话说,尽管这种假设与现实有出入,但是其影响非常小。为简便起见,一般均采用这种假设。

可插车间隙理论中的两个重要参数,即临界间隙和跟随时间,不仅受主要车流的影响,而且受驾驶员操作的影响。一般来说,驾驶操作的难度越大,临界间隙和跟随时间相应地越长。当同样的操作通过不同的车流时,驾驶员需要的临界间隙往往不同。譬如,通过几股不同车流的转弯操作可能使驾驶员在穿越每股车流时需要不同的临界间隙。

8.1.2 临界间隙与跟随时间

估计临界间隙 t_c 和跟随时间 t_f 的方法可分为两类:其一是基于接受间隙的驾驶员数和间隙大小的回归分析;其二是分别估计跟随时间分布与临界间隙分布。

(1) 回归分析

这种方法要求次路在观测期间至少有一辆车排队,其实施步骤如下:

①记录主路上每个间隙的大小 t 以及次路上通过该间隙的车辆数 n;②对于只被 n 个驾驶员接受的所有间隙,计算平均间隙的大小 $E(t)$;③以平均间隙 $E(t)$ 为自变量、通过该间隙的车辆数 n 为因变量,通过线性回归得出临界间隙 t_c 和跟随时间 t_f。

利用回归分析,所得曲线如图 8-2 所示。根据以上假设,其分布曲线应如图 8-3 所示,即阶梯状曲线。假定斜率(即间隙与车辆数之比)为 t_f,截距为 t_0,那么临界间隙 t_c 可表达为:

$$t_c = t_0 + \frac{t_f}{2} \tag{8-1}$$

有研究人员专门对此进行过观测试验,结果显示:t_0 为 5.0s,t_f 为 3.5s,t_c 为 6.8s。

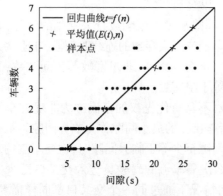

图 8-2 临界间隙和跟随时间的回归曲线

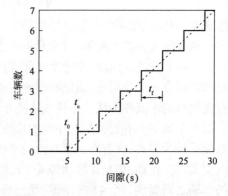

图 8-3 临界间隙和跟随时间的阶梯状曲线

(2) 独立估计

如果次要车流不是连续排队,那么不能使用回归分析。此时,应分别估计临界间隙和跟随时间。

考虑这样一个例子,主要车流中相邻两辆车分别在第 2.0s 和第 42.0s 驶过一个无信号交叉口。如果有一列由 20 辆车组成的车队从次路上右转进入主路,其中 17 辆车依次在时刻 3.99s、6.22s、8.29s、11.13s、13.14s……驶离交叉口,那么次路上相邻车辆间的车头时距依次为 6.22 − 3.99s、8.29 − 6.22s、11.13 − 8.29s、13.14 − 11.13s……结果次路上这一列车的平均车头时距为 2.33s。对主要车流中的一些较大的间隙重复应用此过程,并估计次路上排队车辆的平均车头时距,这一平均车头时距即为跟随时间 t_f。如果次要车流中某辆车不在所观测的排队队列中,那么观测车头时距时不应包括该辆车。

相对而言,临界间隙的估计比较困难,因为无法直接观测到。不过,已知条件是一个驾驶员的临界间隙大于其最大拒绝间隙而小于其所接受的间隙。如果驾驶员接受的间隙小于其最大拒绝间隙,那么认为这是驾驶员的疏忽,此时应将这一数据改为恰好低于接受间隙的值。有学者对多种临界间隙估计方法进行了评估,结果认为极大似然法(Maximum Likelihood Method,MLM)较好。

极大似然法估计临界间隙时,需要假设驾驶员临界间隙的概率分布,一般认为对数正态分布比较合适。定义 μ 和 σ^2 分别为驾驶员临界间隙对数的均值和方差;$f(\cdot)$ 和 $F(\cdot)$ 分别为正态分布的概率密度函数和累积分布函数;a_i 为被第 i 个驾驶员接受的间隙的对数,若没有间隙被接受,则 $a_i = \infty$;r_i 为被第 i 个驾驶员拒绝的最大间隙的对数,若没有间隙被拒绝,则 $r_i = 0$。

一个驾驶员的临界间隙在 r_i 和 a_i 之间的概率为 $F(a_i) - F(r_i)$,则 n 个驾驶员接受间隙 a_i 和最大拒绝间隙 r_i 的似然函数为:

$$\prod_{i=1}^{n} [F(a_i) - F(r_i)] \tag{8-2}$$

该似然函数的对数为:

$$L = \sum_{i=1}^{n} \ln[F(a_i) - F(r_i)] \tag{8-3}$$

μ 和 σ^2 的极大似然估计值可使 L 最大,即 μ 和 σ^2 可由式(8-4)求解:

$$\frac{\partial L}{\partial \mu} = 0, \frac{\partial L}{\partial \sigma^2} = 0 \tag{8-4}$$

根据数学知识有:

$$\frac{\partial F(x)}{\partial \mu} = -f(x), \frac{\partial F(x)}{\partial \sigma^2} = -\frac{x-\mu}{2\sigma^2} f(x) \tag{8-5}$$

根据式(8-3)~式(8-5)可得:

$$\sum_{i=1}^{n} \frac{f(r_i) - f(a_i)}{F(a_i) - F(r_i)} = 0 \tag{8-6}$$

$$\sum_{i=1}^{n} \frac{(r_i - \hat{\mu}) f(r_i) - (a_i - \hat{\mu}) f(a_i)}{F(a_i) - F(r_i)} = 0 \tag{8-7}$$

通过迭代方法可求解出 μ 和 σ^2。假设已知 σ^2,因为 σ^2 的初始值是所有 a_i 和 r_i 的偏差,用式(8-6)得到 μ 的估计值 $\hat{\mu}$,再根据 $\hat{\mu}$ 用式(8-7)得出 σ^2 的估计值 $\hat{\sigma}^2$。然后,根据 $\hat{\sigma}^2$ 再次

用式(8-6)得到更好的$\hat{\mu}$,再根据$\hat{\mu}$用式(8-7)得出更好的$\hat{\sigma}^2$。重复此过程直到前后两次得到的$\hat{\mu}$和$\hat{\sigma}^2$足够接近,即满足要求的误差或精度。

临界间隙分布的均值$E(t_c)$和方差$V(t_c)$是对数正态分布参数的函数,即:

$$E(t_c) = e^{\mu+0.5\sigma^2} \tag{8-8}$$

$$V(t_c) = [E(t_c)]^2(e^{\sigma^2} - 1) \tag{8-9}$$

那么,计算可插车间隙时所应用的临界间隙等于$E(t_c)$,其值应该小于接受间隙的平均值。

尽管此项技术较为复杂,但是能够获得可接受的结果。这种方法使用了大量信息,考虑了大量拒绝间隙的影响,这一点使得结果不会出现明显偏差。

(3)间隙分布

无信号交叉口的交通流运行状况取决于不同车流中车辆间隙的分布,由于较小的间隙一般会被拒绝,因此需要着重考虑那些较大的间隙即有可能被接受的间隙的分布。常见的模型经常假设车辆随机到达,即到达时间服从负指数分布。负指数分布会预测到大量不足1s的车头时距,这是不符合实际情况的。然而,这些小间隙会被拒绝,所以负指数分布经常被采用。在高流量条件下,负指数分布显然不合适,推荐采用移位负指数分布,该分布假定车头时距至少为临界车头时距τ。

更好的模型是二分分布,假设有一部分"自由"车辆彼此之间不存在相互影响,以超过临界车头时距τ且服从某种分布的车头时距运行,其比例为α。除此之外的所有其他车辆在队列中运行,而且这些聚集在一起的车辆另有一种车头时距分布。科万(Cowan)提出的M3分布就是其中一种典型的二分分布,假定自由车辆的比例为α,而且其车头时距服从移位负指数分布,剩余$1-\alpha$的聚集车辆有相同的临界车头时距τ。

负指数分布、移位负指数分布和二分分布的基本知识已在第2章介绍过,此处不再赘述。

8.1.3 车头时距分布

这里重点介绍二分分布的参数标定和车头时距分布的数据拟合。

(1)二分分布的参数标定

有学者认为科万M3分布的衰减常数λ和自由车辆比例α的计算公式为:

$$\lambda = \frac{\alpha q}{1-\tau q}, \alpha = e^{-Aq} \tag{8-10}$$

式中:q——车道流量(veh/h);

A——待定参数,其取值范围为6~9。

研究结果表明,科万M3分布能够较好地拟合试验数据。另有学者列出了不同类型和宽度的车道所估计的A值,见表8-1。此外,自由车辆比例α的典型值如图8-4所示。

不同类型和宽度的车道的A值　　　　表8-1

车道宽度(m)	A 值	
	中间车道	其他车道
<3.0	7.50	6.50
3.0~3.5	7.50	5.25
>3.5	7.50	3.70

爱尔朗分布也是一种可以很好地拟合车头时距的二分分布,在模拟程序中很有用,但目前很少用于预测通行能力、延误等参数。

(2) 车头时距分布的数据拟合

如果车头时距的平均值和标准差分别为 21.49s 和 19.55s,那么根据式(2-49)可得到达率 λ 为 $1/21.49 = 0.0465(veh/s)$,即车道流量为 167veh/h,将该值代入负指数分布,则有分布函数为:

$$P(h \leqslant t) = 1 - e^{-0.0465t}, t \geqslant 0 \tag{8-11}$$

对于该例子,如果使用移位负指数分布,根据式(2-53)可得到达率 λ 为标准差的倒数 $1/19.55 = 0.0512(veh/s)$,临界车头时距 τ 为均值减去标准差 $21.49 - 19.55 = 1.94(s)$,那么分布函数为:

$$P(h \leqslant t) = 1 - e^{-0.0512(t-1.94)}, t \geqslant 1.94 \tag{8-12}$$

图 8-5 展示了低流量条件下的实测数据以及采用式(8-11)和式(8-12)所得的拟合曲线。由该图可见,负指数分布和移位负指数分布可以较好地拟合低流量条件下车头时距的实测数据,并且移位负指数分布相对负指数分布能更好地拟合车头时距较小的实测数据。

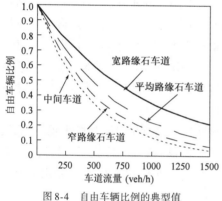
图 8-4　自由车辆比例的典型值

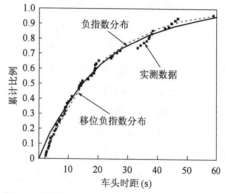
图 8-5　低流量数据以及负指数和移位负指数分布

如前所述,二分分布能更好地拟合车头时距分布。鉴于只有较大的间隙可能被驾驶员接受,因此不必过于详细地描述较小的间隙。图 8-6 给出了高流量条件下从某条干道上获得的车头时距数据以及科万 M3 分布和负指数分布得到的拟合曲线。图 8-7 显示了爱尔朗分布对同一组数据的拟合效果。从这两张图可以看出,科万 M3 分布和爱尔朗分布可以较好地拟合高流量条件下车头时距的实测数据,而负指数分布对车头时距较小的实测数据的拟合效果较差。

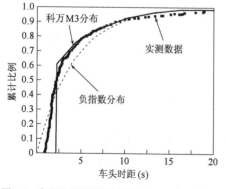
图 8-6　高流量干道数据以及科万 M3 和负指数分布

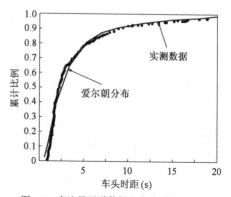
图 8-7　高流量干道数据和高阶爱尔朗分布

8.2 二路停车控制交叉口

对于无信号交叉口,必须明确交通流的优先权。如果有一辆车试图进入交叉口,但此时存在优先级更高的交通流,那么该辆车必须让路给更高优先级的交通流。另一方面,低级别交通流的存在也会影响高级别交通流的运行。由此可见,无信号交叉口的交通流彼此间存在相互作用。常见的四路无信号交叉口可分为二路停车控制交叉口和四路停车控制交叉口,即主路优先(包括停车控制与让行控制)交叉口和主次不分交叉口。因前者较简单,下面先介绍二路停车控制交叉口的相关理论与方法。

8.2.1 交通流的优先级

主路即主要道路(Major Road),或称主要街道(Major Street);次路即次要道路(Minor Road),或称次要街道(Minor Street)。停车标志也称停止标志(Stop Sign);让行标志也称让路标志(Yield Sign)。二路停车控制(Two-Way Stop-Controlled,TWSC)交叉口是指由主路和次路相交而成的交叉口,其次路上的车流受停车标志或让行标志控制。这样的交叉口可能包括2条进口道(两条单向道路且一条道路受控制)、3条进口道(T形交叉口且径向道路受控制)或者4条进口道(次路受控制)。

无信号交叉口各股交通流有不同的优先级别,这些优先级别由交通规则来规定,低级别交通流必须为高级别交通流让路。一般来说,主路优先于次路;机动车优先于非机动车,非机动车优先于行人;直行优先于右转,右转优先于左转;人行横道处行人优先;公交专用道上公交车优先。如图 8-8a)所示,二路停车控制的四路交叉口的交通流有 4 个优先级别。第 1 级包括机动车流 2、3、5 和 6 以及行人流 15 和 16,这些交通流具有绝对的优先权,不需要将路权让给其他交通流;第 2 级包括机动车流 1、4、9 和 12 以及行人流 13 和 14,这些交通流必须给第 1 级交通流让路;第 3 级包括机动车流 8 和 11,这些交通流必须给第 1 级和第 2 级交通流让路;第 4

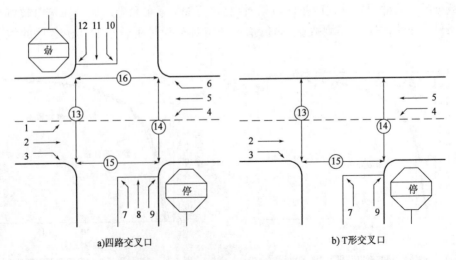

图 8-8 二路停车控制交叉口的交通流优先级

级包括机动车流 7 和 10,这些交通流必须给第 1 级、第 2 级和第 3 级交通流让路。如图 8-8b)所示,二路停车控制的 T 形交叉口的交通流有 3 个优先级别。第 1 级包括机动车流 2、3 和 5 以及行人流 15;第 2 级包括机动车流 4 和 9 以及行人流 13 和 14;第 3 级包括机动车流 7。对于无信号控制的环形交叉口,出环车流优先于环道车流,环道车流优先于入环车流;这样的优先权规定是为了避免出现环道死锁现象。

8.2.2 两股交通流相互作用

为便于理解无信号交叉口的交通流运行规律,首先考察最简单的情况,即交叉口只有两股相互冲突的车流,如图 8-9 所示。无信号交叉口的所有交通分析方法都源于这样的一个简单的排队模型。这里将主路上的车流称为主要车流(Major Stream)或优先车流(Priority Traffic Stream),记其流量为 q_p(veh/h);将次路上的车流称为次要车流(Minor Stream)或非优先车流(Non-Priority Traffic Stream),记其流量为 q_n(veh/h)。主要车流和次要车流在交叉口内部的共同通行区域称为冲突区域,主要车流中的车辆可以没有任何延误地通过冲突区域。然而,只有主要车流中出现不小于临界间隙的间隙时,次要车流中的车辆才被允许进入冲突区域,否则必须停车等待;另外,次要车流中的车辆只有在其前车离开跟随时间之后才能进入冲突区域。

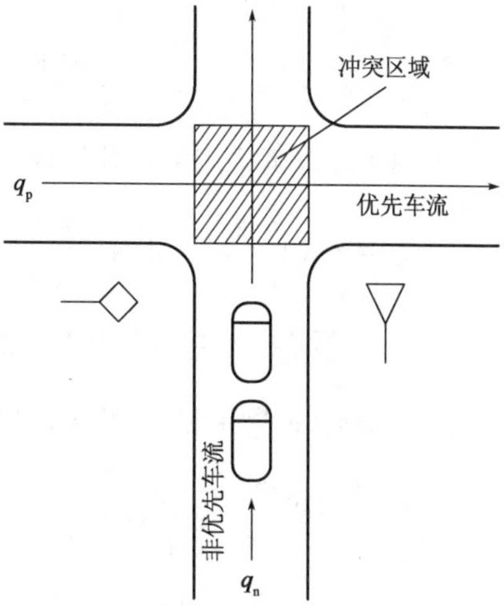

1) 通行能力

次要车流通行能力 q_m(veh/s)的数学推导过程如下所述。定义 t 为主要车流的间隙(s),$g(t)$ 为间隙 t 内次要车流穿越主要车流的车辆数,那么单位时间内间隙为 t 的数量为 $q_p f(t)$,其中 $f(t)$ 为主要车流中间隙 t 的概率密度函数,q_p 为主要车流的流量(veh/s)。因此,单位时间内间隙 t 所提供的通行能力为 $q_p f(t) g(t)$。为得到总通行能力,必须对主要车流的间隙在整个范围内进行积分,即:

图 8-9 基本排队系统

$$q_m = q_p \int_0^\infty f(t) g(t) \mathrm{d}t \tag{8-13}$$

假设临界间隙 t_c 和跟随时间 t_f 均为常数,优先车流的车头时距服从某种分布,而且每股车流具有稳定的流量。基于这些假设,如果已知函数 $f(t)$ 和 $g(t)$ 的表达式,根据可插车间隙理论,利用概率论和微积分则可得式(8-13)的估计结果。

(1) 负指数分布与阶跃分布

假设 $f(t)$ 为负指数分布,$g(t)$ 为阶跃分布(图 8-3),其具体表达式分别为:

$$f(t) = \lambda \mathrm{e}^{-\lambda t}, t \geq 0; P(h < t) = 1 - \mathrm{e}^{-\lambda t}, t \geq 0 \tag{8-14}$$

$$g(t) = \sum_{n=0}^{\infty} n P_n(t), P_n(t) = \begin{cases} 1, t_c + (n-1)t_f \leq t < t_c + n t_f \\ 0, 其他 \end{cases} \tag{8-15}$$

式中:$P_n(t)$——次要车流中有 n 辆车在间隙 t 内穿越主要车流的概率。

那么,式(8-13)可具体表达为:

$$\begin{aligned}
q_{\mathrm{m}} &= q_{\mathrm{p}}\Big[\int_{t_{\mathrm{c}}}^{t_{\mathrm{c}}+t_{\mathrm{f}}} f(t)\mathrm{d}t + 2\int_{t_{\mathrm{c}}+t_{\mathrm{f}}}^{t_{\mathrm{c}}+2t_{\mathrm{f}}} f(t)\mathrm{d}t + 3\int_{t_{\mathrm{c}}+2t_{\mathrm{f}}}^{t_{\mathrm{c}}+3t_{\mathrm{f}}} f(t)\mathrm{d}t + \cdots\Big] \\
&= q_{\mathrm{p}}\big[P(t_{\mathrm{c}} \leqslant h < t_{\mathrm{c}}+t_{\mathrm{f}}) + 2P(t_{\mathrm{c}}+t_{\mathrm{f}} \leqslant h < t_{\mathrm{c}}+2t_{\mathrm{f}}) + \\
&\quad\ 3P(t_{\mathrm{c}}+2t_{\mathrm{f}} \leqslant h < t_{\mathrm{c}}+3t_{\mathrm{f}}) + \cdots\big] \\
&= q_{\mathrm{p}}\big[(1-\mathrm{e}^{-\lambda(t_{\mathrm{c}}+t_{\mathrm{f}})} - 1 + \mathrm{e}^{-\lambda t_{\mathrm{c}}}) + 2(1-\mathrm{e}^{-\lambda(t_{\mathrm{c}}+2t_{\mathrm{f}})} - 1 + \mathrm{e}^{-\lambda(t_{\mathrm{c}}+t_{\mathrm{f}})}) + \\
&\quad\ 3(1-\mathrm{e}^{-\lambda(t_{\mathrm{c}}+3t_{\mathrm{f}})} - 1 + \mathrm{e}^{-\lambda(t_{\mathrm{c}}+2t_{\mathrm{f}})}) + \cdots\big] \\
&= q_{\mathrm{p}}(\mathrm{e}^{-\lambda t_{\mathrm{c}}} + \mathrm{e}^{-\lambda(t_{\mathrm{c}}+t_{\mathrm{f}})} + \mathrm{e}^{-\lambda(t_{\mathrm{c}}+2t_{\mathrm{f}})} + \cdots) \\
&= q_{\mathrm{p}}\frac{\mathrm{e}^{-\lambda t_{\mathrm{c}}}}{1-\mathrm{e}^{-\lambda t_{\mathrm{f}}}} = q_{\mathrm{p}}\frac{\mathrm{e}^{-q_{\mathrm{p}}t_{\mathrm{c}}}}{1-\mathrm{e}^{-q_{\mathrm{p}}t_{\mathrm{f}}}}
\end{aligned} \tag{8-16}$$

式(8-13)也可采用另一种推导方式,即:

$$\begin{aligned}
q_{\mathrm{m}} &= q_{\mathrm{p}}\Big(\int_{t_{\mathrm{c}}}^{t_{\mathrm{c}}+t_{\mathrm{f}}} \lambda\mathrm{e}^{-\lambda t}\mathrm{d}t + 2\int_{t_{\mathrm{c}}+t_{\mathrm{f}}}^{t_{\mathrm{c}}+2t_{\mathrm{f}}} \lambda\mathrm{e}^{-\lambda t}\mathrm{d}t + 3\int_{t_{\mathrm{c}}+2t_{\mathrm{f}}}^{t_{\mathrm{c}}+3t_{\mathrm{f}}} \lambda\mathrm{e}^{-\lambda t}\mathrm{d}t + \cdots\Big) \\
&= q_{\mathrm{p}}\big[(\mathrm{e}^{-\lambda t_{\mathrm{c}}} - \mathrm{e}^{-\lambda(t_{\mathrm{c}}+t_{\mathrm{f}})}) + 2(\mathrm{e}^{-\lambda(t_{\mathrm{c}}+t_{\mathrm{f}})} - \mathrm{e}^{-\lambda(t_{\mathrm{c}}+2t_{\mathrm{f}})}) + 3(\mathrm{e}^{-\lambda(t_{\mathrm{c}}+2t_{\mathrm{f}})} - \mathrm{e}^{-\lambda(t_{\mathrm{c}}+3t_{\mathrm{f}})}) + \cdots\big] \\
&= q_{\mathrm{p}}(\mathrm{e}^{-\lambda t_{\mathrm{c}}} + \mathrm{e}^{-\lambda(t_{\mathrm{c}}+t_{\mathrm{f}})} + \mathrm{e}^{-\lambda(t_{\mathrm{c}}+2t_{\mathrm{f}})} + \cdots) \\
&= \frac{q_{\mathrm{p}}\mathrm{e}^{-\lambda t_{\mathrm{c}}}}{1-\mathrm{e}^{-\lambda t_{\mathrm{f}}}} = \frac{q_{\mathrm{p}}\mathrm{e}^{-q_{\mathrm{p}}t_{\mathrm{c}}}}{1-\mathrm{e}^{-q_{\mathrm{p}}t_{\mathrm{f}}}}
\end{aligned} \tag{8-17}$$

(2) 负指数分布与连续分布

假设$f(t)$为负指数分布,$g(t)$为连续分布(图8-3),前者表达为式(8-14),后者表达式为:

$$g(t) = \begin{cases} \dfrac{t-t_0}{t_{\mathrm{f}}}, & t \geqslant t_0 \\ 0, & t < t_0 \end{cases} \tag{8-18}$$

其中,$t_0 = t_{\mathrm{c}} - 0.5t_{\mathrm{f}}$。

那么,式(8-13)可具体表达为:

$$\begin{aligned}
q_{\mathrm{m}} &= q_{\mathrm{p}}\int_{t_0}^{\infty} \lambda\mathrm{e}^{-\lambda t}\frac{t-t_0}{t_{\mathrm{f}}}\mathrm{d}t = \frac{q_{\mathrm{p}}}{t_{\mathrm{f}}}\Big(\int_{t_0}^{\infty} \lambda\mathrm{e}^{-\lambda t}t\mathrm{d}t - \int_{t_0}^{\infty} \lambda\mathrm{e}^{-\lambda t}t_0\mathrm{d}t\Big) \\
&= \frac{q_{\mathrm{p}}}{t_{\mathrm{f}}}\Big(-\int_{t_0}^{\infty} t\mathrm{d}\mathrm{e}^{-\lambda t} + t_0\int_{t_0}^{\infty} \mathrm{d}\mathrm{e}^{-\lambda t}\Big) = \frac{q_{\mathrm{p}}}{t_{\mathrm{f}}}\Big(-t\mathrm{e}^{-\lambda t}\big|_{t_0}^{\infty} + \int_{t_0}^{\infty} \mathrm{e}^{-\lambda t}\mathrm{d}t + t_0\mathrm{e}^{-\lambda t}\big|_{t_0}^{\infty}\Big) \\
&= \frac{q_{\mathrm{p}}}{t_{\mathrm{f}}}\Big(t_0\mathrm{e}^{-\lambda t_0} - \frac{1}{\lambda}\mathrm{e}^{-\lambda t}\big|_{t_0}^{\infty} - t_0\mathrm{e}^{-\lambda t_0}\Big) \\
&= \frac{q_{\mathrm{p}}\mathrm{e}^{-\lambda t_0}}{\lambda t_{\mathrm{f}}} = \frac{1}{t_{\mathrm{f}}}\mathrm{e}^{-q_{\mathrm{p}}t_0}
\end{aligned} \tag{8-19}$$

(3) 二分分布与阶跃分布

假设$f(t)$为二分分布,$g(t)$为阶跃分布,后者表达为式(8-15),前者表达式为:

$$f(t) = \begin{cases} \alpha\lambda e^{-\lambda(t-\tau)}, & t \geq \tau \\ 0, & t < \tau \end{cases}, P(h < t) = \begin{cases} 1 - \alpha e^{-\lambda(t-\tau)}, & t \geq \tau \\ 0, & t < \tau \end{cases} \quad (8\text{-}20)$$

其中,$\lambda = \dfrac{\alpha q_p}{1 - \tau q_p}$。

那么,式(8-13)可具体表达为:

$$\begin{aligned} q_m &= q_p \left(\int_{t_c}^{t_c+t_f} \alpha\lambda e^{-\lambda(t-\tau)} dt + 2\int_{t_c+t_f}^{t_c+2t_f} \alpha\lambda e^{-\lambda(t-\tau)} dt + 3\int_{t_c+2t_f}^{t_c+3t_f} \alpha\lambda e^{-\lambda(t-\tau)} dt + \cdots \right) \\ &= q_p \left[\left(\alpha e^{-\lambda(t_c-\tau)} - \alpha e^{-\lambda(t_c+t_f-\tau)} \right) + 2\left(\alpha e^{-\lambda(t_c+t_f-\tau)} - \alpha e^{-\lambda(t_c+2t_f-\tau)} \right) + \right. \\ &\quad \left. 3\left(\alpha e^{-\lambda(t_c+2t_f-\tau)} - \alpha e^{-\lambda(t_c+3t_f-\tau)} \right) + \cdots \right] \\ &= q_p \left(\alpha e^{-\lambda(t_c-\tau)} + \alpha e^{-\lambda(t_c+t_f-\tau)} + \alpha e^{-\lambda(t_c+2t_f-\tau)} + \cdots \right) \\ &= \dfrac{\alpha q_p e^{-\lambda(t_c-\tau)}}{1 - e^{-\lambda t_f}} = \dfrac{\alpha q_p e^{-q_p(t_c-\tau)}}{1 - e^{-q_p t_f}} \end{aligned} \quad (8\text{-}21)$$

(4) 二分分布与连续分布

假设 $f(t)$ 为二分分布,$g(t)$ 为连续分布,其表达式分别为式(8-20)和式(8-18)。那么,式(8-13)可具体表达为:

$$\begin{aligned} q_m &= q_p \int_{t_0}^{\infty} \alpha\lambda e^{-\lambda(t-\tau)} \dfrac{t - t_0}{t_f} dt = \dfrac{\alpha q_p}{t_f} \left(\int_{t_0}^{\infty} \lambda e^{-\lambda(t-\tau)} t dt - \int_{t_0}^{\infty} \lambda e^{-\lambda(t-\tau)} t_0 dt \right) \\ &= \dfrac{\alpha q_p}{t_f} \left(-\int_{t_0}^{\infty} t d e^{-\lambda(t-\tau)} + t_0 \int_{t_0}^{\infty} d e^{-\lambda(t-\tau)} \right) \\ &= \dfrac{\alpha q_p}{t_f} \left(-t e^{-\lambda(t-\tau)} \Big|_{t_0}^{\infty} + \int_{t_0}^{\infty} e^{-\lambda(t-\tau)} dt + t_0 e^{-\lambda(t-\tau)} \Big|_{t_0}^{\infty} \right) \\ &= \dfrac{\alpha q_p}{t_f} \left(t_0 e^{-\lambda(t_0-\tau)} - \dfrac{1}{\lambda} e^{-\lambda(t-\tau)} \Big|_{t_0}^{\infty} - t_0 e^{-\lambda(t_0-\tau)} \right) \\ &= \dfrac{\alpha q_p e^{-\lambda(t_0-\tau)}}{\lambda t_f} = \dfrac{\alpha}{t_f} e^{-q_p(t_0-\tau)} \end{aligned} \quad (8\text{-}22)$$

若 $\alpha = 1$ 且 $\tau = 0$,式(8-21)变为式(8-17),式(8-22)变为式(8-19)。若 $\alpha = 1 - q_p\tau$,式(8-21)和式(8-22)分别变为:

$$q_m = \dfrac{(1 - q_p\tau) q_p e^{-q_p(t_c-\tau)}}{1 - e^{-q_p t_f}} \quad (8\text{-}23)$$

$$q_m = \dfrac{(1 - q_p\tau)}{t_f} e^{-q_p(t_0-\tau)} \quad (8\text{-}24)$$

当 t_c、t_f 和 τ 分别取 6s、3s 和 2s 时,由式(8-19)、式(8-23)和式(8-24)所得的次路通行能力与主路车道流量之间的关系曲线如图 8-10a)所示。进一步,式(8-21)中的 α 分别取 0.2、0.6 和 1.0 时,由式(8-21)和式(8-23)所得的次路通行能力与主路车道流量之间的关系曲线如

图8-10b)所示。从该图可以看出,随着主路车道流量的增加,次路通行能力逐渐下降;上述各公式所得结果差异不大,尤其是主路流量非常低或非常高的情况。

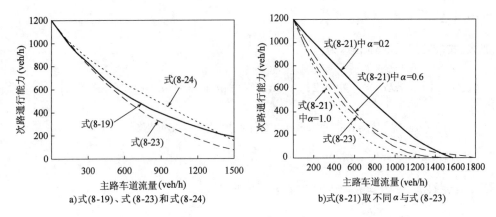

图 8-10 主要车流的不同类型车头时距分布对次要车流通行能力的影响

需要强调的是,在式(8-15)和式(8-18)中,假设 t_c 和 t_f 对所有驾驶员都是常数。当 $f(t)$ 为负指数分布时,根据 $g(t)$ 的两种定义所得通行能力的计算结果的差别很小,一般在实际应用时可以忽略这种差别。然而,前述3条假设都比较理想化。因此,有研究人员对此进行了验证。结果显示:①如果 t_c 和 t_f 采用实际分布而非固定值,那么通行能力将降低;②驾驶员行为可能不一致,换言之,驾驶员在不同情况下可能选择不同的临界间隙而不是始终选择相同的临界间隙,或者说,驾驶员在一种情况下拒绝的间隙可能在另一种情况下接受,这些影响会导致通行能力提高;③如果采用更实际的车头时距分布而非负指数分布描述主要车流的间隙分布,那么通行能力将增加;④在许多无信号交叉口,驾驶员行为方式非常复杂,但是利用模拟技术得到的结果发现,这些影响相互补偿,因而上述较简单的通行能力计算公式所得结果比较接近实践中的观测结果。

2) 交通运行质量

一般来说,交叉口的交通运行性能或质量可以使用以下变量来代表:

平均延误、平均排队长度、延误分布、排队长度分布(即次路上的排队车辆数)、停止的车辆数和从停车到正常速度的加速车辆数、系统为空的概率。

这些变量也称有效性测度量(Measures of Effectiveness,MOE)。其中的分布可由标准差、百分数和整体分布来表示。为评价这些测度指标,可以使用排队论和模拟法两种工具来解决可插车间隙问题。每一种有效性测度量都是主路流量、次路流量、自由车辆比例以及主要和次要车流的车队长度分布的一个函数。

(1) 平均延误

次要车流中每辆车的平均延误为:

$$d = d_{\min}\left(1 + \frac{\gamma + \varepsilon x}{1 - x}\right) \tag{8-25}$$

式中:d——次要车流的车均延误(s/veh);

$d_{\min}$——亚当斯(Admas)延误(s/veh),当次要车流的流量非常低时所得的车均延误,即次要车流经历的最小车均延误;

x——次要车流的饱和度，$x = q_n/q_m$，其中 q_n 为次要车流的流量(veh/h)，q_m 为次要车流的通行能力(veh/h)；

γ、ε——常数。

如果次要车流的车辆随机到达，那么 γ 为零；如果次要车流的车辆形成队列，那么 γ 大于零。对于随机到达的次要车流，ε 由式(8-26)给出：

$$\varepsilon = \frac{e^{q_p t_f} - q_p t_f - 1}{q_p(e^{q_p t_f} - 1)d_{\min}} + 1 \tag{8-26}$$

需要注意的是，ε 约等于 1.0，$d_{\min}$ 取决于主要车流的队列特性。如果队列规模服从几何分布，则有：

$$d_{\min} = \frac{e^{\lambda(t_c - \tau)}}{\alpha q_p} - t_c - \frac{1}{\lambda} + \frac{\lambda \tau^2 - 2\tau + 2\tau\alpha}{2(\tau\lambda + \alpha)} \tag{8-27}$$

如若使用 M/G/1 排队系统来描述图 8-9 中只有两股冲突车流的交叉口，即可得到一个更复杂的排队模型。服务台是次路上的第一个排队位置，系统输入是次路上假定随机到达的车辆，其车头时距服从负指数分布，用 M 表示。次路上车辆在第一个排队位置上花费的时间即为服务时间，这一服务时间由优先车流控制，并服从一个未知的分布，用 G 表示。M/G/1 表示到达时间服从负指数分布、服务时间服从一般分布、单服务台(或通道)的排队模型，这里单服务台是指次路上只有一条车道。

对于 M/G/1 排队系统，利用 P-K(Pollaczek-Khintchine)公式计算顾客在排队中的平均延误，即：

$$d_q = \frac{xW(1 + C_w^2)}{2(1 - x)} \tag{8-28}$$

式中：d_q——在排队中的平均延误(s/veh)；

W——平均服务时间(s/veh)；

C_w——服务时间的变异系数，$C_w = \sqrt{V_w}/W$，其中 V_w 为服务时间的方差(s^2/veh^2)；

x 意义同前。

次路上车辆的平均总延误为：

$$d = d_q + W \tag{8-29}$$

一般来说，单通道排队系统的平均服务时间是通行能力的倒数。如果由式(8-13)导出通行能力，而且在总延误中包含服务时间，则有：

$$d = \frac{1}{q_m}\left(1 + \frac{x}{1-x}C\right) \tag{8-30}$$

式中：C——随机常数，$C = 0.5(1 + C_w^2)$；

其余符号意义同前。

某种程度上，上面的推导大致正确。现在现实的问题是估计 C，仅定义下面的极端情况，即：

①确定型服务：每辆车在第一个排队位置花费相同的时间，则得 $V_w = 0$、$C_w^2 = 0$ 和 $C = 0.5$，这是 M/D/1 排队模型的解。

②随机型服务:车辆在第一个排队位置花费的时间服从负指数分布,则得 $V_w = W^2$、$C_w^2 = 1$ 和 $C = 1$,这是 M/M/1 排队模型的解。

这些简单的解都不能正确地解决无信号交叉口问题。然而,作为近似解,建议应用式(8-30)时取 $C = 1$。

式(8-25)可进一步变形为:

$$d = d_{\min}(1 + \gamma)\left(1 + \frac{\gamma + \varepsilon}{1 + \gamma} \cdot \frac{x}{1 - x}\right) \tag{8-31}$$

式(8-31)与式(8-30)相似,随机常数 C 由 $(\gamma + \varepsilon)/(1 + \gamma)$ 给出,$[d_{\min}(1 + \gamma)]^{-1}$ 可认为是当量的"通行能力"或"服务率"。这两项均是临界间隙、跟随时间和车头时距分布的函数。然而,C、γ 和 ε 的值并不是在所有情况下都可获得。

就 M/G/1 排队系统来说,没有排队的概率 p_0 为:

$$p_0 = 1 - x \tag{8-32}$$

对于无信号交叉口,式(8-32)所得结果足够接近现实情况。

有研究者认为 M/G2/1 排队系统能更好地描述图8-9,该系统的服务时间分布由两种类型组成,每种类型有具体的分布。定义 W_1 为车辆进入空系统(即系统中无排队车辆)时所需服务时间,W_2 为车辆加入排队队列(即系统中有排队车辆)时所需服务时间。在这两种情况下,服务时间都是车辆在靠近停车线的第一个排队位置等待时所花费的时间。

对于 M/G2/1 排队系统,顾客在系统中的平均排队时间为:

$$d_q = \frac{q_n}{2}\left[\frac{E(W_1^2) - E(W_2^2)}{v} + \frac{E(W_2^2)}{\zeta}\right] \tag{8-33}$$

式中: d_q——不处于第一个排队位置的车辆在队列中的平均延误(s/veh);

$E(W_1^2)$——$W_1 \cdot W_1$ 的期望值;

$E(W_2^2)$——$W_2 \cdot W_2$ 的期望值;

$v = \zeta + z$;

$\zeta = 1 - q_n E(W_2)$;

$z = q_n E(W_1)$。

系统中没有排队的概率 p_0 为:

$$p_0 = \frac{\zeta}{v} \tag{8-34}$$

式(8-34)与式(8-32)在应用时所得结果的差异非常小,不到 0.03,如图 8-11 所示。图中给出了 q_p 取不同值时的曲线,横轴为饱和度 x,纵轴为式(8-34)所得 p_0 减去式(8-32)所得 p_0 之差。

若总延误中包含服务时间,则有式(8-35):

$$d = \frac{E(W_1^2)}{v} + \frac{q_n}{2}\left[\frac{\zeta \cdot E(W_1^2) + z \cdot E(W_2^2)}{v\zeta}\right] \tag{8-35}$$

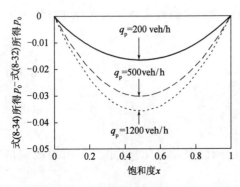

图 8-11 对比式(8-34)与式(8-32)所得排队为零的概率

图 8-12 展示了采用不同车头时距分布得到的平均稳态延误与次要车流流量之间的关系曲线。关于唐纳(Tanner)车头时距分布,请参考相关文献。这里临界间隙为 4s,跟随时间为 2s,优先车流流量为 1000veh/h。当次要车流流量为 400veh/h 时,移位负指数分布所得平均稳态延误为 4120s,而此时负指数分布和唐纳分布所得平均稳态延误仅约 11.5s。平均稳态延误还依赖于平均车队长度,如图 8-13 所示。随着车队长度的变化,平均延误存在显著差异。

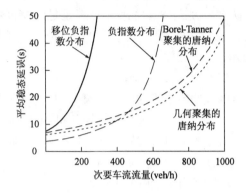

图 8-12 车头时距分布对延误-流量曲线的影响　　图 8-13 车队长度对延误-流量曲线的影响

(2)排队长度

在任何排队理论中,平均排队长度 L 可以根据利特尔(Little)原则进行计算,即:

$$L = q_n \cdot d \tag{8-36}$$

假如排队存在的时间比例等于饱和度,那么有排队时的平均排队长度 L_q 为:

$$L_q = q_n \cdot \frac{d}{x} = q_m \cdot d \tag{8-37}$$

经常假定排队长度服从几何分布,则有以下公式:

$$\begin{aligned} P(0) &= 1 - x^a, \\ P(n) &= P(0) x^{a[b(n-1)+1]} \end{aligned} \tag{8-38}$$

式中:$P(0)$——次路上没有车辆排队的概率;

$P(n)$——次路上有 n 辆车排队的概率;

x——次要车流的饱和度;

a、b——参数。

式(8-38)中各参数的计算公式为:

$$a = \frac{1}{1 + 0.45 \cdot \frac{t_c - t_f}{t_f} \cdot q_p}, b = \frac{1.51}{1 + 0.68 \cdot \frac{t_c}{t_f} \cdot q_p} \tag{8-39}$$

利用比较现实的近似 $t_c \approx 2t_f$,可得:

$$a = \frac{1}{1 + 0.45 \cdot q_p}, b = \frac{1.51}{1 + 1.36 \cdot q_p} \tag{8-40}$$

根据式(8-38)可得累计概率分布函数,即:

$$F(n) = P(L \leq n) = 1 - x^{a(bn+1)} \tag{8-41}$$

式中：$F(n)$——次路上排队车辆数不超过 n 的概率。

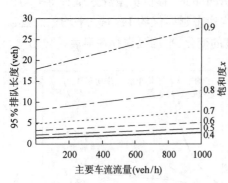

图8-14 式(8-41)得到的95%排队长度

对于一个给定的百分位数 S，如 $S = F(n) = 0.95$，要求式(8-41)的计算结果最多在 $100(1-S)\%$ 的时间内排队长度超过 n，由此求解 n。实践中，可使用 M/M/1 排队系统及式(8-41)来计算满足足够精度的排队长度。由式(8-41)得到的95%排队长度如图8-14所示。

(3) 停车比率

对于有两股冲突车流的无信号交叉口，为求解驾驶员的停车比率，假设次路上的车辆随机到达，而主路上的车头时距服从科万M3分布。假定速度是瞬间改变的，而且预测的停止车辆数包括为避免突然停车而调整车速的那些车辆。

停车比率 $P(x,0)$ 取决于饱和度 x、主要车流中聚集车辆的车头时距 τ、临界间隙 t_c 以及主要车流的流量 q_p，其表达式为：

$$P(x,0) = 1 - (1-x)(1 - \tau q_p)e^{-\lambda(t_c - \tau)} \tag{8-42}$$

式中：$\lambda = \alpha q_p / (1 - \tau q_p)$；

其余符号意义同前。

随着饱和度从0增加到1，驾驶员停车超过一个短时段 t 的比例从某个最小值 $P(0,t)$ 增加到1，这里短时段 t 小于跟随时间 t_f。驾驶员停车超过一个短时段 t 的比例可表达为以下经验方程，即：

$$P(x,t) = P(0,t) + A[1 - P(0,t)]x + (1-A)[1 - P(0,t)]x^2 + \\ (1-A)(1-B)(1-x)x \tag{8-43}$$

式中：$A = 1 - a_0 e^{-\lambda(t_c - \tau)}$，$a_0$ 为参数；

$B = 1 - \left(1 - \dfrac{t}{t_f}\right)(1 - \tau q_p)e^{-\lambda(t_c - \tau)}$；

其余符号意义同前。

在式(8-43)中，$P(0,t)$ 的计算公式为 $P(0,t) = P(0,0) - q_p t\alpha e^{-\lambda(t_c - \tau)}$ 或 $P(0,t) = 1 - (1 - \tau q_p + q_p t\alpha)e^{-\lambda(t_c - \tau)}$。

如果主路上的车辆随机到达，那么 a_0 为1.25；如果主要车流由聚集车辆组成，那么 a_0 为1.15。有些车辆为避免停车而调整车速，这样的车辆被认为属于"不完全停车"。另外，有学者提出了车辆加速时间和在队列中移动时间的估计方法。

(4) 时变解决方法

上面由排队论给出的无信号交叉口求解方法属于稳态解法。如果认为交通量不随时间发生变化，稳态在一段无限长的时间之后出现，这种解法仅适用于饱和度小于1的情况。在实际情况下，只有观测时间 T 远大于下面方程右侧的表达式时，稳态排队理论所得结果才近似有用：

$$T > \frac{1}{(\sqrt{q_m} - \sqrt{q_n})^2} \tag{8-44}$$

式中各符号意义同前，在 T 内的平均延误应该使用 s 进行估计。这个不等式仅适用于 q_m 和 q_n 在 T 内接近常数的情况。式(8-44)给出的临界值如图 8-15 所示，图中描述了时间间隔为 5min、10min、15min、30min 和 60min 的各条曲线。如果 q_n 在相应的 T 值曲线以下，可以假定满足稳态条件。如果不满足稳态条件，应该使用时变解决方法。

有学者提出了时变问题的数学解法，但需要更容易在实践中应用的解决方法。有研究人员针对高峰小时给出了启发式近似解法。高峰期内的交通量大于该高峰期之前和之后的交通量，甚至会超过通行能力。对于这种情况，高峰期内车辆的平均延误可以使用下面的公式进行估计：

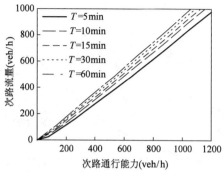

图 8-15　区分稳态和时变状态的近似临界值

$$d = \frac{1}{2}(\sqrt{F^2 + G} - F) + E + \frac{1}{q_m},$$

$$E = \frac{Cq_{no}}{q_{mo}(q_{mo} - q_{no})},$$

$$G = \frac{2T}{q_{mo} - q_{no}}\left(1 - \frac{h}{q_n}\right)\left[\frac{Cq_n}{q_m} - (q_m - q_n)E\right], \tag{8-45}$$

$$F = \frac{1}{q_{mo} - q_{no}}\left[\frac{T}{2}(q_m - q_n)\left(1 - \frac{h}{q_n}\right) + C\left(1 - \frac{h}{q_n} + \frac{h}{q_m}\right)\right] + E,$$

$$h = q_m - q_{mo} + q_{no}$$

式中：　d——高峰期的车均延误(s/veh)；

　　　　q_n——高峰期内次要车流的车道流量(veh/s)；

　　　　q_m——高峰期内次要车流的通行能力(veh/s)；

　　　　q_{no}——高峰期之前和之后次要车流的车道流量(veh/s)；

　　　　q_{mo}——高峰期之前和之后次要车流的通行能力(veh/s)；

　　　　T——高峰期的持续时间(s)；

E、F、G、h——参数；

　　　　C——类似于 M/G/1 系统中的随机常数 C，对无信号交叉口 $C = 1$，对信号交叉口 $C = 0.5$。

式(8-45)对估计延误非常有效，尤其适用于暂时性过饱和状态。使用协调变换方法可以获得一个更简单的方程。稳态解法适用于低饱和度状态，而定数解法适用于过饱和状态。协调变换方法是一种描述介于稳态与定数状态之间的过渡状态的技术，详细内容请参阅有关文献。

前述式(8-25)给出的是车均延误的稳态解法。另一方面,定数方程给出的车均延误可表达为:

$$d_d = \begin{cases} d_{\min} + \dfrac{2L_0 + (x_d - 1)q_m T}{2q_m}, & x > 1 \\ 0, & x \leq 1 \end{cases} \quad (8\text{-}46)$$

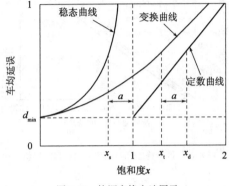

图 8-16 协调变换方法图示

式中:d_d——过饱和车均延误(s/veh);
$d_{\min}$——最小车均延误(s/veh);
L_0——初始排队车辆数(veh);
T——系统运行时间(s);
q_m——通行能力(veh/s);
x_d——过饱和状态的饱和度。

图 8-16 显示了上述方程的图解法。对于给定的平均延误,协调变换方法给出了新的饱和度 x_t,该值与稳态饱和度 x_s 与定数状态饱和度 x_d 有关,具体表达式为:

$$x_d - x_t = 1 - x_s = a \quad (8\text{-}47)$$

根据式(8-25)可得:

$$x_s = \frac{d_s - d_{\min} - \gamma d_{\min}}{d_s - d_{\min} + \varepsilon d_{\min}} \quad (8\text{-}48)$$

根据式(8-46)可得:

$$x_d = \frac{2(d_d - d_{\min})}{T} - \frac{2L_0}{q_m T} + 1 \quad (8\text{-}49)$$

利用式(8-48)和式(8-49),由式(8-47)得:

$$x_t = \frac{2(d_d - d_{\min})}{T} - \frac{2L_0}{q_m T} + \frac{d_s - d_{\min} - \gamma d_{\min}}{d_s - d_{\min} + \varepsilon d_{\min}} \quad (8\text{-}50)$$

(5)储备通行能力

独立于平均延误的估计模型,储备通行能力 R 起着重要作用,被定义为 $R = q_m - q_n$。1985 版 HCM 使用储备通行能力进行有效性测度,这是基于平均延误与储备通行能力密切相关的事实。图 8-17 展示了不同条件下平均延误与储备通行能力的关系曲线。这里高峰期持续时间为 1h,平均延误由式(8-45)计算得到,主路流量分别为 100veh/h、500veh/h 和 1000veh/h。由此关系可知,根据储备通行能力可以获得平均延误的较好近似值。

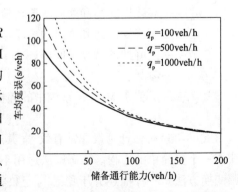

图 8-17 平均延误与储备通行能力的关系曲线

(6)随机模拟

如前所述,分析无信号交叉口时经常需要给出一定的假设。然而,现实情况下很多交叉口非常复杂,上述分析方法往往很难得到满意的解决方案。随机模拟的现代工具能够容易地克服所有这些问题,通过增加模型的真实度可以达到任意期望的水平。因此,早就有一些学者针对无信号交叉口开发了随机模拟模型,并取得了不少研究成果。

提到随机模拟,不得不区分两种水平的复杂度:

①点处理模型。

将小汽车看作点,忽略其车身长度。同样,其加减速是受限的。再者,认为小汽车存储在停车线处,而且小汽车根据可插车间隙机制离开停车线。当然,可以使用平均的车辆性能来考虑有限的加减速的影响。此类模拟模型的优点在于实际应用时运行模型所需的计算机时间较短。

②车辆追踪模型。

此类模型考虑车辆跟驰过程而非行驶时耗,进而给出车辆在道路上的详细占用空间。

点处理模型所描述的排队通常称为点排队,车辆追踪模型所描述的排队通常称为物理排队。这两类模型在理论研究和工程实践中都有用,只是考察角度和衡量指标有区别。这些模型都可用于研究由回归曲线或其他经验估计技术得到的关系。

8.2.3 多股交通流相互作用

(1)主路上两股或多股交通流相互作用

上面所讨论的模型仅包括两股交通流:其一为主要车流、其二为次要车流,而且次要车流的优先级低于主要车流。事实上,有时次要车流的驾驶员可能必须为含多条车道的主要车流让路。下面分析此种情况下次要车流的通行能力和延误。

假设主要车流的车头时距服从负指数分布,根据单车道方程可以计算次要车流的通行能力,该方程中主要车流的流量等于其各条车道流量之和。这一方程具体形式为:

$$q'_m = \frac{q e^{-q t_c}}{1 - e^{-q t_f}} \tag{8-51}$$

式中:q'_m——次要车流通行能力(veh/s);

q——主要车流所有车道的总流量(veh/s);

其余符号意义同前。

一个主路上含 n 条车道的交叉口,唐纳提出了次要车流的通行能力方程。假设主路上每条车道的车头时距均独立地服从科万 M3 二分布,那么次要车流通行能力的估计值为:

$$q'_m = \frac{\lambda \cdot \prod_{i=1}^{n}(1 - \tau q_i) \cdot e^{-\lambda(t_c - \tau)}}{1 - e^{-\lambda t_f}}, \lambda = \sum_{i=1}^{n} \lambda_i, \lambda_i = \frac{\alpha_i q_i}{1 - \tau q_i}, \alpha_i = 1 - \tau q_i \tag{8-52}$$

式中:q_i——主路上第 i 条车道的流量(veh/s);

α_i——主路上第 i 条车道的自由车辆比例;

λ、λ_i——参数;

其余符号意义同前。

有研究人员计算了一股次要车流穿越两股均服从科万二分车头时距分布的主要车流时的通行能力。此时,主要车流的车头时距分布为:

$$F(t) = \begin{cases} \dfrac{2q_1q_2t}{q_1+q_2}, & t < \tau \\ 1 - \alpha' e^{-\lambda'(t-\tau)}, & t \geq \tau \end{cases}, \alpha' = \dfrac{\alpha_1 q_1(1-\tau q_2) + \alpha_2 q_2(1-\tau q_1)}{q_1 + q_2} \quad (8\text{-}53)$$

式中：$F(t)$——主路上车头时距不大于 t 的累计概率；

q_1、q_2——分别为主路上第 1 条和第 2 条车道的流量(veh/s)；

α'、λ'——参数；

其余符号意义同前。

式(8-53)中的 α' 和 λ' 还可表达为：

$$\alpha' q = \lambda' \prod_{i=1}^{2}(1-\tau q_i), \lambda' = \lambda_1 + \lambda_2 \quad (8\text{-}54)$$

两车道的车头时距分布可由以下单一的科万 M3 分布代替：

$$F(t) = \begin{cases} 0, & t < \tau^* \\ 1 - \alpha^* e^{-\lambda'(t-\tau^*)}, & t \geq \tau^* \end{cases} \quad (8\text{-}55)$$

为确保获得正确的自由车辆比例和平均车头时距，必须为式(8-55)中的 α^* 和 τ^* 选择合适的值。这将保证车头时距大于 t 的概率 $1-F(t)$ 等于当 $t > \tau^*$ 时从单车道或两车道方程所得的结果。

为保证利用修正的单车道模型和多车道模型计算的通行能力相同，有学者提出以下方程来计算 α^* 和 τ^*：

$$(1-\tau^* q_1 - \tau^* q_2)e^{\lambda' \tau^*} = (1-\tau q_1)(1-\tau^* q_2)e^{\lambda' \tau} \quad (8\text{-}56)$$

$$\alpha^* e^{\lambda' \tau^*} = \alpha' e^{\lambda' \tau} \quad (8\text{-}57)$$

最好使用迭代方法按式(8-58)求解 τ^*：

$$\tau^*_{i+1} = \dfrac{1 - (1-\tau q_1)(1-\tau q_2)e^{\lambda'(\tau - \tau_i^*)}}{q_1 + q_2} \quad (8\text{-}58)$$

由式(8-58)得到 τ^* 之后，再由式(8-57)得到 α^*。

对于一股次要车流穿越两股主要车流的情形，式(8-53)为两车道模型，式(8-55)为修正的单车道模型，图 8-18 比较了由这两个公式所得的车头时距分布曲线。当使用修正的单车道模型而不是两车道模型来计算亚当斯延误时，所得误差更小，见图 8-19。亚当斯延误是次要车流在流量接近零时所经历的延误。由于修正的分布给出满意的亚当斯延误的估计值，也将给出满意的延误的估计值。

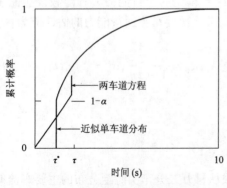

图 8-18　两种方程所得车头时距分布

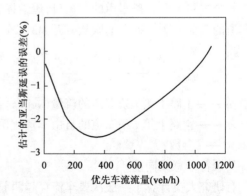

图 8-19　修正的单车道模型对亚当斯延误的影响

(2) 不同优先级的多股交通流相互作用

目前,没有严格的分析方法推导像 T 形交叉口次路上的左转车流那样的第 3 级车流[如图 8-8b)中的车流 7]的通行能力。这里,可插车间隙理论使用阻抗系数 p_0 作为一个近似值。每股车流的阻抗系数是指在入口没有车辆排队的概率。式(8-32)能为该参数提供具有足够精度的解,或者有两个服务时间的式(8-34)能为该参数提供更好的解。由于道路交通规则,仅在总时间的 $p_{0,2}$ 部分,第 3 级车流才能进入交叉口。因此,对于第 3 级车流来说,潜在通行能力的基本值 q_m 必须减少到 $p_0 \cdot q_m$ 以便获得真实的潜在通行能力 q_e,即:

$$q_{e,3} = p_{0,2}q_{m,3} \tag{8-59}$$

第 2 级车流对第 3 级车流的影响可从以下两方面进行分析:

① 在第 2 级车流(如主路上的左转车流)中的车辆排队期间,第 3 级车流(如 T 形交叉口次路上的左转车流)中的车辆因道路交通规则而不能进入交叉口。由于为第 3 级车流提供的时间比例为阻抗系数,因为相关的第 2 级车流的车辆排队影响,第 3 级车流的基本通行能力(根据上一节的方法计算得到)必须使用阻抗系数进行折减。

② 即使第 2 级车流中的车辆没有排队,这些车辆也会影响第 3 级车流的运行。其原因在于第 2 级车流中在小于临界间隙内到达的车辆会妨碍第 3 级车流中的车辆进入交叉口。

对于第 4 级车流(如四路交叉口次路上的左转车流),第 2 级车流和第 3 级车流的阻抗系数必须使用经验值,无法通过应用分析方法计算得到。图 8-20 展示了第 2 级车流和第 3 级车流的折减系数的统计相关性。

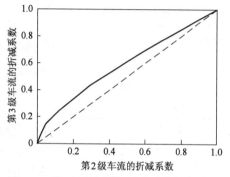

图 8-20 第 2 级车流和第 3 级车流的折减系数

8.2.4 合用车道通行能力

(1) 次路上的合用车道

当一条车道不止供一股车流通行,这样的车道称为合用车道、共享车道或共用车道(Shared Lane)。如果一条车道上不止一股次要车流,那么可使用"合用车道方程"。若已知相关车流的通行能力,则可计算合用车道的通行能力,其计算公式为:

$$\frac{1}{q_s} = \sum_{i=1}^{m} \frac{b_i}{q_{m,i}} \tag{8-60}$$

式中:q_s——合用车道的通行能力(veh/s);

$q_{m,i}$——第 i 股车流在单独的车道上运行时的通行能力(veh/s);

b_i——第 i 股车流的流量占合用车道总流量的比例;

m——合用车道上的车流数。

1994 版 HCM 也使用式(8-60),若忽略单股车流通行能力的估计以及各股交通流的优先级,这个方程一般是有效的。如果需要计算一股交通流的通行能力,而这股交通流由几部分通行能力不同的交通流组成,如有不同临界间隙的小汽车和卡车,这个公式也可使用。

(2) 主路上的合用车道

上面的方法假设为主路上的所有左转车流提供专用车道。当没有提供左转车道时,主路上的直行车流(可能直行和右转车流)可能因为左转车辆等待可接受间隙而被延误。为说明这种可能性,可以计算两个系数来表示主路的合用车道上没有车辆排队的概率。这些系数的计算公式为:

$$p_{0,i}^* = 1 - \frac{1 - p_{0,i}}{1 - q_j t_{Bj} - q_k t_{Bk}} \qquad (8-61)$$

式中:$p_{0,i}^*$——第 i 条合用车道上没有车辆排队的概率;
 $p_{0,i}$——第 i 条车道为单独车道时没有车辆排队的概率;
 q_j——第 j 股车流的流量(veh/s);
 q_k——第 k 股车流的流量(veh/s);
 t_{Bj}——第 j 股车流中车辆所需的跟随时间(s),介于1.7s与2.5s之间;
 t_{Bk}——第 k 股车流中车辆所需的跟随时间(s),介于1.7s与2.5s之间。

这里,i 为 1 时,j 和 k 分别为 2 和 3;i 为 4 时,j 和 k 分别为 5 和 6。

为说明主路上车辆排队对次要车流 7、8、10 和 11 的影响,式(8-61)所得的 $p_{0,1}^*$ 和 $p_{0,4}^*$ 必须代替式(8-32)所得的 $p_{0,1}$ 和 $p_{0,4}$。

(3)两阶段可插车间隙和优先权

在许多无信号交叉口,主要街道的中心区存在一个可利用的空间。主要街道上两个方向的交通流之间,次要车流中的一部分车辆可以暂时停在这个中心区,尤其是主路上有多条车道的情形,如图 8-21 所示。这个交叉口内部存储空间使得次要车流中的驾驶员采用不同的驾驶行为方式穿越主要车流,这种行为有助于提高通行能力。这种情况称为两阶段可插车间隙和优先权。因此,一些较宽的交叉口能够提供额外的通行能力。对于这种情况,不能使用传统方法估计通行能力。

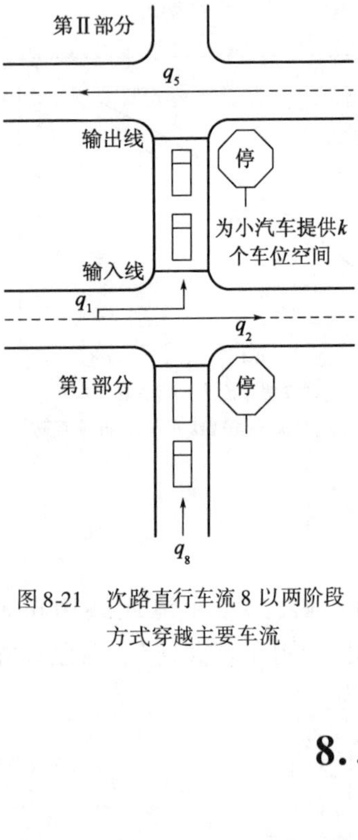

图 8-21 次路直行车流 8 以两阶段方式穿越主要车流

8.3 四路停车控制交叉口

四路停车控制(All-Way Stop-Controlled,AWSC)交叉口,也称为全路停车控制交叉口,是指由主路和次路相交而成的交叉口,其主路上和次路上的车流均受停车标志控制。四路停车控制交叉口相对二路停车控制交叉口更为复杂,但前者以后者为基础。这里主要介绍四路停车控制交叉口的平均服务时间和稳态延误。

8.3.1 平均服务时间

基于 M/G/1 排队系统,理查森(Richardson)提出了四路停车控制交叉口模型。该模型认为如果交叉道路上没有冲突车流(左转和右转),驾驶员接受的服务时间等于该方向上车辆的跟随车头时距。平均服务时间是能离开的驶入车流中相邻车辆之间的时间间隔。若有冲突车辆,队列前方的冲突车辆将在分析驶入车流之前离开。因此,理查森假设若有冲突车辆则平均服务时间是冲突车辆的清空时间和驶入车流的清空时间之和。为简便起见,理查森考虑北行和西行两股车流。对于北行的驾驶员来说,根据排队论可计算交叉道路上有冲突车辆的概率,那么北行驾驶员和西行驾驶员接受的平均服务时间分别为:

$$s_n = \tau(1-p_w) + T_c p_w, p_w = q_w s_w,$$
$$s_w = \tau(1-p_n) + T_c p_n, p_n = q_n s_n$$
(8-62)

式中:s_n、s_w——分别为北行和西行的服务时间(s);

p_n、p_w——分别为北行和西行的利用率;

q_n、q_w——分别为北行和西行的流量(veh/s);

τ——最小车头时距(s);

T_c——总清空时间(s)。

由式(8-62)可得北行的服务时间为:

$$s_n = \frac{q_w \tau T_c + \tau - q_w \tau^2}{1 - q_w q_n (T_c^2 - 2\tau T_c + \tau^2)}$$
(8-63)

如果考虑4个方向的车流,那么每个方向在冲突车流中没有车辆时的平均服务时间分别为:

$$s_s = s_n = \tau(1-p_{ew}) + T_c p_{ew},$$
$$s_e = s_w = \tau(1-p_{sn}) + T_c p_{sn}$$
(8-64)

没有冲突车流的概率可表达为:

$$1 - p_{ew} = (1-p_e)(1-p_w),$$
$$1 - p_{sn} = (1-p_s)(1-p_n)$$
(8-65)

则有:

$$p_{ew} = 1 - (1-q_e s_e)(1-q_w s_w),$$
$$p_{sn} = 1 - (1-q_s s_s)(1-q_n s_n)$$
(8-66)

式中:s_s、s_e——分别为南行和东行的服务时间(s);

p_{sn}、p_{ew}——分别为南北向和东西向的利用率;

p_s、p_e——分别为南行和东行的利用率;

q_s、q_e——分别为南行和东行的流量(veh/s);

其余符号意义同前。

假如已知各方向的流量和估计的服务时间,由式(8-66)则可解得东西向及南北向没有冲突车辆的概率。然后,使用式(8-64)进行迭代则可得到各方向服务时间的更好的估计值。

理查森模型假设最小车头时距为4s,总清空时间为所穿越的冲突车流包含的车道数的函数,而且总清空时间等于冲突车流和驶入车流的临界间隙之和。这里临界间隙为0.36倍的车道数。

8.3.2 稳态延误

利用P-K公式和利特尔方程,稳态延误可表达为:

$$d_s = \frac{2p - p^2 + q^2 V(s)}{2(1-p)q} \qquad (8\text{-}67)$$

式中：d_s——稳态车均延误(s/veh)；

$V(s)$——服务时间的方差(s²/veh²)；

p——没有车辆排队的概率；

q——流量(veh/s)。

式(8-67)需要估计服务时间的方差，理查森模型假设驾驶员的服务时间为最小车头时距或总清空时间。对于北行驾驶员，有 $1-p_{ew}$ 的驾驶员的服务时间恰好是最小车头时距，有 p_{ew} 的驾驶员的服务时间恰好是总清空时间。此时，服务时间的方差为：

$$V(s)_n = \tau^2(1-p_{ew}) + T_c^2 p_{ew} - s_n^2, \quad p_{ew} = \frac{s_n - \tau}{T_c - \tau} \qquad (8\text{-}68)$$

式(8-68)也可写为：

$$V(s)_n = \tau^2 \frac{T_c - s_n}{T_c - \tau} + T_c^2 \frac{s_n - \tau}{T_c - \tau} - s_n^2 \qquad (8\text{-}69)$$

类似地，可以得到其他方向的相应方程。理查森模型也适用于交通量很大时大部分驾驶员在驶离交叉口之前不得不排队的情形。根据理查森的研究，图 8-22 描述了北行车流的平均延误随其流量变化的曲线。通常，当一个方向的交通量增加时，其他方向的交通量也增加。这将导致延误水平以比图中所描述的更快的比率增加。

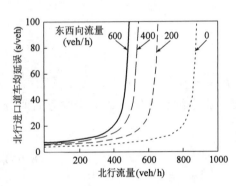

图 8-22 北行车流平均延误与其流量的关系曲线

8.4 经验方法

经验模型经常利用回归技术定量地描述交叉口的性能指标，这些模型用其原理能提供好的预测结果。然而，这些模型有时不能提供其中的因果关系。下面简介经验方法的基本原理、优势及缺陷。

8.4.1 基本原理

有学者评估了使用经验方法对简单的两股车流问题得到的通行能力。经验方法的基本思想如下：针对前面提到的有一股优先车流和一股非优先车流的简单交叉口，在稳定的排队时间内(即次路上至少有一辆车排队)，离开停车线的交通量即为通行能力，这一通行能力依赖于在相同时间内主路上优先车流的流量。为了导出这个关系，不得不在交叉口处于过饱和状态时进行交通流运行观测。将总观测时间划分为若干个等间隔的时段，如 1min。在这些 1min 的间隔内，记录优先车流的车辆数和次要车流进入交叉口的车辆数。通常，这些数据点分散在一个较宽的范围内，而且可表达为一条线性的回归线。平均起来，数据点偏差的一半是因为使用 1min 计数间隔导致的。实践中，不能使用超过 1min(如 5min)的估计间隔，因为会导致观测资料太少。

经验方法产生的线性关系式为：

$$q_m = b - cq_p \tag{8-70}$$

除线性函数外，也有人使用其他类型的回归方程，如：

$$q_m = Ae^{-Bq_p} \tag{8-71}$$

式中：q_m——次路通行能力（veh/s）；

q_p——主路流量（veh/s）；

b、c、A、B——回归参数，可利用合适的回归技术根据数据点估计得到。

除了优先车流的交通量之外，可以研究交叉口几何布局对次路通行能力的影响。有学者运用另一组线性回归分析，结果发现上述回归参数与道路宽度、视距、甚至交叉口布局的其他特征值相关。

8.4.2 优势与缺陷

相比可插车间隙理论，经验回归技术具有以下优势：

(1) 无须构建理论模型。
(2) 使用已公布的通行能力的经验值。
(3) 能够考虑几何设计对通行能力的影响。
(4) 可以考虑优先权转换和强制优先权对通行能力的影响。
(5) 不必详细地描述驾驶员行为。

当然，经验回归技术也存在如下缺陷：

(1) 由于驾驶员行为可能随时间发生变化，若用于其他国家或其他时间，研究结果的可移植性是非常有限的；因此，为了在不同的情况下应用，总是必须评估非常大的样本。
(2) 用户无法真正地理解无信号交叉口的交通流运行过程及规律。
(3) 对于存在 12 个流向的四路交叉口，其描述过程太过复杂。
(4) 其来源是过饱和状态下的驾驶员行为。
(5) 必须在现实中观察使用通行能力公式描述的每种情况。一方面，数据采集需要做大量工作；另一方面，很少发现满足期望的状态，原因在于拥挤交叉口通常已实施信号控制。

【复习思考题】

1. 简述可插车间隙理论的基本概念与假设。
2. 简述临界间隙和跟随时间的概念及影响因素。
3. 简述临界间隙与跟随时间的估计方法的基本原理。
4. 简述间隙分布的统计规律及其各种描述函数的优缺点。
5. 简述二路停车控制交叉口交通流优先级的划分情况。
6. 简述两股及多股冲突交通流的相互作用。
7. 考虑一股主要车流和一股次要车流，举例说明次要车流通行能力的推导过程。

8. 简述影响交通运行质量的各种因素或指标。
9. 简述无信号交叉口随机模拟模型的基本原理及优缺点。
10. 简述合用车道通行能力的计算原理。
11. 简述两阶段可插车间隙模型的基本原理。
12. 简述四路停车控制交叉口的基本概念及其平均服务时间的计算原理。
13. 对于无信号交叉口,简述经验方法的基本原理及优缺点。

第 9 章
信号交叉口理论

交通信号是控制道路交叉口的一种重要方式,信号交叉口是道路交通网络中一种常见的交叉口类型。在现代的城市交通网络中,信号交叉口的比例不断增加,而且其控制方式不断丰富。单点交叉口(也称单个交叉口或孤立交叉口)、干线交叉口群(也称干线协调交叉口)与区域交叉口群(也称区域协调交叉口)是信号交叉口的 3 种基本控制形式。不同于无信号交叉口,信号交叉口因信号的阻滞而有其独特的交通流运行规律及性能指标。信号交叉口的交通流特性分析不仅关注其交通效率,而且考虑其环境效益。通行能力、延误、排队长度、燃油消耗、排放等同样是设计、评价与改善信号交叉口的重要指标。信号交叉口理论主要针对信号交叉口探讨车流运动特性、车辆受阻滞过程、车辆到达-驶离图式、延误三角形、经典延误公式、信号配时优化模型等。

9.1 信号交叉口交通特性

信号交叉口的交通流运行特性及其通行能力直接取决于其信号配时状况。为了方便描述,这里分析采用固定配时的孤立信号交叉口。下面首先介绍交叉口渠化与相位设计,然后介绍车流运动特性与车辆受阻滞过程。

9.1.1 交叉口渠化与相位设计

对于信号交叉口,要弄清楚车流在停车线处的运动规律必须先弄清楚渠化设计与相位设计。

(1)交叉口渠化设计

为保证交通安全并提高交通效率,无论交叉口是否采用信号控制方式,都应该进行合理地渠化设计,以便有效地分离交通冲突且使交通流有序地运行。交叉口渠化设计通常采用交通标线将交叉口内部的道路空间进行分割,形成不同的进口道、出口道及车道,并使用导向箭头明确每条车道的功能。广义上来说,交叉口渠化设计还包括配合交通标线而设置的交通标志。有关道路渠化设计以及交通标志与标线设置的详细内容,请查阅相关的标准、规范、书籍或其他文献。

为便于理解和区分,将进口车道按其功能特点分为4类:①完整车道(Full Lane)或普通车道(Normal Lane)是指由路段自然延伸形成的固定导向车道;②短车道(Short Lane 或 Turn Bay)是指限于地形条件采用增辟方式形成的固定导向车道;③可变导向车道(Variable Approach Lane)是指车道功能随交通需求发生变化的车道;④左弯待转区或左转待行区(Left-Turn Waiting Area)是指在交叉口内部开辟的、供左转车辆在其同向直行车辆放行期间进入等待的区域。基于此,下面将左转车道分为左转短车道与左转专用车道,后者是指非短车道的左转车道。

以典型的十字交叉口为例,图9-1a)展示了普通的交叉口渠化设计方案,每条进口道渠化3条车道,由内向外分别为左转专用车道、直行车道和直右车道(或直右合用车道)。十字交叉口是四路或四支交叉口的一种标准抽象形式。为了进一步提高交叉口通行能力,常见的交叉口渠化方式还包括设置展宽车道(或短车道)、可变导向车道与左弯待转区。如图9-1b)所示,每条进口道渠化4条车道,由内向外分别为左转短车道、左转专用车道、直行车道和直右车道;这里以左转短车道(Short Left-Turn Lane 或 Left-Turn Bay)为例,实际中还有右转短车道(Short Right-Turn Lane 或 Right-Turn Bay),特殊情况下还会出现直行短车道。如图9-1c)所示,每条进口道渠化3条车道,由内向外分别为左转专用车道、可变导向车道和直右车道;其中可变导向车道在某个时段的具体功能由交通需求的动态分布来决定,其功能集合依据交叉口的实际情况进行确定。如图9-1d)所示,每条进口道除了渠化左转专用车道、直行车道和直右车道之外,在左转专用车道前方设置左弯待转区;设置的左弯待转区在几何特性上应符合相关规定与要求。

在现实中,除了图9-1所示的几种典型渠化设计方案,还存在一些组合设计形式,如短车道与可变导向车道、短车道与左弯待转区、可变导向车道与左弯待转区以及短车道、可变导向车道与左弯待转区等,其中前两种比较常见。

需要说明的是,上面提到的短车道、可变导向车道、左弯待转区或其组合形式可以只在交叉口的一条进口道或部分进口道进行设置,具体设置方式取决于交叉口的空间布局和交通需求。对于其他形式的交叉口(如T形交叉口、Y形交叉口、错位交叉口、五路或五支交叉口等),其渠化设计方案类似于上述说明,可以在图9-1的基础上简化或增设。以上任意一种渠化特征都可针对一条进口道来进行设置。T形交叉口是三路或三支交叉口的一种标准抽象形式。

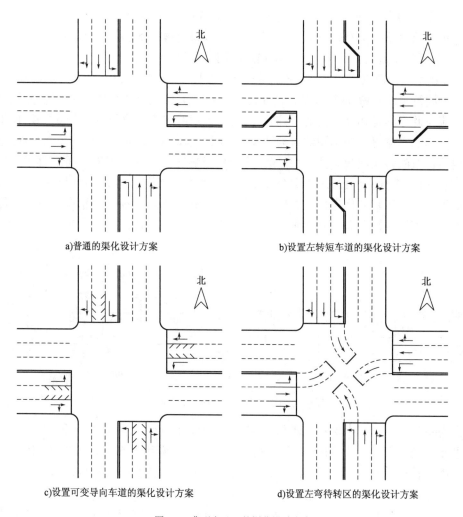

图 9-1 典型交叉口的渠化设计方案

(2) 交叉口相位设计

对于图 9-1 所示的十字交叉口,目前广泛采用的一种方法是双环结构(Dual-Ring Structure),该方法具有一定的普适性和灵活性。为方便描述,根据美国联邦公路局(Federal Highway Administration,FHWA)在交通信号配时手册(Traffic Signal Timing Manual)中给出的编号规则,将西进口、北进口、东进口和南进口的左转车流分别记为 M1、M3、M5 和 M7,将其冲突车流(即东进口、南进口、西进口和北进口的直行车流)分别记为 M2、M4、M6 和 M8。这一规则是从某条进口道开始,对左转车流以顺时针方向依次给予奇数编号,对与左转车流相冲突的直行车流再依次给予偶数编号。

一个信号周期内,任何瞬间都有完全相同灯色显示的一股或多股交通流,所获得的由不同灯色组成的连续时序,称为信号相位(Signal Phase)或简称相位(Phase)。一个信号周期内,一股或多股交通流同时拥有通行权的状态,称为信号阶段(Signal Stage)或简称阶段(Stage)。也就是说,相位是根据信号灯色时序进行划分,阶段是根据通行权转换进行划分。不过,有些文献中的相位与另一些文献中的阶段具有完全相同的含义。这里将灯色时序所描述的称为车流或车道组,将通行权所描述的称为相位。车流是同一条进口道上通行权起止时刻相同的一个或多个车辆流向的集合,车道组是同一条进口道上具有相同功能的一条或多条车道的集合。一股车流可以只涉及一个车辆流向,一条车道组可以只包含一条车道,下面将采用车道组的概念。另外,车流与车道组是从不同的角度描述的同一事物。

图 9-2 显示了四路交叉口的一种典型的相位设计。图 9-2a) 为相位图,这里共 6 个相位,例如相位 1 放行 M1 和 M6 两股车流。图 9-2b) 为环结构,这里有两个环和两个屏障,同一环内的所有车流彼此之间是相互冲突的,不同环内紧邻屏障的车流必须同时结束通行权,而不同环内非紧邻屏障的车流可以在不同的时刻结束通行权。实际上,并非所有的相位都是独立相位,每个环内通行权的转换次数为独立相位数,该参数影响交叉口的总损失时间。图 9-2 中,有 6 个相位,但只有 4 个独立相位,因为每个环在一个周期内需要转换 4 次通行权。对于车流,图中实线箭头表示车流具有优先权(即受单独的信号控制),而虚线箭头表示车流不具有优先权(即不受单独的信号控制)而是跟随同向有优先权的车流一起通行。

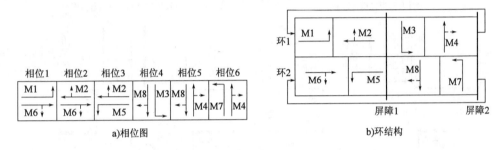

图 9-2 四路交叉口的一种典型相位设计

假设为每条进口道提供保护左转相位,东西向或南北向有 12 种相位组合(即相位相序方案),这些组合可以分为 4 类,即专用左转相位、直左相位、专用左转 + 前置左转相位(或后置左转 + 专用左转相位)和前置左转 + 后置左转相位。专用左转相位意思是目标进口道和冲突进口道上的左转车流一起通行,且其直行车流一起通行。直左相位意思是目标进口道上的左转车流和直行车流一起通行。前置左转意思是目标进口道上的左转车流在冲突进口道上的直行车流之前通行。后置左转意思是目标进口道上的左转车流在冲突进口道上的直行车流之后通行。

图 9-3 以东西向为例说明了这 12 种相位组合。组合 1~组合 4 都是没有搭接相位的情况,组合 5~组合 12 都是有搭接相位的情况。搭接相位是指跨越两个或两个以上信号阶段的相位。非搭接相位是指没有跨越信号阶段的相位。组合 1 与组合 2 具有相同的组成单元,只是相位顺序相反。组合 3 与组合 4、组合 5 与组合 6、组合 7 与组合 8、组合 9 与组合 10 以及组合 11 与组合 12 都是类似的情况。当组合 5~组合 12 中相位 2 的有效绿灯时间(即实际用于车辆通行的有效时间)为零时,这些组合中的每一种可简化为组合 1~组合 4 中的某一种,如组合 5 可简化为组合 1。对于四路交叉口,考虑为每股左转车流提供保护相位,信号相位方案共有 144 种,可由其中有搭接相位的 64 种代表。

对于三路交叉口或考虑单向交通,信号相位方案可在以上基础上进行简化;对于五路交叉口或右转车流受单独的信号控制的情况,信号相位方案可基于以上说明增加相应的相位;如果采用许可左转,信号相位方案可比以上情形更简单;如果采用保护 + 许可左转,信号相位方案可能比以上情形更复杂。就实际中的每种情况,具体的信号相位方案都可根据双环结构进行改造而生成。

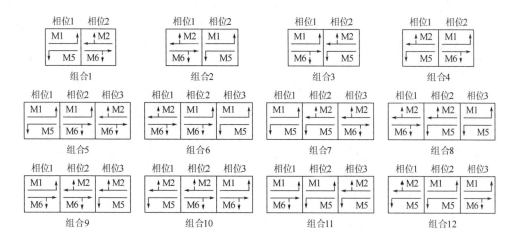

图 9-3 东西向的相位组合

9.1.2 车流运动特性

在信号交叉口,绿灯期间车辆驶离停车线的规律明显不同于红灯期间。一般来说,停车线处测得的饱和流率在绿灯期间保持不变。但是,当存在短车道时,这一饱和流率会出现下降的情况。

(1) 饱和流率稳定时的车流运动规律

以图 9-1a) 中西进口的直右车流为例,图 9-4 描述了所示车流的运动特性。当信号灯开始显示绿灯时,在停车线后方排队等待的车辆开始向前移动,这些车辆鱼贯地驶过停车线,驶离流量从零很快增加至饱和流率(即一个稳定的数值)。如果绿灯期间交通需求不小于交通供给,驶离流量在绿灯期间将一直保持饱和流率;反之,驶离流量在绿灯期间将保持饱和流率直至停车线后方的排队车辆完全释放完毕,然后下降至到达流量。根据交通规则,红灯期间驶离流量始终为零。一定程度上,到达流量反映交通需求,而饱和流率反映交通供给。饱和流率是指假设一直获得绿灯信号而且没有损失时间的情况下,先前的排队车辆在通常的道路和交通条件下驶离一条交叉口进口道或车道组时所达到的最大流率。换句话说,饱和流率是绿灯期间车流处于饱和释放状态下测得的最大流率。饱和流率的倒数是饱和车头时距。饱和车头时距是绿灯期间车流处于饱和释放状态下测得的相邻两辆车之间的车头时距。饱和流率与饱和车头时距均应针对饱和释放车流进行观测,这两个概念只针对信号交叉口进口道或车道组有效,前者的单位与流量或流率相同,后者的单位与车头时距相同。

如图 9-4 所示,在绿灯启亮的最初几秒,驶离流量变化迅速,车辆从静止状态开始加速,其速度逐渐由零变为正常行驶速度。在此期间,车辆驶离交叉口停车线的流量较饱和流率低一些。同理,在绿灯结束后的黄灯期间(大多数交通法规允许车辆在黄灯期间穿越停车线)或者在绿灯开始闪烁之后,由于部分车辆采取制动措施而停止前进,这些车辆尽管还没停止运动但已开始减速,因此车辆驶离停车线的流量从饱和流率逐渐下降至零。当然,这种情况主要是针对直行车流来说的。左转车流在黄灯期间驶离停车线的流量反而可能更大些,原因在于存在对向直行车流,使得部分左转车辆在绿灯期间不得不停在交叉口中央待机而行,这样绿灯结束时积存的一些左转车辆只能利用黄灯时间迅速驶过交叉口。这种情况出现在存在许可左转相位的时候。为方便研究,下面继续讨论图 9-4 所示模式,对于左转车流可能需要特殊考虑,对于不受信号控制的右转车流也应特殊考虑。

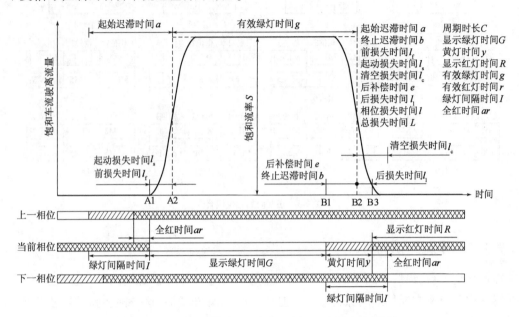

图 9-4 一个信号周期内饱和车流通过交叉口的基本运动特性

必须注意的是,在绿灯期间只有停车线后方始终存在连续的车队时,停车线处的驶离流量才能稳定在饱和流率的水平上。图 9-4 描述的正是完全饱和释放的情况,即绿灯结束前始终有车辆连续不断地驶过交叉口停车线。绿灯期间饱和流率的变化曲线可抽象为图 9-4 中的实曲线。为简便起见,可用图中虚折线代替这一实曲线。实曲线与时间轴围成的面积等于虚折线与时间轴围成的面积。实曲线的含义为驶离流量从零变到饱和流率或相反是需要一段时间的渐变过程,而虚折线的含义是驶离流量的变化是瞬间完成的。

从图中可以看出,绿灯实际上在点 A1 启亮,但等效为在点 A2 启亮;黄灯实际上在点 B3 结束,但等效为在点 B2 结束;黄灯在点 B1 启亮。还有,上一相位绿灯结束时刻与当前相位车流以饱和形式释放的开始时刻点 A2 之间的时间间隔称为起始迟滞时间;点 A1 与点 A2 之间的时间间隔称为前损失时间或起动损失时间;点 B1 与点 B2 之间的时间间隔称为终止迟滞时间或后补偿时间;点 B2 与点 B3 之间的时间间隔称为后损失时间;当前相位饱和车流结束时刻点 B2 与下一相位绿灯开始时刻之间的时间间隔称为清空损失时间。

(2) 车流运动中的关键参数及其关系

除上述一些术语和参数外,图 9-4 还涉及以下术语和参数:

周期时长(Cycle Length 或 Cycle Time)是指所有灯色轮流显示一周的总持续时间。显示绿灯时间(Displayed Green Time)或实际绿灯时间(Actual Green Time)是指信号显示为绿灯的持续时间;黄灯时间(Amber Time)是指信号显示为黄灯的持续时间;显示红灯时间(Displayed Red Time)或实际红灯时间(Actual Red Time)是指信号显示为红灯的持续时间。全红时间(All-Red Time)是指所有信号灯组均显示红灯的时间间隔;绿灯间隔时间(Intergreen Time)是指上一相位绿灯结束到下一相位绿灯开始之间的时间间隔。虚折线与时间轴围成的矩形的高度和宽度分别代表饱和流率(Saturation Flow Rate)和有效绿灯时间(Effective Green Time),这一矩形的面积恰好等于一个信号周期内实际驶过交叉口的车辆数。周期时长与有效绿灯时间之差为有效红灯时间(Effective Red Time)。显示绿灯时间的起止点与有效绿灯时间的起止点是错开的,后者的起点和终点均滞后于前者的起点和终点。相位损失时间(Phase Lost Time)是指一个相位的前损失时间与后损失时间之和再加上该相位与上一相位或下一相位之间的全红时间。总损失时间(Total Lost Time)是指一个信号周期内所有独立相位的损失时间的总和,或者说是一个信号周期内因通行权转换而损失的总时间。

上述各个时间参数之间的关系如图9-5所示。根据图9-4或图9-5,有以下关系式成立:

$$l_s = l_f, e = b, l_c = l_1 + ar,$$
$$I = a - l_f = y + ar,$$
$$l = a - b = I + l_f - b = ar + l_f + l_1 = l_s + l_c, \quad (9\text{-}1)$$
$$g = G - l_f + y - l_1 = G - l_s + e,$$
$$C = G + y + R = g + l_s + l_1 + R = g + r$$

式(9-1)中各符号的含义见图9-4中的说明。

G		y		R
l_s	$G - l_s$	e	l_1	R
$l_s + l_1$		g		R
r		g		r

图9-5 各时间参数间的相互关系

(3)饱和流率下降时的车流运动规律

对于图9-1b)设置短车道的情况,短车道所在车道组可能含有完整车道,无论是否有完整车道,该车道组的饱和流率都不会像图9-4所描述的那样在绿灯期间保持不变。

图9-6a)给出了一条进口道上的车辆排队情况,该进口道设置3条车道,其中两条完整车道的饱和流率用S_1表示,一条短车道的饱和流率用S_2表示,短车道长度用D表示。假设绿灯开始时短车道上排满车辆,释放这些车辆所需时间为g_1;短车道的存在使得只有在绿灯释放的前g_1时间内,进口道的3条车道全部被利用,此时进口道饱和流率为$S_1 + S_2$;在g_1时间之后,进口道只有两条完整车道被利用,此时进口道饱和流率下降为S_1,如图9-6b)所示。此时,在相位有效绿灯时间g内当量饱和流率S为$S_1 + S_2 \cdot g_1/g$。

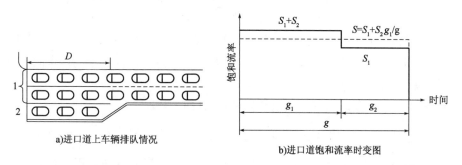

图9-6 短车道对进口道饱和流率的影响

饱和流率在绿灯期间出现下降的情况可称为短车道效应,这种效应直接影响车道组的饱和流率,进而影响车道组的通行能力,最终会影响交叉口甚至道路系统的通行能力。需要指出的是,图 9-6b)对车流运动过程的描述采取了类似于图 9-4 的一种等效方法。在现实情况下,实测的饱和流率与这种等效方法所得结果会有一定出入。不过,这种等效方法认为车道数发生变化的位置形成了一个交通瓶颈,饱和流率在瓶颈处的变化可以视为是瞬间完成的。因而,这种等效方法计算的饱和流率能够准确地描述真实情况。所以,很多研究普遍采用这种方法来测算设置短车道时进口道或车道组的饱和流率,并进行通行能力、延误、服务水平等相关分析。

(4) 饱和流率与通行能力

对于图 9-1a),一条车道组的当量饱和流率和通行能力可表达为:

$$S_j = \chi_j SF_j, \chi_j = 1; Q_j = \frac{1}{C}\chi_j SF_j g_j, \chi_j = 1 \tag{9-2}$$

式中:S_j——车道组 j 的当量饱和流率(pcu/h);

χ_j——判断车道组 j 是否设有完整车道的标识符,若是,$\chi_j = 1$,否则 $\chi_j = 0$;

SF_j——车道组 j 的完整车道饱和流率(pcu/h);

Q_j——车道组 j 的通行能力(pcu/h);

C——周期时长(s),$C = \sum_{i=1}^{n} g_{Pi} + L$;

g_j——车道组 j 的有效绿灯时间(s),$g_j = \sum_{i=1}^{n} \phi_{ij} g_{Pi}$,其中 ϕ_{ij} 为判断车道组 j 是否在相位 i 内有通行权的标识符,若是,$\phi_{ij} = 1$,否则 $\phi_{ij} = 0$;g_{Pi} 为相位 i 的有效绿灯时间(s);n 为相位数;

L——总损失时间(s),$L = n_d \cdot l$,其中 n_d 为独立相位数,l 为相位损失时间(s)。

对于图 9-1b),一条车道组的当量饱和流率和通行能力为:

$$S_j = \begin{cases} \chi_j SF_j + \varphi_j SS_j g_{Dj}/g_j, & g_j \geq g_{Dj}, \chi_j + \varphi_j \geq 1 \\ \chi_j SF_j + \varphi_j SS_j, & g_j < g_{Dj}, \chi_j + \varphi_j \geq 1 \end{cases},$$

$$Q_j = \begin{cases} \frac{1}{C}(\chi_j SF_j g_j + \varphi_j SS_j g_{Dj}), & g_j \geq g_{Dj}, \chi_j + \varphi_j \geq 1 \\ \frac{1}{C}(\chi_j SF_j + \varphi_j SS_j) g_j, & g_j < g_{Dj}, \chi_j + \varphi_j \geq 1 \end{cases} \tag{9-3}$$

式中:φ_j——判断车道组 j 是否设有短车道的标识符,若是,$\varphi_j = 1$,否则 $\varphi_j = 0$;

SS_j——车道组 j 的短车道饱和流率(pcu/h);

g_{Dj}——车道组 j 所含短车道上排队车辆完全释放所需时间(s),$g_{Dj} = \bar{h} D_j / \bar{s}$,其中 D_j 为车道组 j 的短车道长度(m),$\bar{h}$ 为平均饱和车头时距(s),$\bar{s}$ 为平均停车间距(m);

其余符号意义同前。

对于图 9-1c),一条车道组的当量饱和流率和通行能力可写成:

$$S_j = \chi_j SF_j + \alpha_j SV_j, \chi_j + \alpha_j \geq 1; Q_j = \frac{1}{C}(\chi_j SF_j + \alpha_j SV_j) g_j, \chi_j + \alpha_j \geq 1 \tag{9-4}$$

式中:α_j——判断车道组 j 是否设有可变导向车道的标识符,若是,$\alpha_j = 1$,否则 $\alpha_j = 0$;

SV_j——车道组 j 的可变导向车道饱和流率(pcu/h);

其余符号意义同前。

对于图9-1d),一条车道组的当量饱和流率和通行能力同式(9-2)。如前所述,工程实践中可能应用短车道、可变导向车道以及左弯待转区的各种组合设计。考虑所有的组合,可以提出一条车道组的当量饱和流率和通行能力的通用表达式,即:

$$S_j = \begin{cases} (\chi_j SF_j + \alpha_j SV_j) + \dfrac{\overline{h}}{\overline{s}g_j}\varphi_j SS_j(D_j + \beta_j DL_j), g_j \geq \dfrac{\overline{h}}{\overline{s}}(D_j + \beta_j DL_j), \chi_j + \alpha_j + \varphi_j \geq 1 \\ \chi_j SF_j + \alpha_j SV_j + \varphi_j SS_j, \qquad\qquad\qquad g_j < \dfrac{\overline{h}}{\overline{s}}(D_j + \beta_j DL_j), \chi_j + \alpha_j + \varphi_j \geq 1 \end{cases},$$

$$Q_j = \begin{cases} \dfrac{1}{C}\left[(\chi_j SF_j + \alpha_j SV_j)g_j + \dfrac{\overline{h}}{\overline{s}}\varphi_j SS_j(D_j + \beta_j DL_j)\right], g_j \geq \dfrac{\overline{h}}{\overline{s}}(D_j + \beta_j DL_j), \chi_j + \alpha_j + \varphi_j \geq 1 \\ \dfrac{1}{C}(\chi_j SF_j + \alpha_j SV_j + \varphi_j SS_j)g_j, \qquad\qquad g_j < \dfrac{\overline{h}}{\overline{s}}(D_j + \beta_j DL_j), \chi_j + \alpha_j + \varphi_j \geq 1 \end{cases}$$

(9-5)

式中:β_j——判断车道组 j 是否设有左弯待转区的标识符,若是,$\beta_j = 1$,否则 $\beta_j = 0$;

DL_j——车道组 j 的左弯待转区长度(m),$DL_j = DL_{Sj} + DL_{Cj}$,其中 DL_{Sj} 为车道组 j 的左弯待转区直线段长度(m),DL_{Cj} 为车道组 j 的左弯待转区曲线段长度(m);

其他符号意义同前。

当不涉及短车道、可变导向车道或左弯待转区,可令其相应的标识符为零,那么式(9-5)可以简化为式(9-2)~式(9-4),或者改写为这3种渠化特征的两两组合。对于一条车道组来说,完整车道、短车道和可变导向车道可以分别独立存在,但必须设置其一;而左弯待转区不能独立存在,必须与完整车道或短车道同时存在。

值得说明的还有,当不涉及左弯待转区时,交叉口的信号相位方案可以采用双环结构设计中的任意一种形式;否则,对于设置左弯待转区的进口道,只能采用先直行后左转的相位设计,即前述的后置左转相位,这是由左弯待转区的通行规则决定的。

9.1.3 车辆受阻滞过程

了解了信号交叉口车流运动特性之后,下面分析信号交叉口对车流的阻滞过程。车辆到达停车线的时间间隔与单位时间内到达停车线的车辆数都是随机变化的,因而每个信号周期内总有一部分车辆在驶离停车线之前受到红灯阻滞。即便有些车辆可以在绿灯期间到达停车线,但是由于前方存在上一周期受红灯阻滞而积存的车辆,这些车辆也不得不减速甚至停车。事实上,车辆受红灯阻滞的结果就是造成车辆延误。

图9-7描述了一辆车在信号交叉口停车线处受阻滞的过程,图中展示了该辆车通过信号交叉口时的行驶时间-距离曲线。由于所描述车辆受红灯阻滞,该辆车在到达停车线之前已经减速至停车,其车速由正常行驶速度下降至零。这辆车在停车等待一段时间之后,在绿灯期间重新启动并加速至正常行驶速度。图中,l 为正常行驶距离(m),u_c 为正常行驶速度(m/s),t_c 为不受阻滞时以正常行驶速度驶过距离 l 所需的正常行驶时间(s),t 为受阻滞时驶过距离 l 所需的行程时间(s),d 为受阻滞时的总延误(s),t_d 和 t_a 分别为受阻滞时的减速时间和加速时间(s),l_d 和 l_a 分别为受阻滞时的减速距离和加速距离(m),d_d 和 d_a 分别为受阻滞时的减速

延误和加速延误(s),d_s 为车辆处于怠速状态(即完全停车)的时间(简称停车延误)(s),d_h 为受阻滞时减速延误和加速延误之和(简称加减速延误)(s)。由此可得以下关系式:

$$t = t_c + d, t_c = l/u_c; d = d_s + d_h, d_h = d_d + d_a \tag{9-6}$$

根据该图,车辆延误即为车辆受阻滞时通过交叉口所需行程时间与正常行驶同样距离所需时间之差。

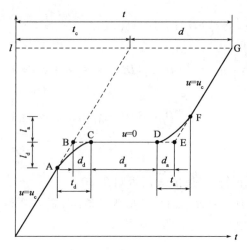

图 9-7 受阻滞车辆的行驶时间-距离曲线

(1)停车延误与加减速延误

根据图 9-7 分析车辆延误的组成部分,车辆在停车线处受阻滞的总延误为 B 点与 E 点之间的时间间隔,这一延误包括三部分:①车辆受阻滞时因减速而产生的延误为 B 点与 C 点之间的时间间隔,简称减速延误;②车辆受阻滞时因停车而产生的延误为 C 点与 D 点之间的时间间隔,简称停车延误;③车辆受阻滞时因加速而产生的延误为 D 点与 E 点之间的时间间隔,简称加速延误。若将减速延误和加速延误统称为加减速延误,则总延误由停车延误和加减速延误两部分组成。那么,车辆真正处于停车(即怠速)状态的时间为总延误与加减速延误之差。

(2)完全停车与不完全停车

车流在信号交叉口的实际运行情况表明,并非所有车辆受阻滞时都会完全停车,而是有部分车辆仅仅减速,在车速尚未降至零之前又加速至正常行驶速度。因此,车辆在信号交叉口受阻滞的过程分为 3 种情况,如图 9-8 所示。图 9-8a)中,车辆受阻滞后车速由正常行驶速度下降至零,然后立刻加速直至恢复正常行驶速度。此时,停车延误等于零,总延误等于加减速延误。图 9-8b)是图 9-7 的另一种表达形式,车辆受阻滞后车速由正常行驶速度下降至零,然后不是立刻加速而是停车一段时间后加速直至恢复正常行驶速度。这时,停车延误大于零,总延误大于加减速延误。图 9-8c)中,车辆受阻滞后车速由正常行驶速度下降至某个大于零的速度,然后立刻加速直至恢复正常行驶速度。这种情况下,停车延误也等于零,总延误依然等于加减速延误,但小于完全停车时的加减速延误。

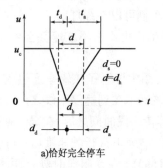
a)恰好完全停车

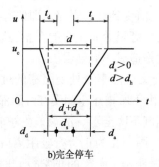
b)完全停车

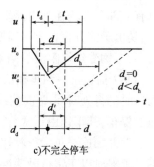
c)不完全停车

图 9-8 完全停车与不完全停车

图 9-8a)和图 9-8b)所示情况称为构成一次"完全停车",其中前者称为恰好构成一次"完

全停车",而图9-8c)所示情况称为构成一次"不完全停车"。显然,所谓"完全停车",是指车速从正常行驶速度降至零再从零加速至正常行驶速度的情况;所谓"不完全停车",是指车速没有减至零就又加速的情况,或者说减速阶段与加速阶段的转折车速是大于零的情况。

为便于解释,假设车辆通过信号交叉口时的运动模式简化为匀速运动和匀加速(包括匀减速)运动两种类型。对于图9-8c),有以下方程存在:

$$t_d = \frac{u_c - u'_c}{a'}, t_a = \frac{u_c - u'_c}{a}, l_d = \frac{u_c^2 - u'^2_c}{2a'}, l_a = \frac{u_c^2 - u'^2_c}{2a},$$

$$d_d = t_d - \frac{l_d}{u_c} = \frac{(u_c - u'_c)^2}{2a'u_c}, d_a = t_a - \frac{l_a}{u_c} = \frac{(u_c - u'_c)^2}{2au_c}, \qquad (9\text{-}7)$$

$$d'_h = d_d + d_a = \frac{(u_c - u'_c)^2}{2u_c}\left(\frac{1}{a'} + \frac{1}{a}\right)$$

式中:a'、a——分别为减速度的绝对值和加速度(m/s^2);

其余符号意义同前。

对于构成一次"完全停车"[如图9-8c)中的虚线],即式(9-7)中的 u'_c 为0时,则可得对应于图9-8a)和图9-8b)的各个关系式。那么,一次"完全停车"的加减速延误为:

$$d_h = \frac{u_c}{2}\left(\frac{1}{a'} + \frac{1}{a}\right) \qquad (9\text{-}8)$$

假如 $a' = a$ 为常数,则有:

$$d_h = \frac{u_c}{a} \qquad (9\text{-}9)$$

式(9-9)中,若 u_c 值一定,则 d_h 为一定值。换句话说,只要正常行驶速度相同,不管车流受阻滞过程属于图9-8中的哪一种,d_h 值只有一个。那么,比较式(9-9)所得的 d_h 与实际总延误 d 即可判断是否构成一次"完全停车"。当满足 $d \geqslant d_h$,则构成一次"完全停车";否则,构成一次"不完全停车"。

在明确了"完全停车"与"不完全停车"的概念之后,就可以建立车辆延误与停车次数的相关关系。任何延误都包含至少一次停车(即"完全停车"或"不完全停车"),其大小取决于初始车速。如果使用总延误 d 与一次完全停车的加减速延误 d_h 的比值来表征这种相关关系,将该比值定义为停车率 $h = d/d_h$,那么只要满足 $h \neq 0$ 就说明车辆运动过程中包含"一定程度"的停车。进一步,构成一次完全停车的判断标准为 $d \geqslant d_h$ 或者 $h \geqslant 1$,构成一次不完全停车的判断标准为 $0 < h < 1$,没有停车的判断标准为 $h = 0$。

依据停车率,当研究某一时段内整个交叉口通过的所有车辆的平均总延误时,有如下表达式:

$$\bar{d} = \bar{d}_s + \bar{h} \cdot \bar{d}_h \qquad (9\text{-}10)$$

式中:$\bar{d}$、$\bar{d}_s$、$\bar{h}$——分别为该时段内驶过停车线的所有车辆的平均总延误(s)、平均停车延误(即怠速时间)(s)和平均停车率;

$\bar{d}_h$——该时段内驶过停车线的所有车辆中经历过一次完全停车的那部分车辆的平均加减速延误(s)。

(3) 延误类型

延误经常用作评价交叉口运行质量的第二级测度指标。尽管在实际中有可能测得延误,但是观测延误是一个非常困难的过程,而且不同的观测者可能因为不一样的判断标准而测得不同的延误值。因此,出于各种目的,较为简便的一种方式是采用预测模型来估计延误。然而,延误的定量测算可以通过许多不同的方式来实现。

最经常使用的延误类型包括停车延误、进口道延误、排队延误、行程延误和控制延误。停车延误是指一辆车在排队队列中等待通过交叉口时处于停车状态的时间。平均停车延误是指在一个指定的时间间隔内所有车辆的停车延误的平均值。进口道延误包括停车延误加上从进口道速度到停车因减速损失的时间,再加上由于重新加速恢复至期望速度而损失的时间。平均进口道延误是指在一个指定的时间间隔内所有车辆的进口道延误的平均值。排队延误是指从一辆车加入交叉口排队队列到驶离停车线的总时间。平均排队延误是指在一个指定的时间间隔内所有车辆的排队延误的平均值。行程延误属于一个更概念化的值,是指驾驶员通过交叉口或车道断面所期望的行程时间与实际所花费的行程时间之间的差值。考虑到难以测得通过交叉口的期望行程时间,行程延误除了作为一个哲学概念外极少在实际中采用。控制延误的概念是在1994版HCM中发展起来的,这一概念在2000版和2010版HCM中继续使用并不断修正。控制延误是指由控制设备(如交通信号或停车标志)而引起的延误,这一延误大约等于排队延误加上加减速延误。

图9-9描述了一辆车在遇到红灯信号而被阻滞时经历的3种类型的延误,包括停车延误、进口道延误和行程延误。图中,经历减速、停车和加速的路径为车辆受阻滞过程中的实际路径,车辆不受阻滞而直接通过交叉口的路径为期望路径,期望路径上车辆的行驶速度高于实际路径上车辆减速前的行驶速度。这辆车的停车延误仅仅包括在停车线处停车所花费的时间,这一延误是指从车辆完全停车开始到车辆开始加速所花费的时间。这辆车的进口道延误包括由于减速和加速而额外损失的时间,这一延误可以通过延长假设没有信号存在时驶入车辆的速度斜率来得到。进口道延误是进口速度斜率的假设延长线与达到完全加速后的离去斜率线之间的时间差(即水平方向上的差值)。行程延误是假设的期望速度线与实际的车辆路径之间的时间差。排队延误无法使用一辆车来进行有效的展示,因为这一延误涉及加入和离开排队队列的几辆车。

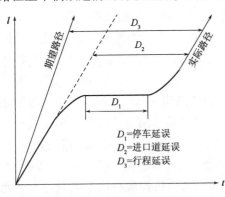

图9-9 交叉口的车辆延误类型

使用一辆车可以说明延误的观测,那么在一个指定的时间间隔内平均延误即为所有车辆延误的平均值或集计值。延误的单位可以采用 veh·s 或 s,车均延误(即每辆车的延误)的单位可以采用 s 或 s/veh。推荐延误和车均延误的单位分别采用 s 和 s/veh。众所周知,交通流组成很少只包含一种车辆类型。当特别指明标准小汽车时,车均延误的单位应该使用 s/pcu (即 Passenger Car Unit 的缩写)。本书无特殊说明时,单位采用 veh 代表交通流只涉及一种类型的车辆,单位采用 pcu 时代表交通流涉及两种或两种以上类型的车辆。

9.2 车辆到达-驶离图式

在信号交叉口,分析交通流的到达规律和驶离规律是评判交通流运行质量和评估交通设施服务水平的前提。

9.2.1 车辆到达模式

在交叉口停车线处或道路断面上,当观测交通流的到达情况时,人们发现车辆到达呈多种模式。比较典型的车辆到达模式有图9-10所示的3种情况。第1种情况为均匀到达模式,当车辆以均匀的时间间隔到达交叉口停车线或道路断面,其到达规律即属于这种模式;第2种情况为随机到达模式,当车辆到达交叉口停车线或道路断面的时间间隔是一个随机变量,其到达规律即属于这种模式;第3种情况为成车队到达模式,当到达交叉口停车线或道路断面的车流是一股一股的,即一段时间内车辆均匀到达,而另一段时间内没有车辆到达,并重复此过程,其到达规律即属于这种模式,该模式最符合现实情况,尤其是干线或区域交叉口群的下游断面(包括停车线)。

图9-10 几种典型的车辆到达模式

上述3种车辆到达模式均属于理想的抽象形式,这种抽象有助于建立数学模型并进行理论分析,后续的很多研究都基于这样的假设。当讨论实际问题时,一定的分析期内可能很难使用上述模式中的一种来描述车辆到达情况,这时可以将分析期按交通需求变化划分为若干个合适的时段,在每个时段内使用上述的一种模式代表车辆的到达规律。当然,随着研究的深入和技术手段的改进,人们不断地使用更复杂的数学模型来描述更真实的车辆到达模式。

9.2.2 车辆到达-驶离曲线

图9-11给出了信号交叉口的车辆排队情况,其中使用有效绿灯时间和有效红灯时间对车辆到达-驶离曲线进行等效描述。图中,水平线表示到达率(Arrival Rate),实折线表示驶离率或离去率(Departure Rate),粗虚线表示服务率(Service Rate),ρ 和 μ 分别为到达率和服务率,A1代表红灯期间积存的车辆数,A2代表绿灯初期疏散的车辆数,A3代表绿灯期间的剩余通行能力。在整个信号周期内,始终有车辆到达,其到达率稳定不变。在红灯期间,没有车辆驶离交叉口,其驶离率和服务率均为零;在绿灯初期,车辆以饱和释放形式驶离交叉口,其驶离率和服务率均等于饱和流率;在绿灯末期,后续到达的车辆不再以饱和释放形式驶离交叉口,其驶离率等于到达率,而服务率依然等于饱和流率。此处的到达率与第2章中的流量在本质上

是同一个概念。

到达率和服务率分别反映交通需求和交通供给。在一个信号周期内,假如交通需求小于或等于交通供给,那么到达的车辆都能在本周期驶离交叉口,不会出现滞留排队现象;如果交通需求等于交通供给,将达到一种供需平衡;若是交通需求大于交通供给,那么到达的车辆不能全部在本周期内驶离交叉口,将出现滞留排队现象。图 9-11 描述的是交通需求小于交通供给的情况,因此存在剩余通行能力 A3。如果交通供给不大于交通需求,那么将不存在剩余通行能力,即图 9-11 中的 A3 将被 A2 替代,此时,粗虚线与实折线将完全重合。

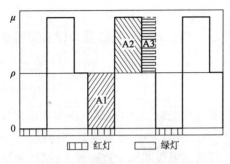

图 9-11 信号交叉口车辆排队示意图

(1) 欠饱和状态

在给定的分析期内,如果交通需求一直小于交通供给,那么交通流将始终处于欠饱和状态或不饱和状态(Under-saturated State)。图 9-12 描述了欠饱和状态下车辆到达和驶离累计曲线之间的关系。横轴表示时间,纵轴表示累计车辆数;细实直线代表累计到达的车辆数,粗实折线代表累计驶离的车辆数。到达累计曲线的斜率为到达率,驶离累计曲线的斜率为驶离率。在红灯期间,驶离率为零;在绿灯初期,驶离率等于饱和流率;在绿灯末期,驶离率等于到达率。这里假设到达率和饱和流率在分析期内都是稳定不变的。对于欠饱和状态,到达率在分析期内始终小于饱和流率。这样,每个周期内到达的车辆都能在本周期绿灯期间驶离交叉口,因而每个周期结束时都不存在滞留排队车辆。此外,车辆到达累计曲线及其驶离累计曲线围成的区域表征交通流因均匀到达而产生的总延误,简称均匀延误。图 9-12 所描述的欠饱和状态在本质上与图 9-11 相同。

(2) 饱和与过饱和状态

如果交通需求在分析期内等于甚至大于交通供给,那么交通流将会处于饱和甚至过饱和状态。图 9-13 描述了饱和与过饱和状态下车辆到达和驶离累计曲线之间的关系。横轴、纵轴、细实直线以及粗实折线的含义与前述相同,虚细直线代表交通流恰好处于饱和状态(Saturated State)时的车辆到达累计曲线。到达率与驶离率的意义同上,同样假定分析期内到达率与饱和流率是恒定的。

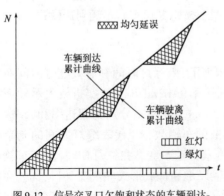

图 9-12 信号交叉口欠饱和状态的车辆到达-驶离曲线

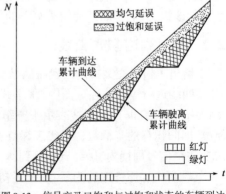

图 9-13 信号交叉口饱和与过饱和状态的车辆到达-驶离曲线

如果车辆到达累计曲线为虚细直线,此时交通流恰好饱和。在红灯期间,驶离率依然为零;在绿灯期间,驶离率等于饱和流率;信号周期内,到达率小于饱和流率。这样,一个周期内到达的所有车辆恰好在本周期绿灯期间全部释放完毕,所以每个周期结束时恰好没有车辆被滞留。此时,类似于欠饱和状态,只存在均匀延误。

如果车辆到达累计曲线为细实直线,这时交通流处于过饱和状态(Over-saturated State)。不同于饱和状态,尽管到达率还是小于饱和流率,但是一个周期内到达的车辆无法在本周期绿灯期间全部驶离交叉口,致使每个周期结束时都会出现新增的滞留排队车辆。对于这种情况,除了产生均匀延误外,还因过饱和引起新增延误,即过饱和延误,如图中实际的与恰好饱和的车辆到达累计曲线(即细实直线与虚细直线)以及分析期结束时纵轴的平行线所围成的区域。假如在相当长的一个分析期内始终维持这样一种车辆到达模式,那么滞留排队车辆将越来越多,其排队长度可能上溯至上游交叉口,此时将出现一种不稳定状态。在城市道路网中,这种不稳定状态极有可能使某个区域的交通系统迅速地陷入全面瘫痪状态。在交通管理与控制中,及时地预防或有效地消除这种不稳定状态是非常重要的,其根本措施在于控制过饱和排队长度。相关方面的详细内容请参考有关的书籍、论文、报告等文献资料。

(3) 稳定状态

有时,分析期内的交通需求并非一直不变,而是由大变小。图9-14描述了稳定状态下车辆的到达与驶离规律,图中各要素的含义与图9-13一样。与过饱和状态不同,到达率在分析期的前半部分较大,致使滞留排队车辆逐渐增加;而在分析期的后半部分到达率下降,先前的滞留排队车辆逐渐消失;对于整个分析期,到达的车辆全部驶离交叉口,在分析期结束时没有滞留排队车辆。这种情况属于稳定状态,通常不会导致车辆排队上溯至上游交叉口,进而不会造成交通系统瘫痪。对于稳定状态,依然存在均匀延误与过饱和延误,只是代表过饱和延误的区域的形状与过饱和状态时不同。在城市道路网中,一天之内或几个小时内的交通流运行状况都属于这种稳定状态。

上述分析方法通常称为累计曲线法,该方法在很多研究中被采用。在现实问题中,车辆到达累计曲线往往不像图9-12~图9-14那样是一条直线,因此很多文献采用一条曲线来代替这条直线。当然,如果将分析期划分为若干个时段,每个时段内使用直线代替曲线也是完全合理的。另外,如果存在短车道或其他特殊设计,饱和释放曲线也不一定是一条直线。此时,有必要进行更科学、更严谨的分析。

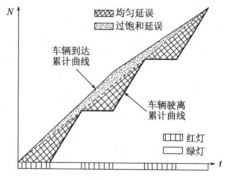

图9-14 信号交叉口稳定状态的车辆到达-驶离曲线

9.2.3 延误三角形

利用图9-12~图9-14可以分析一个信号周期内车辆的到达与驶离规律,进而计算车辆延误和排队长度,因其图形类似于三角形,这种方法称为延误三角形。

1) 稳态理论

车辆在信号交叉口的延误及排队长度,主要依赖于车辆的到达率与交叉口的通行能力。通常,车辆到达率和交叉口通行能力都具有很强的时变性,即随时间发生变化的特性。如前所述,较长时段内交通流可以是基本稳定不变的,出现此种状况的前提是交通流处于欠饱和状态,即交叉口通行能力有富余。稳态理论(Steady-State Model)正是描述这种状况的方法,其基本假设包括:

①信号交叉口采用固定配时方案(简称定时方案),而且初始的车辆排队长度为零;
②平均的车辆到达率在分析期内是稳定不变的;
③车辆受阻滞而产生的延误与车辆到达率的关系在分析期内保持不变;
④交叉口进口道或车道组的通行能力在分析期内为常数,而且车辆到达率不超过所在进口道或车道组的通行能力;
⑤在分析期内,车辆到达率是随机变化的,某些信号周期内可能出现车辆的到达与驶离不平衡,并产生滞留排队车辆,但是若干个信号周期之后滞留排队车辆逐渐消失,即整个分析期内车辆的到达与驶离保持平衡。

车道组通行能力是指一个信号周期内通过其停车线的最大流率,其值为该车道组的饱和流率及其绿信比的乘积。绿信比是指一条车道组所获得的有效绿灯时间与交叉口的信号周期时长的比值。进口道饱和流率等于所含车道组饱和流率的总和;进口道通行能力等于所含车道组通行能力的总和;交叉口通行能力等于所含车道组通行能力的总和,也等于所含进口道通行能力的总和。值得注意,饱和流率对交叉口而言是没有意义的,自然对交叉口群或道路系统而言也是没有意义的。

基于以上假设,利用稳态理论计算车辆延误的过程可简化为:①视车辆到达率为常数,计算车辆的均匀延误(Uniform Delay),也有文献称其为均衡延误;②计算由于车辆到达率的随机性而产生的附加延误,简称为随机延误(Random Delay);③将均匀延误与随机延误进行叠加,从而得到每辆车的平均延误,简称为车均延误(Average Delay per Vehicle 或 Average Delay)。

(1)均匀延误

以图9-12中的一个信号周期为例进行分析,图9-15进一步描述了欠饱和状态下信号周期内的车辆到达-驶离图式。假设车辆到达率与车道组通行能力均为常数,那么车辆延误与其到达率呈图中所示的线性关系。这种使用累计曲线法或延误三角形所描述的车辆排队称为点排队,其假设为车辆到达或驶离停车线即认为车辆到达或驶离交叉口冲突区,或者车辆在停车线处垂直地面并朝向天空进行排队,其单位为车辆数。这种定义及测算方法符合排队论的描述。无信号交叉口的车辆排队分析也是采用的这种定义,详细内容见第8章。

与此不同的一种解释是物理排队,其单位为空间距离,所描述的是车辆沿道路长度方向在停车线后方进行排队。基于交通波理论或二流理论所得的车辆排队属于物理排队,具体内容详见第5章和第6章。与点排队相比,物理排队的描述结果更符合现实情况。不过,一定程度上,点排队的假设也有合理之处。因此,有很多研究采纳点排队的界定进行更深入的分析。

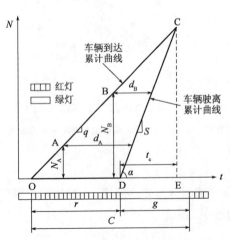

图9-15 欠饱和状态下信号周期内车辆到达-驶离图式

如图9-15所示,车辆A在红灯期间到达停车线(严格来说,是到达排队队列的末尾,因为此时停车线后方已存在排队车辆),在其前方已有先前到达的N_A辆车在停车线后面排队等待。该辆车必须等待这N_A辆车全部驶离停车线之后才能通过停车线,其延误为d_A。车辆B的情况与车辆A类似,其前方有N_B辆车,其延误为d_B。在该图中,三角形中的水平线代表每辆车的延误,垂直线代表所对应时刻停车线后方的排队车辆数(这里称为车辆排队长度)。于是,三角形OCD的面积等于一个信号周期内所有车辆的总延误,也即所有时刻车辆排队长度的总和。那么,全部车辆在一个信号周期内的总延误为:

$$D = \frac{1}{2} r \cdot t_c \cdot \tan\alpha = \frac{1}{2} r \cdot t_c \cdot S \tag{9-11}$$

依据图中各参数的关系,可得排队完全消散时间,即:

$$t_c = \frac{qr}{S-q} \tag{9-12}$$

将式(9-12)代入式(9-11),则有:

$$D = \frac{qSr^2}{2(S-q)} \tag{9-13}$$

式中:D——车辆总延误(s);
r——有效红灯时间(s);
t_c——排队完全消散时间(s);
tan——求正切;
α——饱和释放曲线与时间轴的夹角;
S——饱和流率(veh/s);
q——到达率(veh/s)。

对于一个信号周期,使用总延误除以总车辆数,则得到车均延误,即:

$$d = \frac{D}{qC} = \frac{Sr^2}{2C(S-q)} \tag{9-14}$$

根据信号配时理论,以下关系式存在:

$$\lambda = \frac{g}{C}, r = C - g, y = \frac{q}{S} \tag{9-15}$$

将式(9-15)代入式(9-14),可得:

$$d = \frac{C(1-\lambda)^2}{2(1-y)} \tag{9-16}$$

式中:d——车均延误(s/veh);
C——周期时长(s);
λ——绿信比;
g——有效绿灯时间(s);
y——流量比。

式(9-16)是均匀延误的基本形式,后来的很多延误公式中的第一项均匀延误都是在此公式基础上进行改进的。

(2)随机延误

如前所述,车辆到达率在分析期内实际上是随机波动的。尽管分析期内的平均饱和度

(即到达率或流量与通行能力之比)不超过1,但不排除个别周期内因车辆到达率的随机波动而导致暂时的过饱和情况。韦伯斯特(Webster)首先通过组合理论分析方法和数值模拟方法提出了广泛被采用的车均延误近似公式,其表达形式为:

$$d = \frac{C(1-\lambda)^2}{2(1-y)} + \frac{x^2}{2q(1-x)} - 0.65\left(\frac{C}{q^2}\right)^{\frac{1}{3}}x^{2+5\lambda} \quad (9\text{-}17)$$

式中:d——车均延误(s/veh);
　　C——周期时长(s);
　　λ——绿信比,$\lambda = g/C$,其中g为有效绿灯时间(s);
　　y——流量比,$y = q/S$,其中q为到达率(veh/s),S为饱和流率(veh/s);
　　x——饱和度,$x = q/Q$,其中Q为通行能力(veh/s),$Q = S\lambda$。

在式(9-17)中,第1项即为式(9-16)所示的均匀延误,第2项为随机延误,其假设为车辆到达和离去分别服从泊松分布和均匀分布,第3项是基于模拟试验得到的修正项。当饱和度较低时,后两项所占比例很小,但随着饱和度增加,后两项对计算结果的影响越来越大。

后来,一些学者给出了类似的车均延误公式。例如,米勒(Miller)公式为:

$$d = \frac{1-\lambda}{2(1-y)}\left[C(1-\lambda) + \frac{2N_0}{q}\right], N_0 = \frac{\exp[-1.33\sqrt{Sg(1-x)/x}]}{2(1-x)} \quad (9\text{-}18)$$

阿克赛立科(Akçelik)公式为:

$$d = \frac{C(1-\lambda)^2}{2(1-y)} + \frac{N_0 x}{q}, N_0 = \begin{cases} \dfrac{1.5(x-x_0)}{1-x}, & x > x_0 \\ 0, & x \leq x_0 \end{cases} \quad (9\text{-}19)$$

式中:N_0——平均过饱和排队车辆数(veh),即分析期内由于个别周期过饱和导致绿灯时间结束时仍然滞留在停车线后方的车辆数;
　　x_0——平均溢出排队近似为零时的饱和度,$x_0 = 0.67 + Sg/600$;
　　其余符号意义同前。

阿克赛立科对比了韦伯斯特、米勒和自己的延误公式,发现这些公式所得结果相差甚微,最多相差1s左右。从形式上看,阿克赛立科公式比较简洁、计算方便,因而其应用更广泛。

2)定数理论

稳态理论尽管假设车辆到达具有随机性但要求交通流在分析期内是稳定的,当交通流量较低时,这些假设可以满足,此时稳态理论所得结果与实际情况相符。然而,当交通流量达到通行能力时,获得稳定状态所需要的时间经常会超过所提供的时间,何况很多情况下交通流量还会超过通行能力,此时难以满足稳态理论的假设条件,即交通流会出现如图9-13所示的不稳定现象。

为解决这一问题,很多学者在20世纪60年代就开始探讨过饱和交叉口车辆延误和排队长度的计算方法,其代表性成果是梅(May)给出的定数理论,金伯(Kimber)后来又对此进行了深入研究。定数理论(Deterministic Model)基于下面的几条假设:

①车辆到达率在分析期内为一恒定值,而且大于进口道或车道组通行能力;②初始的车辆排队长度为零;③信号交叉口采用固定配时方案,因此分析期内进口道或车道组通行能力为常数;④过饱和车辆排队长度随时间延长而直线增加。

稳态理论将个别周期出现的过饱和状态当作一种随机的情况进行处理,而定数理论将过饱和状态当作一种确定的情况进行处理,但不考虑车辆随机到达对其受阻程度的影响。

以图 9-13 中的一个信号周期为例进行分析,图 9-16 进一步描述了过饱和状态下信号周期内的车辆到达-驶离图式,图中各参数含义如前所述。从该图可见,每个信号周期末滞留排队车辆数为:

$$n_i = n_{i-1} + qC - Sg \tag{9-20}$$

再者,一个信号周期内的车辆总延误为多边形 OABCD 的面积,即:

$$D_i = n_{i-1}C + \frac{1}{2}(qC^2 - Sg^2) \tag{9-21}$$

还有,分析期内的平均过饱和排队长度为:

$$N_0 = \frac{(q-Q)T}{2} = \frac{(x-1)QT}{2} \tag{9-22}$$

那么,分析期内的车辆总延误为:

$$D = \frac{QrT}{2} + N_0 T \tag{9-23}$$

进一步,分析期内的车均延误为:

$$d = \frac{Qr}{2q} + \frac{N_0}{q} \tag{9-24}$$

式中:n_i、n_{i-1}——分别为第 i 个周期末和第 $i-1$ 个周期末的滞留排队车辆数(veh);

　　　D_i——第 i 个周期的车辆总延误(s);

　　　T——分析期持续时间(s);

其余符号意义同前。

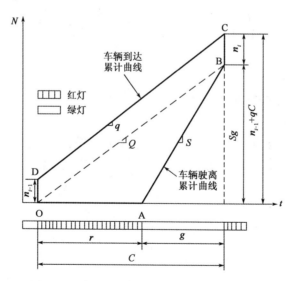

图 9-16　过饱和状态下信号周期内车辆到达-驶离图式

分析式(9-22)~式(9-24)可以发现,延误与排队长度均由两项构成,第一项为饱和度等于 1 时产生的"正常"延误和排队,相当于图 9-16 中三角形 OAB 部分,第二项为过饱和部分,相当于图 9-16 中梯形 OBCD 部分。在固定配时条件下,第一项与周期时长无关,第二项表示延误是平均过饱和排队长度的函数。由此可见,无论稳态理论还是定数理论所得的"正常"延误和排队是相同的。

3) 过渡函数

稳态理论与定数理论分别描述了不同情况下车辆受信号影响所致的延误和排队情况,从其假设条件来看,这两种理论各有其局限性。稳态理论在低饱和度时比较符合实际,但随着饱和度增加,车辆到达与驶离的"稳态平衡"难以维持,该理论所得结果与实际情况的出入越来越大,尤其饱和度接近1时,稳态理论无法得到符合实际的结果。当饱和度非常高时,定数理论所得结果比较理想,但当饱和度接近1时也很难得到满意的结果。

考虑到上述情况,有学者在稳态理论和定数理论所描述的曲线之间提出了一种过渡函数曲线,使得延误和排队的估计结果能在任意饱和度条件下都接近实际情况。该方法最早由怀廷(Whiting)给出,之后金伯又详细推导了过渡函数(Coordinate Transformation Technique)。过渡函数曲线以定数函数曲线为渐近线,定数函数曲线实际上是一条直线,如图9-17所示。过渡函数不仅解决了"准饱和"状态下车辆受阻程度的定量分析问题,而且弥补了定数理论所忽略的"随机延误"情况。根据这种思想,信号交叉口的车辆延误和排队长度均包括3部分,即均匀部分、随机部分和过饱和部分。后来,人们提出的各种延误和排队长度计算公式都体现了这一点,下面将详细介绍。

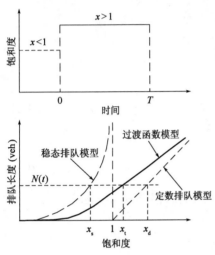

图 9-17 过渡函数曲线

阿克赛立科利用协调变换方法给出的平均过饱和排队长度的过渡函数为:

$$N_0 = \begin{cases} \dfrac{QT}{4}\left[x - 1 + \sqrt{(x-1)^2 + \dfrac{12(x-x_0)}{QT}} \right], & x > x_0 \\ 0, & x \leq x_0 \end{cases} \quad (9\text{-}25)$$

式中:$x_0 = 0.67 + Sg/600$;

N_0——平均过饱和排队车辆数(veh);

其余符号意义同前。

面控系统 TRANSYT-8 采用的平均过饱和排队长度计算公式为:

$$N_0 = \dfrac{QT}{4}\left[x - 1 + \sqrt{(x-1)^2 + \dfrac{4x}{QT}} \right] \quad (9\text{-}26)$$

所采用的车均延误计算公式为:

$$d = \begin{cases} \dfrac{C(1-\lambda)^2}{2(1-y)} + \dfrac{N_0}{Q}, & x < 1 \\ \dfrac{C-g}{2} + \dfrac{N_0}{Q}, & x \geq 1 \end{cases} \quad (9\text{-}27)$$

式(9-26)所得结果可以视为过饱和排队长度的上限值。

如前所述,信号交叉口的车辆延误包括:均匀延误、随机延误与过饱和延误,当饱和度不大于1时,只有均匀延误和随机延误。图9-18使用一个典型实例清楚地描述了这三部分延误及其相互关系。从该图可以看出,当饱和度接近1时,随机延误对饱和度极为敏感。例如,饱和度从0.95变化到1时,随机延误增加了近80%;因此,这种情况下,必须准确地采集交通量数据,而且需要精确地确定通行能力,否则,计算的延误将与实际情况相差甚远。因为延误是评价信号配时方案优劣的重要指标,所以有时宁可采用延误的上限函数式,这样能够避免某些信号相位设置过短的绿灯时间。

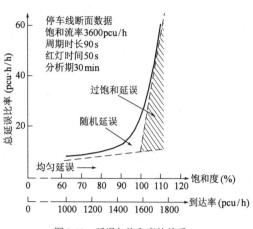

图9-18 延误与饱和度的关系

9.2.4 车队离散现象

前面的讨论是针对单点交叉口采用固定配时方案时车辆的延误与排队情况,下面分析车辆通过协调信号控制交叉口时的受阻情况。类似地,依然采用延误和排队长度两个参数描述车辆受阻情况。

(1)均匀延误

单点交叉口的均匀延误是到达率为常数时车辆通过交叉口所经历的延误,这一延误不考虑车辆到达的随机性,也不考虑过饱和情况。当信号配时方案不变时,每个周期车辆经历的均匀延误一样。

就协调信号控制而言,均匀延误同样只考虑车辆到达率小于通行能力的情况。所不同的是车辆到达率不是一个常数,而是一个确定的函数,其原因在于任意一个交叉口的每股进口车流都是根据上游交叉口相关车流的释放时间和饱和流率来决定。假设上下游交叉口具有相同的或固定倍数的信号周期时长,那么每个周期从某个进口方向驶入交叉口的车流都拥有相同的流量-时间图式。不过,该图式不像单点交叉口那样是一条水平直线,而是一条曲线。为了方便计算,通常将一个周期划分为若干个等间隔的时段,每个时段内车辆到达交叉口的流量-时间关系可认为是均匀分布的,即保持同一流量值,而不同时段内的流量值可以不一样。

交叉口之间的协调关系主要体现在车流运动图式上,即各股车流的流量-时间图式。具体来说,停车线处的车辆到达率-时间图式是决定所有车流运动参数(包括延误和排队长度)的基本因素。在停车线处,车辆到达率-时间图式不仅与上游交叉口的信号配时方案相关,而且很大程度上受到车队离散的影响。从上游交叉口停车线驶离的车队,由于其中所含车辆的行驶速度存在差异,在到达下游交叉口停车线之前已经逐渐拉开距离,即产生车队离散(Platoon Diffusion 或 Platoon Dispersion)现象,如图9-19所示。由该图可以看出,车辆驶离上游交叉口之后

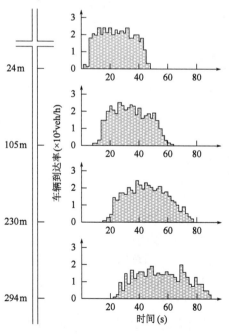

图9-19 流量-时间图式在车队离散中的变化

除了头车到达上下游停车线的时间差能反映每段路程所需的平均行驶时间之外,整个流量柱状图的形状不断地发生变化,其趋势是流量峰值逐渐平缓且持续时间逐渐拉长。车流运动时发生的这种变化称为车队离散特性,研究这一特性的关键点在于利用流量的空间分布规律预测流量-时间图式。目前,研究车队离散的代表性方法主要有正态分布函数和几何分布函数两种。

①正态分布函数。

派西(Pacey)利用正态分布函数描述了车队离散特性,假设每辆车在从上游断面驶向下游断面的过程中,保持恒定不变的行驶速度,但整个车队中各辆车有不同的行驶速度,而且行驶速度的频率分布服从变换的正态分布。下游断面在时段 j 内的车辆到达率为:

$$q_D(j) = \sum_{i=1}^{j} [q_U(i) g(j-i)] \tag{9-28}$$

其中从上游断面至下游断面行驶时间为 $j-i$ 的车辆出现的频率可以使用如下变换的正态分布函数进行表达:

$$g(T) = \frac{s}{T^2 S \sqrt{2\pi}} \exp\left[-\frac{\left(\frac{s}{T} - \bar{v}\right)^2}{2S^2} \right] \tag{9-29}$$

式中: $q_D(j)$ ——下游断面在时段 j 内的车辆到达率(veh/s);

$q_U(i)$ ——上游断面在时段 i 内的车辆驶离率(veh/s);

$g(j-i)$、$g(T)$ ——分别为 $j-i$ 和 T 的函数;

T ——车辆从上游断面到下游断面所需的行驶时间(s);

s ——上游断面与下游断面之间的距离(m);

$\bar{v}$ ——车队的平均行驶速度(m/s);

S ——车队中不同车辆的行驶速度的标准差(m/s)。

②几何分布函数。

罗伯逊(Robertson)使用几何分布函数分析了车队离散特性,所提出的公式为:

$$q_D(j) = F q_U(i) + (1-F) q_D(j-1), F = 1/(1 + \alpha \bar{T}) \tag{9-30}$$

式中: F ——车队离散系数;

α ——修正系数,通常取 0.35;

$\bar{T}$ ——上下游断面间车辆平均行驶时间的 0.80 倍(s);

$q_D(j-1)$ ——下游断面在时段 $j-1$ 内的车辆到达率(veh/s);

其余符号意义同前。

研究人员利用计算机仿真对比了正态分布函数与几何分布函数。结果发现,这两种方法的计算结果都非常接近实际观测结果;罗伯逊方法比派西方法预测的车队离散程度稍大一些,但这对信号配时设计没有太大影响,换言之,车辆行驶时间的分布函数形式对信号配时方案的优选无显著影响。因此,可采用形式较简单的分布函数来描述车队离散特性,从而简化计算过程。

在获得车辆到达率-时间图式之后,就可以计算每周期车辆通过交叉口时所经历的延误。如前所述,假设分析期内车辆到达率-时间图式稳定不变,由此计算的车辆延误属于均匀延误,其计算方法同单点信号交叉口，即依据累计到达车辆数和绿灯期间的车辆驶离率（包括饱和流率）计算均匀延误，如图9-20所示。图中"锯齿"线表示累计到达车辆数，斜直线表示最大驶离率（即饱和流率），两者之间的横坐标差（即水平线）即为某瞬间到达的车辆所经历的延误，其纵坐标差（即垂直线）即为某瞬间的车辆排队长度。这两条线与横坐标轴所围成的面积就是每周期内所有车辆的总延误，该值除以每周期到达的车辆数即为每周期内的车均延误，正是式（9-17）的第一项。如果将所得结果进一步除以周期时长，那么可得单位时间内的车

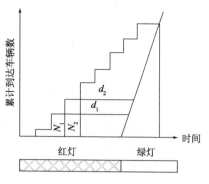

图9-20 车辆到达-驶离图式

均延误。另外，"锯齿"线所示的车辆到达累计曲线可由式（9-28）或式（9-30）进行确定。

(2) 随机与过饱和延误

罗伯逊针对协调信号交叉口研究了车辆受阻产生的随机与过饱和延误，认为此时交通流量的随机波动程度远低于单点信号交叉口，其原因在于协调控制条件下车辆到达与驶离交叉口的流量-时间图式相对来说受到严格地控制。除中间路段会受到随机干扰外，这两种图式不会像单点交叉口那样经常出现明显的随机波动。据此，阿克赛立科建议仍然采用过渡函数方法计算协调控制条件下车辆所经历的随机与过饱和延误，但其中的过饱和排队长度按下式进行计算：

$$N_0 = \begin{cases} \dfrac{QT}{4}\left[x - 1 + \sqrt{(x-1)^2 + \dfrac{6(x-x_0)}{QT}}\right], & x > x_0 \\ 0, & x \leq x_0 \end{cases} \quad (9\text{-}31)$$

然后根据过渡函数延误模型计算车均延误就可知道其中包含的随机与过饱和延误。

9.3 经典延误公式

多年来，研究人员一直致力于车辆延误的测算工作，提出了各种各样的延误公式。从上面推导延误的过程来看，延误公式是针对一条车道组计算一个信号周期内的总延误或车均延误。在应用中，一般先根据延误公式计算一条车道组的车均延误，再根据分析需求用集计方法获得进口道、交叉口甚至道路网的总延误，也可进一步得到进口道、交叉口或道路网的车均延误。

9.3.1 车均延误公式

目前，受到业界广泛认同的车均延误公式主要包括Webster、ARRB、HCM 1985、HCM 2000和HCM 2010这5种延误公式。

(1) Webster延误公式

假设车辆到达服从泊松分布，Webster于1958年给出了一条车道组的车均延误修正公式，其表达式为：

$$d_j = 0.9\left[\dfrac{C(1-\lambda_j)^2}{2(1-\lambda_j x_j)} + \dfrac{x_j^2}{2q_j(1-x_j)}\right] \quad (9\text{-}32)$$

式中：d_j——车道组 j 的车均延误（s/pcu）；

C——信号周期时长（s）；

λ_j——车道组 j 的绿信比，$\lambda_j = g_j/C$，其中 g_j 为车道组 j 的有效绿灯时间（s），$g_j = G_j - l_s + e$，其中 G_j 为车道组 j 的显示绿灯时间（s），l_s 为前损失时间（s），e 为后补偿时间（s）；

x_j——车道组 j 的饱和度，$x_j = q_j/Q_j$，其中 Q_j 为车道组 j 的通行能力（pcu/h），$Q_j = S_j \lambda_j$，其中 S_j 为车道组 j 的当量饱和流率（pcu/h）；

q_j——车道组 j 的标准小汽车流量（pcu/h）。

(2) ARRB 延误公式

基于稳态理论，阿克赛立科于 1981 年提出如下车均延误公式：

$$d_j = \begin{cases} \dfrac{C(1-\lambda_j)^2}{2(1-\lambda_j x_j)} + \dfrac{Q_j x_j T}{4 q_j}\left[(x_j - 1) + \sqrt{(x_j-1)^2 + \dfrac{12(x_j - x_{0j})}{Q_j T}}\right], & x_j > x_{0j} \\ \dfrac{C(1-\lambda_j)^2}{2(1-\lambda_j x_j)}, & x_j \leqslant x_{0j} \end{cases} \tag{9-33}$$

式中：T——分析期（h）；

x_{0j}——平均溢出排队近似为零时车道组 j 的饱和度，$x_{0j} = 0.67 + S_j g_j/600$；

其余符号意义同前。

该式也称为 ARRB 延误公式。

(3) HCM 1985 延误公式

假设车辆随机到达，1985 版 HCM 利用协调变换方法得到的车均延误公式为：

$$d_j = \frac{0.38 C(1-\lambda_j)^2}{1-\lambda_j x_j} + 173 x_j^2 \left[(x_j - 1) + \sqrt{(x_j-1)^2 + \frac{16 x_j}{Q_j}}\right] \tag{9-34}$$

式中所有符号意义同前。

(4) HCM 2000 延误公式

考虑了更多影响因素，2000 版 HCM 将车均延误公式修正为：

$$d_j = \frac{0.5 C(1-\lambda_j)^2}{1-\lambda_j \min(1,x_j)} \cdot PF_j + 900 T \left[(x_j - 1) + \sqrt{(x_j-1)^2 + \frac{8 K I_j x_j}{Q_j T}}\right] + \frac{1800 N_j(1+u_j) t_j}{Q_j T} \tag{9-35}$$

其中一些修正系数的具体计算公式如下：

$$PF_j = \begin{cases} 1, & \psi_j = 0 \\ \min\left[1, \dfrac{(1-P_j)f_j}{1-\lambda_j}\right], & \psi_j = 1 \end{cases}, \quad I_j = \begin{cases} 1, & \xi_j = 0 \\ 1 - 0.91 X_j^{2.68}, & \xi_j = 1, X_j \leqslant 1 \\ 0.09, & \xi_j = 1, X_j > 1 \end{cases}$$

$$u_j = \begin{cases} 0, & t_j < T \\ 1 - \dfrac{Q_j T}{N_j[1-\min(1,x_j)]}, & t_j \geqslant T \end{cases}, \quad t_j = \begin{cases} 0, & N_j = 0 \\ \min\left\{T, \dfrac{N_j}{Q_j[1-\min(1,x_j)]}\right\}, & N_j \neq 0 \end{cases}$$

$$\tag{9-36}$$

式中：PF_j——车道组 j 的信号联动修正系数；

ψ_j——判断车道组 j 上的车流是否受车队影响的标识符，若是，$\psi_j = 1$，否则 $\psi_j = 0$；

P_j——车道组 j 绿灯期间到达车辆所占比例；

f_j——车道组 j 绿灯期间车辆成队列到达的修正系数；

K——信号控制类型的延误修正系数；

I_j——车道组 j 的上游调节增量延误修正系数；

ξ_j——判断车道组 j 上的车流是否受上游信号影响的标识符，若是，$\xi_j = 1$，否则 $\xi_j = 0$；

X_j——车道组 j 的所有上游有贡献车流按流量进行加权所得的饱和度；

N_j——分析期车道组 j 的初始排队车辆数（pcu）；

u_j——车道组 j 的延误参数；

t_j——分析期内车道组 j 不能满足交通需求的时间（h）。

其余符号意义同前。

(5) HCM 2010 延误公式：

2010 版 HCM 又进一步修正了车均延误公式，相比 HCM 2000 延误公式，仅第 3 项过饱和延误有些许变化，新版车均延误公式为：

$$d_j = \frac{0.5C(1-\lambda_j)^2}{1-\lambda_j \min(1,x_j)} \cdot PF_j + 900T\left[(x_j - 1) + \sqrt{(x_j-1)^2 + \frac{8KI_j x_j}{Q_j T}}\right] + \frac{3600}{Q_j T}\left[\frac{t_j(N_j + N_{1j} - N_{0j})}{2} + \frac{N_{1j}^2 - N_{0j}^2 - N_j^2}{2Q_j}\right] \tag{9-37}$$

其中参数 PF_j 和 I_j 按式(9-36)进行计算，参数 t_j 和新增参数 N_{0j} 和 N_{1j} 的计算公式为：

$$t_j = \begin{cases} \min\left(T, \frac{N_j}{Q_j - q_j}\right), & q_j < Q_j \\ T, & q_j \geq Q_j \end{cases}, N_{0j} = \begin{cases} 0, & q_j < Q_j \\ T(q_j - Q_j), & q_j \geq Q_j \end{cases}; N_{1j} = N_j + t_j(q_j - Q_j) \tag{9-38}$$

式中：N_{0j}——当 $q_j \geq Q_j$ 且 $N_j = 0$ 时，分析期结束时车道组 j 的排队车辆数（pcu）；

N_{1j}——分析期结束时车道组 j 的排队车辆数（pcu）；

其余符号意义同前。

式(9-32)~式(9-35)及式(9-37)均给出一条车道组的车均延误，对交叉口所有车道组的车均延误进行集计处理，则可得交叉口在分析期内的车辆延误和车均延误，即：

$$D = \sum_{j=1}^{m} d_j q_j T, d = \frac{\sum_{j=1}^{m} d_j q_j}{\sum_{j=1}^{m} q_j} \tag{9-39}$$

式中：D——交叉口的车辆延误（s）；

d——交叉口的车均延误（s/pcu）；

m——交叉口的车道组数。

9.3.2 变量与参数确定

上述延误公式在应用前需要确定许多输入变量和待定参数,有些与协调信号无关,有些与协调信号有关,前者对单点信号交叉口和协调信号交叉口都有效,而后者仅对协调信号交叉口有效。

(1) 与协调信号无关的变量和参数

与协调信号无关的变量包括:①交叉口周期时长;②每条车道组的显示绿灯时间;③每条车道组的流量、饱和流率、初始排队车辆数。对于实际交叉口,这些变量的值应通过交通调查获得;对于设计交叉口,这些变量的值可参考已有文献或资料进行假定。

与协调信号无关的参数包括:①起动损失时间和后补偿时间;②分析期;③信号控制类型的延误修正系数。对于设计交叉口,起动损失时间和后补偿时间均可取2s;对于实际交叉口,这两个参数也可都取2s或者通过交通调查进行确定。对于固定配时交叉口,信号控制类型的延误修正系数为0.5;对于感应配时交叉口,该参数的取值详见HCM 2000或HCM 2010。分析期的选取由研究需要决定。

(2) 与协调信号有关的变量和参数

与协调信号有关的变量包括:①每条车道组的信号联动修正系数;②每条车道组的绿灯期间到达车辆所占比例;③每条车道组的上游调节增量延误修正系数。与协调信号有关的参数只有每条车道组绿灯期间车辆成队列到达的修正系数。

在绿灯期间到达的车辆所占比例也可按式(9-40)进行计算:

$$P_j = R_p \cdot \lambda_j \tag{9-40}$$

式中:R_p——车队系数;

其余符号意义同前。

对于单点信号交叉口的每股车流,信号联动修正系数和上游调节增量延误修正系数均取1,无须计算绿灯期间到达车辆所占比例和绿灯期间车辆成队列到达的修正系数。

就协调信号交叉口而言,对于不受上游信号影响的车流,上游调节增量延误修正系数取1;否则,按式(9-36)进行计算。如果是评价现有的协调信号配时方案,应该先确定绿灯期间到达车辆所占比例和绿灯期间车辆成队列到达的修正系数,再根据式(9-36)计算信号联动修正系数。此时,绿灯期间到达车辆所占比例和绿灯期间车辆成队列到达的修正系数分别由以下两个公式确定:

$$P_j = \begin{cases} 1 - \dfrac{q_j \sigma_j}{3600 N_j^p}, N_j^p \leq \dfrac{q_j}{3600}(\sigma_j + g_j), o + g_j \leq O < o + C \\[2mm] \dfrac{q_j g_j}{3600 N_j^p}, N_j^p > \dfrac{q_j}{3600}(\sigma_j + g_j), o + g_j \leq O < o + C \\[2mm] 1 - \dfrac{q_j \tilde{\sigma}_j}{3600 N_j^p}, \tilde{\sigma}_j < C - g_j + \dfrac{q_j}{S_j - q_j}(C - g_j), o \leq O < o + g_j \\[2mm] 1 - \dfrac{q_j(C - g_j)}{3600 N_j^p}, \tilde{\sigma}_j \geq C - g_j + \dfrac{q_j}{S_j - q_j}(C - g_j), o \leq O < o + g_j \end{cases} \tag{9-41}$$

$$f_j = \begin{cases} 0.93, & 0.50 < P_j/\lambda_j \le 0.85 \\ 1.15, & 1.15 < P_j/\lambda_j \le 1.50 \\ 1.00, & \text{其他情况} \end{cases} \quad (9\text{-}42)$$

式(9-41)中的一些变量又需要根据以下公式来计算：

$$O = \begin{cases} \mathrm{mod}(s/\bar{v}, C), & \mathrm{mod}(s/\bar{v}, C) \ge o \\ \mathrm{mod}(s/\bar{v}, C) + C, & \mathrm{mod}(s/\bar{v}, C) < o \end{cases}, \quad o = \tilde{o} + \hat{o} - o', \quad (9\text{-}43)$$

$$\sigma_j = C - O + o, \quad \tilde{\sigma}_j = 3600 N_j^p / q_j + O - o - g_j$$

式中：N_j^p——车道组 j 的车队所含标准小汽车数(pcu)；

σ_j——车道组 j 的车队中头车到达与红灯结束的时间差(s)；

$\tilde{\sigma}_j$——车道组 j 的车队中尾车到达与红灯开始的时间差(s)；

o——该交叉口及其上游交叉口的协调信号之间的理想相位差(s)；

O——该交叉口及其上游交叉口的协调信号之间的实际相位差(s)；

s——该交叉口与上游交叉口的停车线间距(m)；

$\bar{v}$——车队从上游交叉口至该交叉口的平均行驶速度(m/s)；

$\tilde{o}$——该交叉口第一个相位开始时刻与系统参考点之间的偏差(s)；

$\hat{o}$——该交叉口协调相位开始时刻与第一个相位开始时刻之间的偏差(s)；

o'——上游交叉口协调相位开始时刻与第一个相位开始时刻之间的偏差(s)；

mod——求余数；

其余符号意义同前。

如果是估计未来的协调信号配时方案，对于非协调信号控制的车流或有专用相位的左转车流，其到达类型应假设为3(详见 HCM 2000 或 HCM 2010)，此时车队系数和绿灯期间车辆成队列到达的修正系数均取1；对于协调相位控制的直行车流或直左车流，其到达类型可假设为4，此时车队系数和绿灯期间车辆成队列到达的修正系数分别取1.333和1.15；然后按式(9-36)计算信号联动修正系数。

9.3.3 延误公式对比

(1) 理论分析

从模型结构来看，Webster 延误公式为二项式；HCM 1985 延误公式为三项式；ARRB 延误公式为两段式分段函数，其中一段为三项式，另一段为单项式；HCM 2000 和 HCM 2010 延误公式均为三项式，其中都有3个变量为两段式分段函数，只是个别参数的计算方法略有不同。

为进一步比较这5种车均延误公式在使用过程中的难易程度，表9-1归纳了这些公式在计算一个交叉口的车辆延误时涉及的直接变量、间接变量和待定参数的名称和个数，其中各个符号的意义同前。若研究多个交叉口，计算车辆延误所需要的工作量需要在此基础上乘以交叉口个数。这里直接变量是指那些在使用模型过程中需要通过交通调查获取相应数据的变量，间接变量是指那些在模型使用过程中根据直接变量进行计算即可获得的变量，待定参数是指那些在模型使用前需要通过交通调查或参阅相关文献进行确定的变量。

经典车均延误公式对比　　　　　　　　　　　　表 9-1

延误公式	Webster	ARRB	HCM 1985	HCM 2000	HCM 2010
直接变量	C, G_j, q_j, S_j	C, G_j, q_j, S_j	C, G_j, q_j, S_j	$C, G_j, q_j, S_j, N_j, P_j$	$C, G_j, q_j, S_j, N_j, P_j$
个数	$3m+1$	$3m+1$	$3m+1$	$5m+1$	$5m+1$
间接变量	g_j, λ_j, Q_j, x_j	$g_j, \lambda_j, Q_j, x_j, x_{0j}$	g_j, λ_j, Q_j, x_j	$g_j, \lambda_j, Q_j, x_j, X_j, PF_j, I_j, t_j, u_j$	$g_j, \lambda_j, Q_j, x_j, X_j, PF_j, I_j, t_j, N_{0j}, N_{1j}$
个数	$4m$	$5m$	$4m$	$9m$	$10m$
待定参数	l_s, e	l_s, e, T	l_s, e	l_s, e, T, f_j, K	l_s, e, T, f_j, K
个数	2	3	2	$m+4$	$m+4$

从模型结构和变量个数来看,Webster 延误公式和 HCM 1985 延误公式均简单易用;ARRB 延误公式比较复杂;HCM 2000 延误公式更为复杂;HCM 2010 延误公式最复杂。此外,这 5 种延误公式均适用于单点信号交叉口,其中 HCM 2000 和 HCM 2010 延误公式还适用于协调信号交叉口。

(2) 试验分析

有文献比较了 Webster、ARRB、HCM 1985 和 HCM 2000 延误公式以及 VISSIM 仿真软件对单点信号交叉口车辆延误的估计效果。所研究交叉口的渠化设计与信号相位方案如图 9-21 所示。首先,各进口道的流量均相同且左转、直行和右转的比例均相等,通过调整各股车流的交通量使交叉口饱和度以 0.1 为增量从 0.1 变化到 1.2,共 12 种水平。然后,信号交叉口采用的周期时长以 30s 为增量从 60s 变化到 180s,共 5 种水平。最后,使用交叉口饱和度与周期时长进行交叉分类,共设计 60 组方案。表 9-2 列出了这 60 组方案的序号,其序号所在列和行分别对应交叉口饱和度与周期时长。这里交叉口饱和度是指所有车道组的饱和度按流量进行加权所得的饱和度。

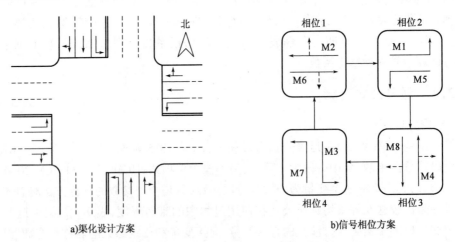

图 9-21　研究交叉口的渠化设计与信号相位

上述各延误公式的建模思路和方法不同,其中 ARRB 和 HCM 2000 这两种延误公式涉及分析期,该参数的取值会影响延误的计算值。另外,在 VISSIM 仿真软件中,分析期是评价车辆延误的一个重要参数,该参数的取值还会影响延误的模拟值。

各方案序号及对应的交叉口饱和度与周期时长　　　　　　　　　　表 9-2

周期时长(s)	交叉口饱和度											
	0.1	0.2	0.3	0.4	0.5	0.6	0.7	0.8	0.9	1.0	1.1	1.2
60	1	2	3	4	5	6	7	8	9	10	11	12
90	13	14	15	16	17	18	19	20	21	22	23	24
120	25	26	27	28	29	30	31	32	33	34	35	36
150	37	38	39	40	41	42	43	44	45	46	47	48
180	49	50	51	52	53	54	55	56	57	58	59	60

为研究分析期对所得延误的影响,选取交叉口饱和度与周期时长逐渐增加的 5 种方案,使用 ARRB 延误公式、HCM 2000 延误公式和 VISSIM 仿真软件分别获得这 5 种方案下交叉口车均延误的计算值(即延误公式所得结果)或模拟值(即仿真软件所得结果)。这里分析期选取 3 个水平,即 15min、30min 和 60min。在 VISSIM 仿真软件中,起始检测断面距离停车线足够远,仿真次数取 5。

表 9-3 显示了分析期对交叉口车均延误的影响。由该表可见,随着分析期的延长,这 3 种方法所得延误均呈现递增趋势;随着交叉口饱和度与周期时长的增加,采用不同分析期得到的延误的极差不断增大,即测算的车均延误的差异越来越大。因此,分析期的取值直接影响延误的测算结果,这将影响对各车均延误模型适用性的评价。

分析期对交叉口车均延误的影响　　　　　　　　　　表 9-3

方案	ARRB 计算值(s)				HCM 2000 计算值(s)				VISSIM 模拟值(s)			
	15min	30min	60min	极差	15min	30min	60min	极差	15min	30min	60min	极差
4	20.9	20.9	20.9	0.0	23.0	23.0	23.0	0.0	21.7	21.8	22.1	0.4
18	31.7	31.7	31.7	0.0	36.1	36.2	36.2	0.1	31.6	32.3	32.6	1.0
32	47.9	48.0	48.1	0.2	54.3	54.9	55.3	1.0	43.3	44.5	45.1	1.8
46	90.5	104.6	125.5	35.0	93.3	108.4	130.9	37.7	63.3	85.9	120.6	57.3
60	180.3	271.7	452.7	272.4	173.5	264.6	445.4	271.9	100.9	189.2	367.2	266.3

首先,针对上面提到的 3 种分析期,分别使用 Webster、ARRB、HCM 1985 和 HCM 2000 这 4 种延误公式以及 VISSIM 仿真软件计算或检测上述 60 组设计方案下的交叉口车均延误。为排除初始排队对延误的影响,模拟值采用每种情况下的第一组数据。其次,计算这几种延误公式与 VISSIM 仿真软件所得交叉口车均延误的相对误差(即计算值和模拟值之差与模拟值的比值),结果如图 9-22 ~ 图 9-25 所示。

图 9-22 显示了 Webster 延误公式与 VISSIM 仿真软件对测算交叉口车均延误的差异。由于 Webster 延误公式具有一定局限性,即当交叉口饱和度接近 1.0 时,延误趋于无穷大,即该公式不适用于交叉口饱和度为 1.0、1.1 和 1.2 的设计方案,因此这里没有相关数据。从该图可以看出:①车均延误的相对误差均为负值,这说明 Webster 延误公式倾向于低估延误;②针对同一种设计方案,在大多数情况下,采用 15min 分析期所得车均延误的相对误差较小,这说明 Webster 延误公式与 VISSIM 仿真软件最初 15min 内测算的延误接近,换句话说,在最初 15min 内使用 Webster 延误公式能够准确地测算延误;③当交叉口饱和度在 0.1 ~ 0.7 时,车均

延误的相对误差能被控制在30%以内,这说明在低饱和度条件下Webster延误公式能够较好地测算延误。

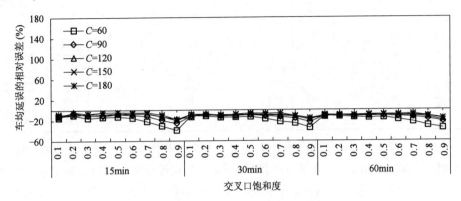

图9-22 Webster延误公式与VISSIM仿真软件对比结果

图9-23显示了ARRB延误公式与VISSIM仿真软件对测算交叉口车均延误的差异。由该图可以看出:①ARRB延误公式有时低估延误,有时高估延误;②当交叉口饱和度在0.1~0.7时,车均延误的相对误差有正有负,但能被控制在10%以内,这说明在低饱和度条件下ARRB延误公式能够较好地测算延误;③当交叉口饱和度在0.8~1.2时,车均延误的相对误差均为正值,这说明在高饱和度条件下ARRB延误公式明显高估延误。

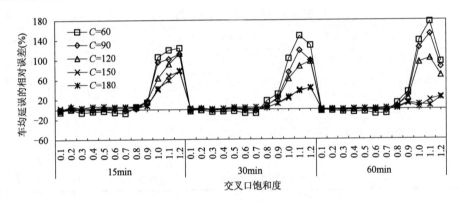

图9-23 ARRB延误公式与VISSIM仿真软件对比结果

图9-24显示了HCM 1985延误公式与VISSIM仿真软件对测算交叉口车均延误的差异。从该图可以看出:①HCM 1985延误公式有时低估延误,有时高估延误;②当交叉口饱和度小于1.0时,车均延误的相对误差都为负,且能被控制在30%以内,这说明在欠饱和条件下HCM 1985延误公式倾向于低估延误;③当交叉口饱和度大于1.0时,车均延误的相对误差有正有负,这说明在过饱和条件下HCM 1985延误公式对车均延误估计的准确度受分析期、饱和度与周期时长的影响。

图9-25显示了HCM 2000延误公式与VISSIM仿真软件对测算交叉口车均延误的差异。从该图可以看出:①车均延误的相对误差只有在极低饱和度条件下可能出现负值,这说明HCM 2000延误公式基本倾向于高估延误;②当交叉口饱和度在0.1~0.7时,车均延误的相对误差能被控制在20%以内,而当交叉口饱和度小于1.0时,车均延误的相对误差能被控制在60%以内,这说明在低饱和度条件下HCM 2000延误公式能够较好地测算延误;③HCM 2000

延误公式对车均延误估计的准确度受分析期、饱和度与周期时长的影响。

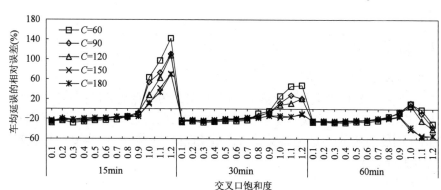

图 9-24　HCM 1985 延误公式与 VISSIM 仿真软件对比结果

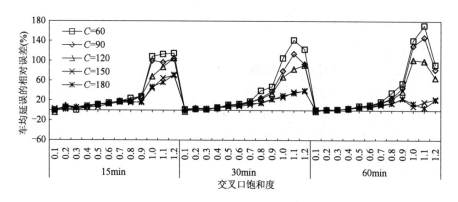

图 9-25　HCM 2000 延误公式与 VISSIM 仿真软件对比结果

为方便实际应用中选用合适的车均延误模型,根据各模型的适用性,表 9-4 归纳了上述 5 种经典车均延误公式的使用条件。

经典车均延误公式的使用条件　　　　　　　　表 9-4

延误公式	Webster	ARRB	HCM 1985	HCM 2000	HCM 2010
交叉口类型	单点控制	单点控制	单点控制	单点控制、协调控制	单点控制、协调控制
饱和度条件	低饱和度	不限	不限	不限	不限
车队特性和排队特性	不需要	不需要	不需要	需要	需要

以上分析只讨论了车均延误公式在单点信号交叉口的应用效果,并且是与 VISSIM 仿真软件进行对比。如果针对协调信号交叉口,或者与其他仿真软件或实地观测数据进行对比,上述结果可能有一定出入,但所得结论仍然有较高的参考价值。

9.4　信号配时优化模型

一般来说,交叉口信号配时设计的目标在于降低车辆延误、缩短排队长度、节约燃油、减少交通排放等。早期的信号配时优化模型多以单目标优化模型为主。随着社会经济发展,近年来人们提出了各种各样的多目标优化模型。下面介绍以车辆延误和交通排放为目标的信号配时优化模型。

9.4.1 目标函数

下述分析将基于以下假设条件：

①考虑干线交叉口群，当交叉口个数为 1 时，即简化为单点交叉口；②考虑交通流组成，当车辆类型为 1 时，即简化为一种类型车辆构成的交通流；③考虑短车道、可变导向车道和左弯待转区，其简化问题如前所述；④假设交叉口采用预设信号控制方式，当多于 1 个交叉口时，对干线上的信号进行协调。

(1) 车辆延误

针对所描述的研究对象，交叉口群的车辆总延误可表达为：

$$TD = \sum_{\eta=1}^{N} \sum_{\omega=1}^{M} \sum_{j=1}^{m^\eta} \delta_\omega d_j^\eta P_{j,\omega}^\eta q_j^\eta T \tag{9-44}$$

式中：TD——车辆总延误(s)；

δ_ω——ω 类机动车的换算系数或折算系数；

d_j^η——交叉口 η 车道组 j 的车均延误(s/pcu)；

$P_{j,\omega}^\eta$——交叉口 η 车道组 j 上 ω 类机动车所占比例；

q_j^η——交叉口 η 车道组 j 的交通需求(veh/h)；

N——交叉口个数；

M——车辆类型数；

m^η——交叉口 η 的车道组数；

T——分析期持续时间(h)。

这里，某个交叉口一条车道组的车均延误根据本章给出的经典车均延误公式进行计算。

(2) 交通排放

针对所描述的研究对象，交叉口群的车辆总排放可表达为：

$$TE = \sum_{\eta=1}^{N} \sum_{k=1}^{K} \sum_{\omega=1}^{M} \sum_{j=1}^{m^\eta} \frac{1}{C} \left[EFG_{j,\omega}^{\eta,k} \cdot g_j^\eta + EFR_{j,\omega}^{\eta,k} \cdot (C - g_j^\eta) \right] \cdot \left(\frac{\hat{s}_j^\eta}{\hat{v}_j^\eta} + \delta_\omega d_j^\eta \right) \cdot (P_{j,\omega}^\eta q_j^\eta T) \tag{9-45}$$

式中：TE——车辆总排放(mg)；

C——周期时长(s)；

$EFG_{j,\omega}^{\eta,k}$、$EFR_{j,\omega}^{\eta,k}$——分别为交叉口 η 车道组 j 上 ω 类机动车释放污染物 k 的绿灯期间排放因子和红灯期间排放因子[mg/(s·veh)]；

g_j^η——交叉口 η 车道组 j 的有效绿灯时间(s)；

$\hat{s}_j^\eta$——交叉口 η 车道组 j 的进口道长度(m)；

$\hat{v}_j^\eta$——交叉口 η 车道组 j 的进口道速度(m/s)；

K——污染物种类数；

其余符号意义同前。

就某个交叉口一条车道组而言，某类机动车释放某种污染物的红绿灯期间排放因子根据

第 7 章给出的标定方法进行确定。

9.4.2 约束条件

为保证交通安全和运行效率,信号配时设计应该满足一些约束条件。某些条件既适用于单点信号交叉口又适用于协调信号交叉口;但是,个别条件仅适用于协调信号交叉口。此外,还有少数条件仅在采用短车道、可变导向车道或左弯待转区某种渠化方式时才有效。

(1)通用条件

每条车道组的有效绿灯时间应该不小于最小有效绿灯时间,即:

$$\sum_{i=1}^{n^\eta} \phi_{ij}^\eta g_{Pi}^\eta \geq g_{\min} \tag{9-46}$$

式中:ϕ_{ij}^η——判断交叉口 η 车道组 j 是否在相位 i 内有通行权的标识符,若是,$\phi_{ij}^\eta = 1$,否则 $\phi_{ij}^\eta = 0$;

g_{Pi}^η——交叉口 η 相位 i 的有效绿灯时间(s);

n^η——交叉口 η 的相位数;

$g_{\min}$——最小有效绿灯时间(s)。

根据信号配时理论,每个交叉口所有相位有效绿灯时间之和加上总损失时间等于周期时长,其值应介于合理的上、下限之间,即:

$$C_{\min} \leq \sum_{i=1}^{n^\eta} g_{Pi}^\eta + L^\eta \leq C_{\max} \tag{9-47}$$

式中:$C_{\min}$——最小周期时长(s);

$C_{\max}$——最大周期时长(s);

L^η——交叉口 η 的总损失时间(s)。

每个相位的有效绿灯时间均为非负数,即:

$$g_{Pi}^\eta \geq 0 \tag{9-48}$$

(2)附加条件

如果采用协调信号控制方式,需要确保所有交叉口使用公共周期时长(Common Cycle Length),或者个别交叉口使用公共周期时长的一半或三分之一;还应该保证相邻交叉口的相位差介于零与公共周期时长(也称公用周期时长或共用周期时长)之间。这两个约束条件可表达为:

$$\vartheta^\eta \left(\sum_{i=1}^{n^\eta} g_{Pi}^\eta + L^\eta \right) = \vartheta^{\eta+1} \left(\sum_{i'=1}^{n^{\eta+1}} g_{Pi'}^{\eta+1} + L^{\eta+1} \right) \tag{9-49}$$

$$0 \leq o^{\eta,\eta+1} \leq \min \left[\vartheta^\eta \left(\sum_{i=1}^{n^\eta} g_{Pi}^\eta + L^\eta \right), \vartheta^{\eta+1} \left(\sum_{i'=1}^{n^{\eta+1}} g_{Pi'}^{\eta+1} + L^{\eta+1} \right) \right] \tag{9-50}$$

式中:$g_{Pi'}^{\eta+1}$——交叉口 $\eta+1$ 相位 i' 的有效绿灯时间(s);

$n^{\eta+1}$——交叉口 $\eta+1$ 的相位数;

$L^{\eta+1}$——交叉口 $\eta+1$ 的总损失时间(s);

ϑ^η、$\vartheta^{\eta+1}$——分别为表示交叉口 η 和交叉口 $\eta+1$ 的周期时长与公共周期时长之间关系的系

数,其值可取 1、2 或 3;

$o^{\eta,\eta+1}$——交叉口 η 与交叉口 $\eta+1$ 的相位差(s)。

当涉及短车道且需要优化短车道长度时,有必要重视短车道存在的阻塞与溢出问题。为了避免短车道出现阻塞或溢出现象以便充分利用短车道,所在相位的有效绿灯时间应该不小于所在车道组的短车道上排队车辆释放完毕所需时间,即:

$$\sum_{i=1}^{n^\eta}\phi_{ij}^\eta g_{Pi}^\eta \geq \frac{\bar{h}}{\bar{s}}D_j^\eta, \varphi_j^\eta=1 \quad (9\text{-}51)$$

式中:φ_j^η——判断交叉口 η 车道组 j 是否设有短车道的标识符,若是,$\varphi_j^\eta=1$,否则 $\varphi_j^\eta=0$;

D_j^η——交叉口 η 车道组 j 的短车道长度(m);

$\bar{h}$——平均饱和车头时距(s);

$\bar{s}$——平均停车间距(m)。

在此基础上,若短车道前方设有左弯待转区,式(9-51)可改写为:

$$\sum_{i=1}^{n^\eta}\phi_{ij}^\eta g_{Pi}^\eta \geq \frac{\bar{h}}{\bar{s}}(D_j^\eta+\beta_j^\eta DL_j^\eta), \varphi_j^\eta=1 \quad (9\text{-}52)$$

式中:DL_j^η——交叉口 η 车道组 j 的左弯待转区长度(m);

β_j^η——判断交叉口 η 车道组 j 是否设有左弯待转区的标识符,若是,$\beta_j^\eta=1$,否则 $\beta_j^\eta=0$。

当需要优化短车道长度且短车道位于相邻交叉口之间的共有路段上,此时还需附加如下约束:

$$\varphi_j^\eta D_j^\eta + \varphi_{j'}^{\eta+1} D_{j'}^{\eta+1} \leq D_0^{\eta,\eta+1}, z_j^\eta=1, z_{j'}^{\eta+1}=1 \quad (9\text{-}53)$$

式中:$\varphi_{j'}^{\eta+1}$——判断交叉口 $\eta+1$ 车道组 j' 是否设有短车道的标识符,若是,$\varphi_{j'}^{\eta+1}=1$,否则 $\varphi_{j'}^{\eta+1}=0$;

$D_{j'}^{\eta+1}$——交叉口 $\eta+1$ 车道组 j' 的短车道长度(m);

$D_0^{\eta,\eta+1}$——交叉口 η 与交叉口 $\eta+1$ 之间的共有路段长度(m);

z_j^η——判断交叉口 η 车道组 j 是否位于交叉口 η 与交叉口 $\eta+1$ 之间的共有路段上的标识符,若是,$z_j^\eta=1$,反之 $z_j^\eta=0$;

$z_{j'}^{\eta+1}$——判断交叉口 $\eta+1$ 车道组 j' 是否位于交叉口 η 与交叉口 $\eta+1$ 之间的共有路段上的标识符,若是,$z_{j'}^{\eta+1}=1$,反之 $z_{j'}^{\eta+1}=0$。

如果涉及可变导向车道,该车道在一个时段内只能启用一种功能,需要增加以下约束条件:

$$\sum_{j=1}^{m^\eta}\kappa_{jw}^\eta=1, w\in\{1,2,3,\cdots,W^\eta\} \quad (9\text{-}54)$$

式中:κ_{jw}^η——判断交叉口 η 车道组 j 是否启用可变导向车道 w 的标识符,若是,$\kappa_{jw}^\eta=1$,否则 $\kappa_{jw}^\eta=0$;

W^η——交叉口 η 的可变导向车道数。

9.4.3 模型表达

在以上约束条件下,以最小化车辆延误或交通排放为目标,即可建立单目标信号配时优化模型;若同时最小化车辆延误和交通排放,即可建立双目标信号配时优化模型。下面详述各种情况下信号配时优化模型的具体表达式。

(1) 延误最小化模型

如果最小化车辆延误,那么优化问题的目标函数即最小化式(9-44)。考虑最复杂的情形,即干线协调信号交叉口群同时设有短车道、可变导向车道和左弯待转区,而且需要优化短车道长度,那么优化问题的约束条件既包括式(9-46) ~ 式(9-50)又包括式(9-52) ~ 式(9-54)。对于这种情况,延误最小化模型的具体表达式如下:

$$\min\ TD = \sum_{\eta=1}^{N}\sum_{\omega=1}^{M}\sum_{j=1}^{m^{\eta}} \delta_{\omega} d_j^{\eta} P_{j,\omega}^{\eta} q_j^{\eta} T$$

$$\text{s.t.}\ \sum_{i=1}^{n^{\eta}} \phi_{ij}^{\eta} g_{Pi}^{\eta} \geq g_{\min};\ C_{\min} \leq \sum_{i=1}^{n^{\eta}} g_{Pi}^{\eta} + L^{\eta} \leq C_{\max};\ g_{Pi}^{\eta} \geq 0;$$

$$\vartheta^{\eta}\left(\sum_{i=1}^{n^{\eta}} g_{Pi}^{\eta} + L^{\eta}\right) = \vartheta^{\eta+1}\left(\sum_{i'=1}^{n^{\eta+1}} g_{Pi'}^{\eta+1} + L^{\eta+1}\right);$$

$$0 \leq o^{\eta,\eta+1} \leq \min\left[\vartheta^{\eta}\left(\sum_{i=1}^{n^{\eta}} g_{Pi}^{\eta} + L^{\eta}\right), \vartheta^{\eta+1}\left(\sum_{i'=1}^{n^{\eta+1}} g_{Pi'}^{\eta+1} + L^{\eta+1}\right)\right];$$

$$\sum_{i=1}^{n^{\eta}} \phi_{ij}^{\eta} g_{Pi}^{\eta} \geq \frac{\overline{h}}{s}(D_j^{\eta} + \beta_j^{\eta} DL_j^{\eta}),\ \varphi_j^{\eta} = 1;\ \varphi_j^{\eta} D_j^{\eta} + \varphi_{j'}^{\eta+1} D_{j'}^{\eta+1} \leq D_0^{\eta,\eta+1},\ z_j^{\eta} = 1,\ z_{j'}^{\eta+1} = 1;$$

$$\sum_{j=1}^{m^{\eta}} \kappa_{jw}^{\eta} = 1,\ w \in \{1,2,3,\cdots,W^{\eta}\}$$

(9-55)

(2) 排放最小化模型

如果最小化交通排放,那么优化问题的目标函数即最小化式(9-45)。针对上述最复杂情形,优化问题的约束条件同样是式(9-46) ~ 式(9-50)及式(9-52) ~ 式(9-54)。此时,排放最小化模型为:

$$\min\ TE = \sum_{\eta=1}^{N}\sum_{k=1}^{K}\sum_{\omega=1}^{M}\sum_{j=1}^{m^{\eta}} \frac{1}{C}\left[EFG_{j,\omega}^{\eta,k} \cdot g_j^{\eta} + EFR_{j,\omega}^{\eta,k} \cdot (C - g_j^{\eta})\right] \cdot (\hat{s}_j^{\eta}/\hat{v}_j^{\eta} + \delta_{\omega} d_j^{\eta}) \cdot (P_{j,\omega}^{\eta} q_j^{\eta} T)$$

$$\text{s.t.}\ \sum_{i=1}^{n^{\eta}} \phi_{ij}^{\eta} g_{Pi}^{\eta} \geq g_{\min};\ C_{\min} \leq \sum_{i=1}^{n^{\eta}} g_{Pi}^{\eta} + L^{\eta} \leq C_{\max};\ g_{Pi}^{\eta} \geq 0;$$

$$\vartheta^{\eta}\left(\sum_{i=1}^{n^{\eta}} g_{Pi}^{\eta} + L^{\eta}\right) = \vartheta^{\eta+1}\left(\sum_{i'=1}^{n^{\eta+1}} g_{Pi'}^{\eta+1} + L^{\eta+1}\right);$$

$$0 \leq o^{\eta,\eta+1} \leq \min\left[\vartheta^{\eta}\left(\sum_{i=1}^{n^{\eta}} g_{Pi}^{\eta} + L^{\eta}\right), \vartheta^{\eta+1}\left(\sum_{i'=1}^{n^{\eta+1}} g_{Pi'}^{\eta+1} + L^{\eta+1}\right)\right];$$

$$\sum_{i=1}^{n^{\eta}} \phi_{ij}^{\eta} g_{Pi}^{\eta} \geq \frac{\overline{h}}{s}(D_j^{\eta} + \beta_j^{\eta} DL_j^{\eta}),\ \varphi_j^{\eta} = 1;\ \varphi_j^{\eta} D_j^{\eta} + \varphi_{j'}^{\eta+1} D_{j'}^{\eta+1} \leq D_0^{\eta,\eta+1},\ z_j^{\eta} = 1,\ z_{j'}^{\eta+1} = 1;$$

$$\sum_{j=1}^{m^{\eta}} \kappa_{jw}^{\eta} = 1,\ w \in \{1,2,3,\cdots,W^{\eta}\}$$

(9-56)

(3) 延误与排放最小化模型

若同时最小化车辆延误和交通排放,则优化问题的目标函数即最小化式(9-44)和式(9-45)。就上述最复杂情形而言,优化问题的约束条件如前所述。这时,延误与排放最小化模型为:

$$\min \ TD = \sum_{\eta=1}^{N} \sum_{\omega=1}^{M} \sum_{j=1}^{m^{\eta}} \delta_{\omega} d_{j}^{\eta} P_{j,\omega}^{\eta} q_{j}^{\eta} T$$

$$\min \ TE = \sum_{\eta=1}^{N} \sum_{k=1}^{K} \sum_{\omega=1}^{M} \sum_{j=1}^{m^{\eta}} \frac{1}{C} \big[EFG_{j,\omega}^{\eta,k} \cdot g_{j}^{\eta} + EFR_{j,\omega}^{\eta,k} \cdot (C - g_{j}^{\eta}) \big] \cdot (\hat{s}_{j}^{\eta}/\hat{v}_{j}^{\eta} + \delta_{\omega} d_{j}^{\eta}) \cdot (P_{j,\omega}^{\eta} q_{j}^{\eta} T)$$

$$\text{s. t.} \ \sum_{i=1}^{n^{\eta}} \phi_{ij}^{\eta} g_{Pi}^{\eta} \geq g_{\min}; C_{\min} \leq \sum_{i=1}^{n^{\eta}} g_{i}^{\eta} + L^{\eta} \leq C_{\max}; g_{Pi}^{\eta} \geq 0;$$

$$\vartheta^{\eta} \big(\sum_{i=1}^{n^{\eta}} g_{Pi}^{\eta} + L^{\eta} \big) = \vartheta^{\eta+1} \big(\sum_{i'=1}^{n^{\eta+1}} g_{Pi'}^{\eta+1} + L^{\eta+1} \big);$$

$$0 \leq o^{\eta,\eta+1} \leq \min \big[\vartheta^{\eta} \big(\sum_{i=1}^{n^{\eta}} g_{Pi}^{\eta} + L^{\eta} \big), \vartheta^{\eta+1} \big(\sum_{i'=1}^{n^{\eta+1}} g_{Pi'}^{\eta+1} + L^{\eta+1} \big) \big]; \qquad (9\text{-}57)$$

$$\sum_{i=1}^{n^{\eta}} \phi_{ij}^{\eta} g_{Pi}^{\eta} \geq \frac{\overline{h}}{s} (D_{j}^{\eta} + \beta_{j}^{\eta} DL_{j}^{\eta}), \varphi_{j}^{\eta} = 1; \varphi_{j}^{\eta} D_{j}^{\eta} + \varphi_{j'}^{\eta+1} D_{j'}^{\eta+1} \leq D_{0}^{\eta,\eta+1}, z_{j}^{\eta} = 1, z_{j'}^{\eta+1} = 1;$$

$$\sum_{j=1}^{m^{\eta}} \kappa_{jw}^{\eta} = 1, w \in \{1,2,3,\cdots,W^{\eta}\}$$

式(9-55)~式(9-57)均具有相当强的普适性,可以覆盖许多现实情形。若不优化短车道长度,则应在式(9-55)~式(9-57)中删除式(9-52)和式(9-53);对于单点信号交叉口,则应在式(9-55)~式(9-57)中删除式(9-49)和式(9-50);如不存在左弯待转区,式(9-55)~式(9-57)中的式(9-52)实际上简化为式(9-51);针对不设置可变导向车道的情形,则应在式(9-55)~式(9-57)中删除式(9-54)。就实际情况而言,还有可能出现这些简化条件的各种组合,只需要逐步考虑相关条件即可。

这里不再赘述所涉及的简化模型的具体形式,且根据实际问题也可对目标函数进行改进或采用其他性能指标,因此建议读者重点掌握上述建模思想与方法,并在实践中灵活运用上面的信号配时优化模型。这些模型的应用效果将利用实际调查数据并结合交通仿真在第10章中进行详细介绍。

值得一提的还有,式(9-55)~式(9-57)均为具有线性约束条件的非线性优化问题。求解线性约束和非线性约束的单目标或多目标优化方法可以用来求解此类问题。例如,MATLAB软件提供的patternsearch和fmincon两个函数都可用于求解式(9-55)~式(9-57)。当然,求解此类问题的方法还有很多,读者可以参考优化方法、运筹学或智能算法方面的书籍或文献。对于一个具体的问题来说,尽管不同算法所得最优解很难完全一样,但是其差异不大。

【复习思考题】

1. 简述信号交叉口的交通特性。
2. 简述展宽车道、可变导向车道、左弯待转区对信号交叉口通行能力和延误的影响。
3. 简述信号交叉口的车流运动特性。
4. 简述信号配时方案中各个参数之间的关系。
5. 简述车辆在信号交叉口受阻滞的过程。
6. 以图的形式说明完全停车与不完全停车的联系与区别。
7. 最经常使用的延误类型包括哪些?并解释其含义及区别。
8. 常见的车辆到达模式有哪几种?并解释其实际含义及适用场合。
9. 对于信号交叉口,车辆到达-驶离曲线有哪几类?并解释其实际含义。

10. 简述稳态理论的基本原理及假设。
11. 简述均匀延误、随机延误、过饱和延误的含义与区别。
12. 使用延误三角形推导车均延误计算公式。
13. 简述定数理论的基本原理及假设。
14. 简述过渡函数的基本原理。
15. 简述车队离散现象。
16. 简述常用的车队离散模型的基本原理。
17. 以几种经典延误公式为例,说明影响车辆延误或车均延误的各种因素。
18. 简述车均延误公式涉及的变量及参数的含义与标定方法。
19. 简述信号配时优化模型的建模思想与基本原理。
20. 简述信号配时方案最优化的各种影响因素。

第 10 章
交通仿真

　　伴随着科学技术的进步与发展,计算机技术得到了蓬勃发展,并被应用于交通运输研究领域。交通仿真或交通模拟(Traffic Simulation)利用计算机技术对交通运输系统进行数学建模,进而模拟与再现道路交通网络中机动车、非机动车和行人的运行状态与规律,为评估交通管理措施、信号控制方案、交通政策、公交线网规划方案、交通影响等提供工具与方法。一般来说,交通仿真可分为宏观交通仿真、中观交通仿真和微观交通仿真 3 个层次。宏观交通仿真(Macroscopic Traffic Simulation)将交通流看作一个整体,不关注个体车辆的行为,使用统计方法描述交通流。中观交通仿真(Mesoscopic Traffic Simulation)分析交通流中所选车队的平均速度以及车队的位置。微观交通仿真(Microscopic Traffic Simulation)关注交通流中每辆车的运动状态(如速度、加速度、位置等)以及各种行为(跟驰行为、换道行为、超车行为等),并注重二维或三维显示,以便为用户或决策者提供模拟场景的直观的视觉效果。有些文献认为交通仿真可划分成宏观交通仿真和微观交通仿真两类。无论哪个层次的交通仿真,目前人们都开发了多种能实现其功能的计算机软件包。本章以微观交通仿真软件 VISSIM 为例简要介绍微观交通仿真原理,以机动车排放模拟软件 MOVES 为例概要阐述交通废气污染的测算方法,并运用两个实例说明这两个软件的主要建模步骤及结果分析。

10.1　VISSIM 简介与应用

VISSIM 是德国辟途威(Planung Transport Verkehr,PTV)公司开发的一款领先的、商用的微观交通仿真软件,隶属于 PTV 公司出品的可视化交通套装软件(Vision Traffic Suite Software)。目前,该软件已在世界各地的诸多公共部门、咨询企业和大学投入使用,占有相当大的市场份额。

10.1.1　VISSIM 软件介绍

PTV 于 1990 年在德国卡尔斯鲁厄大学(现卡尔斯鲁厄理工学院)首次利用个人计算机实现了交通流仿真,随后 VISSIM 0.0 于 1992 年诞生。通过改进软件界面并扩展功能,PTV 于 1993 年推出了 VISSIM 1.0,此后不断地研发和优化各种功能。经多次修改和完善,最新版本 VISSIM 10 于 2017 年发布。VISSIM 软件是一种基于时间步长和驾驶行为的微观仿真建模工具,能够模拟和分析城市道路、高速公路、公交线路、停车场、收费站、作业区等各种条件下机动车流、非机动车流和行人流的运行状况,可为评价信号配时设计、交通管制方案、交通设施设计、城市规划方案以及交通政策(如拥挤收费)提供可靠的试验场景和有效的测试结果。

(1)相关组件

PTV 公司于 1979 年在其总部卡尔斯鲁厄(Karlsruhe)成立研发中心,致力于为可视化交通打造软件产品。截至目前,PTV 旗下已推出多款软件,包括宏观交通仿真软件 VISUM、微观交通仿真软件 VISSIM、行人仿真软件 VISWALK、交通分析软件 VISTRO、实时交通管理软件 OPTIMA、自适应交通控制软件 BALANCE 等。VISSIM 能够实现与 VISUM、VISWALK 等的无缝连接,彼此之间通过输入、输出操作进行数据交换。例如,VISSIM 仿真结果可直接输入 VISUM 之后进行宏观交通分析、预测以及基于地理信息系统的数据管理;反过来,VISUM 仿真结果同样可直接输入 VISSIM 之后进行微观交通管理、控制与分析以及动画演示。

VISSIM 内置了 VISSIG(固定配时信号控制)和 VISVAP(信号控制逻辑)附加模块,外置了 VAP(车辆感应控制)、CROSSIG(交通信号控制系统辅助设计)、RBC(美国感应信号控制)、SCATS(澳大利亚自适应信号控制)、SCOOT(英国协调信号控制)等附加模块,还为二次开发提供了 COM(组件对象模型)接口和 API(应用程序编程)接口。

(2)应用范围

无论是比较交叉口几何设计、分析公共交通优先方案还是考虑信号配时效果,VISSIM 都允许用户准确地建立交通模型。作为世界领先的微观交通仿真软件,VISSIM 在一个模型中显示所有的道路用户(即交通参与者)以及彼此之间的相互作用,包括机动化的私人交通、货运交通、铁路、道路公共交通、行人以及骑车人。科学的交通行为模型能对所有道路用户进行真实的建模。

VISSIM 主要的应用领域包括:①交通流仿真——模拟实际道路上的交通流运行状况,通过观察现象和分析结果找到问题症结,进而寻求解决交通问题的有效措施;②先进的交通管理系统——通过建模实现干预交通流运行状况的各种措施或策略(如车道控制、速度限制、可变信息标志、匝道调节等),并对这些措施或策略的实施效果进行事前评估,有助于降低这些措施或策略在实践中的风险;③多模式交通系统——针对包含机动车、非机动车、行人、快速公交等多种方式的道路交通系统进行模拟,反映复杂的城市道路交通系统的真实运行状态;④自动驾驶环境——为自动驾驶车辆创建运行环境,模拟自动驾驶车辆的运动特性以及与其他各种车辆之间的交互过程,评估自动驾驶车辆对交通流运行的影响;⑤虚拟现实的交通仿真——结合虚拟现实技术和微观交通仿真,观察真实的交通环境,分析车辆、行人与其他物体的交互作用。

VISSIM 在以下几方面具有灵活性:①可利用路段和连接器建立任意复杂度的道路网络;②可通过标定驾驶员属性和车辆特性的各种参数来反映现实情况;③可使用各种接口与其他信号控制系统、交通管理系统或交通排放模型进行无缝整合。

VISSIM 拥有全面综合的分析选项,正在为城市和城市外交通基础设施的评价和规划创造一个强有力的工具。例如,这一仿真软件可用于为不同方案创建详细的计算结果或引人注目的三维动画。VISSIM 是一种向决策者和公众展示令人信服的、能理解的基础设施规划措施的完美途径之一。

10.1.2　VISSIM 功能模块

VISSIM 软件的各项功能是通过不同模块的设置及其相互通信来实现的。这里介绍几个常用的功能模块。

（1）路网搭建

VISSIM 使用"路网编辑器(Network Editor)"创建道路网中的路段和交叉口。在 VISSIM 中,道路网由路段和连接器构成,其中路段属于基本元素,连接器需要基于路段而生成。一条路段可能含有一条或多条车道,在创建路段时应同时设置路段的基本属性,主要包括车道数和车道宽度。当车辆或行人需要从一条路段移动到另一条路段时,必须使用连接器将这两条路段相连,同时应设置连接器的基本属性,特别是正确选择连接器在两条路段上分别对应的车道编号,且保证各自选择的车道数保持一致。这里需要注意,如果没有连接器,两条路段是不能直接相连或者重叠的;为了保证驾驶行为正确,连接器与路段应尽可能少重叠,VISSIM 6.0 以上版本可以通过修改连接器的位置参数使得连接器与路段没有重叠。

假如模拟现实情况,应首先在 VISSIM 中导入底图,然后正确设置比例尺,最后在底图上创建路段和连接器以形成路网。此时需要注意,底图必须符合 VISSIM 支持的文件格式;设定比例尺时,建议选择在底图上容易辨识的物体作为参考对象,还应尽量选择较长的距离以便减小误差。

使用 VISSIM 时,创建路网是第一步,后续很多工作都需要基于路网而建立。如果路网不完善,后面的一些设置可能无法完成。此外,创建路网在整个建模过程中占有很大比例的工作量,而且路网的准确性对各种评价结果都有直接影响,甚至影响很大。因此,需要认真仔细地创建每条路段和连接器以便确保路网的各项信息都正确无误,尤其是依据底图模拟现实路网时。

（2）交通流组成

在 VISSIM 中,非机动车是指自行车,自行车和行人都像机动车一样采用相似的工具进行设置,交通流组成是通过"车辆或行人组成(Vehicle or Pedestrian Compositions)"来进行定义的,同时需要为每种类型的车辆设定期望速度和相对流量。默认的车辆组成是98%的小汽车和2%的重型车。值得注意的是,一个 VISSIM 仿真模型中必须至少定义一种车辆组成;当模拟现实情况时,应根据交通调查定义多种车辆组成以便反映不同车辆输入的真实差异;每类车辆的相对流量可以采用整数或小数,所有类型车辆的相对流量的总和无须等于 100 或 1,VISSIM 会自动根据输入的相对流量计算其归一化的相对比例后再随机分配各种类型的车辆。

(3) 车辆输入

对于静态交通分配(Static Traffic Assignment),在产生车辆或行人的每条路段的起点处,使用"车辆输入(Vehicle Inputs)"先设置一个或多个时间间隔,再定义每个时间间隔内的交通量。需要注意,无论设定的间隔多长,输入的交通量都是指流量(即每小时内的车辆数或行人数)。运行 VISSIM 软件时,程序会根据流量进行换算后产生指定时间间隔内的车辆数或行人数。一个时间间隔内,进入路段的车辆是基于泊松分布而产生的。另外,车辆输入时除了需要选择路段编号外还要选择一种交通流组成。对于同一个车辆输入,不同时间间隔内选择的交通流组成可以不一样。

对于动态交通分配(Dynamic Traffic Assignment),首先在 VISSIM 软件中使用"停车场(Parking Lots)"定义所有的起讫点(Origin-Destination),然后建立一个包含 OD 矩阵的文本文件,最后在 VISSIM 中读入 OD 矩阵来产生交通需求。需要注意的是,编写 OD 矩阵时应遵循相应的规则以便 VISSIM 能正确地读取 OD 数据;OD 矩阵文件可以通过文本编辑器进行编辑,但不能在 VISSIM 软件中进行编辑。

(4) 信号控制方案

对于固定信号配时(Fixed Signal Timing)方案,首先使用"信号控制机(Signal Controllers)"启用 VISSIG 附加模块;然后在 VISSIG 中设置信号灯组(Signal Groups),并输入周期时长、相位差以及每个信号灯组的显示绿灯时间、黄灯时间和全红时间;最后在 VISSIM 中设置信号灯头(Signal Heads),并为其选择合适的信号灯组。必要情况下,在 VISSIG 中应该正确设置各个信号相位之间的绿灯间隔时间。

对于感应信号配时(Actuated Signal Timing)方案或多时段预设信号控制(Multi-period Pretimed Signal Control)方案,需要启用 VISVAP 附加模块,利用 VISSIM 开发的 VAP 语言进行编程。在此期间,首先需要明确信号灯组,其次按照 VAP 语言的格式要求编写绿灯间隔时间矩阵(Intergreen Interval Matrix),然后在 VISVAP 中以流程图的形式编制一个主程序(Main Program)和若干个子程序(Subroutines),接着对 VISVAP 程序进行调试,最后将调试成功的 VISVAP 程序加载到 VISSIM 软件中。值得一提的是,VISVAP 程序的编写规则(如变量、常量、矩阵等的定义以及运算符的书写和程序调用等)必须符合 VAP 语言的各项要求;不同于其他高级计算机语言(如 MATLAB、C++、Python 等),VISVAP 程序只能由上而下、从左至右地执行每条语句。

(5) 优先权设置

对于无信号交叉口,必须正确地设置冲突区;否则,将出现车与车、车与人、人与人之间的相撞或碾压现象,这在现实中意味着发生交通事故。因此,如果没有合理地设置冲突区,那么交通参与者的行为特性以及交通流的运行状况将是不符合实际情况的。对于信号交叉口,由于交通信号已将交叉口内部的大部分冲突进行了分离,因而可以不设置冲突区,但理论上即便冲突因信号而被分离也可能在相位切换过程中存在冲突,所以此时设置冲突区是更科学的。凡是两条或多条道路相交而成的区域都应视为交叉口而进行处理,包括高速公路或快速路的出入口匝道和交织区。

VISSIM 使用"冲突区(Conflict Areas)"为两股冲突的交通流设置通行权的优先级。这里，优先级设置有4种情形：①第1股车流让行第2股车流；②第2股车流让行第1股车流；③两股车流互相让行；④两股车流在冲突区内都没有通行权。对于前两种情形，有优先权的一方将显示绿色，没有优先权的一方将显示红色，绿色和红色的作用相当于绿灯和红灯；对于第3种情形，双方均显示红色，当一股车流分为两股车流时，在分岔处应进行这种设置，若不设置将出现相撞或碾压现象；最后一种情形在特殊情况下是存在的，有时冲突区内没有交通流存在，此时双方均显示黄色。

在创建路网过程中，VISSIM 自动将路段与路段、路段与连接器以及连接器与连接器的重叠部分视为冲突区，并设置为第4种情形，即不考虑冲突区内两股车流的优先权问题。有必要特别强调，创建路网时一定要避免不必要的和不合理的重叠，否则会因冲突问题导致交通流运行不符合实际。反过来，也可以利用冲突区来检查路网是否存在不正确之处；若存在错误的冲突区，需要再次使用"路网编辑器"对相应的路段或连接器进行修改。

比"冲突区"更高级的是"优先规则(Priority Rules)"。优先规则需要为次要车流设置一条停车线，并需设置与停车线相关的一个或多个冲突标记。根据冲突标记处的当前条件，决定是否允许停车线处的车辆通过冲突区。在冲突标记处需要检查的两个主要条件是最小车头间距和最小接受间隙。

相比"优先规则"，"冲突区"使用起来比较简单、方便。一般情况下，建议使用"冲突区"，尤其是对没有经验的用户来说。但是，特殊情况下，必须使用"优先规则"才能获得满意的结果。

（6）路径选择

使用"路径决策及路径(Routing Decisions and Routes)"在每个交叉口为每股车流事先设定出行路径并为每条路径分配交通量，对静态交通分配选择静态路径。每次进行路径决策时，先设定路径决策的起点（即选择起始的路段或连接器），再根据情况依次设定路径决策的终点（即选择终止的路段或连接器）。当决策起点和终点确定后，起止点之间的距离随之确定。通过移动决策点位置或修改相应的参数可以改变路径选择的起终点及其相对位置。如果路径决策设置正确，VISSIM 将显示完整的出行路径；否则，将出现错误提示，需要进行修改。再有，为每条路径分配的交通量是指从同一个起始决策点开始的所有出行路径的交通量的相对比例，具体分配到每条路径上的交通量由车辆输入分配到该起始决策点的交通量与这一相对比例共同决定。根据实践经验，路径决策的终点在终止路段或连接器上的具体位置对仿真结果几乎没有影响。然而，路径决策的起点距离起始路段或连接器的终点应该足够远；否则，可能出现驾驶员来不及决策而导致车辆被移除路网的警告提示，这将对仿真结果造成一定影响，因而应尽量减少这种警告提示。

静态交通分配中，车辆在道路网中行驶时遵循通过手动输入事先规定的路径。这种情况下，驾驶员在仿真过程中遇到一个节点后无法选择另一条可达目的地的路径，即便这条路径比事先设定的路径更快捷。这一点与现实情况有一些出入。然而，从概率论角度，静态路径也有其合理性。所以，很多交通流仿真模型采用静态路径进行静态交通分配是一种合适的建模方式。

不过，随着道路网的规模不断增加，静态路径可能有很多，此时采用静态交通分配不仅工作量过大，而且可能很不现实。这种情况下，可以使用动态路径，然后 VISSIM 将通过迭代仿真进行动态交通分配。这时，对所建的道路网将仿真不止一次，而是多次直至达到收敛条件。每次仿真驾驶员都基于上一次仿真所获得的经验选择本次通过道路网的路径。

除静态路径和动态路径外,还有诸如部分路径、停车场路径等其他类型。其中,静态路径最为常用,能够满足大多数情况下的仿真需求。

(7)评价工具

VISSIM软件提供了丰富的评价工具来测算流量、速度、行程时间、延误、排队长度等性能指标。这里介绍"车辆行程时间测量(Vehicle Travel Time Measurements)""排队计数器(Queue Counters)""路段评价(Link Evaluation)""节点评价(Node Evaluation)"和"路网性能评价(Network Performance Evaluation)"。

①车辆行程时间测量。

VISSIM使用"车辆行程时间测量"为测定行程时间和延误定义一个起始断面和一个终止断面,创建时需要为这两个断面选择所在的路段或连接器,并确定其具体位置,同时这两个断面间的距离随之确定。在交叉口处,这两个断面的具体位置对所测得的行程时间的影响明显不同,其中起始断面对所测得的延误存在显著影响,而终止断面对所测得的延误几乎没有影响。当测定交叉口延误时,建议起始断面处于停车线上游足够远的位置,以便充分地反映车辆在通过交叉口时因加减速和停车而造成的延误;而终止断面处于停车线下游即可,其具体位置并不重要。

为获得评价结果,还需在"评价文件(Evaluation Files)"中勾选"行程时间(Travel Time)"或"延误(Delay)",并配置相应的参数,包括以哪种方式激活哪些区段(即是否对一条或多条区段的行程时间或延误进行集计)以及测定行程时间或延误的开始时刻、终止时刻和时间间隔。根据分析需要,可以选择输出集计数据或原始数据。

②排队计数器。

VISSIM使用"排队计数器"提供所选位置在一定时间间隔内的排队长度,包括平均排队长度、最大排队长度以及停车次数,创建时需要选择所在的路段或连接器及其具体位置。对于交叉口,一般可将排队计数器设置在停车线处或相当于停车线的位置。类似地,需要在"评价文件(Evaluation Files)"中勾选"排队长度(Queue Length)",并配置相应的参数,主要涉及排队开始速度、排队终止速度、最大车头间距、最大排队长度、开始时刻、终止时刻以及时间间隔等。

③路段评价。

使用"路网编辑器"选中所需要的路段或连接器,然后选中"路段评价",此时需要根据情况设置区段长度(Segment Length)。这一参数的含义是将整条路段或连接器按设定的区段长度分为若干个区段,分别评价每个区段上交通流的运行状况。

同样地,需要在"评价文件(Evaluation Files)"中选中"路段评价",并配置所需的各项参数。VISSIM在此处提供了很多参数,主要涉及分类参数和性能参数。分类参数包括路段编号、车道编号、区段起始坐标、区段终止坐标等;性能参数包括流量、速度、密度、延误、排队长度、燃油消耗等。

④节点评价。

使用"节点(Nodes)"在交叉口处绘制一个区域,需要注意这个区域的各个边界,因为这些边界的位置对评价结果有一定程度的影响。相似地,还需在"评价文件(Evaluation Files)"中选中"节点评价"。此处同样涉及很多参数。其中:分类参数包括节点编号、车流编号、起始路段、终止路段等;性能参数包括车辆数、停车次数、延误、排队长度、燃油消耗、污染物排放等。

⑤路网性能评价。

无须另行设置,只需在"评价文件(Evaluation Files)"中选中"路网性能"并配置所需参数。

该功能是针对整个路网进行评价的,提供的是交通流在整个路网中运行时的各项指标,包括活动的车辆数、到达的车辆数、行程时间、延误、停车延误、平均速度、停车次数、行驶距离、燃油消耗、污染物排放等。

10.1.3 VISSIM 参数标定

VISSIM 软件中涉及非常多的参数,这些参数对交通流运行状况及其评价结果都有不同程度的影响,其中一些参数的影响比较重要,需要在实践中给予充分重视。只有正确地标定了这些参数,才能获得更准确、更合理的结果,进而得到科学的结论,并为分析评价、方案比选、管理决策等提供有力的支持。下面介绍涉及驾驶行为、车辆性能和仿真运行的一些常用参数。

(1) 驾驶行为参数

VISSIM 将驾驶行为划分成跟驰行为、换道行为、横向行为、对信号的反应行为等。

①跟驰行为。

在 VISSIM 中,驾驶员的跟驰行为基于 Wiedemann 教授提出的生理-心理感知模型。该模型涉及驾驶员对期望速度和安全距离的认知、判断及反应能力。Wiedemann 模型根据前后两车的车间间距和速度差将后车驾驶员行为分成无反应、无意识反应、反应、减速和碰撞 5 种情形。正常情况下,后车行驶状态有 4 种情形:a. 前车对后车没有造成任何影响,则后车驾驶员会追求或维持其期望速度,此时后车处于自由行驶状态;b. 后车驾驶员根据前车速度调整自身速度,并减速至与前车保持安全距离,之后以与前车相同的速度行驶,这时后车处于无意识行驶状态;c. 后车驾驶员跟随前车行驶,既不减速又不加速,车间间距和速度差近似恒定,此时后车处于跟驰行驶状态;d. 后车与前车的车间间距小于所需的安全距离,后车采取中等或较大的减速度进行减速,这时后车处于减速状态。

Wiedemann 模型有两种:Wiedemann 74 模型主要针对城市道路,而 Wiedemann 99 模型主要针对高速公路或快速路。Wiedemann 模型主要考虑以下参数:

最小前视距离、最大前视距离、最小后视距离、最大后视距离、注意力暂时不集中的持续时间及概率、平均停车间距、安全距离等。

VISSIM 软件可以通过调整这些驾驶行为参数来拟合车道饱和流率。研究表明,饱和流率并非对所有的驾驶行为参数都敏感。Wiedemann 74 模型中对饱和流率影响较大的参数有平均停车间距、安全距离的附加部分与倍数部分,这 3 个参数的默认值分别为 2m、2 和 3。一般来说,这些值越小,对应的饱和流率越大;反之,这些值越大,对应的饱和流率越小。Wiedemann 99 模型中对饱和流率影响较大的参数有平均期望停车间距、安全距离、靠近前车时所允许超过安全距离的值、进入跟驰状态的阈值、消极跟驰状态的阈值、积极跟驰状态的阈值、距离对速度波动的影响、加速度的波动幅度、从静止起动时的期望加速度以及速度为 80km/h 时的期望加速度。有文献指出,这些参数对驾驶行为的影响并非是同等的。

无论采用 Wiedemann 74 模型还是采用 Wiedemann 99 模型,当模拟现实情况时,都应对上述重要参数进行标定,以便仿真模型能够正确地反映交通流的真实运行状况。否则,所得结果和结论将缺乏可信度。

②换道行为。

VISSIM 考虑强制换道和自由换道两种换道行为。当需要换道时,驾驶员必须找到合适的空当后才能实施换道行为,其中涉及与前车的最小车间间距、最大减速度、可接受的减速度、等待时间、安全距离折减系数、协同制动的最大减速度等参数。相比之下,与前车的最小车间间距对换道行为具有重要影响,该参数的默认值为0.5m。

③横向行为。

横向行为即车辆通过观察相邻车道而调整自身在当前车道上的横向位置。VISSIM默认车辆完全占用车道宽度,使用横向行为定义车辆在车道上的行驶位置(包括左侧、右侧、中间和任意)。如果车道比较宽,VISSIM允许通过修改参数使得车辆可以实现车道内部超车,此时需要考虑被超车车辆的最大减速度、超车方向、最小横向间距等。有研究发现,横向行为对最小横向间距较为敏感。

④对信号的反应行为。

驾驶员对信号的反应也会影响交通流运行。VISSIM考虑驾驶员对黄灯的反应有连续检测和一次性决策两种情况。连续检测假设车辆认为黄灯保持2s可见,并在每个时间步长内决定是继续行驶还是停止。一次性决策通过调整参数计算在黄灯期间的停车概率,若不停车将使车辆在黄灯期间通过停车线。

标定上述参数的常用方法有很多种,包括直接手工修改、线性插值算法、单纯形法、最速下降法、遗传算法、模拟退火算法等。

(2) 车辆性能参数

车辆性能参数主要包括车辆的加减速特性与期望速度分布。这些参数决定着车辆运动的快慢,进而影响交通流运行状况。

①加减速特性。

VISSIM并非采用单一的加速度或减速度,而是利用分布函数描述车辆的加速过程和减速过程。这些分布函数基于德国的汽车试验结果而建立,后续根据欧洲研究项目对某些分布函数进行了修正。VISSIM提供最大加速度、期望加速度、最大减速度和期望减速度4种分布函数。最大加速度和最大减速度分别是指从技术角度车辆可以获得的最大的加速度和减速度。期望加速度和期望减速度分别是指使驾驶员感到舒适的加速度和减速度。某些情况下,期望减速度是减速度的上限,如遇到红灯、走走停停时接近前车、同车道超车但侧向间距过小等。另外,VISSIM为不同类型车辆建立了不同的最大加减速分布曲线和期望加减速分布曲线。小汽车的加减速分布曲线基于1974年之前德国的测试结果;重型车的加减速分布曲线基于1999年欧洲研究项目CHAUFFEUR 2所得的结果;电车和公共汽车的加减速分布曲线基于1995年卡尔斯鲁厄交通部门提供的数据。因此,当模拟现实情况时,应根据当地的车辆特性调整这些分布函数中的一些参数。

②期望速度分布。

期望速度是不受其他车辆、行人或交通设施(如信号灯、停车标志等)干扰的情况下,驾驶员或行人期望获得的行驶速度。期望速度对路段通行能力以及车辆行驶时间均有显著影响,而且也不可能在行驶过程中始终保持不变。所以,各种车辆和行人都有其期望速度分布。VISSIM提供了43种期望速度分布,用户可根据实际情况进行选择;若没有合适的,用户还可自行定义新的分布函数。

(3) 仿真运行参数

开始仿真或测试运行之前,必须设置仿真参数。车辆仿真参数也适用于行人仿真,而行人仿真还可使用辅助参数。影响运行结果的仿真参数主要有仿真时间、随机种子、运行次数、随机种子增量、仿真分辨率等。仿真时间需要根据研究对象的具体情况进行确定。

VISSIM 提供单步仿真和多步仿真两种方式。一般情况下,应该采取多步仿真方式,将多次所得结果进行统计分析后得出结论。特殊情况下,需要采用单步仿真的结果进行研究分析。VISSIM 经过测试,建议多步仿真时仿真次数可取 5~20。一般来说,仿真次数越多,所得结果越有说服力,但仿真运行所需时间和数据处理工作量都会成倍增加。因此,需要权衡准确性和工作量来选择运行次数。当其他参数不变时,每次运行的结果主要依赖于所选的随机种子。设置随机种子、运行次数和随机种子增量进行多步仿真所得结果与选择相应的几个随机种子分别进行单步仿真所得结果是一样的。进行多步仿真时,为获得合理的结果,建议随机种子增量不应过小;否则,所得结果只能代表少数情况,即样本代表性较差。

此外,仿真分辨率不仅影响运行结果的精度,而且影响仿真运行所需时间和数据处理工作量。通常,仿真分辨率越小,运行结果的精度越高,但仿真运行时间越长,后续数据处理的工作量越大。所以,也需要根据研究的具体需求选择合适的仿真分辨率。

10.1.4　VISSIM 应用实例

下面以 3 个信号交叉口构成的一条干线道路系统为例,说明应用 VISSIM 软件时涉及的关键参数和主要步骤。

(1) 研究对象

选取大连市黄浦路上的 3 个信号交叉口,即黄浦路-聚贤路入口交叉口(记为交叉口 A)、黄浦路-聚贤路出口交叉口(记为交叉口 B)和黄浦路-小平岛路交叉口(记为交叉口 C)。图 10-1 为所选交叉口示意图。图 10-2a)描述了这 3 个交叉口的现状渠化方案。对于交叉口 A,西进口有两条直行车道,北进口有一条左转车道和一条右转车道,东进口有两条直行车道;对于交叉口 B,西进口有一条左转车道、一条直行车道和一条直行短车道,东进口有两条直行车道和一条右转车道;对于交叉口 C,西进口有两条直行车道和一条右转车道,东进口有一条左转车道、一条直左车道和一条直行车道,南进口有两条左转车道和一条右转短车道。

图 10-1　黄浦路上所选交叉口示意图

选择 3 个典型时段分别进行交通调查,并获得每股车流的流量及其小汽车、中型车和公交车的比例。这 3 个时段分别为早高峰 7:30~8:30(记为 MN)、午高峰 11:30~12:30(记为 MD)以及晚高峰 17:00~18:00(记为 EN)。所选时段内每个交叉口采用相同的现状信号相位方案和现状信号配时方案(记为 CP),如图 10-2b)和图 10-2c)所示。交叉口 A 和交叉口 B 均为两相位控制,交叉口 C 为三相位控制。M1、M3、M5 和 M7 分别为西进口、北进口、东进口和南进口的左转车流,M2 和 M6 分别为东进口和西进口的直行车流,所有右转车流均不受信号控制。所选时段内3个交叉口实行信号协调控制,公共周期时长为120s。使用韦伯斯特方法(详见有关文献)分别优化各时段的配时方案,所得韦伯斯特配时方案(记为WP)如图10-2d)所示。

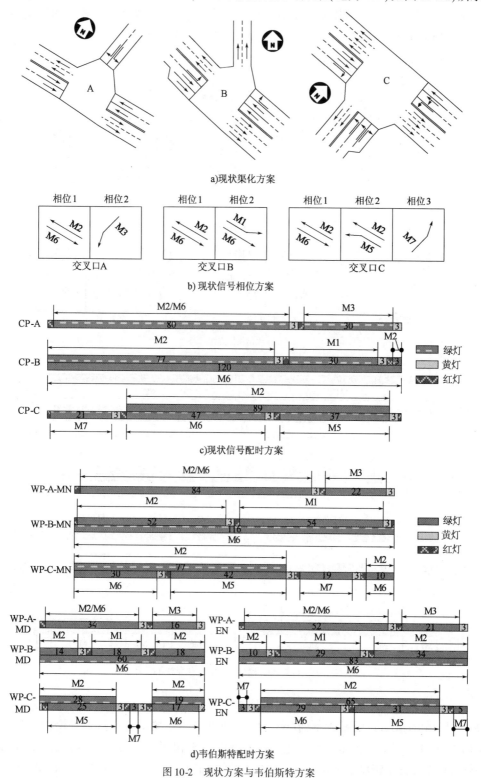

图10-2 现状方案与韦伯斯特方案

通过分析所选时段内的交通流时变规律,将交叉口 B 西进口和交叉口 C 东进口的中间车道均设为可变导向车道,如图 10-3a)所示。经研究,提出优化相位方案,如图 10-3b)所示。考虑最小化延误、不优化短车道长度以及不涉及左弯待转区,使用式(9-55)相应的简化形式,获得设置可变导向车道的优化配时方案(记为 OP),如图 10-3c)所示。

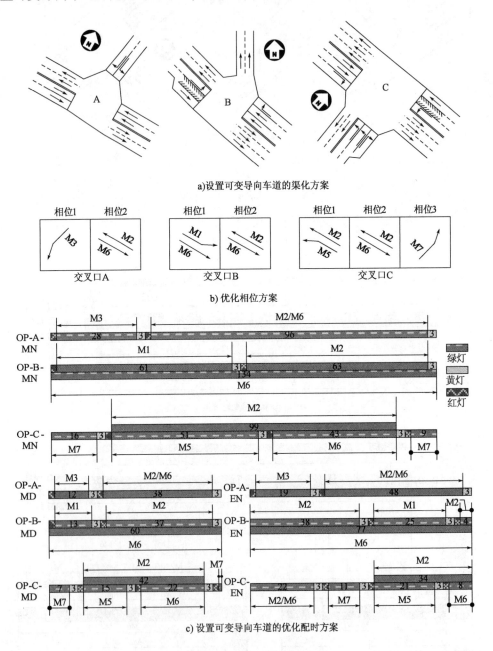

图 10-3 设置可变导向车道的优化方案

进一步,在图 10-3a)的基础上,在交叉口 B 西进口和交叉口 C 南进口均增设一条左转短车道,如图 10-4a)所示。仍然采用优化相位方案并考虑相同因素,再次使用式(9-55)相应的简化形式,获得设置左转短车道和可变导向车道的优化配时方案(记为 OP0),如图 10-4b)所示。

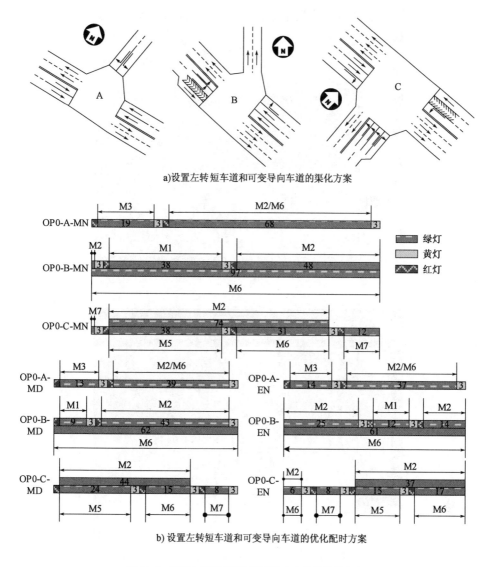

图10-4 设置左转短车道和可变导向车道的优化方案

（2）VISSIM 建模

假设所选时段为 3 个连续时段，为了对比所述的 4 种方案，进而评估所提出的交叉口时空资源优化模型，利用 VISSIM 软件建立 4 个交通流仿真模型。

①路网建立。

根据研究对象及需求，共设置 27 条路段和 33 条连接器，由 VISSIM 构建的路网如图 10-5 所示。对于设置可变导向车道的情况，还需在此基础上增加 2 条连接器。对于设置左转短车道和可变导向车道的情况，还需在此基础上增加 5 条连接器。

②流量加载。

经分析，在 VISSIM 路网上共设置 6 个车辆产生源。为每个车辆产生源逐一输入每个时段内的流量，图 10-6 为车辆产生源设置的 VISSIM 界面。

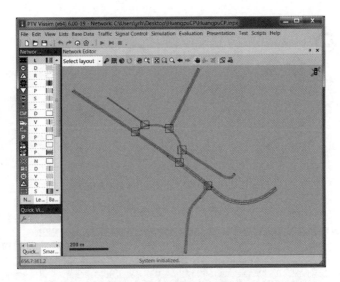

图 10-5　VISSIM 交通流仿真路网

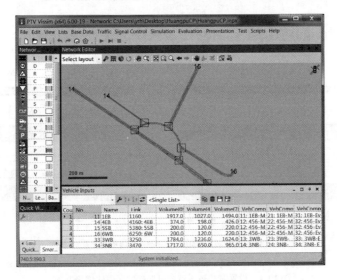

图 10-6　VISSIM 中车辆产生源设置

③路径设置。

依据交通调查数据，在 VISSIM 路网上共设置 13 个路径决策起点和 27 个路径决策终点，共 27 条路径。图 10-7 为路径分配的 VISSIM 界面。

④信号方案实现。

基于上述要求，共建立 18 个信号灯头和 10 个信号灯组，图 10-8a）为 VISSIM 对信号灯头的布置情况。方案 CP 可由 VISSIG 附加模块进行设置，如图 10-8b）所示。对于设置可变导向车道的情况，需要增加 2 个信号灯组。对于设置左转短车道和可变导向车道的情况，需要增加 2 个信号灯头和 2 个信号灯组。方案 WP、OP 和 OP0 都需采用 VISVAP 附加模块进行设置，其界面如图 10-9a）所示。图 10-9b）为 VISVAP 编制的一组流程图（简称 VISVAP 流程）。另外，绿灯间隔时间矩阵需要使用 VAP 语言编写成文本文件（简称 VAP 文件），如图 10-9c）所示。

图 10-9d)显示了在 VISSIM 中调用 VAP 文件和 VISVAP 流程的情况。

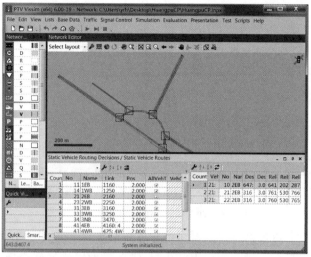

图 10-7 VISSIM 中路径分配设置

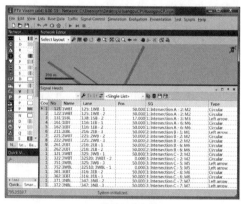

a) 信号灯头布置

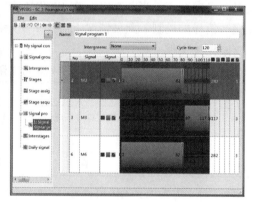

b) 方案CP设置

图 10-8 VISSIM 中信号灯头及方案 CP 设置

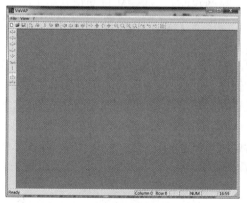

a) VISVAP界面

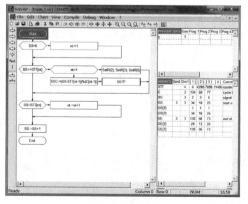

b) VISVAP流程图

图 10-9

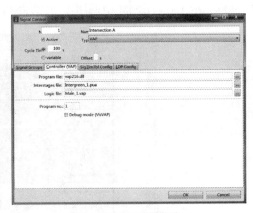

c) 绿灯间隔时间矩阵编写　　　　　d) VAP 和 VISVAP 调用界面

图 10-9　VISSIM 中 VAP 和 VISVAP 的应用

根据前述优化模型,可得各时段内每条可变导向车道的功能,见表 10-1。对于设置可变导向车道的情况,当可变导向车道功能发生变化时,需要采取措施保证交通流安全运行。为此,在停车线之前的合适位置处设置可变信息标志,用于提示驾驶员是否可以进入可变导向车道以及可变导向车道的当前功能。在 VISSIM 中,可通过设置交通信号,并由 VISVAP 编程实现对该交通信号的控制。此种情况下需要 1 个特殊的信号灯头和 1 个特殊的信号灯组。详细内容请查阅相关文献。

各时段可变导向车道功能　　　　　　　　　　　　　　　表 10-1

方案	早高峰		午高峰		晚高峰	
	交叉口 B 西进口	交叉口 C 东进口	交叉口 B 西进口	交叉口 C 东进口	交叉口 B 西进口	交叉口 C 东进口
OP	直行	直行	直行	左转	直行	左转
OP0	直行	直行	直行	直行	直行	左转

另外,对于方案 WP、OP 和 OP0,从前一个时段到下一个时段均需要考虑方案过渡问题,本例中采用直接过渡法,具体内容参阅有关文献。

⑤冲突区设置。

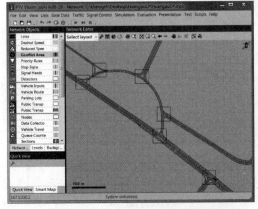

图 10-10　VISSIM 中交通冲突区设置

路网建成后,VISSIM 自动识别出 18 个冲突区。考虑信号控制方案,将 14 个冲突区设为次要车流让行主要车流,将 4 个冲突区设为两股车流互相让行。当设置可变导向车道时,增加 4 个冲突区,其中 2 个为次要车流让行主要车流;当设置左转短车道和可变导向车道时,增加 8 个冲突区,其中 4 个为次要车流让行主要车流,2 个为两股车流互相让行。图 10-10 为 VISSIM 中交通冲突区设置。

⑥延误检测器布置。

在 VISSIM 路网中,共设置 14 个延误检测器。图 10-11 给出了这些延误检测器的布置情况。

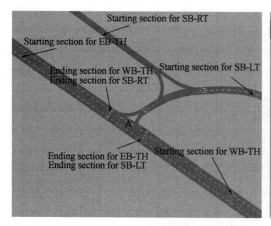
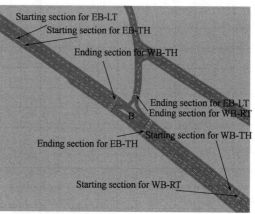

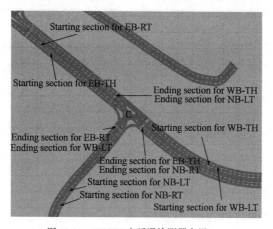

图 10-11　VISSIM 中延误检测器布置

注：Starting section 意为起始断面，Ending section 意为终止断面。

⑦路网性能评价的参数配置。

选择路网性能评价，考虑研究需要，图 10-12 显示了其参数配置情况。

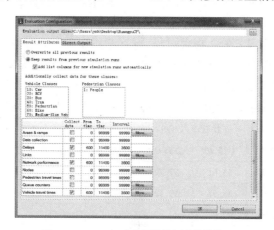

图 10-12　VISSIM 中路网性能评价参数设置

（3）VISSIM 参数标定

①驾驶行为参数设定。

根据饱和流率的定义,通过交通调查观测各交叉口每条车道的饱和流率,其统计分析结果见表10-2。因为研究对象属于城市道路,选择Wiedemann 74模型描述驾驶行为。依据驾驶行为参数与饱和流率之间的关系,对于直行车道,安全距离的附加部分和倍数部分分别设为2.45和3.45;对于左转车道和右转车道,安全距离的附加部分和倍数部分分别设为2.55和3.55。

车道饱和流率实测值　　　　　　　　　　　　　　　表10-2

车流	交叉口A			交叉口B			交叉口C			
	西进口直行	北进口左转	东进口直行	西进口直行	西进口左转	东进口直行	西进口直行	东进口左转	东进口直行	南进口左转
单车道饱和流率(pcu/h)	1820	1755	1800	1755	1815	1815	1810	1760	1800	1725

②仿真参数设定。

根据研究需要,采用多步仿真方式。初始随机种子设为42,随机种子增量和运行次数均设为10。考虑系统初始化,设600s热身时间,各时段持续时间均为3600s,因而仿真时间设为11400s。

③评价参数设定。

对于采集延误数据,起始时刻和终止时刻分别设为600s和11400s,时间间隔设为3600s,检测延误的起始断面与终止断面之间的距离均为150m。

④其他参数设定。

各类型车辆的期望速度均设为50km/h。对于可变导向车道,可变信息标志在停车线后方48m。其他参数采用VISSIM软件提供的默认值。

(4) VISSIM仿真结果及分析

分别运行采用各方案所建的VISSIM模型,并对仿真结果进行统计分析。表10-3列出了各方案下每个时段内由路网性能评价给出的车均延误和平均速度。采用t检验进行两两方案对比,选择显著性水平为5%,即置信水平为95%。结果显示:①对于3个高峰时段,方案WP、OP和OP0均比方案CP好;②在3个高峰时段内,方案OP0好于方案WP和OP;③就晚高峰时段来说,方案OP比方案WP好。由此可见,设置左转短车道或可变导向车道有助于提高通行能力、降低车辆延误,其中设置可变导向车道能有效地解决因潮汐交通引起的拥堵问题。限于篇幅,这里不再列出更多数据及细节,详细内容请参考有关文献。

每个时段内采用各方案时路网性能评价所得的车均延误和平均速度　　表10-3

数据采集时段(s)	运行次数	车均延误(s/veh)				平均速度(km/h)			
		方案CP	方案WP	方案OP	方案OP0	方案CP	方案WP	方案OP	方案OP0
600~4200	1	87.17	53.61	57.72	30.23	22.49	29.03	28.07	36.09
	2	79.56	48.98	59.53	29.55	23.62	30.09	27.56	36.23
	3	76.78	42.90	44.40	30.11	24.05	31.83	31.42	36.14
	4	71.25	57.20	58.74	30.25	25.16	28.11	27.83	36.06
	5	68.44	57.17	56.70	29.74	25.74	28.18	28.32	36.29
	6	84.51	42.58	54.35	31.31	22.95	31.99	28.89	35.68

续上表

数据采集时段(s)	运行次数	车均延误(s/veh)				平均速度(km/h)			
		方案 CP	方案 WP	方案 OP	方案 OP0	方案 CP	方案 WP	方案 OP	方案 OP0
600~4200	7	83.60	57.62	48.29	29.99	22.88	28.04	30.30	36.11
	8	75.86	49.83	55.06	31.06	24.25	29.96	28.66	35.75
	9	91.44	54.71	61.22	29.46	21.71	28.67	27.21	36.31
	10	93.24	58.43	53.33	30.50	21.59	27.90	29.13	35.94
4200~7800	1	31.97	17.81	19.00	15.78	35.54	41.44	40.86	42.46
	2	29.97	17.01	17.64	15.70	36.28	41.86	41.55	42.57
	3	34.72	16.25	16.44	15.69	34.68	42.23	42.15	42.53
	4	30.33	19.69	20.11	15.78	36.29	40.60	40.45	42.55
	5	27.16	39.81	17.78	15.92	37.42	32.89	41.45	42.41
	6	31.24	15.77	18.78	17.39	35.88	42.49	40.97	41.67
	7	32.10	19.62	16.95	15.36	35.53	40.52	41.83	42.68
	8	33.28	22.79	19.25	16.45	35.17	39.10	40.69	42.09
	9	38.29	23.35	20.92	16.23	33.52	38.90	39.93	42.32
	10	35.19	23.97	16.73	16.16	34.46	38.53	41.96	42.27
7800~11400	1	28.31	23.40	22.95	20.48	36.88	38.88	39.03	40.12
	2	28.84	25.06	23.41	21.25	36.65	38.17	38.83	39.77
	3	28.37	22.07	21.96	20.57	36.93	39.53	39.55	40.18
	4	28.01	24.38	23.38	21.75	37.07	38.52	38.91	39.65
	5	26.41	23.08	22.44	22.12	37.59	39.03	39.27	39.44
	6	27.31	27.67	23.31	21.72	37.23	37.08	38.86	39.54
	7	29.04	23.29	22.16	22.72	36.65	38.97	39.44	39.22
	8	28.52	27.32	23.38	20.98	36.81	37.22	38.86	39.94
	9	30.66	23.62	24.02	22.23	36.08	38.86	38.69	39.46
	10	28.41	25.53	22.50	21.46	36.91	38.08	39.32	39.79

10.2 MOVES 简介与应用

MOVES(Motor Vehicle Emission Simulator)是美国环保局(Environmental Protection Agency, EPA)开发的机动车排放模拟系统。这是一款非商业的开源软件,可从其官方网站免费获取。

10.2.1 MOVES 软件介绍

美国环保局从2001年开始研发新一代综合移动源排放模拟系统,MOVES 2004 于2005年成功开发完成。接着,MOVES Demo 于2007年推出;增加了污染物排放率的测算之后,MOVES 2009 在2009年4月上线;同年12月推出了正式版 MOVES 2010;经过进一步完善,

2010年和2012年分别上线MOVES 2010a和MOVES 2010b;通过更深入的研发,2014年和2015年相继推出MOVES 2014和MOVES 2014a;最新版MOVES 2014b于2018年8月公布。

近40年来,美国环保局开发了多种排放测算模型,例如MOBILE模型、NONROAD模型、NMIM(National Mobile Inventory Model)模型等。其中,MOBILE系列模型都被MOVES取代,NONROAD 2008也已内置于MOVES 2014系列之中。

MOVES是一种科学的排放建模系统,用来估计道路上和非道路上机动车排放的标准污染物、温室气体和空气毒物。相比其他机动车排放模型,MOVES将宏观、中观和微观的排放测算集于一体,基于相同的排放率数据,使用不同方法计算不同层次的机动车排放状况。这里宏观、中观和微观分别对应不同的地域范围。宏观即国家级,主要针对整个美国;中观即郡级,主要针对美国的或自定义的一个郡(介于州和城市之间),也可以是自定义的一个较小规模区域;微观即项目级,主要针对一条或多条交通走廊、一个或多个交叉口、一个或多个停车场等。不同于宏观和中观两个层次,微观层次的优势在于区域范围小、排放计算精度高、时间成本较低、可实施性强。

总之,MOVES不仅能估算宏观的交通排放,而且能估计微观的交通排放,可以满足不同范围、不同目的的机动车排放测算需求。

10.2.2 MOVES功能模块

MOVES使用Java语言编写,同时采用MySQL数据库技术。MOVES为用户提供不同的数据库结构,包括CDM(County Data Manager)和PDM(Project Data Manager)。MOVES模型可分为4部分,即总体行驶特征、行驶工况分布、排放源Bin分布和排放计算。

(1)总体行驶特征

总体行驶特征模块主要有两项功能:①利用增长率把机动车保有量和机动车行驶里程(Vehicle Miles Travelled,VMT)从基准年推算到模拟年,然后将相应的数据按照道路类型、车辆种类、车龄分布和时间跨度进行分配;②由于MOVES模型的所有行驶特征(除起动外)都是基于时间进行计算的,不同于MOBILE模型利用VMT进行计算,所以MOVES在本部分还有数据转换功能。

(2)行驶工况分布

行驶工况分布模块的主要功能是将用户提供的机动车行驶特征数据(如起动、怠速、行驶、加减速等)转换成与机动车比功率(VSP)和速度相关的Bins,然后依据Bins计算机动车处于不同行驶工况的分布比例。行驶工况分布极大地提高了排放测算结果的精确度。

(3)排放源Bin分布

排放源Bin是表征机动车种类、年份、载重、燃油类型以及发动机技术类型等参数的唯一组合。排放源Bin分布取决于机动车VSP和速度的各种组合,一个Bin对应一组VSP和速度,一组VSP和速度反过来对应唯一的Bin。MOVES提供了默认的排放源Bin分布,其具体内容详见MOVES用户指南。实际应用中,用户也可根据实测数据输入新的排放源Bin分布。

(4)排放计算

排放计算模块的主要功能在于:①结合行驶工况分布和排放源Bin分布来计算加权排放率;②综合考虑气象与燃油,利用加权排放率和总体行驶特征计算排放因子或排放总量。

10.2.3 MOVES 参数标定

MOVES 允许用户在建模过程中自行定义研究区域、分析时段、车辆类型、污染物种类、车辆行驶特征、道路类型、燃油类型、气象条件等参数，然后根据选择的参数以及输入的数据计算起动、行驶、怠速等不同行驶工况下机动车的排放因子和排放总量。由于 MOVES 是根据美国的测试数据开发的，在应用于其他国家或地区时，需要对其中的一些关键参数进行标定。

(1) 模拟年

MOVES 在选择了仿真层次后要求选择模拟年，这一年份影响调用的燃油参数和排放标准。当进行微观层次的机动车排放测算时，应该选择与车龄分布、燃油参数、气象条件等参数相对应的年份。目前，MOVES 允许选择的年份为 1990 年以及 1999~2050 年。为解决机动车排放造成的环境污染问题，各国政府近些年采取了一系列措施，并制定了相应的法规和标准。有文献对比了美国、欧洲和中国颁布的机动车排放标准所规定的污染物排放限值的变化，结果认为 2010 年之后中国与美国的机动车排放标准几乎一致，2010 年之前可以通过比较污染物排放限值选择合适的模拟年。

(2) 研究区域

选择模拟年之后，MOVES 要求选择州、郡，而 MOVES 提供的都是美国的州、郡。因此，应该根据经度、纬度、海拔、气温、降水量等地理信息，选择与所研究区域相匹配的一个美国的州、郡。原则是两个城市或地区在地理信息方面具有很多相似性。之所以需要考虑这一点，是因为计算排放时需要的一些基础数据(如排放源 Bin 分布)依赖于所选的州、郡。

(3) 车辆信息

MOVES 提供 5 种燃油类型和 13 种车辆类型，通过组合燃油类型和车辆类型确定所需的排放源 Bin 分布。事实上，不同国家或地区对车辆类型的界定略有不同。因此，应比较各种车辆类型的特征，然后选择合适的车辆类型。表 10-4 给出了 MOVES 车辆类型和中国车辆类型的对应关系。

MOVES 车辆类型和中国车辆类型的对比　　　表 10-4

MOVES 车辆类型编号	MOVES 车辆类型名称	对应的中国车辆类型
11	摩托车	摩托车
21	小型客车	私家车、出租车、小型面包车
31	中型客车	皮卡车
32	中型商务车	中型载货车
41	运输巴士	中巴、大巴
42	公共汽车	公交车
43	校车	校车
51	垃圾回收车	垃圾车
52	单组短途卡车	货柜车、中型货车、重型货车
53	单组长途卡车	货柜车、中型货车、重型货车
54	房车	—
61	组合短途卡车	重型组合货车
62	组合长途卡车	重型组合货车

车龄分布是指某种车辆类型中不同使用年限的车辆所占的比例,这是 MOVES 所需要的重要车辆信息,此项数据可利用检测器采集或人工调查来获取。

(4)燃油参数

MOVES 提供的燃油类型包括压缩天然气(CNG)、柴油、电力、乙醇(E-85)和汽油。目前,MOVES 仅考虑了影响汽油和柴油品质的参数。影响汽油品质的参数涉及馏程、蒸气压、硫含量、苯含量、烯烃含量、芳香烃含量等;影响柴油品质的参数只涉及硫含量。

馏程是表征燃油组分与挥发性的理化指标,通常使用 T10、T50 和 T90 进行表示。T10、T50 和 T90 分别表示燃油蒸发 10%、50% 和 90% 所需的温度。T50 直接影响发动机的暖机时间、加速性能和工作稳定性。通常,T50 对应的温度越低,意味着燃油的挥发性越好,或者说越容易与空气混合。T90 可以代表燃油中难以挥发的重质组分所占的比例。一般来说,T90 对应的温度越高,意味着燃油中重质组分的含量越多,或者说燃烧后越容易形成积碳。中国汽油的 T50 和 T90 分别对应 120℃ 和 190℃,经单位换算后在 MOVES 中对应 248℉ 和 374℉。

RVP(Reid Vapor Pressure)为雷氏蒸气压,是指 100 ℉时蒸气与燃油的体积比达到 4∶1 所对应的真正蒸气压,可以用来衡量燃油的品质。蒸气压越大,意味着燃油的蒸发性越好。如果蒸气压过低,说明燃油中轻质组分的含量不足,那样容易造成机动车起动困难。中国汽油的国家标准根据季节将蒸气压分为两种情况。目前我国实施的国Ⅴ标准规定,夏季 5 月 1 日 ~ 10 月 31 日的汽油蒸气压不超过 65kPa,冬季 11 月 1 日 ~ 4 月 30 日的汽油蒸气压不超过 85kPa。MOVES 按照美国的燃油标准采用 psi(Pounds per Square Inch)作为 RVP 的单位。经过单位换算,我国国Ⅴ汽油的 RVP 在夏季和冬季分别不超过 9.43psi 和 12.33psi。

硫含量影响 CO、HC、NO_x 等有害物质的排放。降低燃油中的硫含量可以减少 CO、HC、NO_x 等有害物质的排放。中国燃油标准从国Ⅰ到国Ⅴ主要是减少硫含量。实践中,应根据模拟年所采用的燃油确定当前燃油中的硫含量。我国燃油标准对硫含量的规定值如表 7-1 所示。

E200 和 E300 是 MOVES 描述燃油品质的两项指标。不过,中国燃油标准没有直接给出这两项指标。有研究认为,E200 和 E300 实质上是馏程的另一种表达,可以根据 T50 和 T90 推算 E200 和 E300,具体计算公式分别为 E200 = 147.91 - T50/2.04 和 E300 = 155.47 - T90/4.55,需要注意将 T50 和 T90 从℃换算成℉。

燃油参数还涉及苯含量、烯烃含量和芳香烃含量。这些指标只需经过单位换算得到相应的体积百分比即可。有研究主要介绍了 MOVES 中给出的 MTBE(Methyl Tert-Butyl Ether)。MTBE 即甲基叔丁基醚,是一种高辛烷值的汽油添加剂,其化学含氧量较甲醇低很多。MTBE 的体积百分比可以代表含氧化合物的体积百分比。MTBE 属于汽油非金属类抗爆剂中的醚类抗爆剂;该类物质掺和到汽油中可以起到调和作用,从而提高汽油的辛烷值,同时能够降低 CO 排放浓度。中国汽油中的含氧量主要来自醚类和醇类物质。在醚类抗爆剂中,只有 MTBE 的蒸气压是 54.47kPa,恰好处于 45 ~ 60kPa 范围内,可以推测汽油中的氧含量主要由 MTBE 贡献。根据汽油的密度、氧含量和 MTBE 分子式,得到汽油中 MTBE 的体积百分比为 15.01%。

10.2.4 MOVES 应用实例

下面以 4 个信号交叉口构成的一条干线道路系统为例,说明应用 MOVES 软件时涉及的关键参数和主要步骤。

(1) 研究对象

选取大连市红凌路上的 4 个信号交叉口,即红凌路-金柳路交叉口(记为交叉口 A)、红凌路-泊林映山交叉口(记为交叉口 B)、红凌路-叠翠骏景交叉口(记为交叉口 C)和红凌路-锦绣暖山交叉口(记为交叉口 D)。图 10-13 为所选交叉口示意图。

图 10-13　红凌路上所选交叉口示意图

类似地,选取 3 个典型时段,早高峰为 7:10 ~ 8:10,午高峰为 11:25 ~ 12:25,晚高峰为 16:50 ~ 17:50;同样,区分小汽车、中型车和公交车。通过交通调查,获取各时段每股车流的流量及各车型比例。图 10-14a)为交叉口现状渠化方案,图 10-14b)为交叉口现状信号相位方案,图 10-14c)为交叉口现状信号配时方案。

经分析,提出如图 10-15a)所示的优化信号相位方案。不优化短车道长度,不涉及可变导向车道和左弯待转区,考虑最小化延误、最小化排放及最小化延误和排放 3 个目标函数,使用式(9-55) ~ 式(9-57)相应的简化形式,获得 3 种优化配时方案(分别记为 OP_D、OP_E 和 OP_DE)。这里仅给出优化信号配时方案 OP_DE,如图 10-15b)所示。图中,其他各符号含义如前所述。对于涉及排放最小化的配时方案来说,采用已有研究基于 VSP 测得的排放因子数据(表 7-4)来标定红绿灯期间排放因子,利用 VISSIM 软件针对现状方案 CP 建立交通流仿真模型来获取所需的车辆速度-加速度数据。

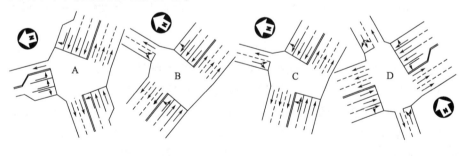

a)现状渠化方案

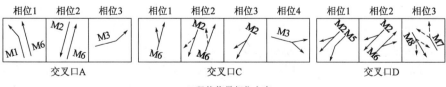

b)现状信号相位方案

图　10-14

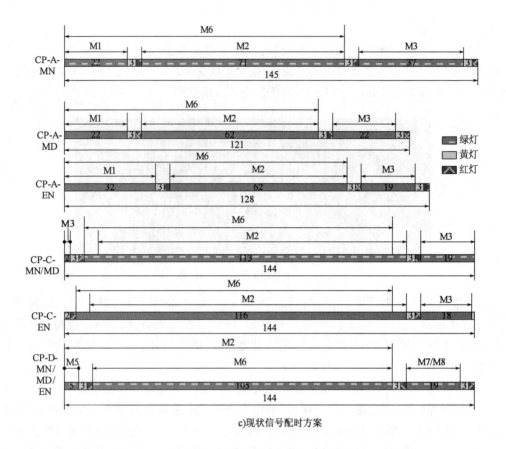

c)现状信号配时方案

图 10-14 现状方案

对于方案 CP、OP_D、OP_E 和 OP_DE,首先利用 VISSIM 软件分别建立交通流仿真模型,接着依次获得车辆速度-加速度数据,然后利用 MOVES 软件分别测算污染物排放量,最后从交通排放角度对比其配时效果。VISSIM 软件的使用方法如前所述,此处仅介绍 MOVES 软件的使用方法。

(2) MOVES 建模

启动 MOVES 程序,建立一个 RunSpec 文件和一个输入数据库。

在 RunSpec 文件中,需要按照以下步骤完成选项设置和文件加载:

①为备注该文件的主要用途,填写图 10-16a) 所示的描述;②依据研究对象和需求,选择为道路建模、项目级水平和排放清单,如图 10-16b) 所示;③根据表 7-4 的数据来源,将模拟年份设为 2010 年 9 月,选择工作日的 8:00~8:59 为分析时段,如图 10-16c) 所示;④分析地理位置、气候、降雨量等信息,选取马萨诸塞州的萨福克郡来模拟长春市,如图 10-16d) 所示,可在该界面或预处理界面加载输入数据库所需文件,后面将详细介绍这些输入文件;⑤依据上述中美车型对比,选择乘用小汽车、乘用卡车和公共汽车分别代表小汽车、中型车和公交车,其燃油分别选取汽油、汽油和柴油,如图 10-16e) 所示;⑥因所选交叉口均为城市信号交叉口,故选择城市无限制性入口,如图 10-16f) 所示;⑦考虑表 7-4 所示数据,选择图 10-16g) 所示的行驶时和起动时排放的 CO、HC 和 NO_x;⑧创建或选择输入数据库,如图 10-16h) 所示;⑨选择在输出数据库中提供行驶距离、排放量、燃油类型、排放过程和污染源类型,如图 10-16i) 和图 10-16j) 所示。

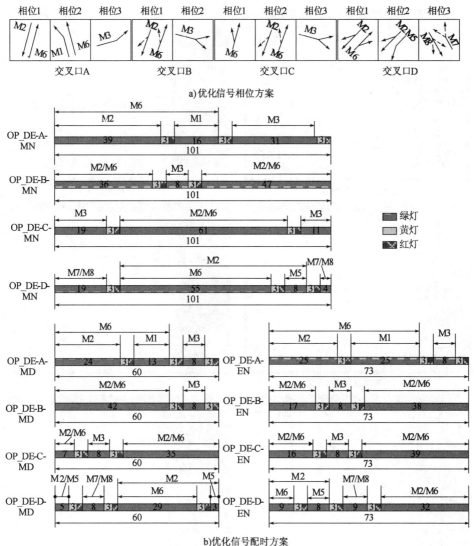

图 10-15 延误和排放最小化的优化方案

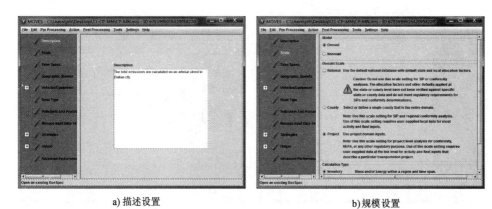

a) 描述设置　　　　　　　　　　　b) 规模设置

图 10-16

图 10-16 RunSpec 文件的设置界面

在输入数据库中,需要加载以下 5 个 EXCEL 文件:

①图 10-17a) 为气象数据的输入结果;②图 10-17b) 为车龄分布的输入结果;③图 10-17c) 和图 10-17d) 分别为燃油提供以及燃油配方的输入结果;④图 10-17e) 为路段污染源类型的输入结果;⑤图 10-17f) 显示了每条路段的长度、交通量、平均速度、描述以及坡度的输入结果。

由于每种方案分别运行 5 次 VISSIM 仿真模型,这里分 5 次分别描述来自 VISSIM 的交通流数据。

a) 气象数据输入结果　　　　　　b) 车龄分布输入结果

c) 燃油提供输入结果　　　　　　d) 燃油配方输入结果

e) 路段污染源类型 输入结果　　　f) 路段及其交通流 属性输入结果

图 10-17　输入数据库的设置界面

(3) MOVES 参数标定

对于模拟年份,长春市应存在符合国Ⅲ、国Ⅳ和国Ⅴ标准的汽油,T50 和 T90 均设为 120℃ (248℉) 和 190℃ (374℉),E200 和 E300 均设为 -3.12℃ (26.39℉) 和 22.88℃ (73.19℉),硫含量分别设为 150mg/kg、50mg/kg 和 10mg/kg,MTBE 体积比均设为 15.01%;柴油的硫含量

281

设为15mg/kg。各标准汽油的市场份额分别设为0.6、0.3和0.1;柴油的市场份额设为1。

考虑长春市的模拟年份,通过查询气象数据,确定分析时段内温度和湿度分别为69.8 ℉和67%。根据表7-4所测试的每辆车的出厂年份,对各类型车辆都设定在模拟年份其车龄分别为2、6、8和9的比例各占25%。对于每条路段,小汽车、中型车和公交车所占比例分别设为96%、3%和1%。除上面提到的参数之外,其他参数采用MOVES软件提供的默认值。

(4) MOVES仿真结果及分析

分时段分别运行采用各方案所建的MOVES模型各5次,共运行60次MOVES程序,之后对输出数据库中的仿真结果进行统计分析。表10-5列出了各方案下每个时段内CO排放量、HC排放量、NO_x排放量以及排放总量。从该表可以看出,各时段方案CP所得各污染物排放量最少,原因在于交叉口B实际上是感应信号交叉口,但因行人流量很低在VISSIM仿真时按无信号交叉口处理;对于早高峰,方案OP_E所得各污染物排放量最少,方案OP_D所得各污染物排放量居中,方案OP_DE所得各污染物排放量最多;对于午高峰和晚高峰,方案OP_E所得各污染物排放量最少,方案OP_DE所得各污染物排放量居中,方案OP_D所得各污染物排放量最多。

各方案下每个时段内污染物排放量对比(g)　　　　表10-5

方案	污染物	早高峰			午高峰			晚高峰		
		小汽车	中型车	公交车	小汽车	中型车	公交车	小汽车	中型车	公交车
CP	CO	31677.80	1562.60	262.80	20394.40	2532.80	884.80	31464.20	1547.60	332.60
	NO_x	2007.20	129.20	631.60	1189.80	193.80	2168.20	1771.20	114.20	809.20
	HC	196.00	31.60	51.80	120.80	51.00	184.20	182.80	31.40	70.40
	合计	33881.00	1723.40	946.20	21705.00	2777.60	3237.20	33418.20	1693.20	1212.20
OP_D	CO	35016.40	1721.60	316.40	25734.60	3180.80	1226.80	45337.80	2225.40	472.80
	NO_x	2087.80	134.00	762.80	1390.20	225.80	2992.00	2467.80	158.00	1152.60
	HC	209.40	34.80	64.60	146.00	64.20	265.00	257.40	45.20	101.20
	合计	37313.60	1890.40	1143.80	27270.80	3470.80	4483.80	48063.00	2428.60	1726.60
OP_E	CO	34467.80	1695.80	308.00	22149.60	2743.40	818.20	39119.60	1927.00	343.00
	NO_x	2079.60	133.20	741.60	1364.00	220.60	1964.60	2401.60	153.40	817.40
	HC	207.40	34.00	62.20	135.00	55.40	163.20	236.60	39.00	69.00
	合计	36754.80	1863.00	1111.80	23648.60	3019.40	2946.00	41757.80	2119.40	1229.40
OP_DE	CO	35241.20	1733.40	315.20	22583.20	2791.40	827.80	40912.60	2009.20	370.80
	NO_x	2102.00	134.60	763.60	1373.20	221.60	1992.20	2404.60	153.40	893.40
	HC	210.40	35.20	64.80	136.60	56.20	167.00	241.80	40.40	77.20
	合计	37553.60	1903.20	1143.60	24093.00	3069.20	2987.00	43559.00	2203.00	1341.40

结合VISSIM仿真所得结果,交通排放最小化的优化模型使得信号配时效果最好,车辆延误和交通排放最小化的优化模型使得信号配时效果居中,车辆延误最小化的优化模型使得信号配时效果最差。此外,使得车辆延误降低的信号配时方案往往使得交通排放同时下降。由此可见,有助于减少车辆延误的信号配时方案就有助于减轻交通排放。限于篇幅,不再给出更多的数据结果及分析,详细内容请参考有关文献。

【复习思考题】

1. 简述交通仿真的分类及其含义。
2. 简述 VISSIM 软件的主要功能、应用范围和基本模块。
3. 简述 VISSIM 软件涉及的关键参数及其标定方法。
4. 简述 MOVES 软件的主要功能、应用范围和基本模块。
5. 简述 MOVES 软件涉及的关键参数及其标定方法。

参 考 文 献

[1] Gerlough D L, Capelle D G. An Introduction to Traffic Flow Theory[R]. Washington D. C.: Highway Research Board, Special Report 79, 1964.

[2] Gerlough D L, Huber M J. Traffic Flow Theory: A Monograph[R]. Washington D. C.: Transportation Research Board, Special Report 165, 1975.

[3] 丹尼尔 L 鸠洛夫, 马休 J 休伯. 交通流理论[M]. 蒋璜, 任福田, 肖秋生, 等, 译. 北京: 人民交通出版社, 1983.

[4] Gartner N H, Messer C J, Rathi A K. Monograph on Traffic Flow Theory[R]. Washington D. C.: Federal Highway Administration (FHWA), 1996.

[5] 王殿海. 交通流理论[M]. 北京: 人民交通出版社, 2002.

[6] 张生瑞. 交通流理论与方法[M]. 北京: 中国铁道出版社, 2010.

[7] 邵春福, 魏丽英, 贾斌. 交通流理论[M]. 北京: 电子工业出版社, 2012.

[8] 张生瑞. 交通流理论[M]. 北京: 人民交通出版社股份有限公司, 2015.

[9] 张亚平, 杨龙海, 刘丽华, 等. 交通流理论[M]. 哈尔滨: 哈尔滨工业大学出版社, 2016.

[10] Transportation Research Board (TRB). Highway Capacity Manual 2000 (HCM 2000)[M]. 4th ed. Washington D. C.: National Research Council, 2001.

[11] Transportation Research Board (TRB). Highway Capacity Manual 2010 (HCM 2010)[M]. 5th ed. Washington D. C.: National Research Council, 2011.

[12] Transportation Research Board (TRB). Highway Capacity Manual 2016 (HCM 2016)[M]. 6th ed. Washington D. C.: National Research Council, 2016.

[13] P 罗格, S 艾琳娜, R 威廉姆. 交通工程(英文版)[M]. 3 版. 北京: 机械工业出版社, 2008.

[14] 姚荣涵, 梁春岩, 钟绍鹏. 问题驱动的研究生培养模式设计[J]. 吉林建筑大学学报, 2016, 33(1): 105-108.

[15] 姚荣涵, 周红媚, 赵胜川. 强化交通调查的交通流理论与仿真教学研究[J]. 大学教育, 2019, (3): 50-52.

[16] 姚荣涵, 潘宝峰, 赵胜川. 基于大数据的交通流理论与仿真实验教学研究[J]. 大学教育, 2019, (2): 29-31.

[17] 《中国公路学报》编辑部. 中国交通工程学术研究综述·2016[J]. 中国公路学报, 2016, 29(6): 1-161.

[18] 姚荣涵, 王殿海, 李丽丽. 机动车车头时距分布的韦布尔修正模型[J]. 吉林大学学报(工学版), 2009, 39(2): 331-335.

[19] 姚荣涵, 景超, 王殿海. 基于韦布尔分布的行人过街特性模型[J]. 土木工程学报, 2009, 42(1): 114-118.

[20] 景超. 行人过街交通特性研究[D]. 长春: 吉林大学博士学位论文, 2007.

[21] Lee G. A generalization of linear car-following theory[J]. Operations Research, 1966, 14(4): 595-606.

[22] Gipps P G. A model for the structure of lane-changing decisions[J]. Transportation Research

Part B: Methodological, 1986, 20(5): 403-414.

[23] Yang Q, Koutsopoulos H N. A microscopic traffic simulator for evaluation of dynamic traffic management systems[J]. Transportation Research Part C: Emerging Technologies, 1996, 4(3): 113-129.

[24] Lighthill M J, Whitham G B. On kinematic waves: Ⅱ. A theory of traffic flow on long crowded roads[C]//Proceedings of the Royal Society: A229, 317-345, London, 1955.

[25] Richards P I. Shock waves on the highway[J]. Operations Research, 1956, 4(1): 42-51.

[26] May A D. Traffic Flow Fundamentals[M]. New Jersey : Prentice-Hall Incorporation, 1990.

[27] 杨少辉,王殿海,董斌,等. 信号交叉口起动波模型修正[J]. 公路交通科技, 2006, 23(1): 130-134.

[28] 杨少辉,马林,王殿海,等. 城市快速路停车波模型修正[J]. 吉林大学学报(工学版), 2008, 38(4): 808-811.

[29] 曲昭伟,王殿海,姚荣涵. 信号交叉口起动波的运动学模型[J]. 吉林大学学报(工学版), 2008, 38(2): 268-272.

[30] 姚荣涵,曲大义,王殿海. 基于运动学方程的停车波模型[J]. 吉林大学学报(工学版), 2007, 37(5): 1049-1052.

[31] Yao R H, Wang D H, Pan C, et al. Measurement models and consistency analysis of stop-start waves at signalized intersections[C]//Proceedings of the 12th World Conference on Transport Research (WCTR 2010), July 11-15, Lisbon, 2010.

[32] 姚荣涵,王殿海. 车辆排队位置确定模型及其网络效应分析[J]. 华南理工大学学报(自然科学版), 2008, 36(6): 101-107.

[33] 姚荣涵,王铁成,王建丽,等. 协调信号交叉口间路段上的车辆排队模型[J]. 吉林大学学报(工学版), 2011, 41(6): 1585-1591.

[34] Herman R, Prigogine I. A two-fluid approach to town traffic[J]. Science, 1979, 204(4389): 148-151.

[35] Daganzo C F. Fundamentals of Transportation and Traffic Operations[M]. New York, United States: Pergamon Press, 1997.

[36] Viloria F, Courage K, Avery D. Comparison of queue-length models at signalized intersections[J]. Transportation Research Record, 2000, 1710: 222-230.

[37] 姚荣涵,王殿海,曲昭伟. 基于二流理论的拥挤交通流当量排队长度模型[J]. 东南大学学报(自然科学版), 2007, 37(3): 521-526.

[38] Yao R H, Wang D H. Equivalent queue length change rate models for congested traffic flow[C]//Proceedings of the 6th International Conference on Traffic and Transportation Studies (ICTTS 2008), August 5-7, 384-396, Nanning, 2008.

[39] 姚荣涵,王殿海. 拥挤交通流当量排队长度变化率模型[J]. 交通运输工程学报, 2009, 9(2): 93-99.

[40] 姚荣涵,王殿海. 最大当量排队长度模型及其时空特性[J]. 大连理工大学学报, 2010, 50(5): 699-705.

[41] Yao R H, Zhang X T, Xu H F. Real-time queue length estimation at signalized intersections

[42] Environmental Protection Agency (EPA). Carbon Pollution from Transportation - Transportation and Climate Change[EB/OL]. [2017-01-10]. http://www.epa.gov/air-pollution-transportation/carbon-pollution-transportation

[43] 中华人民共和国国家标准. GB/T 11642—1989 轻型汽车排气污染物测试方法[S]. 北京:中国标准出版社,1989.

[44] 中华人民共和国国家标准. GB/T 14762—1993 车用汽油机排气污染物试验方法[S]. 北京:中国标准出版社,1993.

[45] Huai T, Durbin T D, Younglove T, et al. Vehicle specific power approach to estimating on-road NH3 emissions from light-duty vehicles[J]. Environmental Science and Technology, 2005, 39: 9595-9600.

[46] 杜青, 杨延相, 郑伟, 等. 机动车实际道路排放特性及若干影响因素的研究[J]. 内燃机学报, 2002, 20(4): 297-302.

[47] 郭栋, 高松, 邹广德, 等. 城市区域机动车排放定量评价方法[J]. 交通运输工程学报, 2012, 12(1): 71-76.

[48] 姚荣涵, 龙梦, 张文松, 等. 信号交叉口机动车排放因子影响因素分析[J]. 北京交通大学学报, 2019, 43(1):14-23.

[49] 陈红. 交通与环境[M]. 北京:人民交通出版社, 2011.

[50] 杨晓光, 白玉, 马万经, 等. 交通设计[M]. 北京:人民交通出版社, 2010.

[51] 中华人民共和国国家标准. GB 14886—2006 道路交通信号灯设置与安装规范[S]. 北京:中国标准出版社, 2006.

[52] 中华人民共和国国家标准. GB 5768—2009 道路交通标志和标线[S]. 北京:中国标准出版社, 2009.

[53] Akçelik R. Traffic Signals: Capacity and Timing Analysis[R]. Victoria: Australian Road Research Board (ARRB) Transport Research Ltd, Research Report 123, 1981.

[54] Federal Highway Administration (FHWA). Traffic Signal Timing Manual[M]. Washington D.C.: Department of Transportation, 2008.

[55] Federal Highway Administration (FHWA). Manual on Uniform Traffic Control Devices (MUTCD)[M]. Washington D.C.: Department of Transportation, 2009.

[56] Road and Transportation Research Association (RTRA). Guidelines for Traffic Signals (RiLSA)[M]. Cologne: Steering Committee for Traffic Control and Traffic Safety, 2003.

[57] 全永燊. 城市交通控制[M]. 北京:人民交通出版社, 1989.

[58] 吴兵, 李晔. 交通管理与控制[M]. 4版. 北京:人民交通出版社, 2009.

[59] 陈宽民, 严宝杰. 道路通行能力分析[M]. 2版. 北京:人民交通出版社, 2011.

[60] 姚荣涵, 王建丽, 贾婧. 相邻交叉口短车道长度与配时参数协同优化[J]. 大连理工大学学报, 2012, 52(4): 546-552.

[61] Yao R H. Sensitivity analysis of optimization models for isolated intersections with short left-turn lanes on approaches[J]. Journal of Advanced Transportation, 2013, 47(1): 28-42.

[62] Yao R H, Zhang H M. Optimal allocation of lane space and green splits of isolated signalized intersections with short left-turn lanes[J]. Journal of Transportation Engineering, 2013, 139(7): 667-677.

[63] Yao R H. Sensitivity analysis of optimization models for two adjacent intersections with correlated short left-turn lanes[J]. Transport, 2013, 28(3): 256-269.

[64] 姚荣涵, 彭程, 周红媚. 协调控制交叉口短车道长度和配时参数协同优化[J]. 吉林大学学报(工学版), 2015, 45(4): 1082-1087.

[65] Yao R H. Settings of short left-turn lane and signal phase sequence for isolated signalized intersections[J]. Transport, 2016, 31(4): 416-426.

[66] Yao R H, Guo W W, Zhou H M. Integrative design of left-turn lane space and signal coordination for two adjacent intersections[J]. Canadian Journal of Civil Engineering, 2017, 44(4): 274-285.

[67] 姚荣涵, 张晓彤, 廉莲, 等. 一种左转短车道影响的成对交叉口时空资源分配方法[P]. 发明专利, 2017.08, 中国, 专利号 ZL201510672925.5.

[68] Yao R H, Zhou H M, Ge Y E. Optimizing signal phase plan, green splits and lane length for isolated signalized intersections[J]. Transport, 2018, 33(2): 520-535.

[69] 李丽丽, 姚荣涵, 周红媚, 等. 渠化可变导向车道交叉口预设信号配时优化模型[J]. 吉林大学学报(工学版), 2015, 45(1): 75-81.

[70] 姚荣涵, 张晓彤, 廉莲. 交叉口可变导向车道控制优化模型[J]. 吉林大学学报(工学版), 2017, 47(4): 1048-1054.

[71] 姚荣涵, 张晓彤, 徐洪峰, 等. 一种左转短车道影响的交叉口可变导向车道控制方法[P]. 发明专利, 2017.05, 中国, 专利号 ZL201510628265.0.

[72] Yao R H, Zhang X T, Wu N, et al. Modeling and control of variable approach lanes on an arterial road: a case study of Dalian[J]. Canadian Journal of Civil Engineering, 2018, 45(11): 986-1003.

[73] 姚荣涵, 许向辉, 张文松, 等. 信号交叉口左弯待转区对车辆排放的影响分析[J]. 交通信息与安全, 2018, 36(5): 49-58.

[74] 姚荣涵, 刘美妮, 徐洪峰. 信号控制交叉口车均延误模型适用性分析[J]. 吉林大学学报(工学版), 2016, 46(2): 390-398.

[75] 姚荣涵, 王筱雨, 赵胜川, 等. 基于机动车比功率的单点信号配时优化模型[J]. 交通运输系统工程与信息, 2015, 15(5): 89-95.

[76] 姚荣涵, 王筱雨, 徐洪峰, 等. 降低交通排放的干线协调信号控制优化方法[J]. 交通信息与安全, 2016, 34(5): 68-74, 101.

[77] 姚荣涵, 王筱雨, 徐洪峰, 等. 一种减少机动车尾气排放的交叉口信号配时优化方法[P]. 发明专利, 2017.08, 中国, 专利号 ZL201510628335.2.

[78] 姚荣涵, 张晓彤, 许向辉, 等. 一种两段式干线协调信号控制优化方法[P]. 发明专利, 2018.04, 中国, 专利号 ZL201610442701.X.

[79] 姚荣涵, 张晓彤, 许向辉, 等. 一种一体化干线交叉口群时空资源配置方法[P]. 发明专利, 2018.06, 中国, 专利号 ZL201610586237.1.

[80] Yao R H, Wang X Y, Xu H F, et al. Emission factor calibration and signal timing optimisation for isolated intersections[J]. IET Intelligent Transport Systems, 2018, 12(2): 158-167.

[81] Yao R H, Sun L, Long M. VSP-based emission factor calibration and signal timing optimisation for arterial streets[J]. IET Intelligent Transport Systems, 2019, 13(1): 228-241.

[82] 姚荣涵, 张晓彤. 考虑左转短车道和可变导向车道的交叉口信号配时优化软件(STOS_VLC)[CP]. 软件著作权, 2016.02, V1.0, 登记号 2016SR035694.

[83] 姚荣涵, 王筱雨, 赵胜川. 机动车排放因子标定与交叉口信号配时优化软件(STOS_CEF)[CP]. 软件著作权, 2016.02, V1.0, 登记号 2016SR035699.

[84] 姚荣涵. 干线协调信号配时优化软件(STOS_ACCS)[CP]. 软件著作权, 2016.08, V1.0, 登记号 2016SR213685.

[85] Planung Transport Verkehr (PTV) AG. PTV VISSIM 5.10 User Manual[M]. Karlsruhe: Planung Transport Verkehr (PTV) AG, 2008.

[86] Planung Transport Verkehr (PTV) AG. PTV VISSIM 5.40 User Manual[M]. Karlsruhe: Planung Transport Verkehr (PTV) AG, 2012.

[87] Planung Transport Verkehr (PTV) AG. PTV VISSIM 6 User Manual[M]. Karlsruhe: Planung Transport Verkehr (PTV) AG, 2014.

[88] Planung Transport Verkehr (PTV) AG. PTV VISSIM 9 User Manual[M]. Karlsruhe: Planung Transport Verkehr (PTV) AG, 2016.

[89] 杨洪, 韩胜风, 陈小鸿. VISSIM 仿真软件模型参数标定与应用[J]. 城市交通, 2006, 4(6): 22-25.

[90] 章玉, 于雷, 赵娜乐, 等. SPSA 算法在微观交通仿真模型 VISSIM 参数标定中的应用[J]. 交通运输系统工程与信息, 2010, 10(4): 44-49.

[91] Siddharth S M P, Ramadurai G. Calibration of VISSIM for Indian heterogeneous traffic conditions[J]. Procedia Social and Behavioral Sciences, 2013, 104: 380-389.

[92] 孙剑. 微观交通仿真分析指南[M]. 上海: 同济大学出版社, 2014.

[93] 刘博航, 安桂江. 交通仿真实验教程[M]. 2 版. 北京: 人民交通出版社股份有限公司, 2015.

[94] 杨艳芳, 秦勇, 努尔兰·木汉. 基于 SOGA 的 VISSIM 仿真模型参数标定方法[J]. 交通运输系统工程与信息, 2017, 17(3): 91-97.

[95] Environmental Protection Agency (EPA). Using MOVES2014 in Project-Level Carbon Monoxide Analyses[M]. Washington D. C.: Transportation and Climate Division Office of Transportation and Air Quality, EPA-420-B-15-028, 2015.

[96] Environmental Protection Agency (EPA). Motor Vehicle Emission Simulator (MOVES): User Guide for MOVES2014[M]. Washington D. C.: Assessment and Standards Division Office of Transportation and Air Quality, EPA-420-B-14-055, 2014.

[97] Environmental Protection Agency (EPA). MOVES2014a User Guide[M]. Washington D. C.: Assessment and Standards Division Office of Transportation and Air Quality, EPA-420-B-15-095, 2015.

[98] Environmental Protection Agency (EPA). MOVES2014a User Interface Reference Manual [M]. Washington D. C.: Assessment and Standards Division Office of Transportation and Air Quality, EPA-420-B-16-085, 2016.

[99] Environmental Protection Agency (EPA). MOVES2014a Software Design Reference Manual [M]. Washington D. C.: Assessment and Standards Division Office of Transportation and Air Quality, EPA-420-B-15-096, 2015.

[100] 中华人民共和国国家标准. GB 17930—2006 车用汽油[S]. 北京：中国标准出版社, 2006.

[101] 中华人民共和国国家标准. GB 17930—2011 车用汽油[S]. 北京：中国标准出版社, 2011.

[102] 中华人民共和国国家标准. GB 17930—2013 车用汽油[S]. 北京：中国标准出版社, 2013.

[103] 中华人民共和国国家标准. GB 17930—2016 车用汽油[S]. 北京：中国标准出版社, 2016.

[104] 中华人民共和国国家标准. GB 19147—2013 车用柴油(Ⅴ)[S]. 北京：中国标准出版社, 2013.

[105] 中华人民共和国国家标准. GB 19147—2016 车用柴油[S]. 北京：中国标准出版社, 2016.

[106] 郭园园, 曹罡, 朱荣淑. 基于深圳本土化MOVES模型微观层次敏感性分析[J]. 交通信息与安全, 2015, 33(2): 116-123.

[107] 曹杨, 郭园园, 曹罡, 等. MOVES模型微观层次参数的深圳本土化研究[J]. 交通信息与安全, 2017, 35(2): 100-108.

[108] 黄文伟, 强明明, 孙龙林, 等. 基于MOVES的车辆排放因子测试[J]. 交通运输工程学报, 2017, 17(1): 140-148.

致　　谢

根据十余年的教学科研成果，历时半年的精心写作，完成了本书的编著工作。本书特点在于强调基础、强化调查、重视数据、着重分析。本书得到了国家自然科学基金面上项目"帕累托最优导向的城市道路时空资源配置理论与方法"和大连理工大学研究生教改基金项目"《交通流理论与方法》教材建设"的出版资助，同时相关内容得到了这两个项目的研究资助。此外，书中部分内容还得到了国家高技术研究发展计划(863计划)课题"多目标交通信号和行驶车辆智能化协同控制技术"、国家自然科学青年基金项目"城市交通中路段阻塞的链式反应机理研究"、大连理工大学基本科研业务费人文社科科研专题项目"驾驶员视角的可变导向车道控制策略"以及大连理工大学教育教学改革基金项目"大数据视阈下的交通流理论与仿真和交通仿真实验的综合改革"与"强化交通调查的交通流理论与仿真课程改革"的研究资助。在本书完成之际，衷心感谢国家自然科学基金委员会、科学技术部及大连理工大学研究生院、科学技术研究院和教务处，也感谢所有参考文献的作者及出版商。

在吉林大学求学十年期间，我的导师王殿海教授给予我诸多指导和教诲，特别是严谨的治学态度使我终身受益。在本书写作过程中和成稿时，我始终坚持严谨治学的原则把握书中的内容和细节。在此，衷心感谢我的导师王殿海教授，感谢他担任本书的主审并为本书作序，以及对书稿提出宝贵的意见和建议。

此外，感谢研究生龙梦同学帮忙收集第10章涉及的相关资料，一并感谢研究生龙梦、张文松、孙立、郑刘杰、梁亚林、杨澜、李仁波、马文婷等同学在书稿校对过程中所做的努力。

最后，感谢我的父母和爱人多年来对我工作的支持，特别是在本书撰写过程中对我的照顾。

姚荣涵

2018年12月